児玉暁洋選集 1

いのちを喚ぶ声

――親鸞の宗教――

法藏館

児玉暁洋選集　第一巻　いのちを喚ぶ声——親鸞の宗教——　目次

〝いのち〟を喚ぶ声――親鸞の宗教―― 3
序に代えて　信国　淳 5
第一章　念仏成仏是れ真宗―― 11
一、「真宗」とは 11
二、「念仏して仏に成る」とは？ 24
三、名号・念仏・称名 41
第二章　本願のこころ―― 65
一、願――清浄意欲 65
二、本願のこころ 79
三、願に生きる 95
第三章、〝いのち〟を喚ぶ声―― 113
一、念仏は〝いのち〟を喚ぶ声 113
二、生死を超える 128
三、願生浄土 143

第四章　人間関係の根本的解決 157
一、大乗菩薩道の成就 157
二、真実の行 174
三、大悲を行ずる 192
第五章　まことの言葉 211
一、人間に生まるる事をよろこぶべし 211
二、限りなきいのちの中に 221
三、創造的生活 235
あとがき 245
如是我聞の歩み 247
一、『香草』巻頭言 249
一、『香草』巻頭言（一）十七号～四十二号 249
一、十七号（一九五六年二月）～二十九号（一九五七年三月） 249

二、三十号（一九五七年四月）～四十二号（一九五八年四月）　259
三、『香草』巻頭言（二）四十三号～六十六号　272
一、四十三号（一九五八年五月）～五十四号（一九五九年四月）　272
二、五十五号（一九五九年五月）～六十六号（一九六〇年四月）　283
四、『香草』巻頭言（三）六十七号～九十二号　293
一、六十七号（一九六〇年五月）～七十八号（一九六一年五月）　293
二、七十九号（一九六一年六月）～九十二号（一九六二年七月）　307

二、『香草』から　321
一、願　土　321
一、師との出遇い　321
二、苦　322
三、発　願　324
四、行　325
二、妹　よ　328
三、香草塾誕生　331
一、想　起　331
二、あれから十二か月　333

三、香草塾誕生——本尊の発見　337
四、最後に救われる一人——『暁烏敏全集』に学ぶ——　346
五、ドストエフスキイの主題によるバリエーション　353
一、顔　353
二、現実　358
三、人間（一）　363
四、人間（二）　366
五、人間（三）　370
六、人間となった真理との邂逅　373

師への応答

師への応答——375
一、念仏の人、清沢満之——377
一、新しい人間の誕生　377
一、信念の幸福　377
二、自己とは何ぞや　379
三、表現する自覚　381

四、讃嘆の生活　382
五、信こそ人間の本質　384
二、清沢先生の念仏　385
一、真実行を求めて（一）　385
二、真に生きる　388
三、真実行を求めて（二）　391
四、功徳の大宝海――南無阿弥陀仏の意味　394
三、暁烏敏先生を憶う――401
一、わが暁烏敏　401
一、たゆまぬ教化活動――雑誌『精神界』を出版　401
二、太子憲法で奥義さとる――死灰の中から創造の生活に　404
三、生涯を〝念仏〟で貫く――大業終え静かな大往生　407
二、暁烏敏先生を憶う　409
はじめのお母さん――生命の根源を求める叫び――415
一、母のもつ象徴的な意味　417

二、生命の根源を求める叫び　418
三、生命をどう了解するか　422
四、新しい生命を得る道　435
五、如来の生命の中の私　438
六、真宗の教えを現代社会に　441

収載論説講話・初出一覧　443
あとがき　447

凡　例

一、『児玉暁洋選集』の編集にあたっては、できるだけ読みやすいものにすることを第一の方針とした。
一、読みやすさという点から、可能な限り、歴史的仮名づかいをさけ、カタカナ書きを平仮名にし、原漢文は書き下しに改めた。引用文の場合にも、この原則を適用した。また、多くの副詞は平仮名に改め、読みにくいと思われる漢字にはできるだけ振り仮名を付けた。
一、人名などは、その著作に現われる最初に振り仮名をつけ、生没年などをも付けくわえた。不明なものはそのままにした。
一、人権の視点から配慮すべき表現は、原意をそこなわない限り改めた。ただし資料的な観点からそのままにしたところもある。
一、本文中の傍点などは、著者にしたがった。
一、本文中の丸括弧（　）の文は、著者の補いや注記を示す。
一、本文中の角括弧［　］の文は、編者の補いや注記を示す。
一、本文中に引用される文献で、『真宗聖典』（東本願寺出版）にあるものは、これによった。経典、七祖聖教などで、『真宗聖教全書』（大八木興文堂）にあるものは、これによった。
一、引用文献は、以下のように略記した。

『真宗聖典』（東本願寺出版）……………………「聖典」
『真宗聖教全書』（大八木興文堂）……………「真聖全」
『清沢満之全集』（岩波書店）……………………「清沢全集」
『清沢満之全集』（法藏館）………………………「清沢全集（法藏館）」
『暁烏敏全集』（香草舎）…………………………「暁烏全集」
『大正新脩大蔵経』……………………………………「大正蔵」

児玉暁洋選集　第一巻　いのちを喚ぶ声――親鸞の宗教――

〝いのち〟を喚ぶ声
——親鸞の宗教——

序に代えて

信国　淳

すでに十数年も前のことになるのであるが、ちょうど大谷大学のドクター・コースを卒《お》えようとされていた里村君〔著者旧姓〕をつかまえて、ある日突然、私は、「君もひとつ、私どもの学院の教育に直接参加してみるんだね?」と、さりげない様子を装いながら呼びかけてみたものである。すると、そんな私の不《ぶ》躾《しつけ》な呼びかけに対して里村君は、いささかの抵抗も、またためらいをも示すことなく、むしろ、待ってましたとばかり直ちに応諾してくださったのであって、そのことがどういうものか、私のうちに、妙に印象深く残っていて、今日になってもなお時々、当時のことを思い出すのである。爾来《じらい》里村君は一家をあげて、師弟一体を標榜《ひょうぼう》する私ども学院の共同生活の中にとびこんでこられ、文字どおり学院と安危《あんき》を共にされながら今日にいたっている。そんなご因縁のあるところから今回は、なにか序文めくものを私に書くようにとのことである。

それで、とりあえず、ところどころ読ませてもらったのであるが、私の読後感をありのままに言わせてもらうと、これは時代の要請に相応する、ひとつの立派な「説教集」といえるものではないのかということになる。もっともそういうことだと、里村君は、さしずめ一人の説教者だということにもなるわけだが、しかし私がこうして「説教」ということをいう場合、それは言葉の厳正な意味において言おうとしているのであって、そのことはやはり少し注意しておく必要があろう。

説教とはいうまでもなく、仏法を人に説き教えることをいうのであろうけれども、しかし仏ならぬ人間の身で、しかも仏の所証の法を説き教えることのできる者があるとするなら、それはただ仏の説法を「如《にょ》是《ぜ》我《が》聞《もん》［かくのごとく、我聞きたまいき］」と聞くことができるという、そういう文字どおりの仏の御《おん》弟子たる人間だけなのでなければならぬのである。私は、説教といえば、そのように、仏から仏の御弟子たらしめられた人間が、「如是我聞」と聞くところのその仏法を、世の人びとのために能《あた》う限り如実に伝達することとして成り立つべきものであると思う。そして私がこうして、今回上《じょう》梓《し》の運びになる里村君の書物が、現代というこの時機に相応する立派な説教集だということを言う時、そのことは里村君がいま言うように、仏の説法を「如是我聞」と聞くところの仏弟子の一人なのだということを、――そしてまた、今日という時代を生きる人びとのために、聞くところのその仏法を如実に伝えるだけの力の具《そな》わった、たぐい稀《まれ》な説教者の一人なのだということを、言おうとするものであることはいうまでもないのである。

ところで、そうして仏の説法を「如是我聞」と聞きながら、聞くところの仏法を如実に伝えるだけの力量のある、その仏弟子たる者によって、初めて自然に行なわれることになるのが、ほかならぬ「自信教人信［自ら信じ人を教えて信ぜしむ］」といわれているそのことなのに違いない。そしてまた、どうしてそういうことになるのかといえば、思うにそれは、そのような仏弟子たる説教者のところには、仏自身によって行なわれる衆生教《きょう》化《け》の場というものが、おのずからにして現《げん》成《じょう》し、おのずからにして開かれるということになるからである。

いったい仏の説法を「如是我聞」と聞くことのできる、その仏弟子としての私どもの我というのは、私どもの我とはいっても、それはもはや、他から離れた、他に向かって対立するといったような、そんな私どもの日常的な我とはまったく異なるのである。仏の御弟子たる私どもの我とは、私どもの我でありながら、私どもの日常的な我の囚《とら》われている、その自他分別の絆から、すでにしてすっかり解放されているという、——そして、自も他も共に等しく生かすその生命そのものから与えられもすれば保証されてもいるところの、自他本来の平等な連帯的な関係をこそ、かえって自らのうちに自覚的に回復しなければならぬという、実にそういう我なのである。いかなる人に対しても、もはや我として対立することなく、むしろかえってあらゆる他を、自とまったく異ならぬ平等の衆生として自らのうちに迎えいれ、同じ仏の眷属《けんぞく》としてそれと一つに結ばれながら、そういう自他一体なる衆生としてこそ初めて仏の説法を、——いわゆる仏の「仰《おお》せ」なるものを聞くことにならなければならぬもの、それが仏の御弟子としての私どもの我というものなのである。

そして、そうして自他一体なる衆生として、衆生と共に仏の説法を聞くところのその仏弟子の我のところにのみ与えられ、そこでのみ開かれることになるのが、仏自らの行ないたもう衆生教化の場なのであり、それにまた、そういう仏自身による衆生教化によってのみ初めて実現されることになるのが、いうところのその「自信教人信」ということなのでなければならぬ。というのは、そういう仏自身による衆生教化の場においてのみ、私どもの「自信」を伝えるその言葉が、やがてそのまま仏自身による教化の言葉となって伝わることができ、そして、仏自身による教化の言葉となって伝わる言葉だけがひとりよく、人を教えて信ぜしめるという結果を生み出すことができるからなのである。

私は、仏自身によって行なわれるそのような衆生教化の場というものに、親鸞聖人ご自身が、それこそ仏そのものから召し出された仏の御弟子として、しかもまた同時に、自他一体なる煩悩具足《ぼんのうぐそく》の凡夫《ぼんぶ》の「われら」として、親しく参加しておられるお姿を、ほかならぬ『歎異《たんに》抄《しょう》』の第九章において拝することができるのでないかと思う。

そこには、「しかるに仏かねてしろしめして、煩悩具足の凡夫とおおせられたることなれば、他力の悲願は、かくのごときのわれらがためなりけりとしられて、いよいよたのもしくおぼゆるなり」〔聖典六二九頁〕と聖人によって語られているのであるが、こういうお言葉によって私にも、わずかながらも想い描かれてくるものは何かといえば、それはこういう仏の仰せを「如是我聞」と聞き、聞くところのその仏の仰せにそのまま随順《ずいじゅん》されながら、私ども自も他もすべてが皆等しく、皆共に、煩悩具足の凡夫として、――それこそ煩悩具足の凡夫の「われら」として互いに一つに結び合わされたまま、久遠劫来流転《くおんごうらいるてん》の生を空しく続けてきているその事実に新たに念《おも》いを馳《は》せていられる聖人の、その仏弟子としてのお姿である。そしてその聖人のお姿は、それがまたそのまま、そうした煩悩具足の凡夫の「われら」を荷負《かふ》されながら、そうした凡夫の「われら」をそのまま迎えとらんと誓いたもうた他力の悲願のその御《おん》誓いを、それこそ「かくのごときのわれら」となって憶《おも》い起こされ、受け容れられ、そして「かくのごときのわれら」としてそれをたのまれる聖人の、その凡夫の「われら」の「われ」としてのお姿でもあるのである。

つまり、仏そのものの教化に出会われ、その仏の仰せに順《したが》われながら、私どもの自と他を一つに結ぶその本来の連帯性を、無《む》始《し》流《る》転《てん》の苦にある煩悩具足の凡夫の「われら」として自覚的に回復されるとともに、同時に「かくのごときのわれら」として他力の悲願をたのまれるという、そういう聖人のお姿を、――そして、他力の悲願はまさしく「かくのごときのわれらがため」のものであったとして、「かくのごときのわれら」と共に慶喜《きょうき》され、「かくのごときのわれら」のためにいよいよそれを頼みがいありとされるという、そういう仏の御弟子としての聖人のお姿を、髣髴《ほうふつ》として想い描かせてくださるのが、こういう聖人のお言葉なのである。そして私が思うのは、『歎異抄』第九章のこういう聖人のお言葉こそ、親しく仏の教化にあずかって、仏弟子として自信し、教人信する者の、仏と人との間にあっておのずからとるべくしてとるところの究極的な姿勢というものを、暗にお示しくださっているお言葉なのではないのかということである。

　今回刊行される里村君の説教集は、かつての日、京都の私どもの学院に学ばれて、里村君に師事されたことのある、武生《たけふ》市の伊香間《いこま》祐学《ゆうがく》君の自坊を教化の場としながら、そこの仏前において行われた講話の記録であると聞いている。だから、この説教集の生まれるそのもとには、両君の師弟としての親密な出会いがあるわけで、その出会いを縁として、美《うるわ》しくもそこから咲き出たのが、この度《たび》のこういう里村君の説教集であると言えそうである。

　それで、一つにはそういうことから私の憶い出さずにいられなかったのが、『歎異抄』の第九章だったのであって、私は、その第九章において聖人の唯円の問いに対して与えていられるお言葉を、改めて味わいかえしてみたくなったのである。というのが、唯円の問いをきっかけにして、仏そのものから与えられる衆生教化の場というものに、その唯円と共に立ち向かわれ、唯円と共にそこで他力の悲願を、「かくのごときのわれらがためなりけり」としていよいよ深くたのもうとされる聖人の、その仏の御弟子としての、――そしてまた、その「自信教人信」の人としてのお姿が、そうしたお言葉によって私どもにもうち仰《あお》がれることになるからである。そして、そういう聖人のお姿のところにこそ私は、仏と人との間にあって他力の悲願を説き教えようとする者の帰すべき姿があると思うのである。

第一章　念仏成仏是れ真宗

一、「真宗」とは

はじめに

今日から三日間「念仏成仏是《こ》れ真宗」という題でお話をさせていただきたいと思います。

ご承知のように釈尊がインドにお出ましになったころは、六師外道《げどう》といういろいろな思想家、あるいはいろいろな宗教家が出てまいりまして、ちょうど終戦後の日本のようなものでありました。

私は京都におりますけれど、京都という所はたくさんの仏教の御本山があるにもかかわらず、また古い習慣が生きているところで、皆さんご存じのお稲荷《いなり》さんがありまして、伏見稲荷というきつねさんを拝むのも宗教だというわけです。最近では交通神社といいまして、そこに詣《まい》ると交通事故にあわないというようなものもできました。このようにさまざまな宗教がありますが、その中で「仏教とは何を教えるのか」といいますと、そこにはっきりとした旗印《はたじるし》というものを釈尊は掲《かか》げておられます。それを「三法印《さんぼういん》」といいます。それは「諸行無常《しょぎょうむじょう》」、「諸法無我《しょほうむが》」、「涅槃寂静《ねはんじゃくじょう》」です。

先日、私は金沢の会でその「三法印」のお話をしておりまして、ふと「真宗とは、一言でいうと、どういうことだろうか」という問題をもちました。釈尊は「三法印」ということで仏教をはっきりされました。

それなら、「真宗とはどんな教えですか」と、若い人でも、キリスト教徒でも、創価学会の人でもよい、そのような人に聞かれた時、どう答えるのか。私が「これこそ真宗だ」と一言でいえる言葉を考えている時に、はっきり心に浮かんできましたのが、「念仏成仏是れ真宗」〔『教行信証』「行巻」聖典一九一頁〕という言葉です。これだけの言葉の中に真宗が全部入っているのです。簡単に言えるということは、内容が大変豊かだということでして、ごちゃごちゃしているというのは内容が洗練されていないということです。それで私は、「念仏成仏是れ真宗」というこれだけの言葉について、学校〔大谷専修学院〕では一年間話しているのですが、今度は不十分かもしれませんが、三日間でそれをお話したいと思います。

真実の宗教

それでまず「真宗」ということについてお話いたします。「念仏成仏是れ真宗」という言葉は、「真宗とは何か」という問題に親鸞聖人〔一一七三～一二六二〕が答えられたのです。

ところで、「真宗」と申しますと、私たちは仏教の中の一つの宗派、まあ「本願寺さんだ」と簡単に考えておりますけれども、本当にそうであろうか。こういうことをもう一度はっきりさせる必要があります。親鸞聖人ご自身は、はっきりと「自分は真宗の門徒である」と、こう言っておられるのであります。こう言うと、皆さんびっくりされるかもしれませんね。「親鸞聖人は真宗の御開山ではないか」と。けれども親鸞聖人ご自身は「真宗興隆の太祖《たいそ》源空法師《げんくうほっし》」と、法然上人《ほうねんしょうにん》〔一一三三～一二一二〕によって真宗は開かれたのであって、自分はその法然上人によって開かれた真宗の門徒であると、自分の立場を『教行信証《きょうぎょうしんしょう》』の中にはっきり記されているのであります。

それでは、法然上人が真宗を始められたかというと、そうではないのです。法然上人に聞きますと、善《ぜん》導大師《どうだいし》［六一三〜六八一］だと言われます。善導大師に聞きますと、釈尊だとおっしゃる。釈尊にお聞きしますと、それは弥陀の本願から始まるとおっしゃるでしょう。親鸞聖人ご自身がその門徒であるとおっしゃった真宗というものは、日本の鎌倉時代にできたものではない。仏教の道理で「生者必滅《しょうじゃひつめつ》」ということをいいますが、ある時にできたものなら、必ずまたある時に壊《こわ》れていくのであります。そういうものは真宗ではない。真宗は永遠不滅のものである。釈尊もそれによって助かり、善導大師もそれによって助かり、法然上人もそれによって助かり、親鸞聖人もそれによって助かることができ、そして私もまたその教えによって助かることのできる、三世《さんぜ》十方《じっぽう》を貫通しているまこと、それが真宗だというのが親鸞聖人のご理解であります。

その意味で、私たちの時代に合う言葉でいうならば、「真宗」とは「真実の宗教」ということになります。真宗とは宗教の中の一つではなく、――もちろんそういう現象形態というか、そういう形をとっているということは否定しませんけれども、本当の意味の「真宗」は「真実の宗教だ」ということをはっきりと了解していただきたいと思うわけです。

ところが、ここに困ったことがあるのです。と申しますのは、皆さんもずっと真宗の御門徒《ごもんと》として生きてこられました。けれども若い人たちと一緒に生活しておられますと、信仰をもたない人もいるし、創価学会の人もいるし、キリスト教の人もいるし、共産主義の人もいる。ある所では、同じ一軒の家の中で、一人は創価学会に入っている、一人は浄土真宗の信者、それでお嫁さんをもらったらクリスチャンであったということで大変困っているということもあるのです。それでお嫁さんは教会に行くし、ご主人はお寺に行くというようなことが、現実に日本の中に起こっているのであります。

そこで、「真宗」を「真実の宗教」と言っただけでは困るのです。なぜかというと、真宗のお寺へ行くと、「真宗は真実の宗教だ」と言うし、教会へ行くと、「キリスト教は真実の宗教だ」と言うし、創価学会へ行けば、「創価学会こそが真実の宗教である。真宗などはまちがっている」と、こう言いますね。元来、「真実」というものは一つしかないものです。「一真実」であります。それが、なんでそんなにたくさんに分かれているのか。めいめいが「自分の宗派が一番いい」と言う。それでは問題は解決いたしません。そこでもういっぺん、私たちは「宗教」ということを考えてみなければならないのです。

宗教とは何か

「宗教」とはいったい何か。つまり一般には、おきつねさんを拝むのも宗教だと、南無阿弥陀仏を称えるのも宗教だというのです。いったい宗教とは何なのでしょうか？　私たちは習慣的にそう考えていますが、本当の意味で宗教とは何でしょうか。私たちは単に御門徒として生まれたから、真宗が自分の宗教なのか。西洋人はキリスト教の家庭の中に生まれたから、キリスト教徒なのか。

そこで私は、宗教には二つの事柄があると思うのです。どんな宗教でも、形はいろいろ違っていても、宗教には二つの特色があるのですね。一つは、どんな宗教も「助かる」、「救われる」ということがある。もう一つは、どんな宗教も「礼拝」、「拝む」ということがある。これはおきつねさんでも神様でも共通しています。

では、「助かる」とか「救われる」ということは、いったいどうなることかという問題です。私、いつも申しますように、たとえば子どもが池に落ちた時、助かるということはすぐわかる。それは池から救い上げることだと。おなかが痛くて困っている時、助かるということもすぐわかる。お医者さんに盲腸の手術をしてもらうことだと。そしてまた借金で首が回らないで困っているのが助かるというのは、銀行がお金を貸してくれることだというわけです。

　しかし、宗教において助かるとはいったいどういうことなのだろうか？　どうなることが助かるということなのだろうか？　ある人は、宗教のお話を聞くと心が安らかになってすかーっとする、と言う。それで私は、すかーっとするのなら、コカ・コーラを飲んだほうがいいだろう、と言うのです。「スカッとさわやかコカ・コーラ」といつも言っている。すると皆大笑いをする。そういうことも宗教にはあるかもしれないけれども、いったいどういうことが助かるということなのであろうか。

　ところで、助かるということがわかるためには、困ったということがわからなくてはならない。困ったことがわかれば、助かるということがわかるのです。つまり私たちが問題意識をもつということですね。問題意識をもてば、助かるということがすぐわかる。

　私たち人間は、毎日生活していますといろいろな問題がありますね。経済問題もあれば、病気になるということもある。また息子が受験でノイローゼになるということもありますね。そこで、たとえば経済に困ったということを助けてくれる宗教があるならば、その宗教は銀行の代用品である。病気になったのを助けてくれるのならば、それはお医者さんの代用品であるということになる。つまり、そのような宗教は何かの代用をするのであります。いわゆる代用宗教を擬似宗教ともいいますが、そういうものを全部捨てまして、本当に宗教に依らなければならない問題とは何でしょう？

お寺だけが与えるもの、宗教だけが与えるもの、それは何だろう？　お寺独自のもの、オリジナルなもの、誰も代用のできないものがなくてはならない。それはいったい何だろう？　こう考えていただきたい。まあ「お寺に行けば、何となく気分が安らかになって落ち着く」と、こういうことならば、楽しいテレビを見ていればよいですね。神経がいらいらするならば、このごろ薬も発達していますから、薬を飲めば静かに眠れて、なんということはないのです。ところが、そういうような何をもってきても解けない問題が、宗教の問題なのです。そういう問題がはっきりするということによって、宗教ということがはっきりするのです。それはいったい何でしょう。

出離生死の道

それを昔の人は「生死《しょうじ》」と言いました。皆さんご存じのように、仏教は「出離生死の道」を教えるものであります。

曠劫多生《こうごうたしょう》のあいだにも　出離《しゅつり》の強縁《ごうえん》しらざりき
本師《ほんじ》源空いまさずは　このたびむなしくすぎなまし
〔『高僧和讃』聖典四九八頁〕

という言葉で、親鸞聖人は法然上人との出会い、つまり真宗との出会いを喜ばれたのです。「生死を出《い》で離れる」ということ、この問題こそ宗教の問題ですね。

では、「生死を出で離れる」ということはどういうことかといいますと、「生」と「死」とはちょうど反対のものです。それで、反対のものが別々におればいいんだけれども、反対のものが一緒におるんですね。そういうのを矛盾対立という。昔、中国に武器を売る商人がおりまして、はじめ矛《ほこ》を売る時には、「この矛はどんな盾《たて》も破ることができる」と言って矛を売ったのですね。次に盾を売る時には、「この盾はどんな矛もふせぐことができる」と言ったのですね。すると誰かが、「それでは、その矛でその盾を突いたらどうなるか」と質問したのです。それで「矛」と「盾」を書いて「矛盾《むじゅん》」というわけです。

それで「生死」とは、ただ「生きる」と「死ぬ」ということだけではなく、なんでも矛盾対立することをいうのです。自分と他人が矛盾対立する。この自分の心の中で、善い自分と悪い自分がちゃんと二人いて、それが一つにならない。心と身体が二つあって、心のとおりに身体が動かないし、身体のとおりに心が従っていかない。自分自身の中にちゃんと、他人に見せる自分と自分自身が見ている自分が矛盾対立しているのです。大きくいえば、自民党と社会党が矛盾対立しているし、このごろは本山もこれに似たことをしています。

この矛盾対立をどうしたら超えることができるか。人間が凡夫であるならば、必ずそこにこういう矛盾対立というものがある。この問題をどういうふうに解決するか、ということが信仰の問題です。この問題は政治によっても経済によっても、いわゆる教育によっても愛情によっても、何ものによっても解くことができません。

たとえば、本当に子どもをかわいがったことのある母親ならよくわかると思いますが、かわいがればかわいがるほど、子どもが自分の思うようにならないという事実にぶつかるということがあります。そういう問題はなんとも仕方のないものなのですね。人間の心では解けないものなのです。それが矛盾対立なのです。子どもを憎んで放っておいたからだめになったというのなら、それはわかる。しかし、かわいがればかわいがるほど、それによってかえって子どもが良い子にならないということが起こるのです。このごろの言葉でいえば、「過保護」ということでありましょう。この前、私の子どもの保護者会に行きましたら、先生が大変そのことを注意されました。「このごろの子どもは過保護でいけない。親が子どもをかわいがりすぎて、子どもが自分で自由に進む力がない」ということを言われる。

要するに、この矛盾対立をどうして超えるのか。自分自身の中に隙間《すきま》があり、自分と他人との間に隙間がある。そこに矛盾対立がある限り、具体的な経済の問題で苦しむとか、自分の待遇がよくないというようなことで悩むのではなく、どことなく「うらがなしい」、「もの淋しい」、「むなしい」のです。その問題を本当に解くのがまさに宗教なのです。

究極的関心事

では、なぜ私たちに生死・矛盾対立というあり方が起こってくるのでしょうか。

そこに、私たちは生活の中で何を一番大切なものにしているか、ということが問題になってきます。それが「宗《しゅう》」という問題です。昔から「宗は要《よう》なり」といい、「要」とは「かなめ」ということ、「かなめ」とは「中心」ということ、「中心」とは、さらにいえば「本尊《ほんぞん》」ということです。たとえば、私たちが自分の身体を自分のいのちだと考えたら、肉体が失われる死が怖くなるのですね。自分の能力を自分だと考えたら、必ず自分より能力の劣った人を軽蔑し、自分より能力の高い人を羨《うらや》むのです。何でもそうです。自分は日本人だと、こう言えば、必ず外国人と対立するし、普通の意味で、自分は真宗門徒だ、とこう言えば、キリスト教徒や創価学会の人と対立するのです。

なぜ、そういうことが起こるかといいますと、宗教の本質である「宗」、「中心となるもの」がお互いに違うからですね。だから意見のくい違いが起こるわけです。そうでしょう。皆さんご自身は、いったい何を日常の生活の中で一番大切なものとして生活しておられますか。ある人は愛情を、ある人は経済をということになれば、はやくもそこで、愛情中心の考え方と経済中心の考え方とが対立するでしょうね。どんな対立の中にも深く推《お》していくと、そこに宗教の問題が隠れているのです。どういうふうに隠れているかというと、その一人ひとりが自分の生活の中において何を中心として生きているかということなのです。

それを、現代の世界的な神学者であり宗教学者であるポール・ティリッヒ〔一八八六～一九六五〕は、「宗教とは究極的関心事である」と定義しました。これはどんな宗教にもあてはまるのです。つまり親鸞聖人のお言葉によりますと、「畢竟依」ということです。英語では、ultimate concern といいます。いったい私たちの心が何を一番大切なものとしてそこに注《そそ》がれているかということ、それが実は宗教の問題なのです。もしも人間がそういう自分の生活の中心、本尊をもたなかったならば、あっちからこう言われれば、あっちへふらふら、こっちからこう言われれば、こっちへふらふらするわけです。

本尊はここ（本堂）におられますけれども、実は、ここにありますのは本尊の形、本尊を象徴したものです。皆さん一人ひとりは何を本尊としておられますか。もし本尊をもたなければ、私たちの生活は「酔《すい》生夢《せいむ》死《し》」、酔うがごとく生き、夢みるように死んでいくのです。つまり、私たちの日常生活というものは次から次へと仕事があるのです。これが一つ片づいたら、次にまた来るんですね。毎日毎日仕事に追われて、そして一生を振り返ってみると、うれしいこともあった、悲しいこともあったと……。だけどよく考えてみたら、結局、何もなかったというのです。それを「このたびむなしくすぎなまし」と言うのですね。もし、私たちが生活の中心をもたなかったなら、私たちは他人に動かされて生きることになり、自分の自由な意志で心から納得して生活ができないのですね。お父さんがそう言ったからそうせにゃならん。子どもがそう言ったからそうせにゃならん、と。蓮如上人が「五障三従《ごしょうさんしょう》の女人《にょにん》」〔『御文』聖典七八六頁〕と言われたのは、そこですね。仏様のことを「自在人」といいますが、それはわがままという意味ではありません。私たちは本当の意味の自由な人になるということが大切です。ふらふらと他人に動かされない人、自分のいのちを自分で生きる人。私たちが本尊をもたないということは、つまり生活の中心をもたないということです。

『大無量寿経』によりますと、「心〈煩悩〉のために走《は》せ使いて、安き時あることなし」〔聖典五八頁、〈 〉内筆者〕とあります。つまり自分の関心があっちへ行ったりこっちへ来たりする。そのたびに自分の身がこき使われる。そして、「忙しい、忙しい」と言っている間に終わってしまうのです。

それなら本尊をもとうということになると、今度は本尊をまちがってもつということが起こるのですね。そして、まちがって本尊をもった人間ほどしまつの悪いものはないというのです。その人間は頑固《がんこ》になる、かたくなになる、他人の言うことを聞き入れない。つまり宗教の名、信仰の名によって自我を主張するという形が出てくる。そこで初めて「真宗とは何か」という問題が出てくるのです。

煩悩具足

いままで「宗教」ということについて話をしてきましたね。宗教とは自分の生活に中心をもち、要をもち、本尊をもつことです。けれども、本尊をもつについて、もし私たちが誤った本尊をもったならば、『御文《おふみ》』に、「自損損他のとが、のがれがたく候う」〔聖典七六一頁〕とありますように、大変なことになるのです。信仰・宗教というものは、人間の心の非常にデリケートな部分、心の深みに触れてまいりますから、もしまちがえると、その人を人間的にゆがめまして、かたくなな人としてしまい、本当に健康な明るい、親鸞聖人が「無碍《むげ》の一道」〔『歎異抄』聖典六二九頁〕、あるいは「無量光明土《むりょうこうみょうど》」〔「行巻」聖典一九二頁〕といわれるような人ではなく、なにかちょっとヒステリックな人間をつくりあげてしまうのです。

ドイツの神学者で、一九四五年に亡くなられたボンヘッファー〔一九〇六〜一九四五〕という人が、こう言っておられます。「どうも宗教は人間の弱みにつけ込んでうまいこと話をもっていく。私は牧師であるが、そういうことは許せない」と言うのですね。「そういう考えは決して聖書、つまりキリスト教の本来の姿ではない」と主張されておられます。

真宗の場合もそうですね。つまり「罪悪深重《ざいあくじんじゅう》煩悩熾盛《ぼんのうしじょう》の衆生だ。どうせ私たちはつまらん者だ。かかるつまらん者を阿弥陀様が助けてくださる」と、こう言うのです。その時に「助かる」とはいったいどういうことなのか。「罪」とはどういうことなのか。言っている本人が何もわかっていないんですね。たとえば「罪悪深重」、「煩悩具足」とはどういうことか？　私は、煩悩具足ということは大変な自信に満ちた言葉だと思うのです。つまり煩悩具足ということは、どんな汚ない心も全部、私の中にあるということでしょう。そうするとどんな人とも話ができるのです。相手が汚ない心をぱっと出してきたら、「ああ、その汚ない心がわしにもあるなあ」と、ちゃんとその人と仲良しになれる。「どうせ煩悩具足の凡夫だ」ということは、煩悩具足ということがわかっていない証拠です。煩悩を具足していたら、いつでも相手の心を自分の心とすることができるのです。心が通じあえるのです。だから煩悩具足の衆生は無碍の一道を歩めるのでしょう。

ところが、本当のことがわからないから、暗いのですね。誤りは無明《むみょう》から出てくるのです。それで煩悩具足ということは、本当に自分がわかったということです。煩悩具足ということがわかった時には、どんな人とも友だちになれるのです。なぜかというと、相手の醜《みにく》い心がみんな私の心だと言えるからです。ところが最近は、煩悩不足の凡夫ばかりですね。煩悩不足だから、悪い人がみんな自分の外にいる。「あれはつまらん人間だ」と言う。煩悩具足なら、つまらん人間は自分の中にいるのです。だから誰ともちゃんと友達になれる。それなのに、「煩悩具足の凡夫」ということを口にして、自分のわがままを許す。大変ずるいことをする。そういうのは決して親鸞聖人のお心ではありません。そこには真の懺悔《さんげ》なんてあるはずがないのです。

真宗とは

そこではじめて「真宗」ということが問題になります。「宗教」ということはもうおわかりになられましたね。そこで、その「宗」が真実であるということ。何を「宗」とすると、何を生活の中心とすると、本当に私たちに健康な明るい、喜びに満ちた生活が与えられるのか？　そこに初めて「真宗」ということが問題になるのです。

最初にも申し上げましたように、「真宗」という言葉は、決して宗派という意味に使われたのではありません。古い時代には、外道《げどう》に対して仏教が真宗だといわれておりますし、また小乗仏教に対し、大乗仏教が真宗だといわれております。そのことは存覚上人〔一二九〇～一三七三〕がお書きになった『六要鈔《ろくようしょう》』をお読みになりますとはっきり書いてあります。いったい私たちが何を中心とし、何を本尊として生きる時、本当に人間として生きることができるか。

私はときどき、お坊さんたちばかりの会に行くのですが、そこで、「医者は誤診をすれば、相手は死ぬんですよ。坊さんがいいかげんな説教《せっきょう》をしたら、相手の心だって死ぬんですよ。それくらいの覚悟をもって演壇に立たなければだめなんだ」と、ちょっと偉そうなことを言うのです。説教には証拠がないでしょう。だからどんなことを言ったって、皆、「ハイ、ハイ」と聞いている。そして聞いたとおりに何も生活しないのです。皆さんはそうではないと思うけれども、そういう人が多いのです。しかし、そういう厳《きび》しいところが宗教にはあるのです。だから、善導大師は「衆生を誤まらざる」〔『教行信証』「信巻」聖典二一六頁〕、まちがいがないのだ、それが「真宗」だと、こうおっしゃる。

それで、私たちがそれを中心とすることによって生死を超える、――生きている中にはいろいろな矛盾対立がある、その矛盾対立を刻々に超えていく。そういう力になる生活の中心、それは何かということが真宗ということです。それでは真宗の内容は何かというと、「念仏して仏に成る」ということこそが「真宗」だというわけです。

満足大悲の人

それでは、その「仏」とは何かというと、善導大師は「満足大悲《だいひ》の人」〔『教行信証』「信巻」聖典二一六頁〕とおっしゃった。「満足大悲の人」とは、「大悲を満足した」とも読めますけれども、本当に自分の生活に満足されたがゆえに、そこから大悲を行ずる人だと私は了解するのです。

どうですか皆さん、さっき言いましたように、心に隙間がないですか。私たちの生活に、また自分と他人との間に、自分自身との間に隙間があるということは、満足がないということでしょう。満足がないという事実を知った時、私たちは必ず満足のある生活を求めずにおれないでしょう。

私たちが自分と他人との間に、また自分自身の中に、そのような隙間を感ずるという事実そのものが、実は、「今日の一日が満ち足りた一日であった」と言えるような、そんな一日を求めている証拠でしょう。その人の環境とか生活事情とかを超えて、しかも、そう言える身となる。それが「仏に成る」ということです。「仏に成る」とは、何も特殊な人になるということではないのです。かたちは、奥さんだったりご主人であったり、時には工場でハンマーを振るう工員であるかもしれない。けれどもその人に一度《ひとたび》念仏ということが明らかになるなら、そこに満足大悲の世界が生まれてくるのです。

では、その満足がどこから生まれてくるのか、そして何故《なにゆえ》に念仏が、わずか六字の名号が、それだけの力をもっているのかということを考えてみなければなりません。しかし、今朝は時間がまいりましたので、明日そのことをお話申し上げたいと思います。

二、「念仏して仏に成る」とは?

念仏成仏

昨日から「念仏成仏是れ真宗」という題でお話いたしておりますが、昨日は「真宗」ということについてお話をいたしました。それは一言で申しますと、「真宗」というのは仏教の中の一つの宗派というようなものではなく、私たちが、本当にそれによって生きていくことのできる、そのものです。いま、「本当に」ということは、「真」ということ。「真」ということはすべての人に通じるということです。「真」ということは、「みんな」ということであり、「まちがいのない」ということです。だから「真宗」とは私たちがそれによって生き、それとともに死んでいくことのできるような人間生活の中心、自分たちの生活の要をいうのです。したがってどんな人も、それがたとえ創価学会の人であっても、キリスト教徒であっても、およそ人間であるものは誰でも「真宗」を求めないではおられないのです。けれども何が「真宗」であるかということがはっきりしないわけです。

さて、その「真宗」とは何であるか、何が本当に私たちの生活の究極の依りどころになり、何が本当にすべての人に通じる道であるかという問題に答えて、ここに「念仏成仏是れ真宗」とおっしゃっておられるのです。「是れ」というのは、善導大師は「是れというはよく定める言葉である」〔『観経疏』「序分義」真聖全一、四六四頁〕と言われる。「念仏成仏」とは、念仏して仏に成るということなのですが、その場合、「仏に成る」ということがどういう内容をもっているかということを、昨日多少触れました。

さてそこで、「仏」という言葉はいろいろ言い表わされております。お経の中にも如来《にょらい》の十号ということがありますが、今日は特に善導大師のお言葉によって「仏とは満足大悲の人である」と言っておきます。それで、仏様とは満ち足りて、そして人の苦しみを自分の苦しみとし、人の喜びを自分の喜びとして、そしてみんなに通じる、その道を生きていく人、それが仏様です。

ところが、ここに「成仏」ということがあります。「仏に成る」という。「成る」というのはいったいどういうことか。私はいままでばくぜんと「成仏」という言葉を使っておりましたが、今朝ほどふと目を覚まして、「成る」という字はどういう意味があるのだろうかと思い、さっそく字引きをいくつか調べまして、中国の言葉で「成る」という字はどういう意味に使われているかと書き出してみたのです。そうすると、いろいろな意味があります。ちょっと簡単に申しますと、「出来あがる」、「盛んになる」、「徹底する」、「実る」、「熟する」、「生ずる」、「整う」、「和解する」、「仲なおりをする」、「総決算をする」と、いろんな意味が出てくるのです。これらの意味を含めて考えてみましょう。

私たちがよく聞いている言葉に「成就」という言葉がありますが、「成るは成就と同義である」と書いてあります。成就するとはどういうことかといいますと、何かをしたいしたいと思っていたものがついに成り立ったということですね。つまり熟するということ。成熟するとは内にあるものがついに完成したという意味ですね。そうすると仏に成るということは、実は、人間がなにか人間以外のものに成るのではなく、本当に人間を完成した、人間を成就したという意味なのです。

だからこそ『臨済録《りんざいろく》』という禅の本に、仏のことを「真人《しんにん》」〔『臨済録』上堂三〕と言ってあります。『大無量寿経』の中にも五悪段に「真人を殺し」〔聖典七四頁〕という言葉があります。仏のことを「真人」というのです。仏というのは本当の人。それは、仏に成ることにおいて実は人間を成就するのです。私たちは満足大悲の人となった時に、初めて本当の人間に成るのです。それまでは人間に成るために修行しているのです。人間に成るために努力しているのです。だから悩んだり悲しんだりすることも決して無意味ではない。それをとおして仏に成っていくのです。真人に成っていくのです。

ところが成就するということは、皆さんの中にもお百姓の方もおられると思いますが、稲が実るというような意味がこの「成る」という字にあるのです。そうすると、種をまいて苗代《なわしろ》を作って田植えをして、そして、最近では草取りをしないかもしれませんが、農薬をまいて、そして大きくなって秋になると米が実ると、そういうことでしょう。そうすると、「成る」ということの中には「歩み」があるのです。突如として成るということはない。お米でもそうでしょう。成長し成熟していく歩みがあって初めて成るということがある。すると満足大悲の人としての歩み、つまり私たちが成仏していく歩みとはどういう歩みか、どういうふうに歩んでいくことによって、仏に成ることができるのでしょうか。

人間成就の歩み

これを一般的に申しますと、そこに「八相成道《じょうどう》」ということがあるのです。人間は八つの相をもって初めて仏に成っていくのです。それはどういうことかと申しますと、(一)入胎《にったい》、(二)誕生、(三)処宮《しょぐう》、(四)出家、(五)降魔《ごうま》、(六)成正覚《じょうしょうがく》、(七)転法輪《てんぼうりん》、(八)入涅槃《にゅうねはん》、これだけの歩みをとおして初めて満足大悲の人としての仏が成就するのです。

いちおう区別しますと、「成正覚」において満足ということが成り立ち、そのあとが大悲ということになります。つまり自利利他の成就ということです。

ここで、これらの意味を少し申しますと、「入胎」というのはお母さんの胎内に入ること、「誕生」というのは生まれること、「処宮」というのは世間に出るということです。お経によりますと、「処宮」というのは、数学の勉強をしたり、たくさんの本を読んだり、運動をしたり、武術を習ったり、そして結婚したり、子どもが生まれたりと、いわゆる私たちの社会生活をすることです。これも大事なことです。『大無量寿経』の序分に詳しく書いてあります。「群籍《ぐんじゃく》を貫練《かんれん》」するとか、「後園《こうえん》に遊んで武を講じ芸を試みる」

「宮中《くちゅう》、色味《しきみ》の間に処して」〔聖典三頁〕と。やっぱり人間、恋愛もする、結婚生活もする、いろいろな社会生活をするのだというのです。

その次に「出家」ということがあります。出家ということは、そういう社会生活によって満たされることのない問題を発見して、その問題を解こうとして一生懸命努力することです。必ずしも家を捨てることではありません。それで私は、いつでも「出家」と「家出」は違う、と言うのです。「出家」とは、家を出てどこかに行ってしまうのではない。むしろ家の中に起こっている問題を本当に担うことなのです。家庭生活をしていることの中で起こってくるいろいろな問題を、本当に解決しようとして一生懸命努力することが、「出家」ということなのです。そうでなければ「出家」と「家出」は区別できません。

この世にいるとつらい、苦しいから、一人どこか楽なところ、山の中へでも入ろうといっても、いま、そんな山などありません。京都に寂光院というお寺がありまして、昔は文字どおり「寂光」で非常に静かな所だったけれども、いま、お正月にでもお詣《まい》りに行ったら、たくさんの人が集まって、自家用車のクラクションが「ブーブーブーブー」いっております。もう寂光院どころではありません。どこへ行っても人がいるのですから。だからいま、もし出家するということが家を出ることならば、アポロに乗って月へ行ったらよいだろうと、私は冗談を言うんです。しかし「出家」とはそういうことではありません。「出家」とは、「処宮」という社会生活の中で満足できない、そういう問題を本当に自分の問題として引き受けて、その問題をなんとかして解いていこうと努力することです。

次に「降魔」。「魔」というのは「殺す者」という意味です。何を殺すのかといえば、「智慧のいのち」（慧命）を殺す。その「魔」と闘って勝利したということ、それが「降魔」です。だからそれは真実智の獲得である「成正覚」へと続くのです。
「成正覚」、これは覚りを開く。覚りを開いた人を「仏陀《ぶっだ》」と呼ぶ。また「勝利者」とも呼ぶ。そして自分の覚りを言葉にして伝える。それが「転法輪」。最後に「涅槃に入る」。こういう八つの形をもって、「成仏」の道というものが歩まれていくのです。

ところが、求道をしない人は、「入胎」、「誕生」、「処宮」、その次に「死」がやってくるのではないか、と言うのです。「八相」がなくて「四相」しかないのですね。生まれて、学校へ行って、社会人として生きて、子どもが生まれて、そしてそれだけで死んでいくなら、人間を成就したとは言えません。出家以後の歩みがあってこそ、初めて本当に「人間」だと言えるのです。

それでは、この八相とは特別に立派な、釈尊という方だけが歩まれるのかというと、そうではないのです。『大無量寿経』によりますと、大乗の菩薩はみなこの道を歩んだと書いてあります。それだけではない。たとえば親鸞聖人を例にあげるなら、聖人は藤原家の末孫《まっそん》としてお生まれになった（誕生）。そして当時の比叡山《ひえいざん》で勉強された。当時の比叡山とは今の東京大学や京都大学といった国立大学のようなものです。そして二十九歳の時に無常を感じ隠遁《いんとん》の志《こころざし》にひかれて山を降りられた。そこに親鸞聖人の「出家」がある。そして百日間六角堂に参籠《さんろう》された。それが「降魔」です。そしてついに法然上人に出会われて信心決定《けつじょう》されたのが「成正覚」でしょう。それから『教行信証』はじめ『唯信鈔 文意《ゆいしんしょうもんい》』、『浄土文類聚鈔《じょうどもんるいじゅしょう》』等をお書きになった。それが「転法輪」です。そして九十歳の生涯を念仏とともに終わっていかれた。それが「入涅槃」でしょう。すると不思議にも親鸞聖人のご生涯にも八相があるのですね。

それなら、親鸞聖人のご生涯だけがそうかといったら、そうではない。自分のことを申してまことに恐縮ですが、私の祖母は今年八十八歳になります。八十八歳になって脳軟化症で、私が行ってもわからないぐらいです。それでも「恩徳讃」だけは歌える。私はたいしたものだと言っているのです。その祖母の生涯を見てみましょう。誕生して社会生活をした。結婚をした。そしたら旦那さんがいい人を作りました。なぜかといいますと、あんまりうちのおばあさんがよく働いたものだから、おやじさんが働く気をなくして、奥さんの儲《もう》けたお金で遊んだのです。それでうちのおばあさんは大変苦労しまして、当時、京都の御講師の吉谷覚寿さん〔一八四三～一九一四〕の所に住み込みで働いたんですよ。そして、毎朝、御本山のお説教にお詣りをして、一生懸命自分の苦しみの因を尋ねた。ところが、それでもなかなかわからない。

「有縁の知識」ということがあって、うちのおばあさんの場合は、再婚後、暁烏《あけがらすはや》敏先生〔一八七七～一九五四〕に遇うて、やっと自分の行く道がはっきりしたわけです。そこに、いわゆる信心決定ということがあります。そして、おじいさんが死にました時に、暁烏先生が「子どもたちも大きくなったし、この世の仕事は終わったから、これからは願作《がんさ》仏心《ぶっしん》・度《ど》衆生心《しゅじょうしん》の生涯を貫きなさい」というお手紙をくださったから、祖母はその日から、在家の身ですけれどもちゃんとお講を立てたのです。毎月一回、祖父の命日《めいにち》を記念して、自分の家に「香草会《こうそうかい》」という会をつくった。そしてもう二十年以上、いまも続いております。近所の人、それこそ「老少善悪のひとをえらばれず」〔『歎異抄』聖典六二六頁〕、集《つど》って御法話を聞くのです。そして祖母は間もなく「入涅槃」だと思います。

そうすると、上は釈尊から下は何も知らない私の祖母にいたるまで、みんな真剣に道を求めるならば、この八つの相を取るのですね。しかし社会生活のところで終わってしまうならば、それは人間を成就しないうちに死んでしまう。

南無阿弥陀仏をとなうれば　この世の利益《りやく》きわもなし
流転輪回《るてんりんね》のつみきえて　定業中夭《じょうごうちゅうよう》のぞこりぬ
〔『浄土和讃』聖典四八七頁〕

という御和讃がありますが、「中夭」とはつまり中折れする。人生を完成しないで途中で折れてしまうということ、つまり自分の人生が成就しないのです。「処宮」で終われば完成しないのです。「成正覚」ということがあって初めて完成する。だから、どうしても私たちにはこの八つの歩みがなければならないのです。もしなければ、その人の人生は中夭なのです。たとえ百年生きていても、途中で折れたのです。それで、今日は「成正覚」、――なんといっても、八相の中心は釈尊が覚りを開かれるということですから、「成正覚」のことを少しお話申しあげましょう。

釈尊の覚り

それでは、釈尊が覚りを開かれたということはどういうことなのでしょう。誰でも「釈尊は覚りを開かれた」というと、「うん、そうだ」と納得します。では、「その覚りの内容は何であったのか」というと、どうもはっきりしない。

一般には、それは縁起《えんぎ》の道理がおわかりになったのだ、縁起の法を覚られたのだ、といいます。縁起についての本はたくさん出ていますが、その本を読んだ人が、覚りを開いて仏陀に成って、それこそ「光顔《こうげん》巍々《ぎぎ》」〔『無量寿経』聖典一一頁〕として光が身に満ちたような人生を生きたかというと、そうはいかない。釈尊が縁起の法を覚られたことはまちがいはない。しかし、縁起の道理を覚った時にどうなられたのか。つまり釈尊が覚りを開かれたという、その覚りの本当の内容はどういうことなのでしょうか。

古い経典――『阿《あ》含経《ごんきょう》』などに繰り返し繰り返し出てくる言葉があります。

我が生《しょう》すでに尽き
梵行《ぼんぎょう》すでに立つ
所作《しょさ》すでになし
自《みずか》ら後有《ごう》を受けずと知る

この四行のお言葉によって覚られた内容が表わされているのです。

それで、「所作すでになし」ということは、上田義文先生［一九〇四～一九九三］に聞いたのですけれども、「なすべきことはなし終わった」という意味だそうです。そして「自ら後有を受けず」とは、もはや再び迷いの生活に入らないということ、つまり「正定聚不《しょうじょうじゅふ》退転《たいてん》」ということです。

そこで大事なことは前の二句です。私たちの常識で考えましたら、棺に入って枕経《まくらぎょう》をあげてもらった時が死ですから、生きている人が「我が生すでに尽き」と言うのはわからないことでしょう。

きのう御住職と話しておりましたら、こちらの方では、皆さん「来た所《とこ》知らずの、行き先知らず」とよく言われるそうです。そういう無明、つまりわからないところから始まってわからないところへ終わっていくそのいのちを、自分のものだとしがみついているのでしょう。そのしがみつく心と、しがみつかれているいのち。これが「我が生だ」、「私のいのちだ」と執着《しゅうじゃく》しているのでしょう。この迷いのいのちが尽きたということは、覚ったということ、法に目覚めたということです。

京都の方では「かまわんといて」と言うんです。人が何か言うと「うるさい」「かもうていらん」と言うんです。「わしはわしで勝手に生きていく」って言うんです。子どもなんかでも少し大きくなると、「かまわんといて」、つまり「自分のいのちは自分のものだ。人はとやかくおせっかいをやくな」というわけです。しかし、こういうふうに思っている自分のいのちは何かということは、本人もわからないのです。こういう無明をもとにした生です。

それで正覚ということは智慧です。智慧によって覚りを開かれたということは、無明をもとにしたいのちが尽きたということです。それなら、無明をもとにしたいのちが尽きたら、それで終わったかというと、「梵行すでに立つ」と。そこに、私たちの孤独な、――このごろの言葉でいうと「私人」としての、つまり「結局、最後に頼るものは自分一人だ」と、そのようにしか思えないその自分のいのちが尽きて、梵行が立つ、と。

「梵」というのは「浄」という意味です。親鸞聖人の教えに重ねて申しますと、「梵行」とは「大行《だいぎょう》」〔『教行信証』「行巻」聖典一五七頁〕ということです。大行がすでに立ったと。この私のちっぽけないのち、そういうものに固執《こしゅう》する、その心と固執されたいのちが尽きたのです。それは「自覚」、「覚る」という、その一点において迷いの生が尽きて、そこに真実そのものがはたらき出る。つまり大行が我が内に擡頭《たいとう》してきた。それが覚りということであります。

仏と如来

そこで一言申し上げておきたいことは、「仏」ということと「如来」ということです。「仏」とは「目覚めた人」ということ、「如来」というのは「真如」または「一如」が「来生《らいしょう》した」という意味ですね。「従如来生　解《げ》法如如《ほうにょにょ》」という言葉が『大無量寿経』の下巻にありますが、つまり「如《にょ》より来生《らいしょう》して法の如如《にょにょ》を解《さと》り」〔聖典五四頁〕と。それで、釈尊が覚りを開かれた。つまり、ゴータマ・シッダールタという一人の人間が仏陀になったと。「仏陀」とは、もう固有名詞ではない。個人の名前ではないのですね。それは人間のあり方です。本当に人間を成就したものを仏という。ゴータマ・シッダールタが仏陀に成ったということは、実は、真如・一如そのものが人間と成ったということなのです。

それで親鸞聖人の御和讃に、

久遠実成《くおんじつじょう》　阿弥陀仏　五濁《じょく》の凡愚《ぼんぐ》をあわれみて
釈迦牟尼《しゃかむに》仏としめしてぞ　迦耶城《がやじょう》には応現する
〔『浄土和讃』聖典四八六頁〕

と述べられています。迦耶城とは釈尊が覚りを開かれた場所です。ゴータマ・シッダールタが覚りを開かれて仏陀と成られたということは、永遠の阿弥陀如来が釈尊として現われ出られたことだと、親鸞聖人はおっしゃるわけです。だから、人間が覚ったのを仏というのですが、人間が覚ったということは、真理が人間となって現われ出てきたことですね。それを「如来」という。こういうことがおよそ宗教の核心なのです。

どんな宗教でも、それが本当の宗教なら、必ずそういう「死して生まれる」ということがあるのです。ひとつキリスト教のほうから例を出しますと、有名なパウロという人がおりますね。この人の書かれた本の中に「生きているのは、もはや、わたしではない。キリストが、わたしのうちに生きておられるのである。」〔「ガラテヤ人への手紙」第二章二〇〕と。こう言えた時に初めて、それは本当の意味の信仰が確立したといってよいでしょう。「梵行（大行）すでに立つ」というのは、私が生きているのではない。阿弥陀如来・南無阿弥陀仏の心が我がいのちの中に生きている、私はその心に順って生きていきましょう、ということです。

「専《もっぱ》らこの行に奉《つか》え、ただこの信を崇《あが》めよ」〔聖典一四九頁〕と『教行信証』の「総序」に書いてあるでしょう。これは大事なことです。信というのは、いままで自分の外にあった阿弥陀仏が自分の中から生まれ出ることであります。中から生まれたからといって、決してそれは自分のものではない。「この行に奉え、ただこの信を崇めよ」と言われる。「行信」というところに「我が生すでに尽き、梵行すでに立つ」ということがあります。「我が生すでに尽き」ということは、真宗の伝統的な言葉で申しますと、「自力の迷心が断たれた」ということです。「雑行《ぞうぎょう》を棄《す》てて本願に帰す」〔『教行信証』「後序」聖典三九九頁〕ということが、「我が生すでに尽き、梵行すでに立つ」ということです。それで次に「梵行」、つまり「大行」の主体は何か、「大行」の内容はどういうことなのか、という点が問題になりますね。

念仏

私たちは、「助かる」、「救われる」、「信心を得る」、「覚りを開く」ということを言いますが、その中心となる一点を押さえれば、必ずそこに「我が生すでに尽き、梵行すでに立つ」ということ、「自力の迷心をひるがえして、本願他力に乗托する」ということがあります。そこにいのちの転換がある。いのちの切り替えがある。これが信仰の核心であります。それなら、そこに切り替わった「大行・梵行」とは何か。つまり「成仏」ということを本当に私たちに成り立たせてくれるもの、それは何によるのか。在家の生活を営み、特別に戒定慧《かいじょうえ》の三学《さんがく》を勉強することもできない者が、その一点において仏に成ることができるもの、それはいったい何か。それに応えて、親鸞聖人は、「念仏」というただそれ一つによって、私たちは「成仏」する、――「満足大悲の人」となって真に人間を成就することができる、とおっしゃる。それこそ真宗の教えであり、それこそ真宗の内容であります。

さて、その「念仏」ということです。その念仏につきまして、『教行信証』の「行巻」に、経典を引き終わられまして、七高僧の「論」と「釈」とを引用されます。ちょうどその間に、御自釈《ごじしゃく》というものがあります。親鸞聖人ご自身の御解釈がありまして、この中にこういうふうにおっしゃっておられますね。

しかれば名《みな》を称するに、能《よ》く衆生《しゅじょう》の一切の無明《むみょう》を破し、能く衆生《しゅじょう》の一切の志願を満てたまう。

〔聖典一六一頁〕

これが、いままで私が申してまいりましたことを、一言で述べておられますね。「南無阿弥陀仏」と称名することの中で私たち人間の「一切の無明を破す」ということは、根本の無明を破すということです。根本の無明ということは、自分のいのちの源についての無知が破れるのです。皆さん、念仏しておられるでしょう。念仏しない人はここに来ておられる人の中に一人もいない。しかし念仏した時、「南無阿弥陀仏」を称えた時に、一切の無明が破れますか？　一切の志願が満ちますか？　念仏を称えた時に、自分の心が大満足するでしょうか？　私は、そうはならなかったのです。それで、びっくりしたのです。親鸞聖人はそうなられた。聖人がこうお書きになっている以上、お念仏されると必ずそこに、「一切の無明を破し、一切の志願を満たす」ということが起こったのです。それで私がこの言葉に触れた時に思ったのは、「ちょっと待った。もし、私が念仏を称えて、一切の無明を破し、一切の志願が満ちるということがないならば、私が念仏をまちがっていただいているか、それともまことにおそれ多いことであるけれども、親鸞聖人が嘘を言っておられるのか、どっちかだ」、ということです。親鸞聖人が嘘を言われるはずがないとしたら、私の念仏に対する理解がまちがっているのだ。なんとかして一切の無明を破し、一切の志願を満たすことのできるその念仏の心が知りたいと。それで私は、私なりに一生懸命勉強してまいりました。やっとその道理と意味と実践を、おかげさまで了解させていただくことができました。その内容をこれからお話申し上げたいと思います。

　そこで『教行信証』の「行巻」のいまの所をもう少し続けて読みましょう。

　しかれば名《みな》を称するに、能《よ》く衆生《しゅじょう》の一切の無明《むみょう》を破し、能く衆生《しゅじょう》の一切の志願を満てたまう。称名《しょうみょう》はすなわちこれ最勝真妙《しんみょう》の正業《しょうごう》なり。正業《しょうごう》はすなわちこれ念仏なり。念仏はすなわちこれ南無阿弥陀仏なり。南無阿弥陀仏はすなわちこれ正念《しょうねん》なりと、知るべしと。

〔聖典一六二頁〕

と、こう書いてあります。そこに「称名」ということと「念仏」ということと「南無阿弥陀仏」ということが出てまいります。そしてこの三つのものが同じだという。そこで「称名」については「正業」、「南無阿弥陀仏」については「正念」ということがいわれます。いまはしばらくその言葉をおきまして、いま、三つの事柄、――「称名」、「念仏」、「南無阿弥陀仏」、この三つのものが別のものではない、一つのものだ、とおっしゃっておられるのですが、しかしまったく一つのものならば、一つのものだと言う必要がないですね。一つのものだと言うのは、どこまでも違ったところがあるからこそ、それを一つだと言う意味があるのです。

　たとえば、「称名報恩」という言葉がありますね。ところが、「念仏報恩」とか「南無阿弥陀仏報恩」とはいいませんね。それから「信心の体は名号」、つまり「信心の体は南無阿弥陀仏」と言いますが、「信心の体は念仏」であるとか、「信心の体は称名」とは言いません。伝統的にそういうことはありません。ということは、つまり、この「称名」、「念仏」、「南無阿弥陀仏」という言葉にはっきり違いがあることはまちがいありません。それが、しかも一つになってはたらくというところに、「大行」である「念仏」、「南無阿弥陀仏」の非常に豊かな内容があるのです。だから、今一度、この三つの言葉の意味の区別をいたしまして、そのことをとおしてもう一度、それが一つだということをはっきりしていきたいと思うわけです。

南無阿弥陀仏

それで、私は親鸞聖人とは逆に、「南無阿弥陀仏」から始めます。

では、「南無阿弥陀仏」とは何か。これが「法身《ほっしん》」であるということがたいへん大事なことであります。この前、ある席に行きましたら、ある教養が豊かで有名な方ですが、その方は「阿弥陀仏が在る」ということがわからないと言うのです。お釈迦様がおられたということはよくわかる。しかし、阿弥陀様がおられるかどうかということは、どうしても信じられない、と言うんです。その場合、皆さんはどうでしょうか。お経に書いてあるから、「在る」と信ずるのでしょうか。またある人は、「私は教えを聞いて、そう思ってお、り、ま、す」と言うんですね。しかし、思い込んでいるから「在る」というようなものならば、それはまた思いが変われば、「阿弥陀様が在る」ということもあやしくなってきます。そこで「阿弥陀様が在る」という場合、それが法身だということがはっきりわかるということが重要です。

それで、一つ譬えをあげますと、皆さんご存じのように、「万有引力の法則」というのがありますね。イギリスにニュートンという人がいて、リンゴが落ちるのを見て、「物はなぜ落ちるのだろう」と考えた。そしたらそこに、「万有引力の法則」というものがはたらいているのだとわかった。それでいままでは「万有引力の法則」があるということは、誰も疑わないのです。けれどもその法則のあり方は、物が在ったり、人が在ったりするあり方とは違うのです。こうしたら時計が落ちるという事実はあるけれども、法則はどこにも見えないでしょう。しかし、物が落ちるという事実がある時にいつでも、法則ははたらいているのです。法身は目に見えるものではないのです。物が在ったり、人が在る、といったあり方のものではないのです。念仏の人があるところ、信心の人があるところ、仏法を喜ぶ人があるところ、いつでもそこに阿弥陀様が在るのです。法身として在る。これは大事な点です。阿弥陀仏が法身だということがはっきりすると、そのことは非常にすっきりします。

その次に、しかしながら阿弥陀仏は単なる法身ではない。「方便法身」である。「南無阿弥陀仏」の尊号にはみな「方便法身の尊形《そんぎょう》」と書いてある。では「方便」とはどういうことか。「嘘も方便」というあれか、といえば、それは違う。「方便」とは、インドの言葉で、ウパーヤ（upāya）。ウパーヤとは、英語でcomming near「近づいてくる」、「近くに来る」という意味です。「近くに来る」とは、人間に近づいてくるのです。法は普遍的なもの。「仏にあっても増さず、凡夫にあっても減らず」、――いつでも、どこでも、誰にでもあるものが法なのです。ところが、その法があることを知らないで、迷い苦しんでいる人がいる。その人間に対して法そのものが近づいてくる。それを親鸞聖人は、「かたちをあらわし、御《み》なをしめして衆生にしらしめたまうをもうすなり」〔『一念多念文意』聖典五四三頁〕と。「ここに阿弥陀の世界がある。ここに永遠のいのちと、無限の智慧がある」ということを衆生に知らしめる、知らせるために法それ自身が近づいてくるのです。

それでは、どのようにして衆生に近づいてくるのかといえば、それは言葉になって、ということです。

形もたず言葉でもない「真如一実」〔『教行信証』「行巻」聖典一五七頁〕の法そのものが、人間の語ることのできる言葉になる。つまり真理が言葉として表現されることによって、その言葉を聞く人間が真理を覚ることができる。だから「南無阿弥陀仏」は方便法身として、言葉になった法です。法・真理が言葉となる。それは何のために言葉になるかといえば、阿弥陀のまことを人間に知らせるためである。しかもそれが「方便法身」といわれる。

「身」という言葉は、インドの言葉でカーヤ（kāya）という。カーヤには、「身体」という意味もあるけれども、同時に、たとえば学校でいえば校長先生、会社でいったら社長さん、国でいったら首府、経済用語でいったら資本というような意味があるのです。結局、このカーヤという言葉は、「全体を総《す》べてととのえているもの、またそのはたらき」ということです。たとえば校長先生なら学校全体のはたらきを整え、そして学校全体のはたらきの中心となり、そのはたらきの全体を治めているものでしょう。それで方便法身、つまり「南無阿弥陀仏」は、言葉となったことにおいて法のはたらきが「保ち守られ」ているのです。そして「南無阿弥陀仏」をとおして、仏が衆生に関わり、衆生が仏に関わる。そこに「信」という意味があります。

それで、今日お話申し上げたことで重要な点をまとめてみますと、まず第一に、「南無阿弥陀仏は方便法身である」ということ。つまり「南無阿弥陀仏」は、衆生に知らしめたもうために言葉となった如来であるということ。このことをひとつはっきりしていただきたい。しかもさらに、その方便法身は単なる方便法身にとどまらないで、「報身《ほうじん》」だといわれる。この意味はどういうことでありましょうか。今日はここまでにしておきましょう。

三、名号・念仏・称名

復　習

一昨日から「念仏成仏是れ真宗」という親鸞聖人のお言葉を中心に話をさせていただいているわけですが、最初の日は「真宗」ということを申し上げまして、私たちは「真宗」というものは一つの宗派とか宗教団体とかいう自分の外にあるもののように思っていますが、実はそうではなく、一人ひとりが自分の「真宗」というものを求めていて、何を自分の本当の「宗」として生きるか、ということが「真宗とは何か」という問題です。したがって「真宗」をすべての人が求めているのです。けれどもそれがわからない。ある人は「いのちあってのものだね」と、自分の身体が一番大事だと言う。ある人は、「銀《しろがね》も金《こがね》も玉もなにせむにまされる宝子《たからこ》にしかめやも」と万葉の歌人、山上憶良《やまのうえのおくら》も詠《うた》いましたように、やっぱり子どもが一番大事だと言う。しかし、子どもが大事だといっても、大きくなったらお父さんもお母さんも捨ててどこかに行ってしまうから、やっぱり財産が大事だとか、いろいろ言います。それで我われは、いったい何を「宗」としたらよいのかわからない。けれども誰もが本当の「宗」を求めている。「生きるのも、死ぬのも、これひとすじ」という、そういう「人生のひとすじ道」というものを、どんな人も求めているのです。その「真宗」とは何か？　それを尋ね尋ねて、釈尊が、そして親鸞聖人が、私たちに「念仏成仏」ということこそが「真宗」だと、こういうふうに教えてくださっているのです。

それでは、私たちが「真宗」を求めるということはどういうことかと申しますと、私たちはいろんなことをして生きているけれども、本当に満足して、そして周囲の人たちと仲よく暮らしていきたい、これが本心ですね。しかし「世の中はそうはいかん」と。「喧嘩をしようとして結婚した人は一人もいないけれども、結婚して喧嘩をしない人も一人もいない」という話もあるように、皆、仲よくなろうとして結婚するのだけれども、なろうとしてもなれないということが起こる。けれども、仲よくなろうとしているという、この事実ですね。争うということが起こることも、やっぱり一つに溶け合いたいというものが心の中心に動いているからであります。争っているから、平和を求めていない、という見方はちょっと浅いのです。もっと深く見ますと、争うということも、やはり一つに溶け合いたいからです。ですから、自分が生きている人生に満ち足りて、そして人びとと仲よく生きていきたいという、それが人間の志願ですね。

安危を共同する

人間のどんな小さな営みを見ても、それが表われています。その求めていることを成就した方を「仏」という。「仏」とは、つまり「満足大悲の人」である。そう、昨日も申しましたね。「満足」とは満ち足りるということ。「大悲」とは、これは大乗の『論』の中にある言葉ですが、「摂《せっ》して自体となし、安危《あんき》を共《ぐ》同《どう》する〔摂為自体同安危故〕」〔『成唯識論』巻二〕ということです。「大悲」を英語に翻訳しますと、great compassion です。passion ということは、「苦しむ」ということです。皆さんはあまりキリスト教のことはご存じないかもしれませんけれども、イエスが十字架にかけられたことを、passion「受難」といいます。だいたい「慈悲」の「悲」という言葉のインドの一番古い語源は、カルナー（karuṇā）といいまして、これは「うめく」という意味です。人間が苦しみに耐えかねてうめくということが、この「悲」という言葉の一番元の意味です。comとは「一緒」という意味ですから、compassionという言葉がよく当たっているのです。ですから、great compassionすなわち「大悲」とは、「一緒に苦しむ」ということです。ただ苦しむということではない。喜びも苦しみも「一緒に共にする」ということですね。

「摂して自体となす」とは、相手を自分の中に受け容《い》れるということですね。相手が自分の身体になるのです。そして「安危を共同する」という。相手が安らかな時は自分も安らかになり、相手が危ない時は自分も危ないと感じる。それが「大悲」ということですね。つまり、この「摂して自体となし、安危を共同する」ということがあって、初めて人と人との心が通じ合えるわけです。片方が苦しんでいるのに、こっちは知らん顔をしている、片方が喜んでいるのに、片方はうらめしそうな顔をして見ている、というようでは、一軒の家庭（ホーム）ということは成り立たないのです。やはり「摂して自体となし、安危を共同する」ということがあって、初めて一つの共同体が成り立つのです。

そういうことができるためには、まず自分のいのちが満ち足りるということがなければならない。人はあまりほめてくれないし、自分でもあまりたいした者だと思っていない、この私のいのち……。しかし、その中に如来のいのちを仰《あお》ぎ、この自分を尊ぶのです。本当に尊敬することのできる自分なのだと、そういうことがわかって、その自分自身に満ち足りるということがあって、初めて「摂して自体となし、安危を共同する」という世界が生まれてくる。それが「行《ぎょう》」です。信心の行者の「行」。満足というのは「信」です。「大悲」というのが「行」です。必ず「大悲」は「行ずる」と書いてある。「大悲」を「信ずる」とは、あまりいっていないですね。「学仏大悲心」〔『帰三宝偈』聖典一四七頁〕と、「学」というのはありますが、「常行大悲」〔「信巻」聖典二四一頁〕とか「深行大悲」〔「行巻」聖典一六四頁〕とか、『教行信証』の「行巻」には「大悲」は「行ずる」と書いてあります。だから「仏」とは「満足大悲の人」ですから、そういう人になっていくということ、そういう人生を歩むということが大切です。

もしも人間が単なる動物ならば、歳をとるということはつまらんことですね。若いのが一番いいのです。いまの最高成長期は二十五歳ですか……。人間をただ肉体的にだけ考えるなら、その時が一番いいのです。ところが「老」ということには別の意味があります。たとえば経典で「長老舎利弗《しゃりほつ》」というときに、この「老」を使う。江戸時代には、いまの総理大臣のような人を「老中《ろうじゅう》・大老《たいろう》」といいました。「大老」というから老人かと思ったら、そうではない。本当に人生がよくわかった人だ、という意味ですね。つまり、年をとるということは「熟する」ということなのです。生きるということは「成熟する」ということですね。だから人間は成熟しなければならない。何に向かって成熟するのか。それは「満足大悲の人」に向かってです。つまり「成仏」ということが私たちの人生の意味なのです。仏に成るという方向に向かって一歩一歩成熟していく。そこに人生の正しい方向と歩みがあるのです。

正定聚不退転

「成仏」へとゆるぎない歩みを進めていくことのできる立場を、「現生《げんしょう》住《じゅう》正《しょう》定《じょう》聚《じゅ》」といいます〔『教行信証』「信巻」聖典二四一頁にもとずく〕。「仏に成っていく歩み」、――味のある言葉ですね。「念仏成仏」とは「成る」と書いてある。「成る」という時には、歩みがあり、生成がありますね。その「成仏」への、「満足大悲の人」になるゆるぎない歩みが確立する。それを「現生に正定聚に住する」、「正定聚不退転の位に住す」〔『御文』聖典八三四頁〕と、蓮如上人も繰り返し教えられました。それが「助かる」ということなのです。真宗において、「助かる」ということはどういうことかというと、それは「現生に正定聚に住する」ことなのです。つまり仏に成るための歩み、その歩みが不退転になることです。再び退かない。私の先生であります暁烏先生に『前進する者』〔暁烏全集第二部第二巻所収〕という本がありますが、ゆるぎなくその道を前進することです。

それでは最後の問題ですね。では、どうしたら私たちが「現生に正定聚に住して、仏に成る」ことができるのか。それに対して「念仏」と、こう答えておられるのです。そうすると昨日も申しましたように、『教行信証』の「行巻」に、

しかれば名《みな》を称するに、能《よ》く衆生《しゅじょう》の一切の無明《むみょう》を破し、能く衆生《しゅじょう》の一切の志願を満てたまう。称名《しょうみょう》はすなわちこれ最勝真妙の正業《しょうごう》なり。正業《しょうごう》はすなわちこれ念仏なり。念仏はすなわちこれ南無阿弥陀仏《なむあみだぶつ》なり。南無阿弥陀仏《なむあみだぶつ》はすなわちこれ正念《しょうねん》なりと、知るべしと。〔聖典一六一頁〕

と、こう書いておられます。ですから、み名を称えて満ち足りるということが起こらないならば、それは「如実修行　相応《にょじつしゅぎょうそうおう》〔実の如く修行し相応せんと欲うがゆえなり〕」〔『浄土論』聖典一三八頁〕の念仏ではない、本当の念仏ではないということです。

それでは、本当の念仏の意味とはどういうことでしょうか。そのことを昨日、「称名」と「念仏」と「名号（南無阿弥陀仏）」、この三つの言葉を区別することによって明らかにしようと言いまして、「南無阿弥陀仏」は「法身」であると。そして、ただの「法身」ではなくして「方便法身」であると。阿弥陀という法が私たち人間に近づいて、その法の存在を知らせるために言葉となって、自《みずか》らを名号として名のられたと。こうお話いたしました。「名」という字も「号」という字も、「なのる」という意味です。それが

「方便法身」としての「南無阿弥陀仏」です。「南無阿弥陀仏」は「方便法身」としての法、真実そのものの名のりなのです。「ここにまことがある」、「ここに真実がある」という名のりなのです。さらにこの「方便法身」が特に「報身」といわれる。その「報身」といわれることの意味を明らかにしてまいりたいと思います。

報身仏

「報身」という言葉の意味は「本願酬報《しゅうほう》の身」ということでして、阿弥陀仏の第十八願に、

たとい我、仏を得んに、十方衆生、心を至し信楽《しんぎょう》して我が国に生まれんと欲《おも》うて、乃至《ないし》十念せん。もし生まれずは、正覚を取らじ。唯《ただ》五逆《ごぎゃく》と正法《しょうぼう》を誹謗《ひほう》せんをば除く。　〔『無量寿経』聖典一八頁〕

と、こうあります。要するに、十方のすべての衆生が助からなかったならば、自分は仏に成らない、と誓われた、その菩薩法蔵の願力《がんりき》が成就して「南無阿弥陀仏」と成られたのだと、こういうふうに教えられております。そのとおりで、私は少しもまちがいがないと思います。しかし、もう少しそのことについて掘り下げてみます。

西洋の哲学で申しますが、ものの考え方のひとつの基準に、「我にとって先なるもの」と「本来、先なるもの」という考え方があります。それはどういうことかと申しますと、たとえば、人形《にんぎょう》峠という所が鳥取県と岡山県の県境にあって、そこで原子力エネルギーの源になるウラン鉱が見つかったというのです。とすると、人形峠にウランがあるということは、見つかったから、初めてあるということがわかったんですね。ところがひとたび見つかってみたら、それは昔からあったのです。つまり、初めてそれを見出すと

いうことは、「我にとって先なるもの」です。けれども、ひとたび見つければ、本来、昔からあったのだから、それは「本来、先なるもの」だということです。いま、「報身」という、すなわち、阿弥陀仏が本願成就して「南無阿弥陀仏」と成られたということの言い方は、「本来、先なるもの」としての言い方なのです。それで今日はひとつ、「我にとって先なるもの」ということとして、私たちにどういうふうにして「報身」ということが理解できるか、「報身」がどのようにして明らかにされていったのか、ということを考えてみたいと思います。

昨日も申しましたように、釈尊はどうして仏陀に成られたかと申しますと、法を覚って仏陀と成られた。そこに人と法ということがある。人が法を覚って仏に成るということは、法が人となって現われたことである、と申しましたね。法を覚った人を「仏」という。法が人と成ったのを「如来」という。東京大学でずっと仏教学の主任教授をしておられた姉崎正治〔一八七三～一九四九〕という方が、『法身仏と現身仏』〔一九〇四年〕という本を書かれました。それを読むと、このことが非常によくわかります。法は仏にあっても増さず、衆生にあっても減らないのです。常住なものなのです。いつでも、どこでも、誰にでもある。その法を、一人の人が覚った、だから仏に成った、というのですね。これはわかるのです。法は永遠なもの。人はいつか、どこかの、誰かとしてあるもの。たとえば、お釈迦様なら、二千五百年以前のインドのカピラ城に生まれられた。そして、その人と法が一つになった時、つまり覚った時、仏に成り、如来に成ったと。これはわかります。「法身」ということと「応身」ということはよくわかるのです。

それでは、「報身」というのはどこから出てくるのでしょうか。「報身」ということは、実は、釈尊の「涅槃《ねはん》」ということをとおして出てくるのです。「報身」というのは、仏弟子によって見出されたのです。

私たちは、釈尊は二千五百年前にインドに生まれられた偉大な人だと思っている。単にそういう人ならば、いまここに生きている私とどういう関係があるか、それがはっきりいたしませんね。

それなら、直接、釈尊の教えを受けたお弟子たちは、どんな気持ちで釈尊に対していたのであろうか。そのことをひとつ想像していただきたい。現在残っている経典のうちで古いと考えられている『スッタニパータ』という経典がありますが、その中に、そのことについてこういうふうに書いてあります。お弟子たちが釈尊に対したお心持ちですね。

すばらしいことです、きみゴータマ（ブッダ）よ。すばらしいことです、きみゴータマよ。あたかも倒れた者を起こすように、覆《おお》われたものを開くように、方角に迷った者に道を示すように、あるいは《眼ある人びとは色を見るであろう》といって暗闇の中で灯火をかかげるように、きみゴータマは種々のしかたで法を明らかにされた。このわたくしはきみゴータマに帰依したてまつる。

〔『ブッダのことば』〕

中村元という方の訳された岩波文庫の『ブッダのことば』の中に、こう書かれています。お弟子たちにとって釈尊はどんな方であったか。それは「あたかも倒れた者を起こすように、覆われたものを開くように、方角に迷った者に道を示すように、暗夜の灯火のように」、そのように釈尊を感じていたのですね。お弟子たちは釈尊に出会えばそこに光を感じ、自分の生活の方向を見出し、そして助け起こされて、いろいろな新しい事柄に身を開いていったのです。こういう感動をもって仏弟子たちは釈尊に触れていた。今朝の勤行で、御和讃があがりました。

無明《む》長夜《みょうじょうや》の燈炬《とうこ》なり　智眼《ちげん》くらしとかなしむな

生死大海《しょうじだいかい》の船筏《せんばつ》なり　罪障《ざいしょう》おもしとなげかざれ

〔『正像末和讃』聖典五〇三頁〕

「無明長夜の燈炬なり　智眼くらしとかなしむな」、この譬えは、まさに最初に仏弟子たちが釈尊に出会った時の感動とまったく同じですね。親鸞聖人は「南無阿弥陀仏」と阿弥陀仏を念ずることの中で、その阿弥陀の中から光をいただかれた。念仏は闇を照らす光です。

願力無窮《がんりきむぐう》にましませば　罪業深重《ざいごうじんじゅう》もおもからず
仏智無辺《ぶっちむへん》にましませば　散乱放逸《さんらんほういつ》もすてられず

〔『正像末和讃』聖典五〇三頁〕

と、あたかもそれは倒れたものを起こすがごとく、迷える者に道を示すがごとくに、阿弥陀仏が親鸞聖人にはたらきかけられておられたことはまちがいがない。それと同じ感動を仏弟子たちは釈尊から受けた。

その釈尊が、しかしながら八十歳で沙羅双樹《さらそうじゅ》の下、クシナガラでお亡くなりになる。そうすると、仏弟子たちは大きな悲しみにあわれた。いまも法隆寺の五重塔に塑像《そぞう》がありますが、阿羅漢《あらかん》と申す、すべての煩悩を断った仏弟子が声をあげて泣いたというのです。その泣いている図が『日本の仏像』という写真集に載っていますが、実にみごとなものです。大乗の『涅槃経』の序分には、その仏弟子たちの悲しみが書かれております。その悲しみを現代語に私が翻訳してみました。

世の中はむなしくからっぽになってしまった
我らは今から何を頼りとして生きていくのだ
我らを救い守ってくれる者はもはやなくなってしまった
仰いでそれを中心に生きてきたその生きがいが、いまはなくなってしまったのだ
一人ぼっちで放り出されてしまった私は、もし疑いが起こったならばいったい誰に尋ねたらよいのだ

ろうか
　この上もなくすばらしいあの方が亡くなられたいま
こういう言葉で仏弟子たちは釈尊の死を悲しんだのです。
もう世の中がからっぽになってしまったと感じた。それはあたかも、たった一人の子どもを亡くした母親のように、釈尊の死を仏弟子たちは悲しまれた。そして、ただ悲しみだけではない。自分たちが頼りにし、それを中心に生きてきた人生の意味であったものが、いま失われてしまった、これからどうしたらいいのであろうか、と歎き悲しんだのです。それこそ諸行無常の道理によって、釈尊は八十歳で生きた身体を永久にこの世から亡くされてしまった。しかしながら、そこで、仏弟子たちの間に「仏とはいったい何か」という問いが起こったのです。

なるほど、釈尊のお身体は八十歳で荼毘《だび》に付されたけれども、本当に釈尊は亡くなったのであろうか？　確かに釈尊の肉体は亡くなった。だが私たちが釈尊と呼んでいたあのもの、つまり「倒れた者を起こし、覆われたものを開き、暗夜の灯火となってくださった」あの釈尊はいったい何だったのだろう？　それは釈尊の肉体なのだろうか？　釈尊のお声なのだろうか？　釈尊のにこやかなお顔なのだろうか？　釈尊が亡くなったその悲しみをとおして、釈尊が亡くなった悲しみの中から、釈尊の教えの言葉は、むしろ生きておられた時よりも生き生きと切実に仏弟子たちの中に甦《よみがえ》ってきた。決して亡くなってはいないのだ。釈尊の肉体が亡くなっても、釈尊の教えはいま現に生きている。この私に響いてきて、「倒れた者を起こすように、迷った者に道を示すように、そして暗夜の灯火のように」はたらいてくださる。この事実、疑いようがない釈尊の教化の力、つまり利他の力ですね。釈尊の肉体が亡《ほろ》びても滅びることがなく、なおこの私を導いてくださるその力は何なのだ？　こういうことが仏弟子たちの間で問題となりまして、そこに仏弟子の間で上座部《じょうざぶ》と大衆部《だいしゅぶ》の分裂ということが起きるのです。その分裂の原因となった重大な問題の中に、仏身に関する考え方の違いというのがあるのです。

上座部の人は、仏身というものは、いくら釈尊といえども、肉体をもったら諸行無常の道理で八十歳で亡くなったのであると、こう言う。しかし、大衆部の人はそうは言わなかった。釈尊が亡くなっても、なお生きてはたらくこの教化の力というものは疑うことができない。そこで『異部宗輪論』という古い仏教の論書を読みますと、大衆部の人たちはこういうことを主張したと書かれています。

如来の色身《しきしん》は実に辺際《へんざい》なし。如来の威力《いりき》もまた辺際なし。諸仏の寿量もまた辺際なし。仏は有情《うじょう》を（教）化《け》して浄信を生ぜしめ厭足心《えんそくしん》あることなし。

別の訳を見ますと、「如来の威力も辺際なし」とは「光明無量」ということ、「諸仏の寿量も辺際なし」とは「寿命無量」ということ。そして次が大事なので、「仏は有情を化して浄信を生ぜしめ厭足心あることなし」と。すると、仏陀は苦悩の有情がある限り、迷っている衆生がある限り、その「有情（衆生）を教化して浄信（信心）を生ぜしめ」と書いてあるのですね。「生ぜしめ」ということは、回向《えこう》という言葉とつながるのです。「厭足心あることなし」ということは、厭《あ》き足りることがないということ。つまり、苦悩の衆生がある限り、仏も涅槃に入らないのだと。一人でも悩める衆生がいたら、仏は永遠にその人を教化し続け、その人に信心を生《しょう》ぜしめずんば止《や》まないのだと。それこそまさに私たちが仏陀と仰いだあの仏の身体なのです。そしてその身体（「色身」）こそが「報身」なのです。

仏弟子たちは釈尊の死を機会として、かえって不滅の釈尊を発見した。つまり、釈尊を仏たらしめているもの、永遠の仏、それが「阿弥陀仏」であります。「阿弥陀」ということは永遠ということ、無限ということ、無量ということです。そして、釈尊の死を機会として、阿弥陀仏が発見されたならば、むしろ阿弥陀仏こそ本来あるものであり、その阿弥陀仏の心を人間によく知らせるために、釈尊が人間の形をとってこの世界に現われられたのだと。だからこそ親鸞聖人は、

久遠実成《くおんじつじょう》　阿弥陀《あみだ》仏　五濁《じょく》の凡愚《ぼんぐ》をあわれみて
釈迦牟尼《しゃかむに》仏としめしてぞ　迦耶《がや》城《じょう》には応現する
〔『浄土和讃』聖典四八六頁〕

と、こう詠われたのです。

つまり、ゴータマ・シッダールタが覚りを開いたということは、本来あった「報身」、阿弥陀仏が釈尊としてこの世界に出てこられたということです。ここに、釈尊から始まる仏教と、阿弥陀仏から始まる仏教とが、はっきりと区別されるのです。もしも単に仏教が釈尊に始まるものであるならば、それこそ釈尊の言われた「諸行無常　生者必滅」の道理によって、仏法は必ず滅びるのです。二千五百年前にできた仏教ならば、ある期間が経ったら滅びるのが当然なのです。しかし、阿弥陀仏から出発した仏教ならば、それこそ「在世・正法《しょうぼう》・像末《ぞうまつ》・法滅、濁悪《じょくあく》の群萌《ぐんもう》、斉《ひと》しく悲引《ひいん》したまうをや」〔『教行信証』「化身土巻」聖典三五七頁〕と。永遠に悩める衆生がある限りはたらき続ける。そして人類の全体が仏に成った時、はじめて、阿弥陀様は「わしの仕事は終わった」と涅槃に入られる。それまでは涅槃に入られない。つまり報身としての阿弥陀仏は、目覚めた人、満足大悲の人としての諸仏を限りなく生み出す仏なのですね。

皆さんもこのことはおわかりいただけると思います。本当の仏法、阿弥陀仏は生死を貫通しているのですね。戦争でご主人を亡くされた方もおられるであろうし、自分のかわいい息子を亡くした方もおられま

しょう。けれども、本当に真宗の教えがわかると、死んだ子どもも、亡くなった主人も、生きている私も、みんな一つの世界に生きることができるのです。阿弥陀という世界がわかれば必ずできるのです。要するに、阿弥陀仏が「報身」であるということはどういうことなのか。それは無数の諸仏を生み出す。そういう仏様なのです。

言葉が人を生む

それでは、この無数の諸仏を生み出す阿弥陀仏が、昨日も申しましたように、「南無阿弥陀仏」という言葉だというのはどういうことでしょうか。それは、言葉が人を生むのです。「報身」のことを中国では「食身《じきしん》」とも言い、「受用身《じゅゆうしん》」とも言います。おもしろいでしょう。『浄土論』の中にも、

仏法《ぶっぽう》の味を愛楽《あいぎょう》し、禅三昧《ぜんざんまい》を食《じき》とす。（愛楽仏法味　禅三昧為食）　〔聖典一三六頁〕

という言葉があります。キリスト教ならば、皆さんよくご存じのように、「人の生くるはパンのみに由るにあらず」という有名な言葉がありますね。これは「マタイ伝」の第四章に出てくるのですけれども、その次にどう書いてあるかというと、「神の口より出ずる一つひとつの言葉によって生きる」とあるのです。人間のいのちには、そういう二つのいのちがある。つまりご飯や野菜や肉を食べて生きていくいのちと、言葉を食べて生きるいのちとがある。私たちの魂、私たちの心、私たちの精神というものは言葉によって生きるのです。言葉というものは非常にこわいものです。実際に一つの言葉によって人間が甦るということがあるし、また反対に死ぬということもあるのです。

それで人間を「満足大悲の人」とするような言葉、つまり諸仏を生み出すような言葉、それが「報身」

としての「南無阿弥陀仏」です。どうして生み出すのかというと、「南無阿弥陀仏」という言葉を食べさせて生み出す。食べるということはそれを身に受けるということ、身に受けて自分の血とし肉とし、栄養とするということです。それを真宗の伝統の言葉では「聞」という。「聞」ということは「聴」と違うのです。「聴」というのは耳できく。「聞」というのは心にきく。心に覚りを得ることなのですね。だから中国の言葉にも「朝《あした》に道を聞かば夕《ゆうべ》に死すとも可なり」〔『論語』里仁編〕とある。その時にちゃんと「聞」という字が書いてある。「聴」とは書いていない。「聴」は耳できくのです。「聞」は心にきこえるのです。「なるほどそうか」と聞こえてくるのです。それで「報身」である「南無阿弥陀仏」という言葉が聞こえた時、初めて私たちの中に「念仏」ということが起こるのです。

念阿弥陀仏

もちろん「念仏」は「念阿弥陀仏」ということですが、「念」とはどういうことか。親鸞聖人は『教行信証』の「信巻」で大変詳しい字訓釈ということをしておられますが、その場合、その字訓の出どころが『詩経』と申しまして中国の非常に古い民衆のうたなんです。日本で言ったら『万葉集』のようなものですね。民衆の生活のうた、そういう中から字訓を出されたということは、仏教の言葉が仏教の専門用語になってしまうと、本当の生活上の意味がだんだん失われていくんですね。非常に不思議なことですけれども、事実そうなるのです。「念仏」――「ああ、ナンマンダブツか」と、こうなってしまうのです。初めて「念仏」という言葉を使った人たちのなまなましい生きた生活感情というものがどこかにいってしまうのです。それを甦らせる。そこに親鸞聖人が民衆のうたである『詩経』から字訓釈をとってこられる意味があるのです。

私もそれをまねいたしまして、中国のちょっと大きい辞書を引いて、どういう意味で「念」という言葉を中国の民衆が使っていたかということを調べてみました。「念とは常思なり」と、まずこう書いてあります。「常久にこれを思う」。つまり「念」というのは常に思うということ。常に思うということは、永く久しくそのことを思うということ。それで「念阿弥陀仏」ということは常に阿弥陀仏を思い、永く久しく阿弥陀仏を思うということです。その次にこう出ている。「念は粘《ねん》なり。心粘着して、意想親愛にして忘るることあたわず」。つまり心がそのものにぴしーっとひっついてしまう。そして、「意」というのは私たちの心が向かっていくこと、「想」というのは私たちの心が広がっていることです。方向も広がりも、心がそのものに親しく、それを愛し、しかも忘れることができない。それが「念阿弥陀仏」だというのです。自分の心が阿弥陀の方に向かって広がり、そしてその阿弥陀と自分が親しく、そして愛し忘れることができないということですね。浪曲の中に「寝ては夢、起きては現《うつつ》、幻《まぼろし》の……」ということがある。これは皆さん聞かれてよく知っておられるでしょう。これが「念」ということなんです。そうすると、「念仏」ということは、寝ても覚めても阿弥陀様のことを忘れないということなのです。「心粘着して、意想親愛にして忘るることあたわず」。それぐらい親しく心が阿弥陀仏にかかるということです。

ポール・ティリッヒという人が宗教というものを定義して「究極的関心事」といいました。私たちの最後の依りどころを何にかけるか。それが宗教の問題だという。いま、「念仏」ということは、自分の心が阿弥陀一仏に専《もっぱ》らかかるということ。蓮如上人は「もろもろの雑行《ぞうぎょう》・雑修《ざっしゅ》、自力《じりき》のこころをふりすてて」〔『改悔文《がいけもん》』聖典八五三頁〕とおっしゃった。これはどういうことですか。つまり、いままで家が大事であった、財産が大事だ、地位が大事だ、名誉が大事だ、自分の能力が大事だと、そういうものに心が粘着して、そういうものと意想親愛であった。その心を捨てる。何のために家を大事にし、何のために財産を大事にし、何のために地位を大事にしたか。結局それは自分がかわいいからでしょう。そうすると「雑行・雑修のこころ」を捨てるということは、「自力のこころ」を捨てるということです。それで「雑行・雑修、自力のこころをふりすてて」、どうなったか。「一心《いっしん》に『阿弥陀如来《あみだにょらい》、我等《われら》が今度《こんど》の一大事《いちだいじ》の後生《ごしょう》御《おん》たすけそうらえ』」〔『改悔文』聖典八五三頁〕と。つまり自分の全関心、心の全関心を阿弥陀仏にそそぐということです。ということは、実は私がここに生きてあるということは、その根本に阿弥陀仏のはたらきがあってこそ、はじめてここに私が生きているということがあるわけです。

ちょっと見ると、私たちは自分の能力や自分の財産や自分の知恵、そういうものによって生きているようだけれども、決してそうではない。私がここに生きてあるということは阿弥陀仏によって成り立っている。すなわち阿弥陀仏の限りないいのちと、限りない智慧の光によって、現在ここにあるということが成り立っているのです。清沢満之先生は、

自己とは他なし、絶対無限の妙用《みょうゆう》に乗托《じょうたく》して、任運《にんぬん》に、法爾《ほうに》に、此《この》現前の境遇に落在《らくざい》せるもの即ち是《これ》なり。

〔清沢全集第六巻、一一〇頁〕

と、こう言われた。言葉はむずかしいけれども、阿弥陀仏に乗托する。「乗托するとは乗せ給うと知るなり」と、こうおっしゃる。

皆さん、自分というものを他人と比較して意識したら、自分をつまらんと思うのです。阿弥陀に向き合って自分を見るんです。絶対無限の妙用に乗托するんですね。そして、「任運に、法爾に、此現前の境遇

に落在」する。そうすると、無限のいのちと無限の光を背景としてこの私のいのちがここにある。つまり、一つの桜の花が咲く時には、全宇宙が春にならなくては咲かないのです。一人の念仏者が生まれる全背景には、阿弥陀があるということですね。永遠のいのちと限りない光の阿弥陀があって、はじめてそこに、念仏という形において私たちの真の自己のあり方が成就するのです。

自己の本当のあり方

念仏とは自己を知った相《すがた》なのです。これが真実の自己のあり方なのです。自分があって念仏するんじゃない。この、いつかどこかの誰かとしてある自分、悩んだり悲しんだりしている者が、実は「南無阿弥陀仏」としてあるのだと。自分の一番根底に阿弥陀があるのだということがはっきりわかるということ、はっきりそれに目覚めるということ、それが念仏です。

今朝、私は御和讃をいただいて非常に深い感銘を受けました。

無碍《むげ》光《こう》仏のみことには　未来の有情《うじょう》利せんとて
大勢至菩薩《だいせいしぼさつ》に　智慧《ちえ》の念仏さずけしむ

濁世《じょくせ》の有情《うじょう》をあわれみて　勢至《せいし》念仏すすめしむ
信心のひとを摂取《せっしゅ》して　浄土《じょうど》に帰入《きにゅう》せしめけり

釈迦弥陀《しゃかみだ》の慈悲《じひ》よりぞ　願作仏心《がんさぶっしん》はえしめたる

信心の智慧《ちえ》にいりてこそ　仏恩報ずる身とはなれ
智慧《ちえ》の念仏うることは　法蔵願力《がんりき》のなせるなり
信心の智慧《ちえ》なかりせば　いかでか涅槃《ねはん》をさとらまし

無明《むみょう》長夜《じょうや》の燈炬《とうこ》なり　智眼《ちげん》くらしとかなしむな
生死大海《しょうじだいかい》の船筏《せんばつ》なり　罪障《ざいしょう》おもしとなげかざれ

願力無窮《がんりきむぐう》にましませば　罪業深重《ざいごうじんじゅう》もおもからず
仏智無辺《ぶっちむへん》にましませば　散乱放逸《さんらんほういつ》もすてられず

〔『正像末和讃』聖典五〇三頁〕

この六首の和讃の中に「智慧」という言葉、「智」という言葉が何回出てくるでしょうか。「智慧の念仏」といい、「信心の智慧」といい、「仏智無辺」といい、「智眼」という。念仏は智慧である。信心は智慧である。智慧とは何であるか。事実を事実のままに知ることです。事実を事実のままに知るとはどういうことか。私たちは本当にこざかしい知恵をもって、自分のいのちをわずかの自分の才能やら、わずか五十年くらいかかって築きあげた財産やら、そんなもので自分が生きていることだと錯覚《さっかく》している。決してそうではない。いのちの本当の相を透明な智慧の眼で見たならば、南無阿弥陀仏によってこそ私のいまのいのちはあるのです。それをひっくりかえして言えば、阿弥陀が私のいのちとなっていまここに現われ出てくださっているのです。つまり、本願がそこにはたらく機となる。それが信心でしょう。その信心の体は南無阿弥陀仏でしょう。とするならば、このしわだらけの、何も知らん、孫にも文句を言われる、あっちへ行っても突き当たり、こっちへきても突き当たるその者の中には、限りなく尊いいのちがあるのです。「南無阿弥陀仏」としてあるのです。それが自己の存在の本当のあり方なのです。そこに回心ということがあるのです。

　私たちの人間的属性を一切捨てる。能力を捨てる。年も捨てる。地位も捨てる。財産も捨てる。夫も捨てる。「捨てる」ということは、そういうものを頼りにしないということです。そういうものを依りどころにしない。つまり、「雑行・雑修、自力のこころをふりすてて」一心に阿弥陀如来を頼んだその一念に、阿弥陀如来の中に、妻も夫も仕事も能力も、今度はみんなひとつになって甦ってくるのですね。死して甦るのです。死なないでつかんでいるから、いつまでたってもわからんのです。「念仏」ということは、阿弥陀一仏以外の一切を捨てるのです。捨てて無限の阿弥陀に帰した時に、その阿弥陀の光の中に我も人も兄弟となって同じ光の中に輝いてくる。そこに初めて、「尽十方無《じんじっぽうむ》碍《げ》光如来《こうにょらい》」、——無碍光の世界が開かれてくる。それが回心です。念仏とはそういう回心をあらわす。そこに人間の甦り、更生、死して生まれる、生命の転換ということがある。「念仏」は、「念財産」でも、「念夫」でも、「念家庭」でもない。まさに「念阿弥陀仏」なのです。その「念仏」の一念に生まれ変わった者が、今度は再び、相対有限の現実生活の中に念々刻々に生きていく姿、それが「称名」であります。

称　名

「念仏」のない人には「称名」はない。ところで、「称名」という時の「称」について、親鸞聖人は特に

「称というは軽重《けいちょう》を知るなり、斤両《きんりょう》を正すなり」という左訓をつけて注釈しておられるのです。漢字の辞書を引きますと、「称」という言葉の一番はじめに出てくるのが「はかる」という意味です。その次が「のべる」という意味です。「となえる」というのは最後に出てきますね。親鸞聖人は、「称」は「俗に秤に作る」、「はかる」と一緒だとおっしゃる。

では、「軽重を知る」とか「斤両を正す」というのはどういうことでしょうか。「阿弥陀」というのは絶対ですね。無限ですね。ところが絶対無限というものを絶対無限として語っている限り、それは観念にすぎない。絶対無限なるものが相対有限の真っ只中に自《みずか》らを表現してくる。

つまり、絶対無限は無分別ですね。「仏智不思議につけしめて　善悪浄穢もなかりけり」〔『正像末和讃』聖典五〇八頁〕です。その無分別から、まさに「軽重を知る」とか、「斤両を正す」。今度は自我の関心からではなく、阿弥陀の心に順って何が正しいか、何がまちがっているか。何が真実であるか、何が仮《け》のものか、何が偽《いつわ》りのものであるか。無分別を通して分別が出てくるのです。「分別」ということですけれども、その分別とは、もう少しいうと「決断」ということです。お話というものは何回でも聞けるけれども、決断というものは一ぺんしかできないものです。つまり生活というものは念々刻々動いているでしょう。その自分は、必ず、どこにもない一つの決断をしなければならないですね。誰でも、他人の決断をまねるわけにはいかんのです。どんな人でも、具体的な生活は一人ひとりみんな違うのですから。そしたら、その人がその置かれた場所で、阿弥陀の心に順ってある行為を選ぶということ、ある決断をするということが、「称名」ということです。

生活というものは必ず決断があり選びがあり、それは一回きりの決断です。それを自我関心によってするか、それとも阿弥陀の心に順ってするか、その選びです。だからこそ称名は「念念称名　常懺悔《さんげ》」〔『般舟讃』真聖全一、七〇七頁〕という。称名は念々刻々なのです。生きている瞬間瞬間に、自分の生活が阿弥陀の心に順って生きるのか、それとも単に我が身かわいやという心で生きるのか、それを分かちきわめていくのです。それが「称名」なのです。

　ところが、さらに「称名」ということについては、「称名報恩」という言葉がある。「称名」ということと「報恩」ということが結びついている。どうして「称名」ということと「報恩」ということが一つになっているのか。私は先日、日蓮宗の非常にまじめな方とお会いしましたが、その時、質問したのです。「日蓮宗で一番困っていることは何ですか」と聞いたら、「建前と現実があまりにも違うことだ」と言われました。私は「他人のことじゃないなあ」と思いました。名号を称えている人が、念仏の心で生きているかということですね。名号を称えている者が念仏の心で生きたら必ずその法は伝わるのです。それを「大《だい》悲《ひ》伝普《でんぷ》化《け》〔大悲を伝えて普《あまね》く化するに〕」〔『往生礼讃』真聖全一、六六一頁〕というのですね。「報恩」ということは「真成《しんじょう》　報仏恩《ほうぶっとん》〔真に仏恩を報ずるに成る〕」〔『往生礼讃』真聖全一、六六一頁〕ということです。「報恩」というのは、何も「ありがたい、ありがたい」と言っているだけではないのです。法を伝達するということが恩に報ずるただ一つの正しい道なのです。皆さん、自分の子どもや孫に法が伝わりますか？　一人、自分だけがありがたがっていてもだめですよ。法は伝わることによってだけ、それが真実だということが証明されるのです。

「真理は伝達されることによって現実的に真理であることを証明する」〔『理性と実存』による〕とヤスパースは言いました。「南無阿弥陀仏はまことである」ということは、どうしてわかるか。まことなら必ず伝わるというのです。どうしたら伝わるか？　何もことさら、いわゆる説教をする必要はない。私たちの生活そのものがちゃんとたくさんの因縁関係で網の目のようにつながれているのだから、毎日の生活が称名の生活であればいいのです。一つの言葉、一つの行為、それが南無阿弥陀仏からなされるならば、必ず法は伝達される。それは法自身の力によって必ず伝達される。昔から有名な話があって、「この毛生《は》え薬はよく効《き》きますよ」と、髪のうすい人が売っていてもだめなのです。薬を買った人が「なるほど効いた」と一言いえば、必ず次の人も買うのです。私が「南無阿弥陀仏」において「満足大悲」の生活ができるという、そのことに念々に生きるということが「称名」なのです。その「称名」において必ず法が伝達される。伝達されれば、そこに法によって統理せられた共同体が生まれる。

　もし私たちが経済によって結ばれるのなら、金持ちと貧乏人に分かれる。位によって結ばれるのなら、偉い人と偉くない人に分かれる。年齢によって結ばれるのなら、年寄りと若い者に分かれる。そういう人間の属性を自分だと考えたら、必ず孤独になります。しかし、年寄りであっても若くても、善人であっても悪人であっても、お金持ちでも貧しい者でも、それが阿弥陀の法によるなら、一つに出会えるのです。そしてそこに、皆が本当に心から語り合って心が通じ合える世界が創り出されていくのです。そういうことこそ人間が生きる意味です。そこに人間としての最高の喜びがあるのです。心から「おはよう」と言った時に、「おはよう」と返ってくる。その魂と魂の響きあい、心と心の通じ合い、それこそ人間のいのち、それこそ人間の生きる喜びです。独立者の共同体を願って生きること、それこそが願生《がんしょう》浄土、往生浄土を願って生きるということであります。

　往生浄土を願って生きるということは、この世はどうでもよい、死んでから楽になる、ということではない。いま言いましたように、ほんとうに私たちの家庭が、職場が、心の溶《と》け合った人びとの集いになるように願う。真にそれが実現したのが浄土です。いますでにそうなっているとは言いません。そういう世界をどこまでも願って生きるのです。いまこの娑婆世界において一人の人間が限りなく浄土を願って生きるならば、そうすると逆に浄土がこの人をとおしてこの世界にはたらきかけてくる。こういう構造になっているのです。私たちが信心を得るということ、念仏の生活をするということ、限りなく浄土を願って生きるということ、そこには必ず独立者の共同体が生まれる。それが魂と魂が響き合った世界、それを『大無量寿経』の一番初めに、「仏々相念《ぶつぶつそうねん》」の一語をもって言い当てられているのです。そして、「仏々相念」ということこそ、いわゆる「真宗」だけではなく、およそ人類のまこと、一切宗教の根底を貫通している真実であります。

〔一九七〇（昭和四十五）年八月、福井県武生市・円宮寺にて講話〕

第二章　本願のこころ

一、願──清浄意欲

はじめに

皆さん、ご承知のように、『歎異抄』第十二章には、

他力真実のむねをあかせるもろもろの聖教《しょうぎょう》は、本願を信じ、念仏をもうさば仏《ぶつ》になる。そのほか、なにの学問かは往生の要なるべきや。〔聖典六三一頁〕

と記されております。つまり「本願を信じ、念仏をもうさば仏になる」というわずかこれだけの内容が、展開されれば「浄土三部経」となり、あるいは七高僧の「論」「釈」となり、あるいはまた蓮如上人〔一四一五～一四九九〕の『御文《おふみ》』、存覚上人《ぞんかく》〔一二九〇～一三七三〕の『六要鈔《ろくようしょう》』になっている、といってよいのです。つまり「本願を信じ、念仏をもうさば仏になる」というこの短い言葉は、限りなく豊かな内容をもっているということであります。そこで私は、そういう深い内容をもったお言葉の中から、特に今回は「本願を信ずる」ということについて、「本願のこころ」と題しまして、「本願」という言葉によって意味されているもの、「本願」が私たちに何を語りかけようとしているかということについて、私が領解いたしましたところをお話させていただきたいと思っております。

他力とは真実のことなり

それで、「本願のこころ」についてお話したいわけですが、いま申しましたように、『歎異抄』には「他力真実のむねをあかせるもろもろの聖教は、本願を信じ、念仏をもうさば仏になる」と、このようにあります。そこにいくつかの大切な言葉がありますので、そのことに最初、少し触れさせていただきたいと思います。

まず「他力真実」という言葉ですが、ここで『歎異抄』の作者は「他力」ということと「真実」ということが同じ意味だと理解しているわけです。普通、私たちは、「自力」、「他力」と二つを並べて、「自力はいかん、他力でなければ」と、こう言います。しかし、今朝目を覚ましてふと思い出したのですが、浅原《あさはら》才市《さいち》［一八五〇～一九三八］という妙好人《みょうこうにん》がおられまして、その方は「他力には自力も他力もなし、ただ一面の他力なり」［『妙好人浅原才市集』一七四頁取意］とおっしゃっておられますね。そこになにか、「他力」ということが「真実」である、ということを言おうとされているように思うのです。このことを清沢満之先生は「絶対他力」という言葉で表わされました。「自力」、「他力」というのでなく、「絶対他力」。「絶対」とは「対《たい》を絶する」のですから、「自力」と「他力」を並べておいて、「こっちは善くて、こっちは悪い」ということではないということですね。

それでは「他力」とはどういう意味かといいますと、それは「真実」ということです。「真実」ということは、「真理」が「現実」になってはたらくということです。皆に通ずるものが私一人の上にはたらきかけてくる。むずかしい哲学の言葉で申しますならば、「具体的普遍」ということになるかと思います。

そこでもしも、私たちが「他力」という言葉を「真実」という意味に了解いたしませんと、先日も国会である大臣が失言して西本願寺が問題にしましたように、「他力本願ではいけない、自力更生でなくてはいけない」というような言葉が出てくるわけです。そのもとに、やはりお聖教《しょうぎょう》に「他力真実」とある意味がわかっていないということがあるのでしょう。

「他力《たりき》と言うは、如来の本願力《ほんがんりき》なり」〔聖典一九三頁〕と『教行信証』の「行巻」にも記されています。ここに「如来」とある。つまり、真如が私たちにはたらきかけてくるそのはたらきが「他力」で、他人の力ということではないのです。「如来の力」なのです。ところが、その如来がどこか自分の向こうの方にあって、そして自分を助けてくれる、いわば神様のようなものとして考えられるので、そういう誤りを否定して「他力真実」という言葉、つまり「他力」は「真実」であると述べておられるのです。

それで、このことをもっと私たちの生活に即して理解するなら、『歎異抄』第十六章に「回心《えしん》」ということに触れまして、

回心は、日ごろ本願他力真宗をしらざるひと、弥陀《みだ》の智慧をたまわりて、日ごろのこころにては、往生かなうべからずとおもいて、もとのこころをひきかえて、本願をたのみまいらするをこそ、回心とはもうしそうらえ。〔聖典六三七頁〕

と、こう述べてありますね。そうすると、「自力」というのを別の言葉で申しますと「日ごろのこころ」ということです。その「日ごろのこころ」をもって苦しんでいる人びと、「日ごろのこころ」の中で争っている人間の態度に対して、我われに回心を成り立たせてくれるようなもの、そういうはたらきが他力、如来の本願力ということができます。

そして、その「日ごろのこころ」の内容が、実は「相対差別の心」、つまり「自力」と「他力」を別々

のものと固執《こしゅう》する心です。「自力はだめで、他力はいいんだ」というふうに考えているその心は、「自」と「他」を差別している心です。もしそういう立場で「自力」と「他力」を考えますと、私たちの具体的な求道の過程で非常に困ったことが起きるのです。つまり、私たちはどうしたら助かるかと考え、「自力を捨てよ」と言われる。そこで「自力」を捨てようとすると、「自力」を捨てようとする心もなお自力であると、こうなるのです。そこはどうしようもないのです。つまり仏法は「無我」だというのですが、「無我」になろうとしているそのものが「我《が》」だったらどうしますか？　ここに求道上の大変深い問題があって、自分の中だけではどうしてもぐるぐる回ってしまうのです。

そういう私たちに、いわば「外」から、――「外」というのは私の内と外とを分別する心のそのまた「外」という意味です。私の意識の中の内と外という意味ではないのですね。これは大事な事です。自己によって捉《とら》えられた自分と他人との対立というものの「外」から、純粋に関わってくる。我われが目を覚ますべく、呼びかけてくる、それが「他」ということの意味です。

凡夫とは

それなら「日ごろのこころ」とは具体的にどういう内容をもっているのか、もう少しそこをつき詰めてまいりますと、その「日ごろのこころ」をもっているような人間の姿、それがつまり仏教の術語で「凡《ぼん》夫《ぶ》」という言葉で表わされています。「凡夫」とは別の言葉で「異生《いしょう》」と言います。「異生」ということはさらにどういう意味かと言いますと、「無明《むみょう》に由るが故に業《ごう》に随《したが》って報を受けて自在を得ず。種々の趣中《しゅちゅう》に堕《だ》して色《しき》・心《しん》・像《ぞう》・類《るい》各差別あるが故に異生という」〔『望月仏教大辞典』〕、これが凡夫の説明であります。

「無明」ということは、仏の説かれる一如平等の世界、つまり「十方衆生」と本願が呼びかけている世界、本当に私とあなたが一つである心の通い、そういうものがわからないということです。そのような自分の心に従っていろいろな行為、生活をするのだけれども、その行為、生活は、結局「わたしがそう思うんだ」、「自分はそう感ずるんだ」、「自分はそうしたいんだ」と、要するに最後は自分というところに閉じこもってしまう。そうすると、そういう心から起こった業の報《むく》いを受けて「自在を得ず」、つまり自由でないと。

「自由でない」というのに二つの意味があります。一つは束縛を感ずる。いろいろな生活の上で自分が拘束《こうそく》されているような感じがする。別の言葉でいうと、「ああなったらいいが、こうなったらいいが」というふうに、いまの自分に本当に生き切れないのです。どこか自分の心がもうひとつからっと晴れない、暗い、重くるしいのです。昔、『格子《こうし》なき牢獄』という映画がありましたが、「牢獄」とまでは言いませんが、もうひとつ広々とした世界がないということです。もう一つは、自分は何が一番したいのか、――この自分の人生においてこのこと一つなし遂げたい、という生活意志がはっきりしないということです。「そのためにこそ生きているのだ」という内発的意志がはっきりしないのですね。「自由」というのは、ただ束縛を感じないというだけではなくて、本当にしたいことがはっきりして、毎日の生活がその本当にしたいことを内から一歩一歩実現していくという意味をもっているということです。ところが、「無明」によるる我われの生活は、いつも気がねし、いつも計算する。「こうしたらどうなるだろうか」、「ああなったらどうなるのだろうか」というような形で生きている。これがつまり「自在を得ず」ということですね。

すると、次にどうなるかというと、「種々の趣中に堕」す。「趣」ということは、現在の言葉でいうと、

「状況」ということ。「堕す」というのは、つかまってしまうということです。たとえば具体的にいうと、妻としての立場、あるいは会社員としての立場、そういう立場に縛《しば》られてしまって、一人の人間として生きていけない。このごろ、世代の断絶といって、親の立場と子の立場が一つにならないという。親というのも一つの立場である。子というのも一つの立場です。ところが、親なら親という立場、子なら子という立場につかまってしまって、そこから一歩も動けない。親と子は確かに違うのですが、「それは違ってもよろしい」という立場がなくてはならないでしょう。ところが、「共に等しく阿弥陀の光の中にある仏の子である」という共通点がないのですね。さらに言えば、「オレも人間だ、お前も人間だ」と、こういう場がない。親と子ということでぱっと立場が対立してしまう。労働者と資本家。みんな各々の立場、状況の中に自分が堕《お》ち込んでしまって、立場の違いをむしろお互いに活かして生きるというふうにならないのです。

そのように「趣中に堕して」いるとどうなるかというと、「色・心・像・類各差別あり」と。この言葉について私は非常に大胆な解釈をするんです。つまり、「色」とは物質だから「物質的状況」。「心」とは「精神的状況」。「像」とは「文化的状況」。「類」というのは「社会的状況」といってよい。そういうものがみな違うというのですね。つまり物質的状況が違えば、富んだ人と貧しい人、文化的状況が違えば、日本語を話す人と外国語を話す人、あるいは教養がある人とない人、社会的状況とは、資本主義社会にいるとか社会主義社会にいるということ、あるいは社会的身分、つまり僧であるか在家であるとかいうようなことですね。このような物質的条件・文化的条件・社会的条件というものにみな差別がある。しかもその差別をもって己《おの》れとしている。

「あなたはどういう人であるか」と尋ねると、「私は金持ちである」とか、「私は日本人である」とか、「私はハンサムだ」とか、あるいは「私は僧侶である」とか、そういう物質的・文化的・社会的な条件をもって自分としているのですね。それで端的に「私もあなたも阿弥陀の子」と言えない。「私もあなたも同じ一個の人間だ」と、こう言えない。なにかそこに「老少善悪」というようなあり方に固執し、それをもって自己としてしまう。こういうような生き方をしているのですね。だから、そういう差別的な生き方、つまり「凡夫」としてのあり方から「孤独」とか「対立」、「不安」、「争い」ということが起こってくるのです。

そういう凡夫として、いつも物質的条件・精神的条件・文化的条件・社会的条件につかまえられ、その立場に身動きならないような生き方をしている私たちです。そういう私たちに向かって、「本願を信じ、念仏をもうさば仏になる」〔聖典六三一頁〕という『歎異抄』のお言葉は、仏に成る道を示しているのです。「仏」は前章で申しましたように「満足大悲の人」ということです。「満足」とは自由自在ということ。それで「仏」を「自在人」といいます。私たちがこういう「凡夫」としてのあり方から、仏教の言葉で「凡夫入報《にゅうほう》」、「凡夫直入《じきにゅう》」〔『口伝鈔』聖典六四九頁〕と言いますが、直ちに入る世界が浄土ですね。浄土は仏の世界です。だから『歎異抄』のこころでも、「仏に成る」ということと「往生をとげる」ということとは同じ意味ですね。「日ごろのこころ」をひるがえして「本願に帰する」という時の、「日ごろのこころ」、すなわち「自力を捨てる」という時の自力の内容はいま述べてきたようなことなのですね。「自力」とは、一切の私たちの苦しみや悩みを成り立たせているものの原因なのです。「自力を捨て他力に帰す」ということは、自分の力を止めて他人の力を頼る、といったものとまったく違うのだということを、ひとつはっきりしていただきたいと思います。

ピンチこそチャンスだ

さて私たちは「無明によるが故に業に随って報を受けて自在を得ず。種々の趣中に堕して色・心・像・類各差別あるが故に」という生き方をしているがために、「悩み」や「苦しみ」、「淋しさ」を感じているのです。しかし、そこに「苦しみ」を感じ「淋しさ」を感ずるということが、実は非常に大切なことであります。

たとえば今日、「世代の断絶」ということがあります。それをただいけないこととしないで、世代の断絶を感ずるということが実は大事なので、断絶を感ずるということの中には、断絶していないものに対する感覚というものがちゃんと秘められているのです。「孤独だ」、「断絶している」と感覚している心の中には、そういう日常的な、日ごろの心のあり方ではないものを身体全体が求めているという事実が含まれているのですね。ただ問題は、そういうふうに内に含まれているものがどうして開発されて、自分自身のいわば生活意志の決定、つまり自分がそれによって生きていくのだという、はっきりした人生の態度決定にまで具体化、自覚化されていくかということです。

そこで実は、私は一昨日、東海連区、すなわち名古屋、岐阜、岡崎といった所の仏教青年会の大会が岐阜でありまして、そこでお話をしていたわけです。その時に「断絶の中にあって」という講題を出されたわけです。私も常日ごろ、感ずることはあったのですが、皆さんがどういう気持ちでこの題を出したのだろうかと勉強させてもらいました。ここに大変有名な『断絶の時代』〔一九六九年〕という本があります。

これを書いた人はピーター・F・ドラッカー〔一九〇九～二〇〇五〕といいまして、現在のアメリカのトップクラスの経営学者なのですね。つまり経営学者ですから、会社をどういうふうに経営していったらよいか、組織をどういうふうにしていったらよいかと考える人です。

さて「断絶」の元の言葉は、discontinuity というので、それは「持続することが否定される」という意味です。つまり、私たちにとって具体的に言うと、親も真宗を信じて生きてきた、おじいさんも真宗を信じて生きてきた、私もそうだと。ところが息子はどうかというと、あまり関心がない、とこうなるわけです。この人の言葉でいうと、断絶とは、習慣でもなんでも持続することがどこかで切れるということなのです。しかし、断絶には大変大きな意義があって、普通、「断絶、断絶」というと、私たちは大変困ったことのように理解していますけれど、さにあらず。つまり野球と一緒だというのです。つまり「ピンチはチャンスだ」と、ドラッカーは言います。本当に困った時こそ、本当に何かが生み出される時だ、と。つまり、いままでわかったこととしていたことが、もう一度根本から問い返されることだ、と言うのですね。

そしてドラッカーは、その本で次のように言っているのです。

多元的組織的社会（＝現代社会）は、個人が自らに対して、「私は何者か」「私はなにに成ろうとしているのか」「私は人生になにを加え、なにを除こうと欲しているのか」と問わざるをえなくなっている。

つまり現代の社会では、このようなことを一人ひとりが問わざるをえないのです。ですから現代社会に生きているというそのこと自身の中から、我われにそういう問いかけが生まれてくるというのです。私は非常におもしろいと思いました。これは経営学の方でしょう。経営学というようなことを考えていても、やはりそこに、どうしても「自己とは何か」、「自分は何を欲しているか」、「自分はこの人生で何ができるか」という、いわば本当に宗教的ともいうべき問いを立てざるをえないのですね。このように人生を根本的に問い返すという機会、それが「断絶」ということの意味だというのです。

真実の伝達

私がいつも老年の方、特に熱心な真宗の方々に出会うと、「自分たちは熱心に真宗の教えを受けてきたが、これをどうして次の世代の人びとに伝えていくか案じています。どうも近ごろの若い者は仏法を聞いてくれない」と、こう言われるのです。そこで「聞いてくれん」と愚痴《ぐち》っているならば、それはそれだけのことですが、若い人びとに伝わらないということをとおして、自分の真宗の教えに対する理解そのものが実は若い人に伝わらないような理解しかしていないのだ、と反省しなければならないと思います。「真宗」とは先ほど申しましたように「真実」ですから、「真実」が伝わらないということはないのですね。伝わらないとするならば、それは自分自身がまちがった受け取り方をしているのではないだろうかと、そこに、いままでの聞法に対して深い疑問、問いかけが生まれてくるべきではないでしょうか。そういう問いかけをとおして、初めて事柄がはっきりそれ自身の相《すがた》を現わしてくるのです。

いま、私たちは「断絶」という構造を根本的にもっているのですね。差別に固執するということが「断絶」なのです。そういう「凡夫」というあり方をどうしたら超えられるか。それに対して『歎異抄』は、「本願を信じ、念仏をもうさば仏になる」と、こういっている。そうすると、「本願を信ずる」ということに対してもう一度、私たちは問いを発する。「本願を信ずる」ということは、もう言葉としては耳にたこができるほど聞いておられるでしょう。ところが、その「本願」というわずか二文字で表わされている、その内容はどうなのか。そして「本願を信ずる」ということはどういうことなのか。それで後、残された時間、今日、明日、明後日と、「本願を信ずる」というわずか六字に含まれている豊かな内容をどれだけ汲《く》み取ることができるか、そこに努力を集中してまいりたいと思います。

清浄意欲

その前に、もう一言いっておかねばならないのは、「本願を信じ、念仏をもうさば仏になる」と『歎異抄』に書いてあるのですが、そこには「本願を信ずる」ということと「念仏もうす」ということが繋《つなが》っていますね。それで大切なことは、「本願を信ずる」ことができたということの証《あかし》、証拠が、「念仏もうす」ということでして、決して「本願を信じ」それからまた「念仏もうす」ということではありません。つまり、本願を信ずるということの中で初めて念仏する主体の確立があるのです。

そこでまず「願」ということから始めます。「願」という言葉の意味ですが、これは「清浄《しょうじょう》意欲」と昔からいわれております。それで「清らか」とはどういうことかというと、仏教では必ず「智慧」を表わすのです。智慧というのは、ちょうど澄《す》み切った水が私たちの姿を正しく映し、あるいは磨かれた鏡が私たちの現実を正しく映すように、ものを正しく見るというはたらきを表わすのです。主観的な私たちの思いではなく、真実そのものの意欲、真実そのものから発する意欲、そういう意味になります。だから「清浄意欲」に対する言葉が「染汚《ぜんま》の意欲」です。どちらも意欲であることには変わりありません。意欲ということを言葉を換えていえば「生活意志」です。

「染汚の意欲」とは仏教の術語で「渇愛《かつあい》」といいます。これを英語に訳すと、thirstといいます。thirstとは、のどの渇《かわ》いた者が水を求めるように、何かを求めていくのです。確かに何かを求めて生きていくのだけれども、それがのどの渇いた者が水を求めるように、――『御伝鈔《ごでんしょう》』に「枯渇《こかつ》の凡悪《ぼんあく》をうるおさんとなり」〔聖典七三一頁〕とあるでしょう。欲するのだけれども意欲が枯渇している、自分の中が枯れている、濁《にご》っている、ひからびている。ひからびた意欲というのは、暁烏先生がよく言われた話ですが、カラフトにカラフト犬というのがいて、橇《そり》を走らせるのに犬の前に肉をぶらさげておくのだそうです。すると犬は肉を食べようとして一生懸命走るというのです。そういうように絶えず外のものに動かされ、外のもののために生きるということです。

ところが「清浄」ということは先ほど申しましたように、満足というところから意欲が起こる。同じ意欲でも飢え渇いた心からではなく、満ち足りたところから起こる意欲です。それが如来の本願、仏の志願です。それで「仏」は先ほど申し上げましたように「満足大悲の人」です。その仏の清浄な智慧から起こる意欲です。その内容はどういうものかと言いますと、その仏の清浄な眼、つまり清浄な智慧によって世界をご覧になれば、どんな人も皆、同じ阿弥陀仏の一つのいのちを生きているのです。形は異なり、環境は異なり、つまり色・心・像・類みな差別はあるけれども、同じ一つのいのちを生きているのです。そうであるのに、なぜ人びとは自分の思いに閉じこもっているのであろうか、こんなにもすばらしい一如の世界があるにもかかわらず、なぜそれに気づいてくれないのであろうかと、そういう一如の世界を人びとに自覚させ、そして一如の世界に「我が国に生まれんと欲《おも》え」と導き入れる、それが「本願」です。

つまり、仏の眼からご覧になれば、どんな人も全部仏の心の中にある。にもかかわらず、中にいる者が自分の心で自分の世界を作って、仏を自分の外に見ているのです。だから仏と自分がばらばらになるのです。有名な言葉があります。

一仏成道《いちぶつじょうどう》して、法界《ほっかい》を観見すれば、草木国土は、悉《ことごと》く皆成仏せり。

（一仏成道観見法界草木国土悉皆《しっかい》成仏）　〔『宗門無尽灯論』円慈〕

仏の眼からご覧になれば、誰もが阿弥陀の心の中に入っている。それがつまり自体満足の世界、清浄な眼で見られた現実の世界です。にもかかわらず、衆生は自分で自分の世界を作ることによって、自分の外にしか仏を見ることができない。この距離が実は「十万億仏土」ですね。そう経典に説かれています。そういう人を仏は「我が国に迎え取らん」とおっしゃる。

　つまり、すでに阿弥陀の中におりながら、自分で自分の世界を作ることによって摂取の光を見ることができない人は、それは「ない」という。しかし、本当は「ない」のではない。自分が見ることができないのだと。「神も仏も有るものか」と言う。それは一面は正しいのです。なぜなら、見えなかったら、その人にとってないのと同じですから。しかし、見えないことを「ない」と断定するのが問題です。見えないものに目を開く。そして、本来、内にあるもの、――外にあるように思っているものを、もう一度、内に回復しようと、そういうことが「本願」ということの意味であります。

　さて、話を元へもどすと、清浄意欲としての願が立つことによって、初めて私たちの生活がクリアーなもの、つまりはっきりしたものになってくるのです。ものはものとして、もの自体がものの姿を端的に現わしてくるのですね。自分の一つの価値尺度とか価値観念ではなしに、ものが本当にそれ自身の相を現わしてくる。そうすると、自分も自分として生きることができるし、相手を相手として認めることができる。

こういうような世界が開かれてくるんです。それだから、「一切諸法は願をもってその本となす。願を離るればすなはち成《じょう》ぜず」〔『十住毘婆沙論《じゅうじゅうびばしゃろん》』〕と、龍樹菩薩《りゅうじゅぼさつ》〔三世紀頃〕はおっしゃいました。

その「法」とは、すべての存在するものという意味です。先のドラッカーの言葉をもとにして言うと「自分は何者であるか?　自分は何をしたいのか?　自分は何ができるのか?」、そういう問いに対する明確な自分の立場が決まることによって、いろいろな事柄に対して、賛成なら賛成でよろしい、反対でよろしい、はっきりした態度が取れるのです。もし我われにそういう生活意志がはっきりしないなら、いつもどこかにもやもやが残るのですね。私はいつも言うのだけれども、そういう人生は、ちょうどみやげと一緒だと、上げ底があるのです。いつも最後の問題を隠しておいて適当にやっている、という立場を破ることができないのです。

第一日のまとめ

今日は、時間がきまして、十分に話ができなかったけれども、「本願を信ずる」という一語に問題をしぼりたいのです。その場合、「願」という言葉の意味は「清浄意欲」ということ、そしてその「意欲」は単に我われの主観的意志ではない。ものの存在性、ものが本当に在るということを成り立たせているものなのですね。たとえばもっと端的に言えば、親孝行の心を離れたら、親はないということです。同じ肉体的・血縁的には親であっても、具体的親子関係は、「親を愛する」、「親を尊敬する」という気持ちの中にだけ生まれるわけです。そこで初めて、親は親になり、子は子になるということです。形の上では、ものというものはそれ自身で在るのかもしれませんけれども、それが生き生きとそのものの本当の相を現わしてくるのは、清浄意欲、生活意志という場の中においてだけであります。

二、本願のこころ

復習

昨日から「本願を信じ、念仏をもうさば仏になる」という『歎異抄』のお言葉のうち、特に「本願を信ずる」というお言葉についてお話しているわけですが、そのことを明らかにしていく前に、私たちの側の問題をドラッカーという人の言葉を借りてお話しました。ドラッカーの書いた『断絶の時代』という本は、だいたいはプラグマチズムと申しまして、実用主義的な色調でずっと書かれているのですが、そういうような人であるにもかかわらず、現代社会においては、人びとは誰しも「私は何者か」「私は何に成ろうとしているのか」という問いをもたざるをえないと言っているのです。

よくジャーナリズムでも、「七十年代は宗教の時代だ」と言います。今年の夏、『中央公論』が「日本の宗教」を特集しています。こういう社会的事象の中に現われてくるひとつの問題。「七十年代は宗教の時代」というのは、なにも特別の宗派が盛んになるというようなことではなく、ドラッカーが言っているように、誰もが「私は何者か?」というようなことを確認しなければ生きていけない時代、という意味だと思うのです。

そこで問題は、現代社会において、人は問いをもたざるをえないような現実にぶつかる。問いをもたざるをえないということは、ある意味で危機です。問いをもつとは、なにかがわからないということ、すっきりしないということです。問いをもたざるをえないのならば、問いをもとうと。それが現代に生きる私たちの姿勢であり、問いをもつということが大変、大事なことであります。

明治の初めに清沢満之という方が出られたわけですが、清沢先生のお母さまは熱心な真宗の門徒でありまして、よく聞法を重ねられた。ところがいつも「薄紙一重《ひとえ》がわからない」とおっしゃった。ずっと聞いてきたんだけれども、「もうひとつはっきりしない」と言い続けられたのです。それはなぜだろう？　そういう事実を引き受けて清沢先生は、「自己とは何ぞや、是れ人生の根本的問題なり」〔清沢全集（法藏館）第七巻、三八〇頁。岩波書店版では「人生」は「人世」となっている〕という問いを立てられたわけです。「どうしたら悩みが解決するのだろうか？」、「どうしたら信じられるのだろうか？」というのでなく、「その疑ったり信じたりしている自分そのものは何か？」という問いを立てることをとおして、本当にすっきりした明るい世界に出られたわけです。

問いをもつ

問いをもつ、疑問をもつ、ということはある意味では苦しいことですが、いわばそのピンチ、その危機こそが実はチャンスなのだと、ドラッカーは言うのです。人間は実に、常にそのようなあり方をしているのです。本当に生きるならば、実はそういうあり方となるのです。真宗の伝統的教えでは、そういう意味で人間を「機《き》」という言葉で表わします。問いをもたざるをえない現実に直面して問いをもつことができる、問いをもつことによってそのピンチをチャンスに転ずる、そういうはたらきが、我われが人間として生きるということの中にあるのです。そこのところをおさえて「機」という。「機」として自分が立つ。本当に「機」となる。

つまり、自分が現実に生きていることの中における問題を、しっかりと自分が生きていくこととしても つ。そうするとそこに、「正信偈」で、

如来の本誓《ほんぜい》、機《き》に応ぜることを明かす。〔聖典二〇五頁〕

と申しますように、如来の本願が私たちに応じてくるということですね。つまり、本願そのものは永遠に変わらないものであるけれども、本願の心がどのように理解されたか、本願の心が表現される。そういう言葉がそこに新たに生み出されてくる。つまり、永遠に変わらない本願が時代相応の表現をもって私たちにその心を顕してくる。阿弥陀の心が明らかにされてくる。本願自身が機に応じてくるということが成り立つためには、「人間の誠実さをつくす」ということが我われの側において重要なのです。

歴史を貫くいのち

それならば、私自身がそういうものとして生き、阿弥陀の本願の心をどのように受け取っているのか、こう私に向かって誰かが問いかけるとするならば、私はそれに対してこういうふうに言いたいのです。「阿弥陀仏の本願とは、歴史の起源と目標を貫く人類のいのちであり、同時に真正の共同体を形成していく原動力である」と。別の言葉で言えば、本願とは、私たちに本当の生きる「目標」、――キリスト教的ニュアンスを含めて言えば、我われに本当の「希望」を与えるものです。

曇鸞大師が『浄土論註』の中で、世間の救いと仏道の救いとを比べて、世間の救いはその人の欲するも

のはなんでも与えるけれども、その人に願い自身を与えることができない、と言っています。つまり世間の救いでは、その人の目標そのものを変革することができない、というのですね。それに対して仏道の救いとは、そのような無上仏道の願い、浄土に生まれることを願う心を起こすことができることだ、とおっしゃっております。そういう意味をもう少し広い表現を用いて述べると、非常に大胆な言い方になりますけれども「歴史の起源と目標を貫く人類のいのちであり、同時に真正の共同体を形成していく原動力である」と、こういうふうに本願の心を私は領解するのであります。それで、この私の言葉について少し説明しておきたいと思います。

一つには、「歴史の起源と目標を貫く人類のいのち」というのは、我われは阿弥陀の本願に触れた時、初めて人生に対する本当の「希望」というものが生まれる、ということです。つまり死によって終わる人生ではなく、無量光明土にいたる人生が始まるということです。自分の生涯が新たに始まるということです。自分の生涯をかけてそこに生き、そこに死んでいけるような、単に個人的なものではないいのちの発見。『教行信証』の一番終わりに、宗祖は『安楽集』の言葉を引いて、

前《さき》に生まれん者は後《のち》を導き、後に生まれん者《ひと》は前を訪《とぶら》え、連続無《れんぞくむ》窮《ぐう》にして、願わくは休止《くし》せざらしめんと欲《ほっ》す。無辺の生死海《しょうじかい》を尽《つ》くさんがためのゆえなり、　[聖典四〇一頁]

と言っておられます。もうそこでは、自分の生き死にというものを超えて、願に生きるのですね。

暁烏敏先生の歌に、

無量寿を念ふ心に死をこえて
生も思わずただほがらかに
[一九三五（昭和十）年鋳造・明達寺梵鐘の銘文]

というのがあります。「無量寿」、つまり「阿弥陀仏を念《おも》う心に死をこえて」、――つまり死の壁を破って、「生も思わずただほがらかに」、――ほがらかにということは、「土はまたこれ無量光明土《むりょうこうみょうど》なり」〔『教行信証』「真仏土巻」聖典三〇〇頁〕と親鸞聖人がおっしゃっておられますね。死の壁を破って、光に満ちた限りない希望に生きていく。それはもはや人生に対する絶望を破って生まれてきた希望なのです。その希望を、その目標を、誰も壊《こわ》すことはできない。そういう意味で「人類の歴史の起源と目標を貫く人類のいのち」なのです。

そして、「真正の共同体を形成していく原動力である」と、こういう言葉を申し上げます源は、つまり「仏願」は「大悲の願」、――「大悲」ということを私たちは決して情緒として、あるいは感情として理解してはならないのです。人と人、人と物を本当に無条件に、――つまり「大悲」の「大」というのは「無縁」ということ、「無縁」とは「無条件」ということです。人と人、人と物とが無条件に、「自由に」結びつくということです。しかも「大悲」の心は「安危共同」といわれる。安らぎも危うさも共に同じくすると、こういう言葉で曾我量深先生〔一八七五～一九七一〕がよく表わしておられるわけですが、そうするとそこに、私たちにおいて人と人、あるいは人と物とが無条件に、媒体なしに結びつくことができるわけです。

社会学的な言葉を借りると、たとえば親子ならば血のつながり、近所ならば地域のつながり、会社ならば経済のつながり、そういうふうに人を結びつける時に必ず「媒体」というものがある。しかし条件によって結ばれた者は、また条件によって分かれるのですね。それで無条件な人と人の交わりというものは何によって可能かというと、それはただ「大悲の本願」に目覚めるということによってだけ可能なのです。

「大悲」というのは、私と人、私と他の物との交わりを成り立たせている存在論的根拠なのです。「大悲」を離れるなら、私たちの真正な交わりは成り立たないのです。阿弥陀仏の「本願」とはそういうものです。それによって初めて我われにいのちを生きるということが成り立つ。『教行信証』に「身心悦予《えつよ》」（「信巻」聖典二四〇頁）と書いてありますね。本願に触れたら、心がよろこぶだけでなく、身がよろこぶという。身がよろこぶとはどういうことか。それは、いのちそのものの求めが満たされるということです。こういうふうに私は「本願」を領解するわけです。

「本願」の語源的意味

私がいま申し上げましたようなことを、いままでの真宗の学問をとおして、どのように言うことができるのか。そういうことについて、これから明らかにしてまいりたいと思います。その場合、私はまず「本願」という言葉の言語的意味から申し上げたいと思います。昨日は「願は清浄意欲」であると申しましたが、それをインドのサンスクリット語にまで帰して、言語的にどういう意味かということを申します。「本願」とは、プールヴァ・プラニダーナ（pūrva-praṇidhāna）という言葉です。そして、プールヴァというのは、「前の」、「昔の」、「以前の」ということで、これが「本」にあたるのです。「本願」の「本」は、「因本」と「根本」という二つの意味がありますが、もともとは「因本」という意味だということです。だから本願はまた「宿願」ともいいます。

次に「願」という意味を表わすのが、プラニダーナという言葉です。プラニダーナという言葉の一番もとの意味は、「前に置く」ということです。その意味がさらに展開して、「〜に心を寄せる」、「〜に関心をもつ」、「結合する」、「切に望む」、「いのる」、「請願する」という意味をもってくるのです。プラニダーナという言葉は、このような意味をもっているのです。これを私は一言で「因施設《せせつ》」、――つまり真理そのもののもっている徳、つまり大悲の心を前に置く、ということだと言ってよいと思います。御和讃の中に、

神力自在《じんりきじざい》なることは　測量《しきりょう》すべきことぞなき
不思議の徳をあつめたり　無上尊を帰命《きみょう》せよ　［『浄土和讃』聖典四八〇頁］

と、こうあります。そういう不思議の徳を集め、蓄積されたそのものを、どうして衆生に手渡すか。その内にあるものを外に成就するはたらき、そういうものが実は「本願」という言葉の一番根にあるということです。ですから、「本願」ということと「回向」ということとは、もともと言葉の本来の意味においては結びついているのです。

昨日申したように、我われは、すでにすべてのものが摂取不捨の光の中にあるにもかかわらず、それを知らないで、自分と阿弥陀を別々のものと思っている。そのような人の上に、どうしてその内なる心を実現するかというと、その因を置く、――そういうことができる根拠をそこに置いていく、そういうはたらき、それが「本願」という言葉の一番源にある意味です。「本願」とは、仏の心をいかに衆生の上に実現するかという、そういういわば「切望」、「切なる関心」ですから、したがって、「本願」という言葉には当然「回向」、「回施《えせ》」という意味が含まれています。『教行信証』の「信巻」では特に「回向」ということが「回施したもう」と述べられています。また、

「回向《えこう》」は、本願の名号《みょうごう》をもって十方《じっぽう》の衆生《しゅじょう》にあたえたまう御《み》のりなり。［『一念多念文意』聖典五三五頁］

と宗祖は言っておられますね。その回向するはたらきが「願」です。つまり十方の衆生に「本願の名号」

を与える。与えることにおいて、衆生の内に仏を実現する。衆生をして仏たらしめる。それが「本願」の心ですね。

それなら「本願」のはたらきである「回向」を衆生が受け取る事実はどこにあるかというと、その事実がつまり「聞」ということです。

仏願の生起《しょうき》・本末《ほんまつ》を聞きて疑心あることなし。これを「聞」と曰《い》うなり。

〔『教行信証』「信巻」聖典二四〇頁〕

「聞」ということについて、一言だけいうと、「聞」は「きく」でもなく、「きかされる」でもなく、「きこえる」ということです。つまり「きこえる」ということは、きく者ときかせる者との対立を破って「自然に発応《ほっとう》する」〔『無量寿経』聖典二七頁〕のです。きこうとしてきくのを「聴」という。自《おの》ずからきこえてくるのを「聞」という。いまはそのことだけ注意しておきたいと思います。

要するに「本願」のはたらきは具体的にどこにあるか。それは「聞」の事実のところにある。ところが、その「聞」の内容が「仏願の生起・本末を聞く」とある。ここにまず「仏願」という言葉に注意したいと思います。『大無量寿経』を拝読しますと、願は法蔵菩薩の願であって、阿弥陀仏の願だとはいえないところがあるのです。ところが『歎異抄』でも、「弥陀の誓願不思議にたすけられまいらせて」〔聖典六二六頁〕と第一章に出てくる。そして「信巻」のここでも「仏願」と、こうおっしゃる。経典では、願は菩薩の願であるのに、それが何故《なにゆえ》に「仏願」という言葉で表わされているのでしょうか。

実はそこに、宗祖が願成就の事実に立っておられるということがあるのです。宗祖自身は、「聞」が成就した立場から発言されているということです。法蔵菩薩の願を阿弥陀仏の因位の願として受け取ることができるためには、願が成就して、つまり阿弥陀のはたらきを受けて、私自身に信心が決定するという事実がある時に、それは「仏願」といわれるのです。どこまでもそれは願成就の立場を表わすのです。「菩薩の願」といわないで、「仏願」という言い方そのものの中に願成就ということがちゃんと表明されているということです。

それで、その次ですが、その仏願の「生起・本末」、つまり仏願の初めと終わり、――いかにしてその願が建てられ、建てられた願が我われにどのように関わるのか、それが明らかになることだと、こう言われているのです。この「生起・本末」についてはいろいろな解釈がありますが、私は、本願はどのようにして建てられ、建てられた本願は私たち衆生にどのように関わってくるのか、そのことを明らかにすればよいのであろうと思います。

「在世自在王仏所」とは

そこで「生起」ということについて、私がまず第一に挙げたいことは、この願がどこで発《おこ》されたかということです。すると「正信偈」に、

世自在王仏《せじざいおうぶつ》の所《みもと》にましまして（在世自在王仏所）　〔聖典二〇四頁〕

とありますように、「世自在王仏のみもとにおいて」発されているということです。これはいったいどういうことなのでしょうか。阿弥陀仏の因位、法蔵菩薩が本願を発されたのは、世自在王仏のみもとにおいてであると。ご承知のように「法蔵菩薩」や「世自在王仏」という言葉は、これは「人」ではなしに「法」を語っているのですね。

それで結論だけ申しますと、この娑婆世界、つまり相対差別のさまざまな束縛のある世界、つまり「世」の中で「自在王」であることができる仏、すなわち「世」において「自在」である「王」というのは、真に自由な主体となるということです。相対差別の真っ只中で自由平等の世界を生きる者と成りたい、それが実はあらゆる人間の本心であります。「仏」とも「衆生」ともいわない、およそ生きとし生けるすべてのものの深い深い、――通常は意識できないかもしれないが、そのためにこそ働くことも考えることもするという、そういうものを人間は求めているのです。

『大無量寿経』によると、「乃往《ないおう》過去、久遠《くおん》無量不可思議無《む》央数劫《おうしゅこう》に」〔聖典九頁〕、――昔々という。つまり私たちの心をどこまでも深く掘り下げていき、私たちの心の一番深い所に何があるか。それは、この世において真に自由で満ち足りた、そういう自分というものを実現したいという願いであります。それを意識するかしないか、そういうことはまったく別の問題で、どんな人の中にもあるのです。そのいわば、衆生と仏とが分かれる以前、神と人間が分かれる以前の一切の衆生の一番根底にある願いです。私はこれを「初めの初め」と言う。要するに人間の「初めの初め」、私たちの心の底の底で願っているものですね。

私たちが仏に背いたり逃げ出したり、それはかまわないのです。それはお釈迦様の手の中にいる孫悟空みたいなもので、いくら走り回ってもお釈迦様の掌《てのひら》の中にいたというようなものです。ということは、どんな人間の底にもある、世において自由な主体でありたいという願いです。それは、その人の生活がそこにおいて成り立っているような、人が生きるいのちなのです。厳密にいったら「いのちの意味」といったらよいでしょうか。それが「世自在王仏」という言葉で表わされているのであります。「みもとにおいて」というのは、そういう問題の領域において、そういう問題の質においてという意味であります。

金子大榮先生〔一八八一～一九七六〕が、「浄土」を考える場合、それを「地域」と考えたら絶対にわからないとおっしゃる。それは「領域」なのだと、こうおっしゃっておられますね。そういう私たちの仏性、――大乗仏教の言葉でいえば「一切衆生《いっさいしゅじょう》悉有《しつう》仏性《ぶっしょう》」〔一切の衆生に悉《ことごと》く仏性有り〕〔『涅槃経』〕という。道元禅師〔一二〇〇～一二五三〕ですと、それをひっくり返して「悉有は仏性なり」〔『正法眼蔵』「仏性」〕と言う。つまり、およそいのちのあるもの、存在するものは何かといったら、「仏性」だというのです。人間には性格が違ったり、国籍が違ったり、能力が違ったり、階級が違ったり、身分が違ったり、さまざまな違いがある。しかし、あらゆる有情に共通して存在しているもの、それは仏性であるというのです。そのものに存在性を与えているものは仏性なのです。それがつまり「世」において「自在」でありたいという願いであり、人はこのために生きているのです。そういう一切衆生の一番深い、心の奥の奥にあるその問題をいわば「担って」ということが、「世自在王仏のみもとにましまして」ということであります。

そういう「世自在王仏のみもとにおいて」発された願であるが故にこそ、その願は、またすべての人間を「聖法《しょうほう》の王と斉《ひと》しからん」〔『無量寿経』聖典一一頁〕と、仏たらしめたいという願いであるのですね。それは法蔵菩薩と世自在王仏との関係の第一番目の意味です。それならその「世自在王仏のみもと」において発された願の内容をさらに明らかにすればどうなるか。それが第二番目の問題であります。

国土の建立

昔からいわれていますように、「嘆仏偈」は総願と別願に分かれています。すべての菩薩に共通な願い（総願）、それは菩提心を成就したいということですが、特に阿弥陀仏独自の本願（別願）、阿弥陀仏の因位法蔵の本願のきわだった特色、オリジナリティー、独自性はどこにあるのかというと、それは「仏国土を荘厳《しょうごん》する」ということです。あるいは「仏国建立の願い」と言ってもよいでしょう。この願いが阿弥陀仏の願の独自性を表わすのです。

そこで「国土荘厳」という、まず「国土」ということですが、その意味をはっきりしておきたいですね。「人を摂する所、これを目《なづ》けて国となす。身を安《やす》んずる処、これを号して土となす」〔『大乗義章』〕という。つまり国土を建立するということは、何もダンプカーとか、そういうもので建てるわけではありません。それは人を摂する。そして摂せられた衆生が、そこにおいて身を安んずることができる、そういう場所ですね。

そしてさらに「荘厳」という言葉ですが、「荘厳」という言葉を、ヴューハ（vyūha）というサンスクリット語に帰して申しますと、「諸部分を一つの全体として秩序をもって配置すること」という意味です。つまり、人を摂し身を安んずることができる、そういう場所を開くために、全体として秩序をもった世界をそこに展開していく、それが「荘厳」です。それだけのことをふまえてお経を拝読しますと、実に、浄土の荘厳というのは、木も風も波も、すべてが法を説いている。荘厳された浄土は金銀その他いろいろに美しい言葉で表わされていますが、その本質はどこまでも法を説くことです。ですから私は、浄土が実体的にどこかにあると考えないで、法が聞かれるということが成り立つ場所はすべて浄土のはたらきだと、逆にひっくり返して表現したらよいと思います。法が説かれる場所、そこに浄土がある。それで私はよく言うのですが、昔の人は、西方のどこかに浄土があると思っていた。いまの人間は、すぐ心の中に浄土があると言う。私はどちらもまちがいだと言うのです。「南無阿弥陀仏」のある所に浄土があると言ったらよいでしょう。法が説かれ、法が聞かれる所、――浄土を推《お》していけばそういうところに納まっていく。なぜか。法を説き、説いた法を衆生が聞くということの中で、身を安んずるということができるからなのです。

それが先ほど申しましたように、仏国土の建立ということが「真正な共同体」ということと繋がるのです。人を摂取して教化するということのある所、つまりこの私たちの歴史的社会的現実の中に摂取教化のはたらきのある所、それが浄土です。そういうことを成り立たせている根っ子に本願のはたらきがあるのです。つまり世俗的なものの中に巻き込まれて消滅していってしまうのではなくて、絶えず相対有限な束縛のある社会にあって、そこにおいて我らが安んじていくことのできる場所を自《みず》ら開いて、人を摂し人を教化する。そういうはたらきが行なわれている領域を限りなく生み出していく。そこに本願のはたらきがあるのです。先ほど私が「本願とは真正の共同体を生み出す原動力である」と申した意味は、こういうところから出ているのであります。

そしてさらに「摂化」という言葉を見ていただきたいのです。この場合は、教化されるべき者として衆生は仏の外にあります。しかし、阿弥陀の摂取のお心からいえば、衆生は仏の内にある。つまり阿弥陀はどういうふうにして衆生を摂取するかといえば、つまり「安危共同」だという。その人と安らぎも危うさも共にしながら、その人のいわば内から信心となって衆生自らを教化する。外からの教化というものは最終的には間に合わない。それは縁となることはあっても、因となることができないのです。阿弥陀の本願はむしろ衆生の中に入り込んで、衆生と「安危共同」しつつ、時機純熟して、いわば衆生の内側から衆生自身の信心となって自らを、この歴史的社会的現実の中に現わしてくる。こういう構造があるわけです。

その意味で、摂取されている限りは、衆生は仏の内にある。教化されるべきものとしてある限りは、衆生は阿弥陀の外にある。外にある衆生が限りなく内に転じられていく。そのところに誓いというものがある。そこに約束ということがあり、そこに「時」の緊張ということがあるのです。

仏のはたらき

次に、それではそういう「世自在王仏のみもと」において、衆生を教化せんとする「本願」がどのようにして発されたのかというと、それに対して私は『浄土論註』によって「見」「欲」「起」という三つの言葉に着目したいのです。

『浄土論註』の「清浄《しょうじょう》功徳《くどく》」のところを拝読しますと、まず仏が三界《さんがい》を「見」る。衆生の迷いの相を「見」る。すると三界は「虚偽《こぎ》の相、輪転《りんでん》の相、無窮《むぐう》の相」〔真聖全一、二八五頁〕だという。つまり衆生は、蚕《かいこ》が自分の糸で作った繭《まゆ》で自らを閉じ込めて自由を失ってしまうように、自らの業によって自らが束縛されて、自分の本心である「世において自在でありたい」といういのちを殺してしまうというのです。その事実を仏は「見」るという。そして見ることによって、次に衆生をそうでない所に置こうと「欲」するということが出てくるのです。『浄土論註』によれば衆生を「不虚偽《ふこぎ》」の所、「不顛倒《ふてんどう》」の所に置こうとする。そして「畢竟安楽《ひっきょうあんらく》大清浄《しょうじょう》」〔真聖全一、二八五頁〕の場所を得させようと「欲」するというのです。そして欲することによって荘厳を「起」こす。だから「荘厳」というのは、その仏の欲、つまり願を実現することのできる媒体、媒介です。荘厳によって阿弥陀の心が対自化される。つまり、なんらかの意味で形あるものとなるのです。そして形あるものとなることによって、初めて衆生をそれに触れさせることができる。

阿弥陀の内面が表現される。形あるものとなること〔荘厳〕によって、衆生は荘厳を起こした仏の心そのものに初めて触れることができるのです。「見」「欲」「起」ということが大事ですね。

だいたい「起」ということは、煩悩とか歴史的社会的な現実の中に起こるもので、覚りの世界には「起」ということはないのです。なぜなら、覚りの世界は不生《ふしょう》不滅《ふめつ》であります。ですから「起」というようなことはないのです。それでは覚りを開いたらもう悩みも何もなくなってしまうのかというと、そうではなく「起こす」ということが出てくる点が大事です。つまり荘厳を起こす。荘厳を起こすとは、心が形をもって表わされるということです。そこに「行」というものがある。その「行」をとおして心が形をもって表現されるとどうなるか。それは『大無量寿経』の言葉でいえば、「もろもろの衆生をして功徳《くどく》を成就せしむ」〔聖典二七頁〕ということがそこに起こるのです。そうすると、その荘厳成就に触れた者はどうなるかというと、『浄土論註』では、

煩悩《ぼんのう》を断ぜずして涅槃分《ねはんぶん》を得《う》、　〔『教行信証』「証巻」聖典二八三頁〕

と言う。つまり浄土に生まれる身となる。浄土に生まれる身となるということは、新しい生活が始まるということです。三界の只中にいた者が三界を超えた生をいまから始めることができる。そういうことがそこで決定するのです。

すると、この「見」「欲」「起」ということ、つまり、衆生の苦しみを「見」て、その苦しみを抜こうと「欲」する。欲することによって、荘厳を「起」こす。この荘厳によって衆生が仏心に触れる。しかもそれが、先ほども申しましたように、内と外との関係なのです。外なる衆生を限りなく内へと化していく。そこには「時」というものがある。

「一切衆生悉有仏性」といいますが、「性」としてあるということは、現実にはない、ということを含んでいます。本性が善であるということは、必ずしも悪をしないという意味ではないでしょう。つまり「一切衆生悉有仏性」ということは、同時に、それが歴史的社会的現実の中に実現されてはいないということです。つまり、本質として仏であるということは、実存として仏であるということとは違うのです。それが先の内と外との関係で、仏は限りなく国土を荘厳することをとおして、実存としての仏を生産するのです。

それで、まだ仏でない迷える衆生に対する絶えざる呼びかけ、その絶えざる呼びかけをとおして、まだ仏でない衆生が限りなく仏の世界へと生まれていく、その緊張関係、それを表わしているのが第十八願の「若不生者」の誓いということです。一切の荘厳は「若不生者」の誓いの中に納まってくる。その誓いは、外のものを限りなく内へ、穢土にあるものを限りなく浄土へ、という「時」の緊張をはらんでいるのです。

歴史の意味、いのちの意味

ヤスパースという人が、「人類の歴史の目標は信仰の教化による人間の自由の増進である」〔『歴史の起源と目標』第二部「現在と未来」による〕と言っています。この世自在王仏のみもとにおいて建てられた本願、一切の衆生を絶対自由の人間として解放しようとする本願、それが実は人類の歴史の意味なのです。その人類の歴史の意味を同時に我がいのちの意味とする。その本願に生きる。その仏の事業に我もまた参加する。そのことにおいて人類の歴史の目標がここにあったということに気づく。そして、阿弥陀の本願によって一切衆生が同じ志をもつ同志となるのです。

「志」というものはこわいものですね。孔子が「三軍も帥《すい》を奪うべきなり。匹夫《ひっぷ》も志を奪うべからざるなり。」〔『論語』子罕篇〕と言った。人間には「根性《こんじょう》」というものがあって、たとえ死んでも志をまげないというものがあるのです。だから、人がいくら理性的に納得させようとしても、一つになれないのです。「志」が一つになった時だけ、初めて人は一つになることができるのです。あなたの願っている世界と私の願っている世界が一つになった時だけ、私とあなたに打てば響く呼応の関係が成り立つ。そういうわけで、歴史の問題と社会の問題とは離すことができないのです。

三、願に生きる

真如のはたらき――従果向因

昨日は「本願のこころ」ということについて、たいへん大胆な言い方ではありますけれど、「阿弥陀仏の本願とは、歴史の起源と目標を貫く人類のいのちであり、同時に真正な共同体を形成していく原動力である」ということを申し上げました。皆さんは「歴史」とか「社会」という言葉をお聞きになってもあまり親しく感じられないかもしれませんが、「歴史」ということは結局、自分の行き先がはっきりするということでありましょう。「社会」ということは自分と他の人たちとの関係の仕方、人間関係に対してすっきりした態度がとれるということです。そういう力が「本願に生きる」ということの中から与えられるということです。

ところで、そういう阿弥陀の本願の独自性は、「衆生を摂し衆生がそこで安らうことのできる仏国土を建立する」というところにあるのです。その仏国土を『大無量寿経』では「安養《あんにょう》浄土」といいます。そこに「安らう」ということと「養う」ということがあります。我われが浄土に触れる、我われが浄土に心開かれるということからどういうことが起こるかというと、浄土によって我われが「安んじ」また「養《そだ》てられる」ということが起こるのです。つまり地理的空間ではなく、そういうことが起こる領域を浄土と呼ぶのです。

『大無量寿経』には、浄土について、

法蔵菩薩《ぼさつ》、今すでに成仏して、現に西方《さいほう》にまします。此《ここ》を去ること十万億の刹《せつ》なり。その仏の世界を名づけて安楽《あんらく》と曰《い》う。〔聖典二八頁〕

と記されており、あるいは『浄土論』には、

三界《さんがい》の道に勝過《しょうが》せり。〔聖典一三五頁〕

と記されております。では、三界を超えた浄土は私たちにとって具体的にどこにあるのか、その仏国土がどこにあるのかというと、それは本願力回向によるが故に、具体的には、教・行・信・証として私たちの前にあるのです。親鸞聖人のお書きになったものをいただきますと、必ず「顕浄土真実教」、「顕浄土真実行」、「顕浄土真実信」、「顕浄土真実証」とあり、教・行・信・証といってもそれは常に浄土の真実を顕《あらわ》すということです。浄土がいわば私たちの穢土の真っ只中に現われてくる相、私はそれを「教・行・信・証」として親鸞聖人が明らかにしてくださったのだと思うのです。

お経というものは、非常に注意深く読みませんとまちがいが起こるのですね。たとえば、浄土は娑婆《しゃば》か

ら十万億仏土離れた世界だと述べてあります。そして「土」は衆生を教化し、衆生を摂する所だといいます。ところが、浄土へ行きますと、全部、仏さまと菩薩さまで、迷える衆生はいないと、だから教化する相手もないのだということになります。「虚無《こむ》の身、無極《むごく》の体」〔『無量寿経』聖典三九頁〕と書いてある。そこには一人も人間はいないのです。

ところが同時に、

かくのごときの諸仏、各各《おのおの》無量の衆生を、仏の正道《しょうどう》に安立《あんりゅう》せしめたまう。〔『無量寿経』聖典四三頁〕

と言う。阿弥陀仏は再び菩薩となって果から因を起こす。それが「阿弥陀仏の本願」といわれる。「菩薩の本願」とはいわれないで「阿弥陀仏の本願」といわれる。「阿弥陀仏の本願」というのは浄土から穢土の真っ只中に出てくるのです。その浄土から生まれ出た「教・行・信・証」であるが故に、その「教・行・信・証」によって私たちが浄土に生まれることができるのです。浄土は場であるだけでなく、それが行となって、はたらきとなって自己を展開するのです。つまり、このことによって私たちに本願を信ずるということが成り立つ。その本願によって荘厳された浄土がさらに「教・行・信・証」として私たちの上に相を現わしてくる。その「本願力回向」ということにおいて初めて私たちに本願を信ずるということが成り立ってくるのです。

聞より生ずる信

そして、私たちが本願を信ずるということ、つまり阿弥陀仏に救われるということがどこで成り立つのか。その一点をおさえて、宗祖はそれが「聞」だとおっしゃっておられる。つまり浄土は「教・行・信・

証」として私たちに関わってくると申しましたが、「教・行」というのは、歴史的社会的現実の中において浄土が人間の言葉となって私たちに呼びかけてくる。その「教・行」という形で私たちに呼びかけてくる本願の心を聞き、その聞いた心に順って生きる。そこに「信・証」ということが成り立つのです。曽我先生は、宗祖の記された『教行信証』を二つに分けて「伝承《でんしょう》の巻（教行）」と「己証《こしょう》の巻（信証）」と言われます。「ここ教・行に呼び、ここ信・証に応ずる」。つまり「呼応」するということがある。「教・行」は必ず外から。「教え」は釈尊の教え、「行」はよき人の仰《おお》せです。それに内から応えるのが「信」。単によき人の仰せを信ずるのではない。『歎異抄』には、「よきひとのおおせをかぶりて、信ずる」〔聖典六二七頁〕と書いてあります。やはり、「よきひとのおおせをかぶりて」本願を信ずるのです。なぜかというと、「よきひとのおおせ」は本願そのものから出てきたのだからです。

言葉を聴いて、心を聞かねばならん。親子の関係でもそうです。言葉だけ聴くと、すぐ問題が起こる。言葉をとおして言葉の出てくるもとの心を聞かねばなりません。いま、「教・行」という呼びかけにおいて、「信・証」と応ずる。私たちがそれに応ずるということは、聞くということにおいて応ずる。そして聞いたそのものに順って生活していく。それを「証」という。そこで伝承と己証の接点、よき人の仰せと私の受け取る心との接点、その一点を「聞」というところでおさえられた。つまり「聞」ということにおいて成り立つ「信」が「真実信心」であると、宗祖はおっしゃっておられます。

普通、「信」というものは、ただ信じればいいのだと、「聞」ということなしに私たちは考えています。しかし昔から、「真宗は聞に極まる」といいますね。

「聞《もん》」と言うは、衆生《しゅじょう》、仏願の生起《しょうき》・本末《ほんまつ》を聞きて疑心あることなし。これを「聞」と曰《い》うなり。

と、昨日申しました。だから「信」は「聞」において成り立つのです。その次に、

〔『教行信証』「信巻」聖典二四〇頁〕

と書いてあります。「信心」と言うは、すなわち本願力回向《えこう》の信心なり。

〔『教行信証』「信巻」聖典二四〇頁〕

と書いてあります。私たちが信じたり疑ったりするその心で信ずるのではなく、「聞」ということにおいて成り立つ「信」であるということを表わすのです。「本願力回向」ということが「聞」という言葉に具体的に表わされているのです。そこでもう少し詳しく「聞」ということを展開してみたいと思います。

昨日もちょっと申しましたように、「きく」時は「聴」だと、「きこえる」時に「聞」という。これは辞書によりますと、こう出ています。「心ここに在らざれば、視《み》れども見えず、聴けども聞こえず」〔『大学』〕と。つまり本願の心と違った心でいるならば、つきつめていうと、「聴けども聞こえず、視れども見えず」なのです。「聴く」は耳できくということ、「聞」は心にきくということ。聞くということはさらにいうと、これは心に決定を得るということなのです。たとえば『論語』に、「朝《あした》に道を聞かば、夕《ゆうべ》に死すとも可なり」〔里仁編〕という有名な言葉があります。それは単に耳に聴いたのではなく、心の中にしっかりと真理を聞く。つまり耳で聴いた教えの言葉をとおして、心に法が聞こえてくるのです。しかも、その法が聞こえてくるという聞こえ方が決定をもっている。いわば覚悟ということ、決定性をもっている。

「自然発応《じねんほっとう》」ということがあります。これは不思議なことが突然起こるのではなく、聞こえてくる。真理に対して疑いがないということ。別の言葉でいうと、自明性ということです。普通、ものがわかるという場合には、知らないことをいままでの知識で解釈して、知っていることと知らないこととの間に関係がつけられると、「ああ、それはわかった」と言うのです。そうではなく、無条件に、無前提に、外の証明

を待つ必要なしに、それが「正しい」と、「それは真実だ」と、こう自明性をもってうなずけるというようなわかり方、それが「信」です。「なるほど」と言って、ひざを打てるようなわかり方です。そういうことが聞こえるということです。

つまり、聴かせる者と聴く者との間の一致ということがどうして成り立つかという問題になります。「聞こえる」というのは、聴かせる者と聴く者という二者の対立が超えられているのです。「説聴《せっちょう》の方軌《ほうき》」〔『教行信証』「信巻」聖典二四六頁〕という言葉がありまして、説くということと聴くということはつながっていますね。私は皆さんから見ると説く者、皆さんは聴く者ですね。すると、説く者と聴く者とは人間関係です。しかし、人間関係だけでは、どこまでも対立というものが残る。たまたま人と人が一緒になったと思っても、なにか別の利害関係で別々になるのですね。ところが法によって一つになった時、それが超えられるのです。「聞」は真理そのものが聞こえてくるのだから、つまりよき人から聞くのだけれども、それは同時に阿弥陀仏そのものから聞くのだという内容があるのです。そうするとそこに自明性、「なるほどなあ！」という、そういうはっきりとした領解が成り立つ、それを「聞」というのです。

したがって、そういう「聞」すなわち「領解」が成り立てば、必ずそこから、それに順い、それと相応して生きるという新たな出発を生み出すのです。これはドイツ語でもそうなっています。ヘーレン（hören）ということは「聴く」ということだけれど、ゲヘーレン（gehören）は「聞こえた」ということです。するとそれは「服従する」、「相応する」、「一致する」という意味をもってくるのです。つまり説く者と聴く者とに間がないということです。

普通、我われの人間関係は、要するに腹のさぐり合いなのですね。もうひとつぴしっと一致しないのですね。結局、「自分はそう思う」、「私にはそう感じとられた」という、それを抜け出すことができないのです。そういう私的解釈を人びとは信心だと思う。また「人が何と言おうが、私はこう信ずるんだ」と、こう言ったら、それは独断なのです。そういうのは聞によらない信なのです。聞によらない信は正しい信ではない。

こういうことは大事なことでして、先日もある人が来られてお話していたら、「信心ということに、正しいとかまちがいとかいうことはあるもんでしょうか」と言われるのです。そしてさらに、「学問には正しいとかまちがっているということはあるけれども、信心というものは絶対的なものだから、正しいとかまちがっているとか言えないでしょう。その人が、私はこう信ずる、と言ったら終わりでしょう」と言われるのです。そこで私は「とんでもございません。あなたは毎朝、何をあげておられますか。『正信念仏偈』をあげているでしょう。あそこにちゃんと『正信』と書いてあるではないですか」と言ったのです。正しい信と正しくない信を区別するということが大切ですね。どこをもって正しいというか。私は親鸞聖人の御苦労というものがそういうところにあったように思われるのですね。「念仏一つ」ということを法然上人から教えられ、それを信じたのですが、その自分の信が正しい信であるということがどうして言えるか、ということを明らかにするところに聖人の御苦労があったように思います。

片手間の信仰――宗教の文化的理解

さてその「正信」の「正」について、蓮如上人が『正信偈大意』の中にこう書いておられます。

「正《しょう》」というは、傍に対し、邪に対し、雑に対することばなり。〔聖典七四七頁〕

と、これだけの「対《つい》」を出しておられます。聞によって生ずる信は「正信」である。正信でない信は「傍信」であり、「邪信」であり、「雑信」なのです。

「傍に対する」の「傍」ということは、「かたわら」ということです。「かたわら」ということは、別の言葉でいうと「片手間」ということです。ということは、信仰が自分の生活の部分としてしか考えられていないということです。ドストエフスキイという作家が、「イエスキリストは、『すべてを捨てて我の後より来たれ』と言った。ところが、人びとはすべてを捨ててキリストの後からついていくのは大変だから、日曜にだけお詣りに行って、五カペイカだけ金を出す」と言うのです。それがつまり「傍」ということです。自分の生活全体に関わる問題として信仰を考えないのですね。自分というものがあって、その自分の心の動きの一部として信じたり疑ったりするということがある、というふうに考えるのです。そういう「信」は「傍」です。

これは日本だけのことではないのです。近代文明の中で、キリスト教において「信仰」という言葉の意味が大変乱れました。それでキリスト教の神学者の中にも、そういうことを非常に歎《なげ》いている人がおられます。今日「信仰」という言葉は人びとを癒《いや》すよりも、むしろその言葉自身が病気にかかっている。それは片方では、ファナティックな狂信、――「わしは、これだけは人が何と言おうとも信ずる」と言う人が出てくるし、また片方には、「あんなことを言うが、あれはおかしい」という懐疑《かいぎ》論者が出てくる。そして人びとは狂信と懐疑の間をゆれ動いていて、本当に正しい信仰というものが生まれないで、いつも代用品の信仰ばかりが流行していると、こう言っているのです。

信仰は人格の中心活動、全人格的な活動であります。それは心となり、言葉となり、行為となって発動する、人間の中心において起こる出来事です。本願がその人の存在の一番深い所から発動してくるのですからね。それで私は、「正信」という「信」は必ずそこに、「生まれ変わり」、「更生」ということを含んでいるのだと言うのです。

今年、九十六歳で曾我先生が亡くなられました。その曾我先生が親鸞聖人の七百回忌に京都会館の大ホールで講演された時の題が、「信に死し願に生きよ」ということでありました。これは、「本願を信受するは、前念命終《ぜんねんみょうじゅう》なり」〔聖典四三〇頁〕という『愚禿鈔《ぐとくしょう》』の言葉をそのまま受け取って、先生はこうおっしゃっておられるのです。「信」ということは自分の生活の中心の置き場所が変わるのです。つまりそれは、蓮如上人の『改悔文《がいけもん》』によれば、「もろもろの雑行《ぞうぎょう》・雑修《ざっしゅ》、自力《じりき》のこころをふりすてて」〔聖典八五三頁〕ということです。そして「一心《いっしん》に『阿弥陀如来、我等が今度の一大事の後《ご》生《しょう》御《おん》たすけそうらえ』とたのみ」〔聖典八五三頁〕、――つまり「ふりすてて」「たのむ」、捨てて帰するということが大事です。帰することによってすたるということもあるが、本質的に言えば帰することにおいてすたるのです。けれども我われの側から言えば、捨てて帰するのですね。親鸞聖人のお言葉に「雑行《ぞうぎょう》を棄てて本願に帰す」〔「後序」聖典三九九頁〕とありますね。いままで、自分のいのちとか、自分の財産とか、親とか子を頼りにしていたが、そういうものをもはや頼りにしない。ただ阿弥陀の本願だけに依るというのが「正信」ですね。親鸞聖人は『唯信鈔』の「唯」を説明して、

「唯《ゆい》」は、ただこのことひとつという。ふたつならぶことをきらうことばなり。

〔『唯信鈔文意』聖典五四七頁〕

とおっしゃっていますね。

そこに、「信に死する」ということにおいて、「願に生きる」ということが起こってくる。「信に死する」ということは、私は「絶望を通して」ということだと思います。一度、死んだ人は、再び殺すわけにはいかない。絶望から立ち上がった人は、また絶望させるわけにはいかない。そういうたくましい人生を「願に生きる」と言うのです。希望に満ちた世界が「信に死する」ということの中から起こってくるのです。

要するに、「傍」ということは「片手間に信ずる」ということ。それは「信仰」ということを人間の営みの部分として考えるということです。それが、現代の言葉でいえば、「宗教の文化的理解」という形で出てくるのです。すなわち、人間の営みの中には、宗教とか芸術とか政治とかいろいろなものがある、その中の一つに宗教があると考えるような考え方、それがつまり「傍」なんです。そうではなく、本当の「信」は、私たちは田を耕したり、会社に勤めたりしているのですが、そういうことをどういう心から、どういう立場からなしたらよいか、という問題を明らかにするのが信仰、宗教の問題なのです。

何を信ずるのか

次に、「邪」という問題があります。私は「邪」と「雑」をこのように分けてみたらどうかと思うのです。これは少し大胆な分け方ですけれども、「邪」ということは「何を信ずるか」、「雑」は「いかに信ずるか」という問題領域のことだと、こう申しあげていいかと思います。「邪信」というのは、信ぜられる対象そのものがまちがっているということですね。いま、言いましたように、「信」ということは自分の全存在をかけた転換ですから、その転換の場所というか、信ずる対象がまちがっている場合には大変こわいのです。皆さん、本当に求道された方は宗教のこわさというものを知っておられると思います。また信仰の名による過《あやま》ちというものがいかに深いかということもお気づきになっていると思います。なぜかといえば、それは真剣な問題だからです。いのちをかけた問題だからです。それで「邪信」ということは何を信ずるかということにおいて起こる。

それについて、

仏に帰依《きえ》せば、終《つい》にまたその余の諸天神《てんじん》に帰依せざれ、
〔聖典三六八頁〕

と『教行信証』の「化身土巻」に出ているのですね。つまり、現代の言葉でいうと、「相対有限な人と物とを絶対的なものとして信ずるな」ということです。それは根本的にその人を損《そこ》なうのです。ティリッヒはこういうものを「悪魔的なもの」と言っていますね。たとえば、人を殺すということでも、普通の人間がしたのだったら「悪いことをした、ひどいことをした」と言いますが、「この人は信仰に逆らうから」と言って、はりつけにしたというようなことがヨーロッパではあったのです。仏教にはそういうことはなかった。それはすばらしいことだと私は思うのです。けれどもこのように、まかりまちがうと宗教は大変な危険に陥《おちい》っていくのです。それはつまり、相対有限なものを絶対無限なものとして信じようとすることです。案外そういうものはたくさんあるのです。そういう信仰形式をとらなくても、たとえば人間の理性を絶対的なものと認め、これに依って立つとか、あるいは他人は頼りにならん、結局自分しか頼りにならんと、こういうふうに決着して人生を送れば、それは自我に対する盲信、邪信なのですね。

親鸞聖人における「信」は、「無疑の信」であって「不疑の信」ではない。「仏願の生起・本末を聞きて疑心あることなし」と、こう言われる。決して「疑わない」と言わないで、「疑いなし」と言っておられます。つまり「疑わない」ということは、「疑えるけれども疑わない」わけです。だからそこに無理があ

る。そうではなく、「疑いなし」ということになれば、どれだけ疑ってもかまわない。仏は「畢竟依《ひっきょうえ》」だから、どんな人も必ずここに到るまでは最後の安心を得ることができない。無限に疑ってもいい。むしろ疑えば疑うほど、その疑いをとおして阿弥陀のまことが明らかになるのでしょう。こういう「信」ですね。

こういう「無疑の信」というのは無限に開いているのです。だから「信心」は「広大難思の慶心《きょうしん》」〔『教行信証』「信巻」聖典二三九頁〕といいますね。「信心」を自分だけがきゅーっと思い固めているようなものと思わないでください。本当は実に広々とした、みんなに貫通しているような、そういう心が「本願力回向の信心」〔『教行信証』「信巻」聖典二四〇頁〕」です。要するに「邪」というのは、相対有限なものを絶対無限なものとして信ずるのです。

いかに信ずるのか

次に「雑」というのは、「いかに信ずるか」という問題です。実はこの問題に、さっき申しました「聞」ということが関わってくるのであります。「いかに信ずるか」と言いますと、一般には、「一生懸命信ずるんだ」と言います。それは自分の心を統一して信ずるということでしょう。それから、「ご院家さんの言うことをそのまま信ずるんだ」と言います。一生懸命信ずるのだというと、それは「思い込み」になってしまう。それは人間の独断です。

この「いかに信ずるのか」ということについては大きな問題があります。それを一言でいうと、信ずるものと信ぜられるものとの間に隙間があるかないかという問題です。隙間があればそれは「雑」、隙間がなければそれは「正」。『教行信証』の「化身土巻」の努力というものは、「雑心」というものをいかに克服していくかということです。

専修《せんじゅ》にして雑心《ざっしん》なるものは大慶喜《きょうき》心を獲《え》ず。
〔聖典三五五頁〕

という言葉があります。そこが宗祖の信心の中心問題でした。それがどういう形で出てくるかというと、「信巻」の主題である「三一問答」、つまり本願の「三心《さんしん》」と天親の「一心」と「一異如何《いちいいかん》」という問題です。「三心」というのは、「至《し》心《しん》・信楽《しんぎょう》・欲生《よくしょう》」です。これは本願の心である。ところが、「一心」というのは天親菩薩の「世尊我一心」〔『教行信証』「真仏土巻」聖典三一三頁〕で、これは我われの側に起こった心です。それは、本願と本願に帰する我われの心とが一つであるか、異なっているかという問題です。そしてそれは、結局「一つである」と親鸞聖人は言われる。それはなぜかといえば、「疑いなし」という一点を押さえて「一つである」と言うのです。

その、信ずるものと信ぜられるものとの隙間、それがいかにして超えられるかというその一点、それが「回向」ということと繋がっているのです。本当に信ずるものと信ぜられるものとが一つになることのできる道、それは「聞」ということにおいて初めて成り立つのですね。信ずるものと信ぜられるものとが一つであるということをもっと具体的に申しますと、この「一心」の内容は本願であるという。逆に言えば、私たちの信心は信ぜられる阿弥陀仏そのものから起こってきている。阿弥陀仏を信ずる心は、信ぜられる阿弥陀仏の本願それ自身から起こってきている。したがって、その「一心」といわれる信心の内容は「至心・信楽・欲生」という三つの内容をもっているということです。「至心」というのは真実心、真実心というのは「いつでも、どこでも、誰にでも通じるまことの心」です。それで私たちに、

その名号《みょうごう》を聞きて、信心歓喜《しんじんかんぎ》せんこと、〔聞其名号、信心歓喜〕
〔『無量寿経』聖典四四頁〕

という「信心」が成り立った時に初めて、人類の起源というものが同時にはっきりするのです。

歴史の起源と目標

弥陀成仏《みだじょうぶつ》のこのかたは　いまに十劫《じっこう》をへたまえり
法身《ほっしん》の光輪きわもなく　世《せ》の盲冥《もうみょう》をてらすなり
〔聖典四七九頁〕

これは『浄土和讃』の第一句でしょう。ここに「弥陀成仏のこのかたは　いまに十劫をへたまえり」とあります。「いま」というのは、親鸞聖人が信心を喜ばれている「いま」です。そうすると、十劫の昔から阿弥陀仏がはたらきづめであったと。いままで人生に苦労してきた過去の意味が一転してしまうのです。これは「至心・信楽・欲生」というものを「体」として、そこから起こった「一心」だから、「一心」が起こるその時に「如来の至心」（まことの心）に触れる。至心に触れる時、歴史の始めというものが見出されるのです。

私は小さい時からお寺に詣《まい》ったのですが、その時、聞いた加賀千代女《かがのちよじょ》の句に、「いかばかり　手のかかりしか　菊の花」というのがありました。一輪の菊の花、それが咲くために無限の過去の重みというものがかかっているのですね。「これが成り立つのに、どれだけお手間がかかったのであろう」と、加賀千代女が句を詠んだ。いま、自分の信心がはっきりすると、信心歓喜する根拠が十劫の昔からずっと私にはたらきづめであったと。そこに初めて仏恩を感ずるということが起こるのです。親鸞聖人ご自身のお言葉で申しますと、

ここに久しく願海に入りて、深く仏恩《ぶっとん》を知れり。
〔『教行信証』「化身土巻」聖典三五六～三五七頁〕

と、三願転入の終わったところで述べておられます。そこに本当に「有難いなあ！」という言葉が口をついて出てくるのです。

ここで大事なことは、私がいつも触れることですけれど、誤解されるのは、「有難く思わなければならん」と聞いてしまうのです。そうすると、そこにすり替えが起こるのです。有難く思えるものをもらったら、有難くならないでおこうと思っても、有難く思わざるをえないでしょう。ところが有難く思える根拠をもらわなかったら、有難いと思おうと思っても、思えないでしょう。倫理というのは「思いなさい」、「思いましょう」というわけです。口でそう言っているけれど、いよいよとなるとぱっと離れる。なぜかというと、思える根拠がないからです。

「三帖《さんじょう》和讃」は「弥陀成仏のこのかたは」で始まるでしょう。そして最後は、

如来《にょらい》大悲の恩徳《おんどく》は　身を粉《こ》にしても報ずべし
師主《ししゅ》知識の恩徳《おんどく》も　ほねをくだきても謝すべし
〔『正像末和讃』聖典五〇五頁〕

で終わるでしょう。これはおもしろいことですね。たぶんこれは後から編集したものでしょうけれども、そこに御恩を感ずるもと、つまり十劫の昔から阿弥陀の本願の中にあるということ、「至心」を知るということがあります。それは衆生の「信楽」から見出される「至心」です。しかし、「至心」を根拠にして「信楽」が成り立っているのです。我われからいえば「信楽」が先です。その「信楽」から過去に向かって「至心」というものが開かれている。それがつまり、歴史の起源を阿弥陀の本願の発起というところに認めるのです。こういう新たな歴史に対する感覚、――史観というものが「信」において成立するのです。自分が単に助かったというような個人的なものではないのです。

何遍も繰り返しますが、『浄土和讃』の巻頭、

弥陀成仏のこのかたは　いまに十劫をへたまえり
法身《ほっしん》の光輪きわもなく　世《せ》の盲冥《もうみょう》をてらすなり
〔聖典四七九頁〕

ここに宗祖の立場がはっきり出ています。この和讃は事実認識を詠っているのでしょう。その後の和讃は「帰命せよ」と、ずっと出てくる。初めだけは「なり」と、事実そのものの表現です。事実を見つけた。生きるいのちの真実として、阿弥陀仏の本願の発起ということに触れた。そこに感謝ということが起こる、満足ということが私たちの中に成り立つ、ということです。

その満ち足りたというところから必ず溢《あふ》れ出る。「予は満足じゃ」などと言ってふんぞり返っているのは昔の殿様で、満ち足りたら溢れ出る。その溢れ出るものは何かと言ったら、これが「欲生」なのです。助かったが故に、ますます助かっていく、というのですね。まだ助からないから、早く助かりたい、というのではないのです。自分が助かったというところから、諸々の衆生と共に助かっていきたいという、そこから浄土を願うということが初めて起こる。言葉の真正な意味で、本当に正しい意味で、初めて「浄土を願う」ということが起こるのです。

私たちに浄土を願うという心が起こるということは大変なことです。普通の常識では、そんなことは思えることではないのです。それが、

衆生《しゅじょう》の貪瞋煩悩《とんじんぼんのう》の中に、よく清浄願往生《しょうじょうがんおうじょう》の心を生ぜしむ
〔『教行信証』「信巻」聖典二二〇頁〕

ということですが、その心が起こるか起こらないかというところに、「正信」と「傍信」との区別があるのです。つまり自分一人が助かるということに留まっているならば、十方衆生を仏にしたいという本願と

一枚の信心ではないでしょう。「信」を得たら、皆と共に助からねば自分も助からない、ということになるのです。言葉でそう言う必要はないけれども、そういう感覚というものが生まれてくるのですね。人の苦しみを自分の苦しみとして感ずるような感覚が生まれなければ、それは他力ということが誤解されているのです。阿弥陀さんに苦労させておいて自分だけ得しようということです。ところがそうではなく、阿弥陀さんを信じた以上、阿弥陀仏の心に順って生きるということが起こらなければなりません。阿弥陀の心に順って生きるということが起こるということは、「もろ人と共に」、

普《あまね》くもろもろの衆生《しゅじょう》と共に、安楽国に往生《おうじょう》せん。（普共諸衆生　往生安楽国）〔『浄土論』聖典一三八頁〕

ということです。つまり、有縁の人びとと共に大悲の世界を実現していこうとする。浄土をこの世界の中に映す。この世界がそのまま浄土ではありません。しかし、浄土を映すということがある。そのことを曾我先生は「欲生は信楽の自証原理である」〔『歎異抄聴記』第三講〕とおっしゃいました。

つまり、私たちが信心を得たということは、信心を自分がもらったという意識じゃないというのです。それは第二十願です。つまり、「本願の嘉号《かごう》をもって己《おのれ》が善根」〔『教行信証』「化身土巻」聖典三五六頁〕としているのです。ところが真実信心の世界はそうではない。本当に信心が明らかになったということは、どこまでも助かっていこうとすることです。どこまでも浄土を願って生きていく。「欲生」ですね。「願」が起こるということなんです。別の言葉で言うと、絶えず助かっていない自分に気づくということです。私は表側から表現して、「限りなく仏に成ろうとして生きる」と言うのだけれども、裏から言えば、「絶えず凡夫でしかない、真信に背いている自分に気づく」ということでしょう。絶えず、いま、救われていく自分になる。救われてしまった自分でもない。まだ救われない自分でもない。救われてしまった自分という

ものは、もう過去です。いまだ救われていない人間は、本当には生きていないのです。そうでなく、いま、現に救われていく自分。念々にいま、救われて生を生きる。それがつまり「願生安楽国」ということです。

そこに「聞」によって成立する「如来よりたまわりたる信心」は、私たちの内から発起する純粋な内発的な透明な意志、本当に確かな、がんばる必要さえないほど確かで明らかな、死を超えた新たなる生活意志。「生きるも死ぬもこの願いの中で」という、凡夫のちっぽけな私に、こんな大きな願いが与えられた。そして、身のほどもかえりみずその願いにふるい立って生きていく。そこに自《おの》ずからにして真正の共同体を形成していくというはたらきが、求めず知らざるに現成《げんじょう》してくるのです。

そこでもう一度言うと、それがつまり、本願のこころが私たちの生活の上に受け取られたすがたです。そういう「本願のこころ」のもとの意味と私たちの上に現われるすがたとを含めまして、私は「阿弥陀仏の本願とは、歴史の起源と目標とを貫く人類のいのちであり、同時に真正な共同体を形成していく原動力である」という言葉をもって、今回「本願のこころ」と題して三日間お話させていただいたご縁を終わりたいと思います。

［一九七一（昭和四十六）年八月、円宮寺にて講話］

第三章　〝いのち〟を喚ぶ声

一、念仏は〝いのち〟を喚ぶ声

いのちを大切に

このたびは三日間、「〝いのち〟を喚ぶ声」と題しまして、お話をさせていただきたいと思います。と申しますのは、ちょうど一年の間、私の生活の歩みの中でひとつの直感といいますか、曾我量深先生のお言葉を借りますと「感得した」ということになるかもしれませんが、非常にはっきりとしたひらめきがございました。それは「念仏は、〝いのち〟を喚ぶ声である」ということであります。そのことをこのたび皆さんにお話したいのです。

さてその前に、まず皆さんの前に一つの課題を出して一緒に考えてまいりたいと思います。最近「いのちを大切に」ということがよく叫ばれます。それはまあ「公害問題」、「交通戦争」あるいは「寝たきり老人」というような問題がいろいろありまして、特に「いのちを大切に」ということが強く叫ばれ、標語としてお寺に貼ってある場合もあります。ところが、そういうふうに声高《こわだか》に「いのちを大切に！」ということが叫ばれながら、事実本当にいのちが大切にされているかというと、どうもそうではない。ますますいのちが粗末にされているという感じがどうしても残るのです。今度、「四日市判決」というものが出まして、多少一つの方向へ進んでいるような気配もございますけれど、あるトップクラスの科学者に「昔は、一人の人間のいのちは地球よりも重い、と言われたけれども、今では、人のいのちは羽毛よりも軽い、と言わざるをえぬような事態である」という発言があるのです。それはいったいどういうことなのでしょうか？

実は「いのちを大切に」ということが声高に叫ばれるということ、それ自身の中に、いのちが大切にされていないということがあるわけなのです。いのちを大切にすることがないからこそ、ますます「いのちを大切に」と言われるのかもしれません。芥川龍之助という作家がおもしろいことを言っておりますね。たとえばある国で「泥棒するな」ということをやかましく言うとすれば、その国には必ず泥棒が多いというわけです。「うそを言うな」という道徳のあるところには、必ずうそつきがいるというのです。つまり現実は標語や道徳の反対だというのです。ですから、ある国の道徳の項目が並べてあるのを見ると、逆にどんな人間が住んでいるかということがわかるということです。

それで問題は、「いのちを大切に」と言いながら、なぜいのちが大切にできないのか、ということです。こういう問いはなかなか立たないですね。けれども我われは、幸いにして問題を根本から考えるという仏教の伝統の中に育ったから、そういう問題を一度根本に帰って考えるということができるわけです。それで、「いのちを大切に」と言いながら、なぜ事実として「いのちを大切に」ということができないのか？いや、さらに言えば、どうしたら本当にいのちを大切にすることができるのか？　という課題を初めに出しまして、その課題について皆さんと一緒に考えてまいりたいと思います。

〝いのち〟とは何か？

さてそこで、「いのちを大切に」と言いながら、なぜ事実としていのちを大切にすることができないのか。いや、どうしたらいのちを大切にできるのかと問うているが、実は、本当に大切にすることのできるいのちをひょっとしたら我われは知らないのではないか。「いのちを大切に」と言いながら、それなら「いのちというものはどんなものか？」と聞かれたら、ちょっと困るでしょう。我われはなんとはなしに「いのちあっての物種《ものだね》」だとか、「あなたは私のいのちです」と言います。そういう時に「いのち」という言葉を使いますね。「いのち」は、人間にとって一番大切なものであるということ、あらゆることの一番もとであるということを、うすうす知っておりながら、「いのちとはどういうものか」と聞かれた時に、はっきり答えられない。こういう問題がひとつそこにあるのです。

それと同時に人間の場合は、単に生きているだけではなく、必ず「生きているということを知っている」ということがありますね。つまり、いま私は、「いのちは大切だ」と言いながら、いのちについてはっきり知っていないと申しました。それは、はっきりと自覚していないということです。けれども、同時にどんな場合でも、人間はいのちについての自己了解をもっているのです。いのちについての自己了解ということですが、最近ではたいていの人は、「ある時生まれて、ある時死ぬ、この肉体のいのちというものこそが自分のいのちだ」と無意識のうちに、――つまりはっきりと問うこともなしに、漠然と了解しているということがあるのです。そういうことからまず出発しまして、それがはたして本当に〝いのち〟を正しく言い当てているかどうか。いのちというものの自己了解が正しいかどうか、こういう問題になってくると思います。

ところが、「ある時生まれて、ある時死ぬ。この肉体のいのちが自分のいのちだ」といういのちの了解は、今日、自然科学の分野においてさえもはや成り立たないのです。つまり近代科学の中で遺伝子学が発達しまして、――私は昭和六年生まれだけれども、私がこういう容貌と、こういう能力をもって生まれてきたということは、決して生まれた時から始まるものではないということですね。自分のいのちは「オギャー」と言った時に始まるのではなく、遺伝子によって、親、そのまたさらに親から続いているということは、もう自然科学の世界ではっきりしているわけです。特に最近よく問題になります「ダウン症」という病気がございます。これはダウンという人が発見したのでありまして、それは遺伝子を担っている染色体の数が一つ多いというのですね。そうすると、その人は生まれた時から発達・成長の障がいがあるというのです。それが最近では、胎内にいる間に羊水の検査によって、その人の染色体がいくつあるかということがわかるのです。それで生まれたら障がいがあることがわかった時に、人工妊娠中絶をするかしないかという問題、それが倫理的に正しいか正しくないかということが、アメリカあたりでは正式に議論されているという、NHKテレビで一時間にわたって放送をしておりました。

にもかかわらず、私たちのいのちは「オギャー」と生まれた時から棺桶に入るまでが自分のいのちだと言う。この独断が私たちの間に抜き難く、根強くあるわけです。そのような考え方を、仏教では「断見」だと言っています。それは独断で誤りであるというわけです。そこで私はもう一度素直に、虚心に、私たちの〝いのち〟がどういうものであろうか、考えてみたいと思うのであります。

いのちの自己了解

先ほど申しましたように、人間が物と違うのは、人間においては「在ること」と「知ること」とが切り離せないということがあります。人間は、単に「在る」だけではない。常にそれは「知られて在る」というわけです。ということは、つまり生きるというのは単に生きているのではない。それはなんらかの形で生きるということの意味、生きるということの内容をちゃんと知りながら生きているというわけです。つまり、いのちについての自己了解をもっているということと、いかに生きるかということとは、決して切り離すことのできないように結びついているわけです。

この典型的な例を、フランクル［一九〇五〜一九九七］という人が報告しているのです。フランクルという方は、現在ウィーンの精神医学界で大きな役割を果たしておられまして、日本でも、この近くでは福井の米沢英雄先生［一九〇九〜一九九一］が大きな影響を受けられた方であり、また名古屋大学の岸本鎌一教授［一九〇五〜二〇〇二］も大きな影響を受けられた方です。さて、そのフランクルの先生はフロイト［一八五六〜一九三九］という人ですが、そのフロイトは、こういうことを言ったというのです。「人間はたしかに教養の差とか、倫理的資質、――つまり善い人間とか悪い人間とか、学問的あるいは実際的に能力があるとかないとか、こういう区別がある。けれども、その人たちが一様《いちよう》に飢えていくと、だんだんと人間の教養とか学問とかの差がなくなってしまい、ただ物を食べたいという欲望だけの、みんな同じレベルに下がっていってしまうだろう。つまり人間の一番基礎をなしているものは、いわゆる生きようとする本能である」と、フロイトは机の上でそういうふうに考えたのです。

ところがフランクルという人は、実際にそういう現実にぶつかったわけです。つまり第二次世界大戦中にドイツのユダヤ人強制収容所に入れられ、飢えと死との真っ只中にたたきこまれた。そこでは人間にただ番号がついているだけで、「何番、何番」と言って、人の名前さえ呼ばれない状態ですね。そして極度の飢えと重労働です。ところがその中で、最後ぎりぎりのところで人間の行為を決めるものは何かといったら、それはフロイトの言ったこととは違うというのです。いよいよ人間が生きるか死ぬかの瀬戸ぎわに立たされた時に何が出てくるかというと、いのちについての自己了解、――つまりその人がいのちをどのように理解しているかということが決定的に出てくるというのです。そういう状況に置かれた時には、日常的には考えられないような立派な行為をする人と、日常的には考えられないような卑劣な行為をする人にはっきり分かれるというのですね。皆が一様にはならないというのです。それが経験された事実だというわけです。実際そのようなことがありまして、アウシュヴィッツの収容所で、一人の若い青年のために身代わりになって死んでいった人がいたのですね。その人がこのたびカトリックの聖者の列に加えられたという、歴史上の事実にはっきり現われております。

どんな困った時でも、人間はただ生きるということのためだけでは行為しないということです。いのちをどのようにその人が了解しているかということが、最後ぎりぎりの決着のところで出るというわけです。そういう意味で、このいのちの自己了解ということは、むしろ我われが日常的に生きるということと繋がっており、決定的に大事な問題である、と言うことができるわけです。

「生」「命」の語源

さてそれならば、「〝いのち〟を喚ぶ声」と、私は「いのち」と書きましたが、いったい、「いのち、いのち」と人は言いますが、この言葉自身、まず語源的にどういう内容をもっているのであろうか、ということから始めてまいりたいと思います。

その場合、日本語で「いのち」と書きますけれども、これは中国の言葉に直しますと「生命」ですね。ところで、この「生」と「命」とは、言葉の成り立ちも全然違いますし、その意味も違います。「生」という字は象形文字であり、「𤯓」がもともとの字の形です。「㞢」は草が大地から芽を出した形、それがもう少し繁るから一を添えることにより、「𤯓」となります。ここから「生」という字ができたのです。そうすると、親鸞聖人のお言葉の中にも「群萌」という用語例がありますが、大地から雑草が群がって萌え出る、生《は》え出る、それを象《かたど》ったのが「生」という字だというのです。そうしますと、「生」はおよそいのちあるものの相、つまり簡単に言うと、「生物的生命」、「生物的いのち」ですね。たとえばここに種がある。それが芽を出す。二葉をつける。生長する。そして花を咲かせる。実がなる。枯れる。また大地に種が落ちる。草ならばこうですね。こういう生物的いのちというものを表わす言葉が「生」という字です。

ところが「命」というのは、漢字の解説ではこれは会意文字といいます。これは「口」と「令」とから成っているのですね。「口」と「令」を合わせて「命」という字になる。意味はどうかと申しますと、「天子の令を人民に伝えてこれを行わせること」と『大字典』〔講談社〕に出ています。これが「命」という字のもともとの意味です。ところで「天子」というのは、古代の中国人にとっては特別の意味があって、深い思想的背景があるわけです。日本でも昔、天皇のことを「天子さま」と言いましたが、これは文字どおり天の子どもということですね。「天」というのは中国では「神」に近いような意味です。「宇宙の理法」とでも申しましょうか、「死生命あり、富貴《ふうき》天にあり」という『論語』の言葉を清沢満之先生も使っておられます。要するに「およそ生きとし生けるものがそれによって支えられている、ひとつの世界全体を動かしている道理」というようなものですね。中国においては「命」とはそういう意味です。だから「命」という言葉が「運命」と熟語されたりするわけですね。

中国の古典に『中庸《ちゅうよう》』というのがあります。その一番初めに「天の命ずるをこれ性という。性に率《したが》うをこれ道という。道を脩《おさ》むるをこれ教という」と書いてあります。天の命令に率うということが人間の本性であり、人間の道である、ということです。それで天子というのは、その法則に率うものであると。だから中国には昔から「易姓《えきせい》革命」という思想があります。もし天子が天の命令に率わなかったなら、革命を起こして天子をやめさせてもいいのだというのです。天の命令に率うものこそが天子だという考え方が、中国に古くからあるのですね。そういうわけで、天子は、天の命令を言葉として発して、人民に伝えることによって国が治まり、人は平和に暮らすことができる、という考え方があるのです。それが「命」のもともとの意味で、そこから「命令」という熟語が出てくるのでしょう。ちょっと見たら「運命」と「命令」は全然言葉として関係がないように思われるけれども、「命」という字の意味を求めていきますと、ちゃんとそれが繋がっているということがはっきりしてくるのです。

だから我われの生物的ないのちが、人間のいのちとして社会生活を営み、文化生活を営む時には、単に生物的に生きるだけではなく、天の命令に率うことによって、人間としてのいのちというものが初めて成り立つ。そのことを、「生命」という言葉自身が含んでいるということを、まずはっきり知っていただきたいと思います。

パンのみに由るにあらず

それで、「生」が「生物的いのち」であるならば、いま申しましたように「命」は、言いかえると「言葉によるいのち」と言うことができるでしょう。「言葉」とは「道理」、「ロゴス」ということ、あるいは「意味」と言っていいですね。「生きる意味」、つまり、人間は単に自然の中に生物として生きているだけではなく、生きていることの意味を問い、生きがいを求めるというわけです。だから、そこに意味がなく、生きがいがなければ、肉体としての生命を殺すということさえする。自殺ということがそうですね。つまり人間だけに自殺ということがあり、他の生物が自殺したということは絶えて聞かないのです。人間にはどうしてそういうことがあるかといえば、人間の生命それ自身の中に生物的いのちと、それから私が「言葉によるいのち」と要約しました「生きる意味」とが離れ難く結びついているからです。こういうことをまず、言葉自身の吟味から言うことができるわけです。これが中国人のいのちに対する了解です。これは、いわゆる知識的了解ではなしに、いってみたら、民衆の生活の中から生まれた理解なのですね。それが言葉そのものに表われているということができます。

それならば、それは中国だけの理解かと申しますと、そうではないのですね。有名な「人の生くるはパンのみに由《よ》るにあらず」〔『聖書』日本聖書協会〕という言葉が、「マタイ伝」の第四章の初めに出てきます。これは『聖書』ですからヨーロッパの話です。簡単にその説明をいたしますと、イエス・キリストが荒野で修行をしていた。そうすると悪魔が出てきて、「もしお前が神の子であるならば、この石をパンに変えろ」と、こう誘惑するわけですね。簡単にいったら「信仰を得たら何が得られるか」というわけです。「信仰を得たら病気が治るか、信仰を得たら一家が安全になるか」。要するにそれは、最終的にはパンの問題だから、「お前がもし神の子ならば、この石をパンに変えろ」と、こう言うのですね。そういう悪魔の誘惑に対してイエスは何と答えたかといったら、「人の生くるはパンのみに由るにあらず」と、こう答えられたのです。そして、その次の言葉が大事なのですね。「神の口より出ずる凡ての言《ことば》に由る」と、イエスは答えておられるのです。つまり、キリスト教の伝統の中にも「パンによって生きるいのち」と「言葉によって生きるいのち」というものがはっきりあるということです。「人の生くるはパンのみに由るにあらず。神の口より出ずる凡《すべ》ての言に由る」と。「すべて」という言葉は英訳『聖書』では、allではなくeveryという言葉が使ってあるから、たとえば滝沢克己〔一九〇九～一九八四〕という方は、「神の口より出《い》ずる一つ一つの言によって生きる」と訳されています。

　そうすると、「生」は「パンによるいのち」、「命」は「言葉によるいのち」。そして「パンによるいのち」と「言葉によるいのち」は常に、人間が生きる限り切り離せないということです。食べものというと、私たちはすぐ米とか野菜とかを思い出すけれども、仏教においては「食」という概念は大変広いのです。つまり身を養い、心を育てるものが「食」なのですね。「食べる」ということなのです。だから「仏法《ぶっぽう》の味を愛楽《あいぎょう》し、禅三昧《ぜんざんまい》を食《じき》とす」〔聖典一三六頁〕という言葉が『浄土論』にあります。座禅することも「食べる」ということなのだというわけです。それがいつのまにか、我われはもう食べものといえばパンに限ってしまっているのです。そこに近代的な人間の生命理解の決定的な矮少性《わいしょうせい》があります。しかもそこにはなんら根拠がない。独断的にそうなってしまったのです。

　「南無阿弥陀仏」は「報身如来」であるといいますが、「法」が言葉になった形を「報身」といいます。別の訳は「食身《じきしん》」です。言葉こそが食べものだというのです。それで非常に割り切った言い方をすると、肉体の食べものはパンである。しかし「有情」、情をもって生きる者の食べものは言葉だというわけでしょう。言葉なしに人は生きることはできない。つまり生物として生きるということと、生きがいを感じつつ生きるということとは、いのちそのものではまったく一つになっているのです。ところが、まず生物的いのちというものが基礎（ベース）にあって、その上で生きがいを感じたり、生きる意味を求めたりすると考える限り、それは人間の生命に関する決定的な誤解なのです。

いのちの尊厳性

実はいのちそのものの中に、はじめからそういう二つのものが一つのものとしてあるわけですね。つまり生物的「生」と言葉による「命」とが一つに、つまり「生命」として、言葉それ自身においても一つに結びついている。そして、生きがいを感じつつ生きることができるような、つまりパンによるいのちと、言葉によるいのちがぴしっと一つになった時に、初めてもう一つのいのち、つまり「寿《ことぶき》」といういのちが生まれるのです。

「寿」といういのちは、それは自らの生きることを「ことほぐ」ことができるいのちです。生きるしるしといいますか、さきほどの言葉でいえば、真に尊ぶことができる〝いのち〟が見出されてくる。自らが自らのいのちを尊ぶことができる。「いのちの尊厳性」というものがそこに初めて成り立つのだと、こういうことが言えるのです。自分のいのちとすべての他のいのちを一つのもの、同じく大切なものとして見ることができる。その時に初めて、自分のいのちを「ことほぐ」ことができるのですね。たとえ自分が老人で肉体的に衰弱し、経済的に窮迫《きゅうはく》していても、そのいのちを「ことほぐ」ことができる。その時に

「寿」といういのちが生まれるのです。

私はいつも冗談に、なぜ結婚式の時にだけ「寿」と書くのか、毎朝、毎朝、「帰命無量寿如来」と言っているじゃないか、そこに「寿」と書いてあるのに、読んでいないのではないか、と言うのです。「正信偈」にどうして「寿」と書いてあるのか。「正信偈」を読んだら、毎日、毎日が「寿」ではないか。本当に自分のいのちの尊厳性を回復すると、「ことほぐ」ことのできるいのちというものが与えられるのです。

ところが、言葉によるいのちとパンによるいのちが分裂してしまうわけですね。つまり、生きるために生きがいを捨てる。「食うためには働かにゃならん。仏法なんか聞いておれん」というわけですね。つまり言葉によるいのちを、パンによるいのちを獲得するために犠牲にして生きているわけでしょう。人間として生きることの本質を、人間が生きる手段のために犠牲にしてしまうというわけです。「忙しい、忙しい」と、「とにかく食うことが大事だ」と、簡単に言うと、そういうことですね。

「そういうのは、つまらん。やっぱり人間というものは、もう少し人間らしく生きねばならん」とこう言うのですが、そう言っても、実際はじりじりとその中に引きずられていってしまうのです。なぜかというと、それはいのちの根本的理解に「生」と「命」の分裂があるからですね。その分裂を退治しなければならない。それはどこで回復できるかという問題です。こういうことは皆さん、日々夜々《ひびよよ》に経験されているでしょう。家庭でも、親子が対話するということと、経済的収入を獲得してくるということとはなかなか一致しないでしょう。それがぴしっと一致している家庭というものは、たとえどんなにけんかをしていても、ほのぼのと温かさが感じられます。それが分裂しているところでは、いくらきちっと生活がされていても、冷たいものがだんだんと家庭の中に流れてきます。その根本問題は、その「生」と「命」との分裂を克服するということなのですね。それがつまり「喚《よ》ぶ」ということです。

たましいの叫び

「生」と「命」とが分裂している人間に向かって「喚ぶ」という。皆さんご承知のように、「『帰命』は本願招喚《しょうかん》の勅命《ちょくめい》なり」〔『教行信証』「行巻」聖典一七七頁〕という時、この「喚」が書いてあるでしょう。辞書を調べてみますと、いちおうは「呼」と「喚」とは同じ意味で、「喚は呼なり」という註もありますけれど、よく調べてみると、「呼」と「喚」は違うとはっきり書いてあります。「呼というのはオイオイとよぶんだ」と。たとえばタクシーを停める時に「オイ」と手を上げてよぶ、その時は「呼」だと。ところが、「喚」はそれとは違うというのです。それはどういう意味かというと、「よび醒《さ》まし、よび起こす」と書いてありますね。眠っている者をよびさます。「生」と「命」との分裂の故に心が萎《な》え、あるいは心が荒れている、その者をよびおこし、立ち上がらせる。そういう意味があるわけです。だから「寿」という、「生」と「命」とが一つになったいのちを喚ぶわけです。

「生」と「命」とが分裂して、いわば心の中に隙間風が通っている。そういう人間に本来の「寿」といわれるいのちをよびさまし、よびおこす、そのはたらきが「念仏」だというのです。その意味で念仏は「真実行」だと言われるのです。ともすれば萎えてゆく、ともすれば日常性の中に沈没していく、そういう我われを「よび醒まし、よび起こしていく」、そして「生」と「命」とが一つになって「寿」という、自ら自分のいのちを讃《たた》えることができる、そういういのちを与える、それが「念仏」なのです。

次に「声」ということですが、中国の古い書の中に「情は声において発す」とあります。つまり、この場合の「情」とは、普通、知・情・意と心を三つに分けるけれども、いわゆる理性の分別が入る以前のこころのことです。いのちということと、こころということとがほとんど同じような意味に使われている場合のこころなのです。日本語でいったら、「たましいの叫び」というようなものです。それが「声」ということなのです。

これは近代になって、たとえば「精神」という言葉、――いまでは「物質」と「精神」が分かれて理解されてしまっているけれど、ヨーロッパでも、古代においてはそうではなかったというのですね。たとえば精神という言葉は、英語でspiritといいます。spiritというのは、もともとは「生命の息吹《いぶ》き」という意味です。人間が死ぬということは古代人にとって非常に不思議なことだった。いったい「生」と「死」とを区別するものは何かという疑問が起こったのですね。そうすると、「生きている」ということは、スピリットがあることだ、というわけです。だから、こころということといのちということとは本来は同じことなのです。

それで、こころといのちが同じものとして把握されている時のこころを表わすのが「情」ですね。仏教の術語では「有情」といいます。「衆生」のことをまた「有情」ともいう。その時は「いのちあるもの」という意味です。こころあるものということと、いのちあるものということとは同じ意味になりますね。そういう意味のこころが「発する」、それが「声」だというのです。

これはどういうことかというと、声から音、音から文字、文字から書物と、だんだん抽象化していくのです。つまり観念化の方向をたどっていく。だから「声」というのはもっともプリミティブ（primitive)、「原初的なもの」、日本的にいうと「たましいの叫び」だというのです。そうすると、「念仏はたましいの叫び」として、我われの知・情・意の分裂以前の、生きていることとこころとが一つになったような中から発するものです。真に尊ぶことのできる、慶《よろこ》ぶことのできるいのちが、念々の念仏の中で我われの中に与えられてくる、喚起されてくる。そしてその尊厳ないのち、「寿」といわれるようないのちに生きていく。だからこそ念仏は「真実行」だと言われるのです。

念仏は〝いのち〟を喚ぶ声

先ほど申しましたように、現代における根本的問題として「いのちの自己了解」ということがあります。その「いのちの自己了解」という問題に対して、いま申し上げたような意味で、「親鸞聖人によって伝統された念仏の教えは、〝いのち〟を喚ぶ声である」と言うことができます。実際、親鸞聖人が念仏されていた時、常にそのように「寿」ということのできるいのちが念々に喚び醒まされ、喚び起こされていたに違いないのです。真宗は現代社会に向かって何を与えるかというと、「生」と「命」とが統一されたいのちそのものを与えるのです。「念仏とは何か?」、「念仏を称えることによってどうなるか?」というと、その念仏が如実の念仏である限り、必ずこういう「寿」といういのちが与えられるのであります。いや、念仏を称えるとはそういういのちに生きるということだと、こういうふうに申し上げることができるかと思います。その意味で「念仏は〝いのち〟を喚ぶ声である」と言うのであります。

二、生死を超える

本願力回向の信

「〝いのち〟を喚ぶ声」という題で三日間お話をさせていただくことになっているわけでありますが、今日は、昨日の私の了解を一度お聖教《しょうぎょう》に帰しまして、親鸞聖人のみ教えに照らしてお話申し上げたいと思います。

ところで、親鸞聖人は御年《おんとし》二十九歳の時、法然上人に出遇われて信心決定《けつじょう》されたということは、皆さんよくお聞きおよびのことと思います。そのことについて聖人自らが、自分の信心を端的に表明されている二つの言葉があります。一つはご承知のように、『歎異抄』の第二章に、

親鸞におきては、ただ念仏して、弥陀にたすけられまいらすべしと、よきひとのおおせをかぶりて、信ずるほかに別の子細《しさい》なきなり。〔聖典六二七頁〕

とあります。ですから、「念仏して弥陀にたすけられることを信ずる」ということ、これが信心の核心だというわけです。ところが、『教行信証』の「後序」の文を拝読いたしますと、そこにも実名をあげられまして、

しかるに愚禿釈《ぐとくしゃく》の鸞《らん》、建仁辛《けんにんかのと》の酉《とり》の暦《れき》、雑行《ぞうぎょう》を棄《す》てて本願に帰す。〔聖典三九九頁〕

と、こういうふうに自分の信心を端的に表現されています。そこで私たちがはっきりしなければならないことは、「念仏を申す」ということと「本願に帰する」ということとは実は同じだということです。「念仏

を称える」ということの中に、いつでもそこに「本願に帰する」ということがあるのです。そうするとその本願が、帰したその人を機として、本願自身をその人の中に現わしてくる。それがつまり「本願力回向の信」だと、こう言われているわけであります。

そうすると、我われが念仏を申すということの中で、本願自身が我が内からはたらき出してくる。如来の本願が我われの信心となってはたらき出す。そこに実は、昨日申しました本当の我われのいのちの真実相、真実のいのちがあるのです。だからこそ、親鸞聖人は『教行信証』の「信巻」において、

謹《つつし》んで往相《おうそう》の回向《えこう》を案ずるに、大信有り。大信心はすなわちこれ、長生不死《ちょうせいふし》の神方《しんぽう》、〔聖典二一一頁〕

と、こうおっしゃっておられるのであります。「大信心」、「他力回向の信」は「長生不死の神方」だとおっしゃる。ここに「長生不死」ということがある。これが昨日言いました、「生」と「命」との統一としての「寿」といういのちであると言うことができます。

如来我となりて

ところで、「大信心」の「大」という意味は、実は「本願力回向」だということを申しました。そのことは大事なことですから、もう少し申し上げたいと思います。

私たちの先輩でありますます曾我量深先生、――この方は亡くなられて一年少し経ちます。九十歳を越えて生きられた方ですが、この方がまだお若い時、――若いといってもおそらく四十に近い時ですが、「如来はたして我を救いたもうや」、とこう問うたのです。これは大変な勇気だと思います。身は真宗の僧侶で

ありながら、しかも教学を学んでいる者が、「阿弥陀さんは、はたして私を救ってくれるのか?」と自ら内に問うたのです。

たいていの人は助けてくれることにしておくのです。本にはそう書いてありますからね。真剣に道を求める限り、必ずこの問題につきあたるのですが、たいていの人は、お話として、阿弥陀様が私を助けてくれることにしておくのです。お釈迦様もおっしゃったことだし、親鸞聖人もおっしゃったことだから、まちがいないだろうと思いこんで、困ったことがあると阿弥陀様が助けてくれることにしておくのです。ところが、阿弥陀様が助けてくれることにしておく限り、我われは本当には助からない。いざとなると馬脚を現わす。疑いが起こってくるのですね。

それを実に、誠実と申しますか、大いなる勇気をもって、「如来はたして我を救いたもうや」と問うて、そしてお聖教に取り組まれたのです。もうそうなったら四六時中、電車に乗る時も便所に行く時も、もうその問題をかかえて、考え続けて、そうしてその曾我先生が、暁烏敏先生のもとを訪ねられた時に、初めて感得したというのです。どう感得したかというと、「如来、我となりて、我を救いたもう」というのです。

つまり、阿弥陀仏は外から私を助けてくれるのではない。外から助けてくれるのなら、それは大自然といってもよろしかろう。大きなお力といってもいいだろう。不思議な力といってもいいだろう。およそ人が宗教というものをごく常識的に考える時には、いつでも、人間よりも大きな力、人間よりも強い力を外に考えて、そのものが自分を助けてくれる、と考える。そうすると、助けられる者と助ける者との間に溝があるのですね。どうしても最後まで溝がある。だから疑いが残るのですね。それを突破する一言が「如来、我となりて、我を救いたもう」ということです。その我となった如来が「大信心」なのです。如来が我となるというその如来は「無量寿・無量光」です。阿弥陀如来の本願が我が内に、我が内から現われ出た。――それは我が内から現われ出たからといって、決してそれは私のものではない。無量寿・無量光です。『阿弥陀経』には、

かの仏の光明、無量にして、（中略）このゆえに号して阿弥陀とす。また舎利弗、かの仏の寿命（中略）無量無辺阿僧祇劫《むりょうむへんあそうぎこう》なり、かるがゆえに阿弥陀《あみだ》と名づく。〔聖典一二八頁〕

と言われる、その永遠のいのちをもった阿弥陀如来が我が内に来って我となる。真実の我われの主体となる。それが本願力回向の信としての大信心です。だからこそ、その信心は「長生不死の神方《しんぽう》」だと、こういうのです。

生死を超えてあるいのち

親鸞聖人が「大信心」を明らかにされるために転釈《てんしゃく》ということをされておられますが、その最初に、聖人は「長生不死」ということをおっしゃっているのです。それでその「長生不死」という言葉を、明治の時代に入りましてから私たちに最も近い言葉で明らかにしてくださった方が清沢満之先生でありまして、次のような清沢先生のお言葉があります。

我等は死せざるべからず。我等は死するも、なお我等は滅せず。生のみが我等にあらず。死もまた我等なり。我等は生死を並有するものなり。我等は生死に左右せらるべきものにあらざるなり。我等は生死以外に霊存するものなり。〔清沢全集第六巻、一一一頁〕

まず「我等は死せざるべからず」ですね。私たちは死なないわけにはいかない。どんな人間も死ぬと。けれども「我等は死するも、なお我等は滅せず」です。死しても滅しない、不死だと。それで「生のみが我等にあらず。死もまた我等なり」ですね。私たちは生まれてから死ぬまでの自分、――「オギャー」と生まれてから死ぬまでの自分というものがまずあって、そのものが信じたり疑ったりすると考えているけれども、そんなものは「大信心」ではない。「我等は死するも、なお我等は滅せず。生のみが我等にあらず。死もまた我等なり。我等は生死を並有するものなり」と。これは大変な言葉であります。「我等」とはこの「信」を指すのです。生と死とを並有する。併《あわ》せもつ。どうしてそういうことが起こるか。生死を並有するこの「我」は、「生死以外に霊存する」からだというのです。鈴木大拙先生〔一八七〇～一九六六〕のお言葉に「霊性」というのがある。『日本的霊性』、『霊性的日本の建設』という鈴木先生の有名な本があります。生死以外に霊存する自己、つまり生と死とを併せもち、生と死とを超えて霊存するいのち、それが信心なのです。だから、我われが信心を得るということは、生死を併有する自己を得ることです。これがおよそ仏教の眼目であります。だからこそこれは「長生不死」だと、こう言われているのであります。

長生不死

こういうお言葉を聞きますと、私たちはその言葉をとおしてなにかを直感させられます。しかし、もうひとつ、なにか自分の生活感情というか、生活感覚としてついていけないものをお感じになるのではないかと思いますので、その点をできる限り掘り下げてみたいと思います。

実は、親鸞聖人が用いておられますこの「長生不死」という言葉は、聖人が初めてお使いになったのではなく、菩提流支《ぼだいるし》［？～五二七］という人の言葉をそのままもってきておられるのです。これはどういうことかと申しますと、「正信偈」に、

本師《ほんじ》、曇鸞《どんらん》は梁《りょう》の天子　常に鸞《らん》のところに向こうて菩薩《ぼさつ》と礼《らい》したてまつる。
三蔵流支《さんぞうるし》、浄教《じょうきょう》を授けしかば、仙経《せんぎょう》を焚焼《ぼんしょう》して楽邦《らくほう》に帰したまいき。
（本師曇鸞梁天子　常向鸞処菩薩礼　三蔵流支授浄教　焚焼仙経帰楽邦）
［聖典二〇六頁］

とありますね。そこに「三蔵流支、浄教を授けしかば、仙経を焚焼して楽邦に帰したまいき」と言われていますが、ここに「流支」とあるのは菩提流支という人のことです。その人が曇鸞大師［四七六～五四二］に浄土の教えを授けると、曇鸞大師が仙経を焚き棄《や》てて浄土に帰したという、こういう歴史的な一つの事件があったのであります。

実は、曇鸞大師という方は仏教を大変に深く勉強されまして、特に大乗仏教では龍樹菩薩の教えを深く学ばれたのです。ところが宗教というものは不思議なものでして、いくらわかっても、わかるということと胸が晴れるということが一つではないのですね。本当の意味でわかるならば、自分の全身が開かれる。いわゆる胸がぱーっと晴れるのですけれども、わかってもわかっても、むしろわかればわかるほど胸の底が抜けない。それだから、曇鸞大師の回心はおそらく真宗七祖の中では一番遅いのではないかと思います。五十歳を過ぎてからですね。我われの生活でいえば、お寺では「なるほど、なるほど」と頷いてお話を聞いて帰るのだけれども、うちへ帰って具体的問題にぶつかった時に、信仰によって生きることができないという、こんなことであるかもしれませんね。

それで曇鸞大師はこういうふうに考えられた。「これでは困る。もっともっと勉強しなければならない。

もっともっと勉強するためにはまず長生きをしなければならない。このまま死んでは仏教を学びとおすことができない。だから、なんとかして長生きの方法を発見しなければならない」と。そうして曇鸞大師という方は、中国の北方の大同という所で生まれた方ですが、その当時、建康といわれていたいまの南京《なんきん》へ、それこそ千里の道を遠しとせず、陶隠居《とういんきょ》〔四五六〜五三六〕という仙人のもとに長生きの方法、つまり仙経を学びに行かれたのです。そしてそれを得て、「これでもう大丈夫。長生きできるようになった」というわけで、喜び勇んで、当時の中国の都の洛陽《らくよう》に帰って来たわけです。すると、たまたまインドから菩提流支という方が来られたので、曇鸞大師がこう質問したというのですね。「仏道に長生を得ることありや」と。私はいま、長生きの方法を得てきたが、いったい仏教を勉強すれば長生きすることができるのかどうかと、こう聞いたのですね。

　このごろ「老いる」という老人問題が大変やかましくて、有吉佐和子〔一九三一〜一九八四〕が書きました『恍惚《こうこつ》の人』〔一九七二年〕という本は本屋に行っても売り切れの状態です。有吉佐和子という人は、あの一冊の小説を書くのに、十年くらい「老人学」というものを勉強したそうです。今と昔とでは形は人変違っているけれども、問題は変わらないのですね。それで曇鸞は、「つぶさに老いをしりぞけて、不死をなす」、――「いつまでも若々しく生きる方法というものがいったい仏教にあるのか」と、こう聞いたのです。すると「菩提流支、笑って答えて曰く」と、こう言うのです。「長生不死は吾が仏道なり」〔真聖全一、二七一頁〕、――「長生不死こそが仏道だ」と。

「老い」を超える

皆さん、この中には若い人もおられるし年寄りの方もおられますが、「老」ということは、少なくとも東洋の伝統の中ではたいへん大事な意味があったのです。たとえば、禅の師家はどんなに若くても「老師」というのです。これは決して年とっているという意味ではないのです。人間として熟していく、人間として風格が出てくる。つまり「人間成就」でしょう。そういう内容が「老」という言葉の中に含まれているのですね。いろいろ問題はありますが、いま、老人問題の一番の核心は「老いる」ということの意味が失われてしまったということですね。

私個人のことを申し上げて失礼ですが、実際、私は幸せだと思うのです。曽我先生、暁烏先生、鈴木先生、現在では藤原鉄乗先生［一八七九～一九七五］、この方たちに触れますと、九十歳になられても二十歳や二十五歳の若者よりも心が若いのです。決して心が老化していないのです。私は暁烏先生に直接師事しましたが、七十七歳になっても、月刊雑誌やその当時新しいといわれたサルトルの実存哲学というものを一生懸命に勉強されていました。暁烏先生は晩年には眼が見えなかったのですね。私は暁烏先生のもとにいたからよく知っていますけれども、暁烏先生が旅行から帰られますと、金沢の宇都宮という本屋の番頭が来て、新刊書の題を全部言います。それを黙って聞いておられるのですね。そして「どれと、どれと、どれを買う」とおっしゃる。それで、暁烏先生は眼が悪いので、私は読み役をするわけですね。その時代の先端の思想というものにいつでも目を向けておられた。暁烏先生は七十七歳ですよ。

それから、これは曽我先生が亡くなる二年ほど前のことでしょうか、私の学校［大谷専修学院］の報恩講に来ていただきまして、お話をしていただきましたが、意気軒昂《けんこう》たるものですよ。もう九十歳でしょう。

報恩講が終わりまして、その後で御飯を一緒に食べた。そしてお酒が少し出た。そうすると曾我先生は元気はつらつですね。こう言われるんですよ。「だいたい仏法を聞いて、みんな、有難い、有難いなんて言っているのはおかしい」と言うわけです。「ちゃんと証拠がある」と言うんですね。「お寺に詣って、有難い、有難いって言って、お賽銭《さいせん》いくら出しますか！」と。おもしろいんですわ。「十円や百円のお賽銭出して、有難いっていうようなことがあるか！」と言われるんです。決してただ「お寺へたくさんお賽銭をあげよ」ということではないですが、九十歳の曾我先生ががんばられるのです。

それから、そのころ問題になっていたグレープフルーツなどのアメリカとの自由貿易の問題を曾我先生は考えておられるんですよ。そのお歳ではもの忘れをされるでしょう。それでグレープフルーツのことを「あれ、あれ」と言っておられるのですね。曾我先生は九州の方に行かれると、曾我先生のお話を聞く人がミカン畑を作っているのですね。それで輸入制限が解除されると困るという話を聞いてこられるわけですよ。それでちゃんと曾我先生には関心があるのですね。それで「あれあれ」と言っておられる。「それはグレープフルーツでしょう」と私が言うと、「そうや」と言われるのですね。つまり、グレープフルーツが輸入解禁になるとミカンを作っている人が困るというわけです。曾我先生のようなお聖教を片時も離されない方が、それだけ民衆というか、我われの日常生活のこまごまとしたそういう問題にまで心が開けているのですね。その意味では、本当に若い。いくら年をとっても若いのです。おもしろいね。仏法に生きると、年をとっても若いのです。

話が少し横にそれましたが、菩提流支は「長生不死は吾が仏道なり」と言って、めぐらして観無量寿経をもってこれに授けて曰く。汝これを誦《じゅ》すべし、すなわち三界に復《ま》た生ずることなし。六道往《い》く所なし。これ吾が金仙《きんせん》氏（仏道）の長生なり。鸞その語を承《う》けて、しばしば深信を起こす。ついに所学の仙経を焚《た》きて、しかも観経を専《もっぱ》らにす。

〔真聖全一、二七一頁〕

と、このように『六要鈔』は『新修往生伝』から引用しております。これはどういうことかと申しますと、菩提流支が『観無量寿経』一巻を曇鸞大師に授けたと。これには『浄土論』を授けたという異説もあるのですが、『観無量寿経』を授けたと。するとたちまちに深い信心を起こして仙経を焚きすてて浄土に帰したと。こういう故事がございまして、そこに「長生不死」ということが出てくるのです。

真実の利

さてそこで、「三界に復《ま》た生ずることなし。六道往く所なし」と、そこに「長生不死」ということについて二つの見方があるのです。仏道の長生不死ということは、「三界に復た生ずる所なし。六道往く所なし」ということです。これを伝統的な仏教の言葉でいえば「生死を離れる」ということです。先ほどの言葉で申しますと、「生死以外に霊存する」ということですね。それに対して、「外道《げどう》」、――仏教以外の考え方は、生というものがどこまでもどこまでも続くことだと考える。同じ「長生不死」という言葉を使っても、これは外道の「長生不死」なのです。これははっきり区別しなければならないのです。

「外道」の「長生不死」はよくわかるのですね。薬屋に行って聞いてみればすぐわかる。健康法だとか、長生きする酒とか薬とか、こういうものが最近、売れて売れて仕方ないでしょう。私の親戚に薬屋がありますからよくわかります。要するにこれは、この生をずっと長生きさせるのですね。しかしながら、これは本当の不死にはなりません。なぜかというと、一万年生きてもその次に死がきます。平均年齢七十歳になったと。すると不思議なのですね、人間は。今度は老人問題で苦しむのです。平均年齢が、五十歳が七十歳になり、七十歳が八十歳になったら、今度はまた困るのです。それはなぜかといったら、ずっといくら生きても、これは不老長寿にはならない。本当の「長生不死」はそうではないのです。「生死を解脱《げだつ》する」ということ以外にはないのです。「生死を解脱する」ことによってだけ「長生不死」ということが成り立つのです。そこに仏教の独自の意味があります。

『歎異抄』においても第十二章に、

われもひとも、生死をはなれんことこそ、諸仏の御本意《ごほんい》にておわしませば、　〔聖典六三二頁〕

と、こう書いてあります。それから有名な第三章に、

煩悩具足《ぼんのうぐそく》のわれらは、いずれの行《ぎょう》にても、生死をはなるることあるべからざるをあわれみたまいて、願《がん》をおこしたまう本意《ほんい》、悪人成仏《あくにんじょうぶつ》のためなれば、　〔聖典六二七～六二八頁〕

と、こうありますね。そこに「生死を離れる」ということが「諸仏の御本意」であり、阿弥陀仏の本意であると。そこだけに阿弥陀仏の「本意」という言葉が使ってあるのです。阿弥陀仏、諸仏の本当のこころとは何なのか。それは衆生をして「生死を出離せしめる」ことだというわけです。いうなれば、「生死以外に霊存する」自己を与えるというのです。

さらに言えば、これはご承知のように、『大無量寿経』の発起序には、

如来、無蓋《むがい》の大悲《だいひ》をもって三界《さんがい》を矜哀《こうあい》したまう。世に出興《しゅっこう》したまう所以《ゆえ》は、道教を光闡《こうせん》して、群萌《ぐんもう》を拯《すく》い恵むに真実の利をもってせんと欲《おぼ》してなり。　〔聖典八頁〕

とありますね。真宗に現世利益《げんぜりやく》があるかないか、いろいろ問題があるけれども、ここに「恵むに真実の利

をもってせんと欲してなり」とある。仏様は本当の利益を我われに与えるのだと。それでは、本当の利益とは何かと言ったら、「長生不死」のいのちそのものを与えるのです。お金をもらったり、名誉をもらったり、そんなことくらいではないというわけです。「長生不死」の、――「生死以外に霊存する」いのちそのものが与えられる。それが「真実の利」なのです。このことを清沢先生は、

私は他のことによって多少のしあわせを得られないこともないが、この信念にまさる幸福はない。この信念による幸福は現世における最大幸福である。

〔清沢全集第六巻、一六三頁〕

とはっきり言っておられるのであります。

お金のほしい人は儲《もう》けなさいと。遊びたい人は遊んでおりなさいと。だけど人間のいのちは決してそういうことで満足できるものではないと。そういうものを弄《いら》う必要はないのです。北風と太陽の話のようなものですね。皆さん、北風と太陽の話は知っておられるでしょう。悪いことを止めよと言わないで、本物を与えたらいいのです。本当のものに触れたら、「現世における最大幸福」というものを発見した者は、そういうことをしておれないようになるのです。我われの日常的な争いは、簡単に言ってしまったら、お互いに幸福を求めあっているからです。それは「現世における最大幸福」を知らないからです。

すべての問題を担って

仏教においては生死解脱の道、つまり長生不死のいのちを、我われに真実の利として恵むのです。では、そんな生と死とを超えたようないのちが、どうして人類の歴史の中で見出されたのか。これは、我われの日常的な意識からいえば、破天荒《はてんこう》な発想法の転換ですね。つまり普通は、「生」をどんどん長くする、

――生きている間は健康でどこまでも長生きする、ということしか考えようがないでしょう。それが、生も死も超えるという、こういうことを発想したということは大変なことなのです。奇想天外《きそうてんがい》というようなもの、常識を超えているのですね。

その問題に触れていきますと、こういうことを考えなければなりません。釈尊は覚りを開かれたというが、もう一つ元へ帰して、どういう問題をもって釈尊は出家されたのか。なぜ、釈尊は道を求めて六年間の苦行《くぎょう》をされたのか。その修行をされた動機というものに我われはもう一度触れなければならないのでしょう。最初から覚りを開いた立派な人として釈尊を崇《あが》めるのではない。なぜ、あれだけの苦労をして覚りを開かれたのか。それは、どうしても解かずにおれない問題があったからです。それで、その問題は何であったか、ということですね。そこへもう一度帰しますと、この問題がはっきりするのです。

お釈迦様が出家される時に「四門出遊」ということがありました。東の門から出て老人を見た。南の門を出て病人を見た。西の門を出て死人に会った。北の門を出て修行者に出遇った。そして、それらを見て出家をし、修行されたということがあるのですね。『大無量寿経』には「老・病・死を見て世の非常を悟《さと》る」［聖典三頁］と簡単な言葉で記されております。これは誰でも知っていることだけれども、実はこの次が大事なのであります。つまり、老・病・死を見た釈尊は、若くて、元気で、生きていたのです。そこで大事な点は、古い経典によるとこう書いてあります。世の人びとは老人を見ると、「気の毒だなあ。わしはいつまでも若くおりたい。いま、自分は若いから有難いなあ」と言う。病人を見ると「お気の毒だなあ。おかげさまで私は元気で暮らさせてもらっている」。死人を見ると「まあいやだ。せめて生きているうちに人生を楽しもう」と、こう考えるというのです。こういうことは、ごくあたりまえのように言っているのですが、その心をよく見ると、これは他人の不幸を肴《さかな》にして自分の幸せを喜んでいるのです。これはまことに貧しい心でしょう。「他人の不幸を肴にして自分の幸せを喜ぶというような、そんな心を、道を求める私がどうしてもつことができようか」と、釈尊はおっしゃっているのです。

そして、釈尊の言葉は、「我もまた老いるべき者である。我もまた病むべき者である。我もまた死すべき者である」と、こうなっている。ここが大事なのです。ここが仏道の出発点ですね。つまり老人を見た時に、もう老人は他人ではないのです。つまり老・病・死を見たゴータマ・シッダールタは、若くて、元気で、生きていたのですが、老人を見て「我もまた老いるべき者である」と、こう言われ、その老人と自分との間に一体性が成り立っていた。病人を見て元気な自分が、「我もまた病むべき者である」と言った時に、その人と心が一つになる。そして生きておりながら「我もまた死すべき者だ」ということがはっきりした時に、もう死んだ人と自分とは別ではない。死によっても裂《さ》くことのできない人と人との心の交わりが、ここからだけ生まれるのです。この感覚、この発想方法ですね。

外道の発想方法というのは、「これはいやだ。あれがほしい」と言うのです。何でもそうですね。「老いはいやだ。いつまでも若くありたい。病気はいやだ。いつも元気でありたい。死はいやだ。いつまでも生きておりたい」と言う。この心がつまり自我なのです。別の言葉でいえば、「分別意識」なのです。老―若、病―健康、死―生はまるで反対でしょう。老と若とを分け、病気と健康を分け、死と生を分別するのです。しかし釈尊の立場は、「我もまた病むべき者である」と、すべての人びとを自分の心の中に包んでしまう。ここのところが仏道の根源的動機です。だから仏道を「内道」というのです。外の問題がすべて内の問題となるのです。

我われの家庭の中でも、およそ争いが起きるということの中には必ずこの対立があるのですね。それがつまり「生死《しょうじ》」です。私はいつも「生死」という言葉を「矛盾対立」という現代語に翻訳するのです。これを「損得」といってもいいし、「善悪」といってもいい。要するに肯定するものと否定するものとがあるわけです。およそ我われが苦しむ時、およそ我われが悩む時は、どんな小さな問題の中にも必ずこの分別、この矛盾構造があるのですね。それを全部一遍自分の中に包んでしまう。そうなった時に、もうその悩みはどこへもっていくこともできない。家庭の中でも、悪い人間が夫であったり、姑《しゅうとめ》であったり、子どもであったりする間は、それとけんかして家庭を良くしようと思うこともできますね。けれども、その夫なり妻なり子どもの欠点というものを、「私もまたもっている」と気づいた時には、もう家庭の中に幸せを求めることはできませんね。自分自身が自分の責任において、家庭のすべての問題を一身に担って、その問題を解かねばなりません。これが釈尊の出家ということの意味です。

もしも、自分の置かれた場所の問題を一身に担って道を求めるということがなければ、「家出」と「出家」は区別できない、と私はいつも言うのです。「家出」というのは問題から逃げるのだ。「出家」というのは問題を担うのだ。皆さん、寺へ来られ、聞法されるというのもやはり出家の一つの形ですが、これが家出か出家かよく考えてみてください。本当の求道ならば、必ず、自分がそこに属している社会、たとえば家庭全体の問題を自己の一身に担って聞法します。それがつまり仏道なのです。内道なのです。

その自己矛盾はどうしても自己の内部では解けないのです。そこで初めて釈尊はこの矛盾そのものを超える「生死を解脱する道」を求められたわけです。たとえば良寛さんは、病気になった時の一番よい方法はどういうことかといったら、それは病気になることだ、と言いました。何で苦しむかといったら、病気になっても元気でありたいと思うからです。病気の苦しみというのは、それはもう医学的なことは医者に任《まか》せておけばいいけれども、我われが病気をすると、必ず家のことが心配になる。子どものことが心配になる。そして身体だけでなくて気も病んでしまう。それで、病気になった時は病人になることが最高の秘《ひ》訣《けつ》だと、こう良寛さんは言われるのです。そういうことは病気と健康の対立を超えていなければ出てきませんね。そういうわけで、「老少善悪の人をえらばれず」とありますように、「老」と「少」、「病」と「健康」、「生」と「死」が対立する、こういう生き方そのものを超え出る道です。「生」と「死」そのものを離れるのですね。そのものから解脱するのです。その道が釈尊出家の根本動機であると同時に、およそ人間である限り、人間がもっている問題の一番根源であります。

三、願生浄土

釈尊の覚りと親鸞の教え

このたび三日間にわたって「〝いのち〟を喚ぶ声」と題しまして、本願念仏の教えについて私の領解するところを、また私の生活の上に生きてはたらいていてくださる仏法の喜びを、皆さんにお伝えしたいと思い、お話を続けてまいったわけです。

それで問題になるのは、釈尊が覚られたということはいったいどうなられたことなのか、釈尊のお覚りの内容は何かということです。普通それは「縁起の法を覚られた」と、こう学者の間では言われておりますが、ここで私は曾我量深先生のお言葉を紹介したいと思います。曾我先生が八十歳をまぢかにしてお書きになった『本願に救われてゆく』〔教育新潮社、一九六四年〕という表題の文の中で、こういうような意味のことをおっしゃっておられます。

私はお寺に生まれ、お寺に育ったが、子どもの時分から、子ども心にも、真宗の教えについて深い疑いをもっていた。

爺さん婆さんを相手にして饅頭《まんじゅう》に砂糖をつけたような話をしている。甘い甘い、どんな人もただで助けてくださると言っている。その後、宗門の学校にも入ったが、どうしても他力救済の教えというものが了解されなかった。そして、私は清沢満之先生に遇うて初めて真宗の教えの尊さが分かった。しかし、問題が残った。真宗の親鸞聖人の教えと、いわゆる原始仏教といわれる釈尊の教えとが、いったいどういう関係にあるのか、ということがよく分からなかった。それで私はずっとそれを考え続けてきたのだが、八十歳を過ぎて、今やはっきりと言うことができる。釈尊の悟りの内容は南無阿弥陀仏である。〔『本願に救われていく』Ⅱ「往還の対面」、六「真実証の象徴」による〕

と、こう言い切っておられますね。曾我先生といえばもう大谷派における最高の求道者でもあり、教学者でもあります。いまはもう亡くなられましたが、その方が四十年も五十年も思い続けてこられて、そして八十歳に至ってやっとはっきりしたと。「釈尊の悟りの内容は南無阿弥陀仏である」と。こういうのが本当の仏教の学問というものでしょう。

こんなことは仏教の歴史始まって以来、誰も言った者はいません。初めて曾我先生がはっきり宣言された。だけどそこが不思議なのです。それが発見というものです。そう言われてみると、「なるほど」ということです。いままで無数のリンゴが落ちていた。ところが初めてニュートンが、リンゴの落ちるのを見て、「それは万有引力の法則による」と、世界中でたった一人言ったのです。言われてみたら「なるほど」と、みんな頷く。それは科学と宗教とでは性質が違いますけれど、本当の学問の創造性というものはそういうものです。「釈尊の悟りの内容は南無阿弥陀仏である」と言い切った人は、おそらく曾我先生が初めてです。そこで、私がその曾我先生のお言葉をどういただいたかを、これからお話いたしましょう。

信に死し願に生きる

つまり問題は「生死を出離する」ということですね。その問題をもって六年の間修行して、そして最後に到達された釈尊の覚りの内容は何であったか。全仏教史はこの問題を解くためにあったのでしょう。それでいま、曾我先生はそれは「南無阿弥陀仏である」と領解されたわけですね。

そこでまず私は『阿含経《あごん》』、――経典では古いといわれる、つまり釈尊の直接のお言葉に最も近いという、その経典に述べられている覚りの内容を紹介いたします。それはどういう言葉かと申しますと、

我が生すでに尽き
梵行《ぼんぎょう》すでに立つ
所作《しょさ》すでになし
自ら後有《ごう》を受けずと知る

というのです。肉体的生命においては生きているのに、はっきりと「我が生すでに尽き」と、こう述べられているのです。これはどういう意味かというと、この「我が生」というのは「死への生」なのです。

「生死」なのです。その「死への生がすでに終わった」、――つまり私たちが無意識のうちにほとんど自明のこととしてこれが自分のいのちだと思っているような生、それが終わったというのです。次に「梵行すでに立つ」、――「梵」というのは、ブラフマン（brahman）という言葉で「清浄」という意味で、「梵行」とは「清浄な行」です。私たちに近い言葉でいえば「大行」ですね。それがもう確立したという。そして「所作すでになし」ということは、「なすべきことはなし終わった」ということです。人として生まれてきた最大の問題を解決し終わったということです。「自ら後有を受けず」というのは、「もう再び迷いの生に戻ることはない」ということです。「梵行が確立した時に新たな人生が確立した」。はっきり前後截断《せつだん》ですね。

ゴータマ・シッダールタという一人の人間が、「我は如来になった」と、いわゆる「ブッダ宣言」をされた。「仏陀」というのはご承知のように、これは人の名前ではないのです。ゴータマ・シッダールタというのが人の名前なのです。「仏陀」というのは「覚った人」という人間のあり方について名づけられた名です。つまり「仏」と「凡夫」が対応するのです。「仏」というのも一つの人間のあり方、「凡夫」というのも一つの人間のあり方です。だからこのことは「凡夫としての生が尽きた。そして仏としての生が始まった」と言ってもよいのです。ここに大変大きな転換があるのであります。

それなら、このことが親鸞聖人の教えにおいてどういう言葉で語られているかというと、

本願を信受するは、前念命終なり。
即得往生《そくとくおうじょう》は、後念即生なり。　　〔『愚禿鈔』聖典四三〇頁〕

つまり「我が生すでにつき　梵行すでに立つ」を「前念命終、後念即生」と言い、そして「所作すでにな

し」ということを昔の人は「往生の業事《ごうじ》成弁《じょうべん》した」〔『教行信証』「信巻」二七五頁〕と、こう言っています。一番大切なことを「業事成弁」したと、こういう言葉で語っているのです。

「業事」という言葉はひっくり返すと、「事業」です。このごろは「事業」といえば、家を建てたり、会社を経営したりすることをいいますけれども、これは事業の一つです。人間にとっての最大事業は何か？　それは人間が真の人間に成ることだ！　これはまちがいないでしょう。人間が真の人間に成っていくために、いろいろ会社を経営したりすることもありましょう。けれども真の事業は真の人間に成るということです。そしてそれがこの言葉に生きています。

それから「自ら後有を受けずと知る」ということは、真宗の言葉でいうと、「入正定聚《しょうじょうじゅ》」、――「正定聚の数に入る」ということでしょう。そして、「即時《そくじ》入必定《にゅうひつじょう》」、それが「必定の菩薩」であるという。大乗経典でいえば、初地《しょじ》以上の菩薩、「すなわちまた必定の菩薩と名づく」と言います。こういうふうにまことにみごとな対応をなしているのであります。

しかも、この「前念命終、後念即生」は清沢満之先生の回心の一句であります。清沢先生の回心はこの一句によって成り立っているのであります。「後念即生」という場合の「生」は、昨日言いました迷いの生と意味がちょっと違いまして、これは「因縁成就」といいます。これは光明名号の因縁が成就したということであります。「正信偈」の善導大師のところに「光明名号《こうみょうみょうごう》、因縁を顕《あらわ》す。（光明名号顕因縁）」〔聖典二〇七頁〕という言葉がありますが、あの因縁成就ということがこの場合の「生」という意味です。

この「前念命終、後念即生」という言葉全体を曽我先生は要約されました。親鸞聖人七百回御遠忌の時に、京都岡崎の京都会館に満堂の聴衆が集《つど》った。この中にもおそらくあの七百回忌のその記念講演に参加された方があると思いますが、その先生の講題が「信に死し願に生きよ」というのです。ただこれだけの一語に、いま言ってきたことが全部言い含められていると思います。私たちが信を得るということは、古い自分、自我に死んで、「如来の本願を我が命となす」ということだと。「仏願に乗ずるを我が命となす」〔真聖全一、三二五頁〕と、曇鸞大師ははっきりおっしゃっておられます。本願こそが真に我がいのちである。これを信知するのです。信は知です。

仏願に乗ずるを我がいのちとなす

その時、私たちにどんな世界が開かれてくるか。阿弥陀如来の本願を我がいのちとして見出した時、釈尊もこのいのちを生きられたのだ。親鸞聖人もこのいのちを生きられたのだ。蓮如上人もこのいのちを生きられたのだ。そして我もまたそのいのちを生きるのだ、というのですね。そこに「入大乗正定聚之数」〔大乗正定聚《しょうじょうじゅ》の数《かず》に入る〕〔『教行信証』「証巻」聖典二八〇頁〕ということがあるのです。私たちは死の壁を破り、同時に孤独の壁を破るのです。もう私のいのちは私個人のいのちではない。仏法の流れの中に、歴史的社会的自己として誕生する。だから、歴史も社会も自己の内容となる。いままで家の中の一員として生きていた者が、今度は家全体を自己として生きることができる。それがつまり、凡夫に死して菩薩として生まれるということです。必定《ひつじょう》の菩薩というのは初地の菩薩のことです。初地というのは「初歓喜地《しょかんぎじ》」といいます。

その時に自我の殻が破れて、私たちのこのいのち、——いわゆる「分段《ぶんだん》生死」のいのち、——ある時に生まれてある時に死ぬこのいのちが破れて、人類の歴史を貫通している本願そのものが自己のいのちとして発見されて、そして孤独の壁が破れる。その喜びですよ。その喜びは、他の何ものによっても与えられることのできないものです。清沢先生は「私は他の事によって多少の幸福を得られないことはない。けれども、如何なる幸福も、この信念の幸福に勝るものはない。ゆえに信念の幸福は、私の現世における最大幸福である」と、こうおっしゃっておられます。

それで「必定」ということは、菩薩の十地でいうと「初地」、すなわちそれは「歓喜地」であります。それでは「歓喜」の内容は何かというと、「諸法の平等を証することができる」、――すべての存在するものの中に平等を知ることができることです。諸法の平等を知るということをもう少し詳しく申しますと、親と子は確かに違う、親は親、子は子であるけれども、親も子も等しく如来の子であるということにおいてまったく平等である。「一子地《いっしじ》」ともいう。世間でいえば、あなたが如来のたった一人の子であるならば、私はそうではない、ということになりますね。ところが一人ひとり、皆が「如来の一子」なので、「一子地」です。「必定地」は「一子地」であります。だから親と子は確かに違っているけれど、共に如来の一人子として「御同朋《おんどうぼう》」です。資本家と労働者は確かに違う。けれども如来の一人子としてはまったく平等である。日本人とアメリカ人とは確かに違う。しかし、如来の一子としてまったく平等である。信心を「広大難思の慶心《きょうしん》」と言っておられる。つまり真実信心とは、なにかをきゅーっと思い込むような心じゃない。本当に開かれた心、広大な、不思議な、よろこびに満ちた世界が開かれてくる。こういうことが釈尊の覚りの内容であると同時に、私たちが真宗の信心、大信心を得るということの内容であります。そしてこれが、おそらくあらゆる宗教の本領でありましょう。

前進する者

孤独の壁が破れ、死の壁が破れる。死への生から、「無量光明土」といわれる浄土への生として、自分の現在の生が成立する。方向をもつ。たしかに浄土は目標としては未来である。けれど動機としては現在です。普通の生活でもそうでしょう。子どもは明日遠足だというと、もう今日から喜んでいる。しかし雨が降れば、もう今日から悲しんでいる。往生浄土ということは、「往生」ということは歩みですから、私たちの人生が墓場へ行く生ではなく、「無量光明土」へいたる生として成り立つ。すると浄土は未来にあるけれども、実は動機となって現在の私の中から動き出す。これが「現生《げんしょう》不退」であります。これが「必定の菩薩」ということです。「自ら後有を受けず」、再び迷いに入らない。これが「真宗」なのです。宗教にはいろんな夾雑物《きょうざつぶつ》、付属物がいっぱいついているけれども、およそ真実の宗教の核心というのはこの一点であります。

他の何によっても解決できない、――たとえば人間の愛情によっても、お金によっても、地位によっても、財産によっても解決できない、それを解決するのが「真宗」なのです。だから、お金や地位や財産といったものを、こちらから否定したり肯定したりする必要はないのです。放っておいたらいいのです。昔の人が「煩悩は起こらば起これとうち棄てて念仏するが手にて候」と言ったという話を、私は暁烏先生から説教で聞きました。問題はそんなことをとやかく言うのではないのですね。この「願に生きよ！」という言葉を聞いて「願に生きる」。

果てしらぬ空のま中をしずしずとかがやきながら太陽は行く
〔暁烏全集第二部第二巻、一九六頁〕

これは暁烏先生の絶唱です。太陽のように自《みずか》ら輝いていく。そういうところに独立者の面目《めんぼく》がある。「親鸞一人がため」ということがある。

阿闍世の回心

そうすると次に起こる問題は、「なるほどお話をうけたまわると、そのとおりだ」と。自分の日常生活がそうであるかそうでないか、そういうことを問う暇もなく、なにか心の琴線に触れてくるものがある。これはなにも私の言葉ではない。仏様の言葉ですから、必ず皆さんの心の琴線に触れていくことでしょう。しかし残る問題は、それならまことの世界、そういう真実の世界を現実に生きた人間がいるのか、という問題です。ところが、それがあるのです。その代表が釈尊ですが、特に親鸞聖人は、そういう私たちの疑いを晴らすために、父を殺し母を牢獄に入れて、そして王位を奪おうとした、およそ人間においては極悪《ごくあく》非道といわれるような阿闍世《あじゃせ》の救われていく道、――阿闍世がこういう真実のいのちを得る道を『涅槃《ねはん》経《ぎょう》』から「信巻」に引かれております。

そこに、阿闍世が自分を釈尊の所へ導いてくれた善友、耆婆《ぎば》に向かって言った言葉が紹介されています。

耆婆《ぎば》、我《われ》いま未《いま》だ死せざるにすでに天身を得たり。短命《たんみょう》を捨てて長命《じょうみょう》を得《え》、無常の身を捨てて常身を得たり。もろもろの衆生《しゅじょう》をして阿耨多羅三藐三菩提心《あのくたらさんみゃくさんぼだいしん》を発《おこ》せしむ。〔聖典二六五頁〕

こういう言葉です。「我いま未だ死せざるに」ということは、ある時生まれてある時死ぬこのいのちの中に、つまり「現生において」ということです。「無常の身を捨てて常身を得たり」という時の「無常の身」とは、時の中に消えていく、もう棺桶に入ったら終わってしまう身です。「去る者は日々に疎《うと》し」と言いますけれど、それを捨てたのです。そして「常身を得たり」、――永遠のいのちを得たのです。長生不死のいのちを得たのです。「捨てて得る」のです。ここが大事ですね。これは連続ではないのです。はっきりと一つの非連続がすかーっと入っています。

「捨てる」ということはたたき壊すことではない。それを弄《いら》わないということです。「捨」というのは仏教では全部そういう意味です。「捨てる」というと、私たちは何かを消してしまうことのように思うのですが、そうではないのです。たとえば、信心を得ても煩悩がなくならない、煩悩がすたらないというのは、煩悩がなくならなくてもいっこうにかまわないということです。「常身」ということの内容は「無根の信」と、こう言ってあります。これがすばらしいことなのですね。これが、私がいま申しました「非連続」なのです。「信」は私の中から生まれてこないのです。「根」は如来にある。私からいえば「無根の信」です。如来が我が内に生まれた。それが「信心」です。その「信心」の内容が「常身」、すなわち「南無阿弥陀仏」です。「信心の体《たい》は南無阿弥陀仏」とはそういう意味です。「常身」といったら、それは「南無阿弥陀仏」なのです。「信心の体は名号《みょうごう》」です。

それでわからないのは次の言葉です。「もろもろの衆生をして阿耨多羅三藐三菩提心を発せしむ」。これはどういうことか。つまり阿闍世が信心を得た時、無常身を捨てて常身を得た時に、すべての衆生に菩提心を発《おこ》させたという。これはどういうことか。その時初めて、その人が善人であろうと悪人であろうと、老人であろうと子どもであろうと、およそ人は必ず仏に成るべき者として生きている、ということが言えるのですね。このことがはっきり言えた時に初めて、私とあなた、つまり私と隣人との間の連帯が生まれるのです。親子の立場、夫婦の立場、嫁姑の立場、自派と他派の立場、それらの立場に固執する限り、私たちの間に矛盾対立が絶えることはない。しかし、およそ人間はすべてが仏に成ろうと願って生きているのだ、と言い切ることができるならば、その矛盾対立を超えることができるのです。

それで、このことは『観無量寿経』にもっとはっきりと述べられています。

一一の光明遍《あまね》く十方世界を照らす。念仏の衆生《しゅじょう》を摂取《せっしゅ》して捨《す》てたまわず。

（一一光明遍照十方世界。念仏衆生、摂取不捨）

〔聖典一〇五頁〕

つまり、阿弥陀仏の光明が十方世界を遍く照らして、念仏の衆生を摂取して捨てたまわないと。そして、「この事を見れば、すなわち十方一切の諸仏を見たてまつる」〔聖典一〇五頁〕と言い、この「ゆえに念仏三昧《ねんぶつさんまい》と名づく」〔聖典一〇五～一〇六頁〕と、『観無量寿経』「真身観」にはそう書いてあります。その意味は、私たちが阿弥陀仏に触れる、つまり阿弥陀仏に南無する、南無阿弥陀仏として大信心を得る時、初めてすべての人の中にはたらいている仏心を見ることができる。それが「御同朋・御同行」です。単に「同朋・同行」ではない。そこに「御」の一字がつけ加えられている。たしかに人間である限り、生活の仕方も能力も違っている。しかし、すべての人の上に如来のはたらきが見えるということです。

聞法無窮――内外なき世界

そこで最後に残る問題ですね。すべての人の中に仏のはたらきを見ているなら、なぜ、仏に成りたいと願いながら、現実には争い、煩悩を起こし、いわゆる、

欲《よく》もおおく、いかり、はらだち、そねみ、ねたむこころおおく、ひまなくして

〔『一念多念文意』聖典五四五頁〕

という、煩悩にまみれた日常生活でしかありえないのか？　この問いにどう答えるのか、ということです。それを一言でいうと、「転悪成善《てんまくじょうぜん》」〔『教行信証』「信巻」聖典二四〇頁〕ということであります。

我われがもし「信心」ということを誤りますと、それが人間を区別する規準になるのです。「おれは信心を得たけれど、あれはまだ信心を得ておらん。あいつはおれよりつまらん人間だ」と、こうなったら、これは真実信心ではないのです。「大信心」とはいわないのです。「大信心」というのは、我が内に阿弥陀がはたらいているということがわかると同時に、すべての衆生の中に我とまったく平等に阿弥陀がはたらいていることがわかるのですね。だから「大信心」という。もしそのような本当の尊敬がなければ、いかに人を救うと言っても、ものをあわれみかなしんでも、それは「聖道《しょうどう》の慈悲」というものです。聖道の慈悲ということは結局、押しつけになると思う。その相手を仏と拝む、その尊敬の心だけが「行」となっていくのですね。「あなたには仏に成ろうとする心がある。そしてあなたに阿弥陀の光が照らしている。にもかかわらず、なぜあなたは苦しんでいるのか。にもかかわらずなぜ私は苦しんでいるのか」。そこに、絶えず法を聞き、絶えず法を伝え、そして絶えず根源に帰り、絶えず本来に帰っていく。絶えざる運動、絶えざる行がそこから展開してくるのですね。そこに初めて願が立ち、一切の諸の衆生と共に仏道を行じようということになるのです。

私たちの生活の相はさまざまであるけれども、そのさまざまな相をとおして、一切の衆生と共に、仏道を行じようという願が我が内から初めて生まれ出る。私たちは初めて、現実に起こってくる苦悩を本当に受け取ることができる。苦悩を逃れて楽な所へ行くのではない。苦悩を受け取って、その苦悩を通して、その人と共に仏道に生まれていく。その苦や悪を楽や善に転じなしていく、こういう世界がそこから生まれてくるのです。

その心こそ、実は、私たち一人ひとりの内にはたらく生きた「法蔵菩薩」であります。法蔵菩薩は神話としてどこかにおられるのではない。私たちの一人ひとりの中に「信に死し願に生きる」という生活が生まれた時に、そこに法蔵菩薩がいらっしゃる。つまり生身《しょうじん》の法蔵菩薩です。

では、その法蔵菩薩はどう言われたかといいますと、

たとい、身をもろもろの苦毒の中に止《うちおわ》るとも、我が行、精進《ぎょうしょうじん》にして忍《しの》びて終《つい》に悔《く》いじ。

〔『無量寿経』聖典一三頁〕

と。「もろもろの苦毒の中」にあって、――つまり決してそれを離れないで、「我が行、精進にして、忍びて終に悔いじ」と。「我が行」というのが、これ念仏です。そこに現実に妥協せず、理想に観念化せず、現実をありのままに見ながら、しかも内心の、衷心《ちゅうしん》の願いを正直に生きるということが起こる。本当の正しい人生、人間の成就がそこにある。そういう、人間が本当に人間に成る道、人間が真人《しんにん》（仏）に成る道を与えるものこそが「真宗」であります。最後にいま申しましたことを、そういう教えの中に育てられた私個人の、私自身の生活信条を短い言葉にしてお伝えして、このたびのご法縁を閉じさせていただきたいと思います。

一度死んだ者は、もはや誰も殺すことができない。
絶望を通して輝き出た希望の光は、もはや誰も消すことができない。
地獄一定と思い取った者を、もはや誰も苦しめることはできない。
本願を信じ阿弥陀の名号を称えつつ生きる者は、この厳しい現実の真っ只中で、ひとすじに人と人と

のまことの交わりを求めて限りなく生きる。

これが私の念仏であり、これが私の「願生浄土」でございます。

〔一九七二（昭和四十七）年八月、円宮寺にて講話〕

第四章　人間関係の根本的解決

一、大乗菩薩道の成就

親鸞の誕生と立教開宗

今年は、親鸞聖人の誕生八百年・立教開宗七百五十年という記念すべき年でありまして、皆さんの中にも御本山の法要に参詣された方も多数いらっしゃるかと思います。私自身にとりましても、この一九七〇年代において親鸞聖人の誕生八百年・立教開宗七百五十年を記念するということが感動をもって受け取られるわけです。そこで、いったい何をすることが聖人の一番お喜びになることであるか、ということを私は考えさせられ続けてきたのです。その中からいろいろなことが明らかになってまいりました。

まず第一には、私たちが立教開宗七百五十年を記念することができるということは、実は聖人が七百五十年間を生き続けておられるということなのです。私たちが七百五十年間生き続けておられる聖人に出会うということが、聖人の誕生・立教開宗を記念するということの意味であると思うのです。私たちは親鸞聖人生誕八百年というけれども、実はこれは常識に準じて申しているのでして、本当を申しますと、親鸞聖人の誕生と『教行信証』の製作、つまり立教開宗ということとはまったく同じことでして、「愚禿釈《ぐとくしゃく》親鸞」というお名前が出てくるのは『教行信証』をお書きになった時が初めてであります。それで私たちは通常、自分のいのちをこの肉体のいのちとだけ考えておりますが、それは正しく人生を見ているとは言えないのです。

蓬茨祖運《ほうしそうん》［一九〇八～一九八八］という先生が、二、三日前に武生《たけふ》に来られてお話をされたということですが、その蓬茨先生が『同朋』という東本願寺から出ている雑誌にお書きになった文章の中に、大変おもしろいことが記されております。それは、石川県の松任《まっとう》に加賀千代女《かがのちよじょ》という有名な、あの「あさがほにつるべとられてもらひ水」という俳句を詠んだ俳人がおられた。この方が初めて俳句の師匠《ししょう》の所へ行って、自分を弟子にしてくれと頼んだ時の話です。師匠はなかなか入門を許してくれない。それでも千代女は熱心にお願いしたところ、「本当に俳句が作りたいのなら、〈ほととぎす〉という題をあげるから、一句作ってみなさい」と言われた。それで千代女は一生懸命俳句を作ろうとしたが、いくら考えても俳句ができない。それで千代女は一晩中考えた。すると、東の空が白々としらむころ一句生まれたというのです。それは「ほととぎすほととぎすとてあけにけり」という句です。そしてその時、俳人千代女が誕生したのだというのですね。肉体としては同じ千代女であるけれども、俳人としての千代女はそこで一句を詠むことによって誕生したのであると、こういうことを蓬茨先生がおっしゃっているのです。

私たちが信心を得るということは、これはひとつの誕生です。その意味で、八百年前に生まれられたのは人の子ですね。お父様を藤原有範《ありのり》という。その聖人が二十九歳の時に法然上人に出遇われて、仏子《ぶっし》として生まれ、甦られた。そして「釈綽空《しゃくのしゃっくう》」と名のられた。それは、自分一人だけの救いではなく、さらに一切衆生の救い、他の衆生との仏法による深い交わりを求め続けて、ついに『教行信証』を製作された。その時に初めて、「愚禿釈親鸞」と名のることができたのです。それはいってみたら、菩薩としての誕生です。さらにそれを簡潔に言うと、「肉身の親鸞聖人」と「法身《ほっしん》の親鸞聖人」ということです。それで親鸞聖人の教えによって我われが生き、その教えによって助かる人がある限り、そこに聖人は生き続けておられるというわけです。その意味で立教開宗ということ、つまり『教行信証』の製作ということと、「愚禿釈親鸞」と名のられたその聖人の誕生とはまったく同時である、そういうふうに言うことができます。『勝鬘経《しょうまんぎょう》』に詳しく出ておりますが、菩薩は分段生死《ぶんだんしょうじ》を生きないのです。菩薩のいのちは不可思議変易《へんやく》生死です。これは寿命に際限がないのです。一人でも聖人の教えを聞いて、助かる人がある限り、聖人は生き続けていくのです。親鸞聖人の教えを聞いて助かる人がいなくなった時に、聖人は死ぬのです。それで、その親鸞聖人がいま私たちが生きているここに現われてくださるなら、何とおっしゃるであろうか。現代というい ろいろと難しい、困難な状況、そういう中で浄土真宗の立教開宗ということがあるなら、聖人はいったいどういうことをなさるであろうか。それを逆に言えば、私たち各自一人ひとりがどうして本当に正しく立教開宗ということを受け取ることができるかということです。

本山の法要に参詣する、それ自身は大事なことです。私はそのことの意味を決して否定しませんが、世の中には大変厳しい人がおりまして、『小説新潮』という雑誌に「本願寺株式会社」という文を書いた人がおります。皆さんびっくりされるかもしれませんが、お詣りする人はみんな観光旅行を一緒に兼ねているというのです。お寺の方も大きな経済的利益を得るためにそういうことをやったと。だから宗教というけれども、内容は「本願寺株式会社」であると悪口を言う人がいる。それは必ずしも事実ではないですね。私たちの宗教心を無視した言い方です。しかし、やっぱり一面の事実を言っているのです。それをもう一つ越えて、「ここに真宗が生きている」と本当に言える、その一点はどこにあるのか?

大乗菩薩道の成就

そういうことを私は考え続けてまいりまして、最近非常にはっきりしたことは、浄土真宗において、現代の歴史的社会的な状況の中で明らかにしなければならないことはいろいろあるけれども、それを一点に集約するならば、それは「真宗のみ教えは大乗の菩薩道を成就することだ」と、こう言うことができると思うのです。

あらゆる宗教が「救われる」とか「助かる」と言うけれども、私たちの真宗のみ教えによって助かるということはいったいどういうことか。それは「凡夫が菩薩になる」ということです。私たち日常生活の中でさまざまな煩悩に動かされている凡夫が、しかもなおそこに菩薩という、いわば仏様のはたらきを具体的に身の上に展開させることができるという、そういう大きな仕事をいただくこと、大きな心をいただくということ、それが助かるということです。つまり凡夫が菩薩に転ずるという。凡夫が仏に帰依することによって、菩薩という意味をもった生活が営まれることになる。それが救われるということの内容であります。そのことを聖人ご自身は、特に晩年の『正像末和讃《しょうぞうまつわさん》』において、

五十六億七千万　　弥勒菩薩《みろくぼさつ》はとしをへん
まことの信心うるひとは　　このたびさとりをひらくべし

念仏往生の願により　　等正覚《とうしょうがく》にいたるひと
すなわち弥勒《みろく》におなじくて　　大般涅槃《だいはつねはん》をさとるべし

真実信心うるゆえに　すなわち定聚《じょうじゅ》にいりぬれば
補処《ふしょ》の弥勒《みろく》におなじくて　無上覚《むじょうかく》をさとるなり
〔聖典五〇二～五〇三頁〕

と続けられて、私たちが真実信心を得るということの内容を言っておられるのです。その中に言われている「補処の弥勒」の「補処」ということは、お釈迦様の跡継ぎということですが、真実信心の人はその「補処の弥勒」菩薩と同じだとおっしゃるのです。それこそ、本当にかたじけなくも、もったいなくも、そういうはたらきが私たちの生活の上に現われてくださるということです。

そしてその「大乗菩薩道の成就」ということと、「親鸞」という名のりとがまた深く関係しているのです。少し歴史上の問題になりますが、ご承知のように『歎異抄』の第二章において、

親鸞《しんらん》におきては、ただ念仏して、弥陀《みだ》にたすけられまいらすべしと、よきひとのおおせをかぶりて、信ずるほかに別の子細《しさい》なきなり。〔聖典六二七頁〕

と言って、法然上人の教えにひたすら随順するという、そういうところに聖人のいわゆる信の決定があるのです。けれども、『教行信証』において親鸞聖人は、法然上人が自分は「善導一師に依る」〔『選択集』真聖全一、九九〇頁〕と言われたその善導大師をも超えて、さらに道綽《どうしゃく》〔五六二～六四五〕、曇鸞《どんらん》、中国にとどまらずインドの天親《てんじん》菩薩、龍樹《りゅうじゅ》菩薩にまで遡《さかのぼ》られまして、そこに七高僧の伝統というものを発見されていくわけです。そこに天親の「親」と曇鸞の「鸞」をとって「親鸞」と名のられたのです。

どうしてそういうことをされたかといいますと、ここに当時の歴史的な事情がありまして、法然上人がお亡くなりになりますと、『選択本願念仏集』に対して聖道門の明恵《みょうえ》上人高弁〔一一七三～一二三二〕という方が批判をされます。批判というよりむしろ弾劾《だんがい》をされまして、「この書（『選択本願念仏集』）は念仏の真、

宗をけがせり」という批判をされるのです。その場合の「真宗」というのは、「本当の主旨」という意味です。今日「真宗」という言葉は、「宗派」の意味に用いられていますけれども、当時においてはそうではなく、「念仏の本当の主旨」という意味です。『選択本願念仏集』は「念仏の真宗をけがせり」と、明恵上人が『摧邪輪《ざいじゃりん》』という書物に書かれました。それに対して法然上人の教えられた念仏こそ「真宗」である、まことの念仏の心を表わし、まことの仏教の本質を言い表わしているということを言うために、親鸞聖人は「浄土宗」にさらに一字を加えて「浄土真宗」とおっしゃるのです。そこに『教行信証』製作の一つの重要な契機があるということはまちがいないでしょう。そしてそのことを明らかにするために、外のいわゆる聖道門の人びとも頷くことができるその眼目として、「大乗菩薩道の成就」ということが述べてあるのです。

信心の喜び

皆さんご承知のように、真宗の教相はいわゆる「本願成就文」によって展開されています。そこに、

その名号《みょうごう》を聞きて、信心歓喜せんこと、（聞其名号　信心歓喜）　〔『無量寿経』聖典四四頁〕

とあります。それで聖人は、その「信心歓喜」の「歓喜」は単に私たちが感情的に喜ぶというものではなく、「菩薩初歓喜地の歓喜である」ということを明らかにされたのです。『教行信証』「行巻」において龍樹菩薩の『十住《じゅうじゅう》毘《び》婆《ば》娑論《しゃろん》』に依りながら、私たちの信心によるその喜びは、実はそこに菩薩初地という、すなわち、もう再び迷うことがない菩薩の位に入るという意味をもつ喜びである、とおっしゃっているのです。

その喜びは初めて法身に触れる喜びです。信心の喜びにはきちっと内容がある。それは「諸法の平等を証する」ということ、つまり「法身に触れる」ということです。「法」とはこれは「真理」ということです。だから、「法身」という言葉は現代の言葉でいうなら、「真理がはたらく」、「はたらく真理」ということです。「触れる」というのは「直接に知る」ということです。直接に知るということは、「自明性《じめいせい》をもって知る」ということ、「疑いようのない確かさをもって知る」ということです。「他の証明を必要としない。それ自身で明白」ということです。

「真実そのものに触れる」、――「真実」というとちょっとわからないところがありますね。本願成就文に、

　信心歓喜《しんじんかんぎ》せんこと、乃至一念《ないしいちねん》せん。心《しん》を至し回向《えこう》したまえり。（信心歓喜　乃至一念　至心回向）

〔『無量寿経』聖典四四頁〕

とありますが、その「至心」について、親鸞聖人は、

　「至心《ししん》」は、真実《しんじつ》ということばなり。真実は阿弥陀如来《あみだにょらい》の御《おん》こころなり。〔『一念多念文意』聖典五三五頁〕

と、こうおっしゃっておられます。ここが大変、大事なところです。私たちは聖人の言葉をとおして、「阿弥陀仏、阿弥陀仏」と言っていますが、その「阿弥陀仏」とは「真実」なんだということをおわかりいただきたいのです。逆に言えば「阿弥陀如来の御こころ」こそが「真実」なのです。

この「真実」という言葉については、曇鸞の書かれた『浄土論註』に詳しく解釈されていますが、私たちにわかりやすい言葉でいうと、「真」というのは、「いつでも・どこでも・誰にでも」ということです。「いつでも・どこでも・誰にでも」通じるものが「真」なのです。それに対して「実」というのは、「いつ

か・どこかの・誰か」の上に実現するということです。すると私たちが念仏するということ、阿弥陀仏に帰命するということは、――その阿弥陀仏は法身で、無量寿・無量光ですから、「いつでも・どこでも・誰にでも」はたらく、つまり豊かな人も、貧しい人も、男も女も、老いた人も若い人も、決して差別することのない心です。その「いつでも・どこでも・誰にでも」通じる阿弥陀のまことが、「いつか・どこかの・誰か」として生きている私たちの上に実現するのです。私たち一人ひとりは、同じ顔が二つないというように、まったく独自の、誰にも代わってもらうことのない人格をもっています。この「いつか・どこかの・誰か」として生きている者に、「いつでも・どこでも・誰にでも」通じるものが実現する。「真」と「実」とが一つになる。それはどうしてできるか。それは法身、真理を直接に知ることによって起こる。これは大きな喜びです。

あい通じるもの

この前、松野純孝という文部省の宗教課の方と、たまたま一緒にお話をする機会がありました。その方が、現代では人間関係というものが非常に難しいとおっしゃる。いまから五、六年前までは、会社に就職するとか会社を辞めるという場合、たいていは経済が中心であったといいます。どの会社に行くと収入が多い、どの会社は収入が少ない。そういうようなことで決めていたけれども、いまではほとんどそういうことがない。たいていの人が人間関係によって決めるというのです。人間関係がうまくいくかいかないかということが、その人が会社に入るか辞めるかという時の大きな要素だと、こういうことをおっしゃっておられました。そしてその時におもしろい話をされました。

それは、ある人が、胃が痛むというのです。ところが不思議なことに、その胃の痛みが土曜の午後から日曜日には治るというのです。月曜日から土曜日の午前まで痛むのでお医者さんに行くけれど、なかなか原因がわからない。だけど事実痛むのだから、どうしようもない。それでよくよく調べてみたら、会社のその人の机の隣にいやな人が一人いるというのです。「お前のような者は向こうへ行け」、と言うわけにもいかない。だからといって、その人を受け入れるわけにもいかない。それで、その心の葛藤《かっとう》がいつのまにか胃の痛みとして、その人の中に現われてきているというのです。それほど人間関係というものが難しくなっている。

若い人でもそうですね。ここへ来る前、私が九州にまいりますまで、東本願寺の同朋会館で全国から集まった十八歳から二十五歳くらいの若い人びとと話し合いをしました。その時に、まずたくさんの人びとをどういうふうなグループに分けて会を進めるか、ということで議論をしました。もう最近では、十八歳の人と二十五歳の人とではなかなか話が通じないというのです。わずか七年の間でも趣味が違ったり考え方が違うから、そういう違った人びとを一緒にすると、なかなか会がうまくいかないから、年齢十八歳なら十八歳、二十歳なら二十歳で集めようと、ある人がおっしゃった。

そこで私は断然、反対しました。「そんなことはやめなさい」と。単に同じような人だけ集まって仲よくしてその会が終わってしまうなら、それは仏法の集まりといえないだろう。ご承知のように、『歎異抄』には、「老少《ろうしょう》善悪《ぜんあく》のひとをえらばれず」〔聖典六二六頁〕とあるのだから、十八歳の人と二十五歳の人は普通には一緒になれなくても、仏法においては一つになれるということを証明してこそ、初めて仏法を聞いたということではないかと、こう言ったのです。単に私の話を聞くためならば、わざわざ京都まで来なくてもよろしいと。テープレコーダーに吹き込んで皆に送ったらいいではないか。しかしお話を聞くことをとおして、聞いた人たちの中に本当の心の啓《ひら》けが起こって、そこにひとつの心の交わりができる。このごろの言葉でいうなら、そこにひとつの共同体が生まれるということです。話す者と聞く者との間に、また聞いている者どうしの間に、心の啓けが波紋のように広がっていくということがあるからこそ、わざわざ皆さんが京都まで来て、こういう会をもつ意義があるのだ、と申しました。

そこで、一つになれる根本はどこにあるかです。みんなが「いつか・どこかの・誰か」としてあるということに固執する。若い者は若いということに固執する。歳とった者は歳とったということに固執する。なぜ固執するのか。それは「いつでも・どこでも・誰にでも」通じるものを忘れているからです。そういうものから引き離されているからです。だから「いつか・どこか・誰か」として生きているという区別が差別になってしまうのです。

確かに区別はある。老人は老人、若い者は若い者、それは区別である。ところがその区別がやがて差別になり、差別がやがて分裂になってしまう。そうではなく、若い者には若い者のいいところと悪いところがある。老人には老人のいいところと悪いところがある。お互いにそれを認めて、お互いに手を取っていくにはどうしたらいいか。そこには老人にも若い者にも通じるもの、男にも女にも通じるもの、親にも子にも通じるもの、つまり「いつでも・どこでも・誰にでも」通じるものとひとつになっているということ、つまり法身に触れるということによって、初めてそれは可能なのです。実は念仏ということは、法身に触れるという内容をもっているが故に、そこに初めて私たちのいわば心の壁が破れて、皆に通じるものを発見する。それが「信心歓喜」という喜びですね。その時初めて、私たちは凡夫の身をもちながら菩薩のはたらきを賜《たまわ》ることになるのです。そこに真宗の救いということの意味があるのです。

菩薩とはどんな人か

さてそこで、少し言葉が難しくなりますが、「菩薩」という言葉の意味をしっかりと把握《はあく》しておいていただきたいのです。我われは「菩薩」というと、すぐ「観音菩薩《かんのんぼさつ》」とか「勢至菩薩《せいしぼさつ》」を思い出して、なにか自分の日々の生活から遠いところに「菩薩」ということを考えてしまう。しかし本当はそうではないのです。

弥陀《みだ》観音大勢至《だいせいし》　大願《だいがん》のふねに乗じてぞ
生死《しょうじ》のうみにうかみつつ　有情《うじょう》をよぼうてのせたまう
〔『正像末和讃』聖典五〇五頁〕

という親鸞聖人の御和讃がありますが、「生死のうみにうかみつつ」ということは、私たちのこの身につい、つき添ってということでしょう。そうすると、どこか日々の生活の外にあるわけではないですね。そのことは実は「菩薩」という言葉自身がはっきり表わしているのです。

ちょっと学問的な話になりますが、聞いていただきたいと思います。まず「菩薩」という言葉の意味ですが、「菩薩」という言葉は、ボーディ・サトヴァ（bodhi-sattva）というインドの言葉の音を漢字に写し、「菩提薩埵《ぼだいさった》」と音写されたのです。この「菩提」というのが「覚」という意味、「薩埵」というのは「有情」です。簡単にいうと、「菩提」は「仏」、「薩埵」は「凡夫」ということです。「仏凡一体」とよくいうでしょう。「仏凡一体」ということが成り立ったら、それは菩薩です。言葉の上からいってもそうです。

しかも「仏凡一体」ということは、静的な表現であるけれども、「菩薩」というのはそれを動的に表現したものです。「菩薩」ということは、普通「求道者」といいます。それは衆生から菩提へ向かうものですが、しかも菩提から衆生へという方向ももつものです。つまり、衆生が限りなく菩提を求めていくことと、同時に、仏のはたらきが絶えず私たちの上にはたらきかけてくるという、こういう二面をもっております。

このことは、『華厳経』の解釈書である『華《け》厳経探玄記《ごんぎょうたんげんき》』という書物の中に、「菩薩」に三つの意味があると書いてあります。まず菩提というのは「覚」ということであって、これは求められるもの、「所求《しょぐ》」である。衆生すなわち「有情」は、度せられるべきもの、「所度」である。ここから第一に、所求である覚に対して、有情は求めるもの、「能求《のうぐ》」になります。だから「菩薩」は菩提を求めるものです。それから第二の意味は、所度である「有情」に対して、「覚」は能度、だから菩薩は常に「覚」（仏）のはたらきを受けていくものです。そして第三に、「勇猛《ゆうみょう》」という。「本当の勇気」という。だから菩薩のことを『大無量寿経』などでは「大士」という。大士は「大志」をもったものです。本当の勇気というものは、どこまでも菩提を求めて止まないということです。

その内容を押さえるなら、それは「智」と「悲」、「智慧」と「慈悲」の二つにおさまる。つまり私たちが先ほど『正像末和讃』にありましたように、「真実信心うるゆえに」〔聖典五〇二頁〕、――真実信心によって私たちが菩薩に成るということは、私たちの生活にこういう「智」と「悲」という二つのはたらきが生まれてくるということです。それで「智」というのは先ほど申しましたように、法身に触れるということをその内容としています。法身に触れますからますます法を求めていく、無限に法を求めていくということが起こる。この法身に触れるというはたらきが「智」です。すると今度は法の方が求める人を通してますますはたらき出る。これが「悲」ですね。「智」というのは衆生から仏へ、「悲」というのは仏から衆生へ、ということです。「いつでも・どこでも・誰にでも」通じる法身に触れると、――つまり、「南無―阿弥陀仏」として自己と阿弥陀との関係が成り立つ、そこに菩薩の「智」がある。ところが、阿弥陀仏に触れると、触れたことが同時にいままでなかったような新しい人間関係を生み出していく。それが「悲」ということです。菩薩のことを一般に「上求《じょうぐ》菩《ぼ》提《だい》　下《げ》化《け》衆生《しゅじょう》（上に菩提を求め、下に衆生を教化する）」といいます。私たちが仏法を聞く以前は、いつも最後は自分というものが中心です。しかし、法に触れて自分の心が開かれた時、初めて他の人に向かって心が開かれる。仏様に心が開かれた時、必ず自分と共に生きている人びとに心が開かれる。

最近のニュースによりますと、家出をする人がなんと五十万人を超えているということです。そこには、なにか人間関係にいたたまれないいものがあるのでしょう。家出は形の上からは困ったことであるけれども、そこになにかひとつ民衆の祈りのようなものがありますね。家出しない人でも「遠くへ行きたい」という歌があるくらいだから……。

ところで、私はよく学生に講義する場合、「出家」と「家出」はどこが違うか、と言うのです。家出するのだけれど、なぜそれが出家にならないのか。それはそこに「法」がないからです。いま、『北の家族』というテレビドラマをやっていますが、あれは、おやじさんがどこかへ出て行ってしまう。そこにはなにか人間の苦悩があり、その人間の苦悩から解脱《げだつ》したい、救われたいという願いがある。しかしそれは、自分の中に閉ざされて開かれないでいます。その心が法に触れた時に、家出が出家となるのです。

法に触れるということは、「出家」というように、人間の諸関係をある意味で切断するという意味があります。それは親よりも子どもよりも自分自身よりも大切なものとして、法を崇《あが》めるということがある。つまり本尊を発見するのです。私たちの生活における本尊を発見する。本尊を発見するとは、私たちの生活にとって一番大切なもの、すなわち阿弥陀仏を見出すことです。それが本尊を拝むということです。

慈悲

ところで、拝んだらその心が阿弥陀仏の方へいくかといったら、阿弥陀仏は「十方衆生」と呼びかけている阿弥陀仏なるが故に、阿弥陀仏に向かうことによって、具体的な生活の場に引きもどされる。すなわち阿弥陀の心による人間関係がそこに新たに生まれてくるのです。それが「慈悲」ということです。「慈悲」について、『歎異抄』第四章において明らかにされているように、それは単に「ものをあわれみ、かなしみ、はぐくむ」という感情ではない。そこに「聖道《しょうどう》の慈悲」と「浄土の慈悲」という区別がありますが、その区別の根本はどこにあるのか。確かに慈悲には、他のものを「あわれむ」とか、「かなしむ」とか、「はぐくむ」ということがあります。しかし真実の慈悲というのは、そういうことではない。「いつでも・どこでも・誰にでも」通じる真実に眼を開かれたが故に、相手の苦しみを自分の苦しみと感ずることができる心、相手をあわれむ心ではなく、相手と共に苦しむ心、相手を裁くのではなく、もちろん裁きということはあるのだけれども、そうせざるをえなかった相手の心を知ることです。明らかに相手がまちがっている場合、まちがっているのを「正しい」と言えば、それこそまちがいです。けれど、それだけではない。「なぜその人がまちがいを犯さざるをえなかったのか?」と、もうひとつ相手の心の中にまで入っていく心、これが浄土の慈悲です。

この「慈悲」ということは、ヨーロッパ文化の伝統では「愛」といいます。「愛」にはいろいろありますが、「愛」というとすぐ男女関係ということを考えるのだけれど、本当はそうではないのです。ポール・ティリッヒという人が非常にはっきりと述べておられます。この人はキリスト教の方でありますけれども、むしろその中にありながら、キリスト教を批判しまして、「近代のキリスト教は愛を感情として受け取った。そのことは決定的に本来の聖書のこころに反している。本当はそうではない」と言うのです。

それなら愛とは何か。drive into the other という言葉を使っています。他の人の心の中に入っていく。drive というのは、相手の中にいわば突入していくということです。そういうことが愛の定義です。それで私たちが阿弥陀仏を拝む、すなわち法身に触れる時に、——「大悲西化《せいけ》を隠して驚きて火宅《かたく》の門に入る」〔真聖全一、四四二頁〕という言葉が、善導大師の「玄義分」の中にあります。仏が仏ならざる衆生の心の中に突入してくるのです。阿弥陀の心に触れた時、自分と異なった相手の心の中にまで、いわば滲透《しんとう》していく心が私たちの信心に与えられる。それによって、凡夫がなお菩薩というはたらきをすることができるのです。

大悲を行ずる

そのことを最もはっきり述べているのが、『歎異抄』の第四章、第五章、第六章です。『歎異抄』の第四章に、

念仏もうすのみぞ、すえとおりたる大慈悲心にてそうろうべきと〔聖典六二八頁〕

とありまして、その「念仏」が実は「大慈悲心」であると言われています。ところがいままでの真宗の教

え、つまり徳川期以後の真宗の教えは、いつでも「大悲を感ずる」ということしか言わなかった。「阿弥陀仏は大変慈悲深い方である。その阿弥陀仏の慈悲の心を私たちが感ずる。感ずることによって凡夫もまた助かっていく」という教え方がされ、また受け取られ方もされてきました。だから信仰が全部主観的、個人的、情緒的なものに転落してしまった。

　ところが、親鸞聖人のお書きになったものに「大悲を感ずる」ということをおっしゃったところは一か所もないのです。必ず「大悲を行ずる」とある。信心の人は「大悲を行ずる」身になるとおっしゃっている。「信巻」に信心の人には「常行大悲の益」〔聖典二四一頁〕があるというお言葉を見てもそうです。「行巻」には「深く大悲を行ずれば」〔聖典一六四頁〕とあります。その「大」という字を解釈して、

　一切衆生《しゅじょう》のために仏道を求むるがゆえに、名づけて「大」とす。〔聖典一六五頁〕

と、こう出ていますね。これは龍樹大士のお言葉です。

　どうですか皆さん、もしも皆さんが家庭生活の中で苦しいことがあって、その苦しみを慰めるためにお寺へ来て仏法を聞かれるのでしたら、それは家出と同じです。本当の仏法はそうではない。家の中にいろいろな問題があるならば、その苦労を全部自分が背負って、そして阿弥陀仏の前に立つ。そして阿弥陀仏の教えの言葉を聞き、それを家へ帰って家の者皆に「いつでも・どこでも・誰にでも」通じるその世界を伝える。伝達する。それがたとえ三人であってもいい。十人でもいい。本当にそこに心の通じあう人と人との交わりを生み出して行く力、それが「大悲」です。大悲は必ず行を展開するのです。それが行である限りは、必ず人と人との交わりを生み出していくのです。

「念仏成仏是れ真宗」ということを前に申しましたが、これが念仏するということの内容です。念仏と

いうことは、一つには先ほど申しましたように「真実の行」です。そして「真実行」である念仏は同時に大悲を行ずるという意味をもっている。一つの念仏の中に二つの意味があって、一つには自己と真理（阿弥陀仏）との関係、もう一つには自己と他人との関係です。一声一声の念仏の中でいつもこの関係が開かれてくるのです。一声の念仏の中に、自分と阿弥陀仏との関係が開かれると同時に、自分と他の人びととの関係、――聖人が「御同朋、御同行」と言われたそういう関係が、夫と妻の間に、親と子の間に、あるいは職場の人びととの間に開かれてくる。ここに「行」がある。そして、そういう念仏の行をいわば押し進めていく推進力、展開していく主体、それが「名号を体とする信心」である、と言うことができるかと思います。ここに私たち凡夫が真宗の教えによって菩薩になるという意味があるのです。

もう一度、先のことを繰り返して言いますと、私たちが救われるという意味は、この念仏において自己と阿弥陀仏の関係を絶えず回復し、そのことによって自他の関係が矛盾から調和へともたらされることです。「疑謗《ぎほう》を縁となす」ということがありますが、むしろ謗《そし》られること、疑われることを機縁としながら、深く深く人と人とのまごころとまごころが触れ合うような人間関係が生み出されていく。そこに一つの同朋社会が生み出されていくのです。そのことを明らかにすることが、私たちが今日、一九七〇年代に聖人の立教開宗を本当に記念する意味になると、私はある意味で動かし難い自信をもって申し上げることができるのであります。

二、真実の行

他力とは

他力《たりき》と言うは、如来の本願力《ほんがんりき》なり。

『論』に曰《い》わく、「本願力」と言うは、大菩薩《だいぼさつ》、法身《ほっしん》の中にして常に三昧《さんまい》にましまして、種種の身・種種の神通《じんずう》・種種の説法を現じたまうことを示す。みな本願力より起こるをもってなり。たとえば阿修《あしゅ》羅《ら》の琴《きん》の鼓《こ》する者なしといえども、音曲《いんぎょくじ》自然《ねん》なるがごとし。

〔聖典一九三頁〕

以上、『教行信証』の「行巻」において、特に重釈と申しまして、重要な点を重ねて釈されますところに、「他力と言うは、如来の本願力なり」とこうおっしゃいまして、その「本願力」について聖人が解釈をされている箇所を拝読したわけです。今日では一般的に、「他力」ということが「他者の力」、――まあ「他人のふんどしで相撲をとる」というような意味に誤解されています。それがいわゆる世間の常識というものでしょう。「人間は弱いものである。いたらぬものである。だから人間を超えた大きな力、――大宇宙とか、大自然の法則とか、そういうものに頼ってあわれな自分を助けていただく」という、こういうのがいわゆる常識的な宗教観というものでしょう。しかし親鸞聖人から言えば、それは誤った考えです。本当はそうではない。「他力というのは如来の本願力である」というのです。

それでは「如来の本願力」の内容は何か。特にここに「如来の本願」と言わないで、「力」という字を加えて「本願力」という。

本法蔵菩薩《もとほうぞうぼさつ》の四十八願と、今日阿弥陀《あみだ》如来の自在神力《じんりき》とに依《よ》る。願もって力《りき》を成ず、力もって願に就《つ》く。願、徒然《とねん》ならず、力、虚設《こせつ》ならず。力・願相符《あいかの》うて畢竟《ひっきょう》じて差《たが》わず。かるがゆえに成就と曰《い》う。

〔『教行信証』「行巻」聖典一九八～一九九頁〕

ということが『浄土論註』に言われておりますけれども、「他力とは本願力だ」と。それは単に大いなる力に助けられるのではなく、「本法蔵菩薩の四十八願と、今日阿弥陀如来の自在神力とに依る。願もって力を成ず、力もって願に就く」と、こういうのですから、私たちが念仏する、――つまり阿弥陀仏に出会うと、そこにとどまらないで「願」に目覚めていくのです。するとそこに、本願力のはたらきが我われ衆生の上に現われてくる。つまり、

衆生《しゅじょう》の貪瞋煩悩《とんじんぼんのう》の中に、よく清浄願往生《しょうじょうがんおうじょう》の心を生ぜしむる

〔『教行信証』「信巻」聖典二二〇頁〕

と中国の善導大師が、「二河喩《にがゆ》」の中でおっしゃっておられます。つまり我われのような、いわゆる貪瞋の煩悩にあけくれしているその煩悩の真っ只中に、清浄願往生心が生まれる。これは如来の願です。如来の願、阿弥陀仏の願が信心の人の中に現われてくる。信は願より生ずるが故に、また信は願として自己を展開していくのです。

それで、その本願力の内容、その要点をここに少し記しておきましたので、ちょっと読んでいただきたい。

他力《たりき》と言うは、如来の本願力《ほんがんりき》なり。（中略）

「応知《しるべし》」というは、いわく、自利に由《よ》るがゆえにすなわちよく利他す。これ自利にあたわずしてよく利他するにはあらざるなり、と知るべし。（中略）

「応知」は、いわく、利他に由《よ》るがゆえにすなわちよく自利す、これ利他にあたわずしてよく自利するにはあらざるなり、と知るべし。〔『教行信証』「行巻」聖典一九三頁〕

今回の暁天講座の主題である「人間関係の根本的解決」という問いに、仏様が答えてくださっている、親鸞聖人が教えてくださっている言葉をここに記したのです。これはどういう意味かと言いますと、「自分を利することができるからこそ、他人を利することができる。つまり自分を利することなしに、人を利益するということはないのだ。そのことをはっきり知りなさい」というのが、前半分の意味です。後半は、「他を利するが故にこそ、自分が利益を得ることができる。つまり、他を利することなしに自分が利せられるということはないのだ。このことをよく知りなさい」と、こういう意味の言葉です。

さて皆さん、この教えはいかがでしょう。私たちの日常生活というものはいろいろ問題があります。人間関係の一番の問題は利害の対立ということでしょう。利害ということを広く言えば、「善悪」といってもいいですし、「美醜」といってもいい。そういう言葉を含めて、要するに利害が対立する。自分が利せられた場合には、相手は利せられない。相手のために尽くせば、自分は損をする。この私たちの生活における利害の対立です。「凡夫《ぼんぶ》善悪《ぜんまく》の心水《しんしい》」〔『正像末和讃』聖典五〇四頁〕という言葉が親鸞聖人にありますが、私たちは自分と他人を区別し、損と得とを区別する、分別する。そのことによって自と他との利害が矛盾的に対立する。一切の人間関係の問題は必ずそこにいきつくのです。どんな小さなことでも、私たちの人間関係がうまくいかないということが起こる時には、必ずそこに自他の分裂による利害関係の矛盾対立ということが起こっている。この問題をどうして解いたらよいのか。これはある意味で人生の永遠の課題なのです。それで法律を作ったり、道徳を教えたり、いろんなことをする。私たちの生活というものは一人で生きているということがないのです。必ず他人と共に生きていますから、自と他が一緒に生きていくことの中で、すなわち、人間関係を保ちながら生きていくことの中で、どうしたら自と他との分裂による利害関係の矛盾対立というものを超えることができるのでしょうか。

ある人はもう絶望してしまって、「結局はどんなことを言ったって、どんなに偉そうなことを言ったって、人生は弱肉強食である。強い者が勝ち、弱い者が負けるのである。だからなんらかの意味で力をもち、強くならなければならない」と言う。いわゆる「権力への志向」です。またある人は、「いやそういうことをしてはならないのだ。やはり自分を犠牲にして、人のために尽くすところにこそ人間というものがあるのだ。単に弱肉強食というようなことならば、それはいわゆる畜生である。人間と名がつく以上はやはり他人のことを考えなければならない」と言う。たしかに人間の中にはそういう心がありますね。「ものをあわれみ、かなしみ、はぐくむ」ということがあってこそ人間なのだというわけです。

ところが、「自分さえよければ他人はどうでもいい、というのは人間ではない」と、こう思ってやるのだけれども、現実というものはそう動いていきません。他人のために尽くさなければならないと思いながら、ついつい結局、「自分」というところへ落ちこんでいってしまう。そこで今度は、自分さえよければいいと思ってやるけれども、事実は他人と一緒に生きているのだから、やっぱり自分のことだけ考えて生きるわけにはいかない。こうして心が千々《ちぢ》に乱れるのです。ある時は、人のために尽くさなければならないと思うし、ある時は、人のことなど考えていてはこの世は生きていけないと思う。それで「理想主義」と「現実主義」という形に分かれる。あるいは「博愛主義」と「自我主義」と言ってもいいですね。これは大変難しい問題です。

建前としては、誰もが、みな仲よくしなければならないと言う。しかし、事実として、仲よくすることのできる根拠はどこにあるのか？　どんな人だって、けんかをしようと思って夫婦になった人はいません。みんな仲よくしようとして夫婦になる。けれども、現実において、一度もけんかをしない夫婦というものもまたないでしょう。どんな人だって、会社に入る時はみんなと仲よくしていこうと思う。ところが入れば、必ずそこに上司と自分との間に、あるいは同僚と自分との間に、さまざまな利害の対立が起こってきて苦しむということが起こる。そういう、私たちが生きることの中に起こる人間関係の矛盾というものを一番根本から解決する教え、解決する力として、そこに「如来の本願力」ということが教えられているのです。

自利と利他は一つ

どうでしょう。このことは皆さん頷けるでしょうか。自分を利するからこそ他人を利することができる。自分を利することなしに他人を利益するということはない。また他人を利するからこそ自分が利せられる。他人を利することなしに自分が利せられるということはない、というのです。こういうことがいただける、こういう世界が開かれるということが、本願を信ずるということの内容なのです。

ある仏教の座談会に私がまいりましたところ、一人の方が進み出られて、こうおっしゃいました。「私は長い間仏教を聞かしてもらっているけれども、いつも自分を大事にするという心が起こって困ります。『無我になれ、無我になれ』と教えられるけれども、自分が大事だということがどうしても先に立ってしまいます。何十年と仏法を聞かしてもらっているのに、これはどういうもんでしょうか」と、こう聞かれました。その時、どう答えたらいいのでしょうか。「それはお前、まだ信心が足らんからだ。本願を信じたらそうではなくなる」と言うことでは、「信ずればそうなるはずだ」という新興宗教と同じです。「もっと信じなさい」と、「病気が治らないのは、まだお前は信心が足りないからだ」と、これでは「真宗」ということにはならないですね。皆さんならどうお答えになりますか。あるいは人から聞かれなくても、ご自身の中にそういう問いをもっておられるでしょう。

その時、私はこういうふうに答えました。「そうですか。自分を大事にするということはそんなに悪いことですか」と。「いや、だって、仏法は無我にて候と言ってあるじゃありませんか」とおっしゃる。「そうですか。じゃあ自分っていったい何ですか」と聞いた。「我われが一番単純に自分と言っているのは、自分の身体のことでしょう。この自分の身体を大事にすることはそんなに悪いことでしょうか。いいですか。肺臓があるということは外に空気があるということです。胃袋があるということは外に野菜や肉があるということです。耳があるということは鳥が鳴いているということなのです。目があるということは花が咲いているということなのです。たとえば肺臓というものは空気がなければ一瞬たりともはたらかないのです。胃袋があっても食べ物がなければはたらかない。目があっても何かが見えなければそれははたらかない。だから自分を大切にするということは、全世界を大切にするということと同じではないですか」と、こう言いました。

自分一人を大切にしたのでは、ますます自分を損《そこな》うのです。つまりそれは、空気のない肺臓を考えたり、食物のない胃袋を考えたりするのと同じだからです。だから、本当に自分を大切にする限りは、世界全体を大切にするということが同時にある。だから禅宗などでは、その覚りの境地を、「尽十方界是れ真実人《にん》体《たい》」『正法眼蔵』「身心学道」ほか」と言っております。世界全部が私の身体だと、こう言うのです。

それを人間関係のところに返して申しますと、大きく言えば国、あるいは世界、もっと手近に一軒の家庭というものを考えましても、一家の人がみんな仲よくなるということなしに、自分の心が安らかであるということはありえないのです。自分を本当に大切にしようとするならば、必ず自分と関わるすべての人を大切にするということが起こってくる。いや、自分と関わるすべての人を大切にすることなしに、自分を大切にするということはありえない。これが道理です。この道理は、皆さんもいまお聞きになって、「なるほど」と頷いてくださったことと思います。

しかし問題は、「なるほど」と頷くにもかかわらず、現実に私たちが日々生きていくことの中で、大きくいえば戦争というような形で、小さくいえば家の中の口論というような形で、自利と利他とが矛盾する、対立する。そこに、それこそ「よくよくおもんみれば」、自利と利他というものは決して二つあるものではない。何となれば、もともと人は他と共に生きているからです。他を利することなしに自を利することはないし、自を利することの外に他を利するということはない。これが道理であるのに、日々の生活の中にそういう矛盾対立が起こってくるという事実をどうするのか。そこに、さらに具体的に問題が展開されてこなければなりません。

自力にては生死をいでず

ではいったい、道理として自分を利することと他を利することとはひとつであるにもかかわらず、何がこの道理に背き、何がこのいのちの姿に反するのでしょうか。つまり、自と他の関係を引き裂き、自利と利他とが矛盾対立するというようなことを起こしているものは、何でしょうか。ある人はそれを「娑婆《しゃば》ちゅうもんですわ」と言う。そこで私は「そう言って本当に自分の心がおさまりますか」と言うと、「それは、仏様ならいざ知らず、凡夫どうしが生きとるのだから、それはしょうがないじゃないですか」とおっしゃる。本当にそうでしょうか？　もしそうならば、私たちの人生にはどこにも喜び、充実というものがないことになる。「しかたがない。しかたがない」と言って生きていくしかない。歓喜がない。「信心歓喜」と言われるその「歓喜」は、「一無碍道」だと、

十方無碍人《むげにん》、一道より生死《しょうじ》を出《い》でたまえり。

〔『教行信証』「行巻」聖典一九四頁〕

と言われています。

「生死」という言葉を、私は「矛盾対立」というふうに現代の言葉で解釈しております。それは単に「生」と「死」の問題だけではないのです。「生」と「死」が一番大きい根本的な矛盾対立ですが、もっと広く私たちの生活の中のことでいえば、「自」と「他」の矛盾対立、利害対立ということです。その矛盾対立を出る、つまり「生死を離れる」ということが仏教の眼目です。「生死を離れる」ということは、自他関係における矛盾対立を超えていくということ。そこに「無碍道」がある。「無碍道」とは、現代の言葉でいうならば、「本当の自由」ということ、「自由自在」ということです。自由自在に生きることによってだけ、初めて私たちに「腹がふくれる」という満足が与えられるのです。ただし、その自由ということが、いま申しましたように、人間関係における自他の関係が円満になる、調和的であるという内容をもたなかったならば、つまり単に自分の好きなことができるという意味の自由ならば、それはいわゆる観念の自由であって、現実の自由ではない。現実の自由ということの中には、必ず自と他の関係における矛盾対

立が超えられているという内容がなければなりません。

さて、もう一度もとへ戻ります。では、その私たちの自由を阻《はば》んでいるもの、人間の自他関係に分裂と対立を引き起こしているものは何でしょうか？　それを、私たちは聖人から「自力」という言葉で教えられているのです。それが一見どんなに美しく見えても、自力である限りは必ず矛盾対立を引き起こす。自力というものが具体的な形で生活に現われる姿を、親鸞聖人は阿弥陀仏の第十九願として、それは「廃悪《はいあく》修善《しゅぜん》」であると言われました。つまり善と悪とを分けて、悪をやめて善を修めると。一般には「それはとてもいいことではないか。それこそ人間ではないか」と申します。確かにそういうのが人間です。しかし現実をもう少し深く、よく見つめるならば、正しい人ほどこわいものはない。皆さんは「いや、そんなことはないだろう、こわいのは悪人だろう」とおっしゃいます。

皆さんご存じのように、つい最近もハイジャックということがあって、日航機が乗っ取られました。あの人たちはどういう人たちでしょうか。日本では、いわゆる浅間山荘事件＝連合赤軍事件、ああいう事件を起こした人たちです。皆さんはあの人たちをどういうふうにお考えになりますか。新聞・ラジオ等でお聞きになったことと思いますが、あの人たちは良家の子弟です。家庭環境もいいし、一人ひとりは心のやさしい人たちです。そういう人びとがどうしてああいう残酷な行為をすることができたのでしょうか。そういう問題に対して一番鋭い解釈をした人として、私は、いまは亡くなった高橋和巳〔一九三一～一九七一〕という人の言葉をあげることができます。「彼らは正しかったからだ」と言うのです。いやもっと厳密にいうと、「彼らは自分が正しいと思い込んでいたからだ」と言えます。正しい者がまちがっている者を裁くというのは当然なのです。このことをずっと押し進めていくと、歴史的にはヨーロッパで、キリスト教が異教徒を叩《たた》くために十字軍というものを起こした。日本でもそうです。「東洋平和のためならば、何でいのちが惜しかろう」と言った。「日本は正しい。蔣介石はまちがっている。まちがっている者を殺すのはあたりまえだ」と、こう論理が進んでいくのです。

私たちの日常生活でもそうです。先ほども御住職がおっしゃいましたように、「自分には信心がある。お前には信心がない。だからつまらない。早くお寺へ詣って仏法を聞いて、信心を得るようになれ、と信者ぶった人は言う」と。これは言葉としては正しいけれども、そこに「信心がある者は正しい、信心がない者はまちがっている」という判断が入っている限り、それがいわゆる殺人とか戦争とかという形に出なくても、それは一種の暴力です。それは相手のためを思って、いわゆる「聖道の慈悲というは、ものをあわれみ、かなしみ、はぐくむ」という心で、その人のためによかれと思ってやるわけです。けれども、「しかれども、おもうがごとくたすけとぐること、きわめてありがたし」〔『歎異抄』聖典六二八頁〕という現実が起こってくる。なるほど、その心があるからこそ「人間」といえるのかもしれません。いや、それが聖道の慈悲であろうと浄土の慈悲であろうと、慈悲心をもつということ、相手の身になって考えようとすること、そのことは人間の一番尊い心です。その心を否定するものではありません。ここが大事でして、単純に「聖道の慈悲はだめだ。浄土の慈悲こそ真実だ」と、そういうふうに言ったら、そのこと自身が聖道の慈悲と同じなのです。そうではないのです。人と人とが争うことなくひとつの心に生きたいというのは、人間の祈りというか、願いというか、魂の叫びです。けれども現実としてそれが実現しない。どうしたらそれが実現できるか。そこに「浄土の慈悲」という問題が出てまいります。

浄土の慈悲

浄土《じょうど》の慈悲《じひ》というは、念仏して、いそぎ仏《ぶつ》になりて、大慈大悲心をもって、おもうがごとく衆生を利《り》益《やく》するをいうべきなり。今生《こんじょう》に、いかに、いとおし不便《ふびん》とおもうとも、存知《ぞんじ》のごとくたすけがたければ、この（聖道の）慈悲《じひ》始終なし。しかれば、念仏もうすのみぞ、すえとおりたる大慈悲心にてそうろうべきと云々　〔『歎異抄』聖典六二八頁、（　）内筆者〕

ここで「今生」とか「浄土」といわれるのを、「生前」とか「死後」というふうに単純に理解しては完全にまちがいです。「今生」というのも「浄土」というのも、これはすべて領域ということであって、決して地域ということではありません。すでに天親菩薩、曇鸞大師によって明らかにされているように、

正道《しょうどう》の大慈悲は、出世の善根《ぜんごん》より生ず。　〔『浄土論』聖典一三五頁〕

ということがありまして、浄土ということは如来の大慈悲心がはたらく領域であり、大慈悲ということが浄土の「性功徳《しょうくどく》」です。浄土の本質は何か？　浄土の「性」は大慈悲である。だから「念仏もうすのみぞ、すえとおりたる大慈悲心にてそうろうべき」と。

それで結論的に申しますと、念仏申すということによってだけ、先ほど申しました「自と他との分裂による利害の矛盾対立」というものを超えることができると、聖人は教えられているのです。

では次に、「念仏もうす」ことが「大慈悲心」であると言われている意味です。どうして「念仏する」ことが「大慈悲心」という意味をもつのか。ここまで考えてまいります時、昨日最後に言った問題に私たちは出会います。つまり昨日は、念仏について、一つには「真実の行」という意味がある、もう一つは「大悲を行ずる」という意味がある、と申しました。この二つのことを、もう少し展開してお話申し上げ

たいと思います。

私は今日、真宗の教えを聞く者にとって最も大きな問題の一つは、「念仏が真実の行だ」ということがはっきりしないということだと思っています。念仏が真実の行であると教えられているけれど、その意味、つまりそれが私たちの生活の中ではたらく内容です。それがはたしてどれだけ明らかになっているでしょうか。問題は「行」ということです。「大悲を行ずる」という。昨日「仏凡一体」ということを申しましたけれども、「仏凡一体」ということについて、蓮如上人は『御文』二帖目九通で、

一念帰命《きみょう》の信心をおこせば、まことに宿善の開発《かいほつ》にもよおされて、仏智《ぶっち》より他力《たりき》の信心をあたえたまうがゆえに、仏心と凡心とひとつになるところをさして、信心獲得《ぎゃくとく》の行者とはいうなり。

〔聖典七八七頁〕

とおっしゃっておられます。信心を得た人のことを「信心の行者」と言われています。『歎異抄』でも信心というのは必ず行者だという。

信心の行者には、天神地祇《てんじんじぎ》も敬伏《きょうぶく》し、魔界外道《まかいげどう》も障碍《しょうげ》することなし。

〔聖典六二九頁〕

とあります。信心というのは、その行を生み出す主体なのです。信心から生まれる行が真実行なのです。それで念仏するということは、その真実行を行ずるということです。人間が生きるということは、何らかの意味ではたらきをもつということです。そのはたらきが「行」という、さらに「真実行」という意味をもっているかどうか、そのことをもう少し吟味してみたいと思うのです。

石川啄木〔一八八六～一九一二〕が、

はたらけどはたらけど猶《なお》我が生活《くらし》楽にならざりぢっと手を見る

〔『一握の砂』〕

という歌を詠みました。毎日毎日働くが、どうしても自分の生活が楽にはならない、どうしてなのだろうか、と考えに沈んで、その働く自分の手をじっと見つめるというのです。つまり働くのだけれども、その働きが実りをもたらさない。「真実」の「実」は「みのり」ですね。裏からいえば、真実ではないということは、「空しい」ということです。それはなぜか？　ここに一つの大きな問題があります。

私の友人で、いま、金沢大学の教育学部で倫理を教えている出雲路《いずもぢ》暢良《ちょうりょう》〔一九二六～一九八九〕という方がおられますが、この人が「いまの人は啄木のように言ってもわからん」と言うのです。高度経済成長社会だから、働けばすぐお金が入ってくる。だから「働けど働けどわがくらし楽にならざり」なんていってもわからない。けれど、こういったらわかると言うのです。「遊べども遊べども猶《なお》我が心充実せずぢっと手を見る」と。若い人たちはいろんなことをする。車も買った、彼女とデートもする。けれども、どうしても我が心が充ち足りない、充実しないと。

そこで、私たちが生きるということ、私たちが働くということ、そのことをもう一度根底から静かに考えてみる必要があるのではないでしょうか。私たちが生きるということは、なんらかの形で働くこと、なんらかの意味で活動することです。では、いったいどういう内容をもって活動しているのでしょうか。

労働・仕事・活動

そういうことについて最近、私は大変教えられたことがありました。それはドイツで生まれ現在はアメリカにいる女性の思想家で、ハンナ・アーレント〔一九〇六～一九七五〕という人が、こういうことを述べています。「人間の働きには三つある。それは労働（labor）と仕事（work）と活動（action）だ」〔『人間の条件』一九五八年」と。単純に我われは「働く」といっているけれど、これは三つの層、あるいは三つの次元をもって成り立っているというのです。

① 労　働

まず「労働」とは、いわゆる私たちの生物としての身体を養うための働きです。労働はものを生産する。しかし労働が生産するものは「消費物」です。すぐ消費してしまうものを作り出す。私たちは「活命」するといいます。五十年の肉体のいのちを保っていくのに消費される生活の必需品、それを生産するのが「労働」であると。それでハンナ・アーレントという人は、現代の文化、特にヨーロッパでいうと十九世紀以降、日本でいうと池田勇人氏が高度経済成長政策というものを提唱し、それから佐藤栄作、いまの田中角栄と各総理大臣は、一貫して日本の方針として高度経済成長政策というものを打ち出してきた。それはたくさん作って、たくさん消費しようというものです。現にそうなっておりましょう。私は現代文化の一つの根本問題はそういうところにあると思います。たくさん作って、たくさん消費する。いわゆる使い捨てです。それが一方では、労働管理の強化と、他方ではレジャー産業の拡大となっています。また最近では、インフレとなり、それが過熱化し、それで「繁栄の中の貧困」ということがいわれています。こういう文化のパターン（型）です。こういう文化構造を生み出すのは、人間の三つの働きの中の「労働」だけをあまりにも重視するからだと、ハンナ・アーレントは言うのです。「労働・仕事・活動」という三つの働きの中で「労働」だけがあまりにも重視されると、そういう文化の型というものが生まれてくる。こういうことが進めば、これはやがて石炭だとか石油だとか、地球全体の根本的な資源の不足ということになります。

ところが、まったく違ったもう一つの文化のパターンがあるのです。たとえば、ある人が一本の笛を持っているとすると、その笛を一生吹き続けるならば、無限に上達していくことができます。一本の笛があれば、それを上手に吹こうとすれば、どれだけでも修行していけるでしょう。禅の言葉に「一生用不尽」（一生のあいだ用いても尽きることがない）〔『碧巌録』〕という私の大好きな言葉があります。一冊のお聖教があれば、その中から無限の意味と価値を汲み取っていくことができるでしょう。そういうもうひとつの文化のパターンが生まれてこなければならないと、私はそう直感するのです。日本文化というものは必ずそういうものになっていかざるをえないと思います。このままいけば、人類はパンクですから。それなら、そういうことの中に何があるかというと、働くということがすべて「労働」として考えられてしまっているということです。だから「労働」に直接関係している貨幣が重んじられてくるのです。一切のことに優先して「労働」というものが人間の働きの中で強調される時に、そういう問題が起こってくる。そこでは「労働」は「行」という意味をもたないのです。

② 仕事

次に「仕事」とはどういうものかというと、それはどんな人も、自分の五十年百年のいのちよりももっと長いものを求めるということがあります。たとえば、家を建てるということはどういうことか。もちろん最近の建て売り住宅というものはそうではないかもしれませんが、昔から家を建てるということは、自分も住み、子や孫も住む。おじいちゃんもこの家に住んだ、父親も住んだ、私も住み、子どもも住むというものです。たとえば大工さんならば、自分の仕事は単に儲けるためにするのではない。自分の建てた家が皆に喜ばれるということを考えます。「なるほど、あの人の建てた家か」と。その人が死んでも建てた家は残るのです。お医者さんなら、病人が自分の一生懸命の努力で治るのなら、ある場合には経済を度外視しても、その病気を治すということがあります。生きるか死ぬかという場合には、儲かるか損をするかということを忘れて、どうしてもその病人を救わなくてはならないとなる。そういうことがありますね。お百姓ならば、いい米を作る、いい野菜を作る。そのことは儲かるか損をするかということを超えて、なにか喜びであるはずなのです。働く喜びというものはそういうことの中で現われてくる。つまり「仕事」によって作り出す物は単に消費されるものではありません。

皆さんご存じのように、野口英世［一八七六～一九二八］という有名なお医者さんがいた。この人がある時、弟子を集めて質問されたというのです。「お前たちは町で開業しているだろう。ある日ある時、同時に町一番のお金持ちと、町一番の貧乏人が一緒に診《み》てもらいに来たら、お前たちはどっちの患者を先に診るか」と言ったのです。皆さんならどう答えますか？　そうしたらお弟子たちがいろいろ議論したというのです。金持ちの方を先に診ると、貧乏人は「人を馬鹿にした」と言って怒るだろう。貧乏な人を先に診たら、どうなるか。今度は金持ちがつむじを曲げるだろう。どっちにしたらいいのかと、なかなか結論が出なかったというのです。そうしたら野口英世が、「あなた方は医者でしょう。だったら重い病気の人を先に診なさい」と言ったというのです。「相手の人が金持ちであるか貧しい人であるかを問わず、その人の病気が重いか重くないか、そのことによって行動すればよい。だから重い人を先に診るというのが正しい」と、こう言った。

そのように、わずか五十年あるいは百年で消えていくいのちよりも長い何ものか、それを依りどころとして自分たちが生きていける、そういうものを作り出すはたらき、それが仕事です。もちろん、生活必需品を生産する労働をはずして、私たちが生きるということはない。けれども大事なことは「仕事」なのです。私たちが本当に仕事をもっているかどうか。私は京都の「大丸」の社長をしておられた下村さんの奥さんに知己《ちき》を得ているのですが、その奥さんから聞いたことで非常におもしろいことがあります。それは、おばあちゃんがお嫁に来た時に使った花嫁衣装は、そのままお孫さんが着ても通用するというのです。あまりに立派なものですから、その結婚衣装は親・子・孫三代にわたって着ている。それでもちっとも古い感じがしないというのです。そういうものを生み出していく、それが仕事です。

③　活　動

最後に「活動」というのは何かというと、これこそが、いかなる物や事柄をも介入させることなしに直接、人と人との間で行なわれるたった一つの働きだというのです。そして直接、人と人との間で働く「活動」というものは、必ず自分と他人が一緒に生きているということを条件として行なわれるのです。つまり「言語」と「活動」というものは、決して切り離すことができず、言葉による表現をとおして、何ものかをそこに新しく生み出していく、新しい人間関係をそこに創造していく、それが「活動」です。つまり「活動」というのは、物を媒介することなく、言葉によって人と人との交わりをそこに新たに創造していく、これこそがまさに人間を人間たらしめる「活動」であると、ハンナ・アーレントは言っています。そして、あまりに「労働」が重視され、「仕事」、さらには人間の働きの根本的能力である「活動」がどんどん衰退しているところに、現代の一番大きな問題があるのだというのです。

それで、私たちが「活動」というところに立つ時、これこそが仏教において「行」といわれているものに近いのです。これこそが私たちに実りをもたらす。皆に通ずるものである。物を媒介としないで、言葉を発することによって、人と人との新たな関係を生み出していく。この「活動」というところに立って「労働」を行なう時、この「労働」は単なる「労働」ではなくなるのです。

たとえば、主婦であれば炊事をする。炊事をすることは「労働」であるけれど、「この食事を子どものために、そして夫のために」という心がそこにはたらくならば、それは「仕事」に変わる。お百姓ならば田んぼを耕すでしょう。この米が日本の人びとのいのちを支えているのだと思う時、田を耕すということは、単に「労働」ではない。その「労働」はそれをとおして、私とあなたとの間の「活動」の媒体になる。その時、「活動」が「労働」を「仕事」へと変えてくる。「活動」そのものは、こういう「労働」や「仕事」を越えて、人と人とが直接交わる、そういう自と他が生きているその関係を「創造」していくものです。

ひとたび「活動」ということが私たちの中で明らかになってくる時、「労働」を「仕事」に変えていく。漢文では仕事の「仕」という字も、「事」という字も両方とも、もともとは「つかえる」という意味です。「つかえる」とはどういうことか。それは日々の働きを、家族全体の中で、あるいは人類全体の中で、人びとに仕え、与えられたものとして受けとるということです。それで、日々の働きが「活動」ということに立って行なわれることによって、「労働」が「仕事」に変わる。そして、その「仕事」が「活動」の表現という意味をもつようになる。「活動」を我われに生み出す根本の力が「真実の行」です。だからその真実の行は「大行」といわれる。なぜ「大行」といわれるかといったら、一切のはたらきに「行」という意味を賦与する力だからです。だからこそ、そこには実りがある。そこに人びとが本当に通じ合える。この「真実の行」は、また「大行」であります。

三、大悲を行ずる

はじめに

「人間関係の根本的解決」という課題をいただきまして、お話申し上げているのですが、一方、私の中には、立教開宗七百五十年というこの記念すべき年をどういうふうにお迎えするかという課題がありまして、その二つの課題が重なって、第一日目は、私たちが真宗の教えによって「助かる」というのはどういう内容をもっているかということをお話いたしました。つまり「助かる」ということは「大乗菩薩道の成就」という内容をもっていると。それは、凡夫が菩薩になることです。凡夫が菩薩になるということを、蓮如上人は「仏心と凡心とが一つになる」、いわゆる「仏凡一体」という言葉で述べておられるのです。

それで第二日目は、特に「他力と言うは、如来の本願力なり」という『教行信証』「行巻」のお言葉に依りながら、本願力のはたらきとして、「自利に由《よ》るがゆえにすなわちよく利他す。これ自利にあたわずしてよく利他するにはあらざるなり、と知るべし」〔聖典一九三頁〕、あるいはまた、「利他に由《よ》るがゆえにすなわちよく自利す、これ利他にあたわずしてよく自利するにはあらざるなり、と知るべし」〔聖典一九三頁〕とおっしゃっておられることについて話させていただきました。そして本願のはたらきを受ける時、初めて、この世の自他の分裂による利害の対立が超えられると申しました。

それで最後に今日は、

「至心《ししん》」は、真実《しんじつ》ということばなり。真実は阿弥陀如来《あみだにょらい》の御《おん》こころなり。〔『一念多念文意』聖典五三五頁〕

と聖人がおっしゃっておられますように、念仏が「真実の行」であるということ、これは私たちと阿弥陀仏との関係でありますが、そのことがはっきりいたしますと、私たちと他の人びととの関係がどういうふうに展開していくのか、そういう課題をもちまして、今日は考えたいと思います。つまり、念仏するということは、「深く大悲を行ずる」という意味をもつということです。この自ら念仏し、人びとに念仏せしめる者は「大悲を行ずる人である」と、聖人がおっしゃっておられるお言葉に依りながら、念仏する者がこの歴史的社会的現実の中に生きていくすがたを明らかにしてまいりたいと思うわけです。

仏凡一体

さて、「大乗菩薩道の成就」ということを、私たちがよく聞いてきました言葉で申しますと、「仏凡一体」ということであります。その依りどころは、蓮如上人の『御文』二帖目第九通に、

一念帰命《きみょう》の信心をおこせば、まことに宿善の開発《かいほつ》にもよおされて、仏智《ぶっち》より他力《たりき》の信心をあたえたまうがゆえに、仏心と凡心とひとつになるところをさして、信心獲得《ぎゃくとく》の行者《ぎょうじゃ》とはいうなり。

〔聖典七八七頁〕

というお言葉から、「仏凡一体」という言葉が出てくるわけです。

そこに「仏心と凡心とひとつになる」とありますが、「なる」ということが大切であります。別の言葉で「機法一体」というのがありますが、もともと「南無阿弥陀仏」は「機法一体の南無阿弥陀仏」であって、「なる」とはいわない。その「南無阿弥陀仏」に目覚め、念仏する身になると、そこからはたらきが起こってくる。「なる」というのははたらき、――つまり蓮如上人のお言葉によりますと、「信心獲得」というのは、これが「機法一体の南無阿弥陀仏」です。その「機法一体の南無阿弥陀仏」が「人」としてはたらくとき、「仏凡一体」の菩薩と呼ぶのです。行者です。

それでは、「仏心」というのはどういう内容かというと、これは、「如来清浄本願の智心」〔『浄土真要鈔』聖典七〇五頁〕であります。それに対して、「凡心」とはどういうことかというと、これは貪瞋煩悩《とんじんぼんのう》であります。むさぼりやいかり、そういうさまざまな私たちのおもい、わずらい、なやみを煩悩という。それで「如来清浄本願の智心」というのは、「一如を証する智慧」ということです。「一如」とは「自他一如」ということです。私たちの凡夫の心にいかりや腹立ちがなぜ起こるかというと、自分と相手が対立しているからです。自他の分裂による利害の対立ということを起こす心が「凡心」なのです。しかし真実はそうではない。自分と他人と一つに通じる自他一如ということを証するのが智慧です。それで、その「仏心」と「凡心」とが一つになるという、それが昨日申しました、「菩薩」です。

ところで、「一つになる」というときの「一つ」の意味は「不一不二《ふいつふに》」、――つまり離れないということ、「不離」ということです。一つにもあらず二つにもあらずということ。これはどういうことかというと、そのことについて譬えが述べてあります。それはちょうど、木と火の関係のようなものである、と言ってあります。木が燃える時、火は木を離れない。だからよく火は木を燃やすことができる。火は木から出て、出た火がまた木を焼く。木を焼くことによってその木がだんだん火になっていくのですね。

それで凡夫の貪瞋煩悩の心は木にたとえ、「如来清浄本願の智心」は火にたとえ、木と火の関係と同じように、「仏凡一体」であって、仏心と凡心は離れることがない。ではまったく一つかといえば、いや「仏心」はどこまでも「清浄の智慧」であり、「凡心」はどこまでも「貪瞋煩悩」である。けれども如来の心が絶えず私たちの「貪瞋煩悩」の心を如来の智慧の火に転換していく。絶えず絶えず転換していく。そういうはたらきを生み出していく。そしてこの「仏心」と「凡心」とが一つになるというのです。

この「仏凡一体」ということを蓮如上人がおっしゃる源はどこにあるかといいますと、善導大師の「二河喩」にある、

衆生《しゅじょう》の貪瞋煩悩《とんじんぼんのう》の中に、よく清浄願往生《しょうじょうがんおうじょう》の心を生《しょう》ぜしむ　〔『教行信証』「信巻」聖典二二〇頁〕

という文です。衆生がむさぼったり、いかったりしているその煩悩の真っ只中に、「清浄願往生心」が生ずるという。欲望の真っ只中に、欲望とまったく質の違った如来の願が私たちの中に起こってくる。それが菩薩なのですね。そうすると、我われの「貪瞋煩悩」が、「如来清浄本願の智心」によって火となる。火となった私たちの心が、今度は逆に他の人びと、衆生の「貪瞋煩悩」を焼いていくという。それがつまり大悲を行ずるということになる。私が、「南無—阿弥陀仏」として阿弥陀仏としっかりと一つになった時、我われは菩薩になる。菩薩になると、今度は我われが、生きている現実の人びととの関係において、その人びとの貪瞋煩悩の中から浄土に生まれようとする「清浄願往生心」を生じさせることになる。その内容はどういうことであるかというと、これが曇鸞大師のお書きになりました『浄土論註』、さらに元へ帰せば天親菩薩の『浄土論』に、「菩薩の巧方便回向《ぎょうほうべんえこう》」〔聖典一四三頁〕という言葉で表わされております。

謙虚になる

「仏心」と「凡心」とが一つになった人、すなわち菩薩はさまざまなはたらき、方便を起こすというのです。いま「方便」というのは、この場合は「回向」と結びついて使われておりますが、「方便」のもとの言葉は、インドのウパーヤ（upāya）という言葉で、「近づく」、「接近していく」あるいは「到着する」という意味です。仏様から私たちにいただいた心が、また他の人びとに向かって伝達されていく、いたりとどいていく。それはどうしたらできるかといいますと、

　自身住持《じゅうじ》の楽を求めず。

『教行信証』「証巻」聖典二九二頁

と言ってあります。これはおもしろいことでして、「幸福になりたい、幸福になりたい」と言っている人は、現に不幸だということですね。もう幸福とか不幸とかを忘れて、日々の生活に全身を投げ込んでいける人、つまり楽を求める必要がないほど楽になったということ、これが助かったということです。いつまでも助かろう助かろうとしているというのは、助かっていない証拠です。本当に助かったということは、もはや助かる必要のない世界が見開かれたということです。

それで、「仏心」と「凡心」が一つになるということは、南無阿弥陀仏が我が身の事実となるということです。これがつまり「名号」を「体」とする信心です。するとまず、「自身住持の楽を求めず」です。それなら何をするかというと、そこが大事です。

　一切衆生《しゅじょう》の苦を抜かんと欲《おぼ》すがゆえに、作願《さがん》して一切衆生《しゅじょう》を摂取《せっしゅ》して、共に同じくかの安楽仏国に生ぜしむ。

『教行信証』「証巻」聖典二九二頁

と、こう書いてあります。

この『浄土論註』の言葉に対して非常におもしろい譬えがあります。たとえば、このあたりでは野焼きということはあまりないかもしれないけれども、九州の阿蘇の近くでは、春になると草を焼きます。その時に火種をつけると火がどんどん大きくなって、そしていわゆる「燎原《りょうげん》の火のように」、全体を焼き尽くしていく。ところが、もし菩薩が「自分だけが覚った、自分だけが助かった」と言ってしまうならば、それはまだ焼かれない草が残っているのに、火種が尽きてしまうようなものだというのです。だから『浄土論註』では、

もし一衆生《しゅじょう》として成仏《じょうぶつ》せざることあらば、我《われ》仏に作《な》らじ

〔『教行信証』「証巻」聖典二九三頁〕

と。信心を得るということは仏様の心をいただくことです。その仏様、阿弥陀仏とはどういう方かというと、「一切衆生が仏に成らなければ、我もまた仏に成らない」と誓った方です。その如来の本願をいただくのが信心です。その信心が生活に現われたのが念仏です。そうすると、この「仏凡一体」ということが成り立つことによって、私たちの中にもまた、「一人の衆生でもまだ助からない人があるならば、私もまた助からないのだ」という開かれた心が初めて起こるのです。これを龍樹菩薩は「行巻」に、大悲を行ずるという場合の「大」とは、

一切衆生《しゅじょう》のために仏道を求むるがゆえに、名づけて「大」とす。

〔聖典一六五頁〕

とおっしゃってあるのです。「もし一衆生として成仏せざることあらば、我仏に作《な》らじ」という心をもって、一切衆生を摂取していくのです。

「摂取」ということは「摂取不捨」ということですが、私たちが本当に仏様の「摂取不捨の利益」にあずかったということの証拠は、自他を隔てて一切を摂取できない私たちの心の中にも、なお無限に一切衆

生を摂取していくはたらきが生まれ出るということです。このことを親鸞聖人は、『教行信証』の最後の一句として引かれています。

もし菩薩《ぼさつ》、種種の行《ぎょう》を修行《しゅぎょう》するを見て、善・不善の心を起こすことありとも、菩薩《ぼさつ》みな摂取《せっしゅ》せん、と。

〔聖典四〇一頁〕

つまり、菩薩が修行していくと、ある人は立派な人だといい、またある人は謗《そし》る。しかしほめる人も謗る人も共に摂取していくのが菩薩の道だと、こうおっしゃっているのです。それで「摂取する」ということはどういうことかというと、私は「謙虚になる」ということだと思います。大風呂敷《おおぶろしき》を広げることが摂取することではない。たとえば人から謗られたら、「どこか私にまちがいがあるのでしょうか。あなたは何を言おうとされているのですか」と、どこまでも聞いていく立場、どこまでも課題をもっていく立場に立つ。それが摂取していくということの具体相ではないでしょうか。

先ほど申した言葉と表面上はちょっと矛盾するようですが、本当に私たちが助かると、今度はどこまでも助からない自分が見えてくる。助からない自分が見えてくると、助かっていない人と自分が一体になる。そして助からない自分と助かっていない人びとが一体になるからこそ、その人びとと一緒に助かっていこうとする。それが「作願して一切衆生を摂取して、共に同じくかの安楽仏国に生ぜしむ」ということです。そして、

かの仏国は、すなわちこれ畢竟成仏《ひっきょうじょうぶつ》の道路、無上の方便《ほうべん》なり。

〔『教行信証』「証巻」聖典二九三頁〕

と教えられています。ここに初めて「共同《ぐどう》」ということが出てきますね。これは大事なことです。

共に同じく

「共に同じく」という、これがいわゆる「人間関係の根本的解決」のキーワード、鍵ですね。鍵というものは、その一点が解ければすべてが開くということです。「共に同じく」、英語でいうとcom-です。「大悲」というのは、great compassion〔鈴木大拙訳『英訳教行信証』〕です。「共に同じく苦悩する」ということ、「摂して自体となし安危を共同する」ということ、それが大悲の心であると、我われはいつも教えられております。ここに「共同」という言葉が出ています。つまり他に苦しんでいる人を見たら、その人が自分になるのですね。それが「悲」の「体《たい》」なのです。そしてその人と安らぎと危うさ、つまり喜びと悲しみとを共に同じくしつつ、どこまでも真実の世界を求めて生きる生活が始まってくる。そういう生活を成り立たせるもの、それが大悲なのです。大悲というのは感情ではない。私は「大悲とは無条件の連帯を成り立たせる存在論的根拠である」という言い方をします。簡単に言うと、「共に同じく」ということです。

現代の問題は、人びとは確かにいたるところに集っている。私がこちらにまいりました時も、汽車はいっぱいでした。これは私のひとつの経験ですけれど、ある時、新岐阜から豊橋まで走っている名鉄電車の特急に乗っていて、うつらうつらと居眠りをした。そしてちょっと目が覚めた時、普通は誰かがしゃべっていてざわざわしているのですが、その時には誰もしゃべっていなかったのです。ぱっと目が覚めたらしーんとしているのですね。その時、私はひとつの強い感じをもちました。この電車の中に百人の人間が乗っている。けれども全部無関係だということです。前の人も隣の人もみんなばらばら。ただ同じ電車に乗っているというだけです。心の繋がりがひとつもない。これを別の言葉でいうと、「集合」はあるけれども「共同」がない。これが現代の一番大きな問題の一つです。そういうことがいまやいろいろな所で起こっています。人と人とが集まるけれども、共に同じくという世界、communityと申しますね、それが失われている。一軒の家にしても、一つの学校にしても、そういうことが起こっている。

真の仏弟子

念仏するということは、ただ口に「南無阿弥陀仏」を唱える、言葉を発音することではない。私はいつも、念仏の内容は「三遣《けん》三随順《ずいじゅん》」であるということを申しているのです。これはどういうことかと申しますと、念仏が生活の上にどういう形で表われるかというと、

仏の捨《す》てしめたまうをばすなわち捨て、仏の行ぜしめたまうをばすなわち行ず。仏の去《す》てしめたまう処《ところ》をばすなわち去《す》つ。これを「仏教に随順《ずいじゅん》し、仏意に随順《ずいじゅん》す」と名づく。これを「仏願に随順《ずいじゅん》す」と名づく。これを「真の仏弟子」と名づく。〔『教行信証』「信巻」聖典二一六頁〕

と、こういうのです。これはどういうことかというと、「仏の心に順って生きる」という単純明快なことなのです。「仏の心に順う」、その時には、ここにありますように、いま仏様が私に何をなせと命じておられるかをいつも正しく聞き分けていく、これが浄土真宗における修行です。

真宗には特別な修行というものはなにもありません。ただ「いつか・どこかの・誰か」として生きている私たちの行為は、いつも一回きりですね。その一回きりの行為を仏様、阿弥陀如来の心に順って行なっているかどうか。いつも「仏の捨てしめたまうをばすなわち捨て、仏の行ぜしめたまうをばすなわち行ず」という、この決断とこの選択です。こういう生活がそこに始まるということこそが、念仏ということの内容です。

では、この「三遣三随順」という、つまり仏様の心に順って生きるということは、具体的な生活の上でどういうことかといいますと、第一に申しあげたいことは、私たちの生活というものをよくよくみればどんな事件も二度と起こらない。必ず一回しか起こらない。考えている場合には手本というものがあるが、本当に生きた現実というものは、どんな場合でも必ず一回しか起こらないですね。その一回限りの出来事にぴしっと正しく対応できるということは、これは手本に習うというわけにはいかないのです。その人が自分の自由な決断によって選ばなければならない。これは、皆さんの生活がどんよりしているか、生き生きしているか、という違いとして表われます。どんよりしている時は、必ず一回一回の行為を自分の責任において選んでいないのです。人の顔を見たり、古い習慣に従ったりしている。習慣に従うのもいいですよ。しかし、それを自分が責任をもって「これが正しい、これが真実だ」と思って選べばいいのだけれども、ただ単に習慣だからと、それに従ってやると、生活の中の束縛感というものをどうしても拭《ぬぐ》うことができない。一回限りの行為を一回限りで完結させていくのです。つまり決して手段とならない行為を行なうのです。

　私たちの行為は、多くは何かのためにするものです。パスカルはおもしろいことを言っていますね。つまり、人間はみんな幸福になろうとして準備ばかりしている。そして準備をしている間に死んでしまう、というのです。幸福である瞬間をもたない、というのです。それは行為がいつも手段化されるからです。私たちの行為はいつも手段化されているのです。ところがそうでない行為、つまり行為自身の中に満足があるような行為、それはどういう行為かというと、それを先ほどから「三遣三随順」ということで申しているのですが、もっと私たちの生活レベルのところでいいますと、私はこういうことだと思うのです。

人間の行為というものが人間関係を作り出していくわけですが、その行為について三つのことがあるのです。つまり私たちが、「したいこと」と「しなければならないこと」と「できること」です。普通、私たちが行為の上で悩むのは、この三つが矛盾するからですね。「したいけれど、できない」とか、「しなければならないけれど、したくない」とか。これは、私たちの行為が仏様の心に順っているか順っていないかを見分けるいわば規準です。人間はずるいですから、これは仏様のおっしゃったことだと言って、実は自己主張をするということもあるのです。だから、仏様の心に順うことと自分の自我を立てることとを、きちっと切断していかなければいけませんね。それはどこで分かれるのか。言葉の上では非常にはっきり分かれているようだけれども、具体的な生活になるとその区別が大変つきにくい。しかもそれは一回限りの行為です。その時の区別の規準は、「できること」と「したいこと」と「しなければならないこと」とが一致することだと、私は言います。こういう行為をする時、私たちは本当の無償の行為ができたというのです。決して手段化されない行為。そしてそのことが単に頭で言っているのではなく、事実として、本当に共に同じくという共同性を生み出していくのです。そういう、私たちの人間関係において、共に同じくということを成り立たせてくれるのが「大悲」であります。

小悲・中悲・大悲

ところで、「慈悲」には昔から「小悲・中悲・大悲」の三つを数えます。「小悲」というのは「衆生縁」であり、「中悲」というのは「法縁」であり、「大悲」というのは「無縁」〔『浄土論註』聖典三一五頁〕であると、曇鸞大師はおっしゃっておられます。「縁」というのは現代の言葉に換言しますと、ぴったりではありませんが、「条件」ということでしょう。その時々のその人が置かれた条件といってよいと思います。だから私は「大悲」ということを「無条件の連帯」と解釈します。『歎異抄』の第四章が次のように非常にはっきり申しております。

念仏もうすのみぞ、すえとおりたる大慈悲心にてそうろうべきと云々
〔聖典六二八頁〕

これは逆にいえば、「大悲を行ずる」、――つまり私とあなたにおいて共に同じくということを成り立たせるはたらき、成り立たせる力をもたないものは、念仏とはいえないということです。少なくとも親鸞聖人のおっしゃった念仏は、必ず「大慈悲心」という内容をもっている。その「大慈悲心」が、この衆生縁とか法縁のある世界に具体的にどのようにはたらき出していくのか。そのことを述べたものが、『歎異抄』の第五章と第六章です。

ご承知のように、『歎異抄』の第五章には、

親鸞《しんらん》は父母《ぶも》の孝養《きょうよう》のためとて、一返《いっぺん》にても念仏もうしたること、いまだそうらわず。
〔聖典六二八頁〕

という言葉があります。『歎異抄』の第六章には、

親鸞《しんらん》は弟子一人《いちにん》ももたずそうろう。
〔聖典六二八頁〕

という言葉があります。いまは一々その細かい意味は申しませんが、そこでいわれていることは、まさしく第四章が「大悲」の問題を、第五章が「小悲」の問題を、第六章が「中悲」の問題を取りあげているということです。つまり衆生縁と申しましても、具体的には親子関係です。法縁と申しましても、これは師弟関係です。それで親子関係ということは、さらに引き延ばしていけば、親類関係、さらにそれは地縁・血縁というものですね。人と人との関係は、まず基本の形は地縁・血縁です。ヨーロッパの学者はこれを、

「ゲマインシャフト」（基礎社会）といいます。さらに人間は、地縁・血縁の中で生きるだけではなく、そこにひとつの師弟関係をもって生きる。それはたとえば、お華の師匠であるとか、学校の先生だとか、落語にも師弟関係があります。「師匠、師匠」と言います。およそ人間が文化生活を営む限り、必ずそこに師弟関係が生まれてくる。だからこの二つをもって人間関係全部を把握している。そういうことと念仏とどう繋がるのか。大悲を行ずることとしての念仏が、その衆生縁、いわゆる地縁・血縁としての人間関係と、法縁という師弟関係の中でどうはたらいていくのか。

　それで、その一つの言葉が、「親鸞は父母の孝養のためとて、一返にても念仏もうしたること、いまだそうらわず」と。これは、「そのゆえは、一切《いっさい》の有情《うじょう》は、みなもって世々生々《せせしょうじょう》の父母《ぶも》兄弟なり」〔聖典六二八頁〕と続いています。これは大変重要なことでありまして、単に親鸞聖人がご自分の経験を語られたということにとどまらず、「そのゆえは」というその後の理由句によっておさえられているように、それはひとつの道理、真宗の教法を自らの生活の事実をもって表明しておられるのです。その意味は、「大悲」が「小悲」のための手段として用いられるということはありえないということです。実際上できるけれども、しない、というのではないのですね。そんなことは不可能だというのです。（本堂の壁を指して）あそこに「神仏を人間の欲望の奴隷にするな」と書いて下げてあるけれども、そういうことはできないのです。できないことをしようとする。だからいろいろ苦しむのです。本当に生きた仏様、本当に生きた神ならそういうことは許さない。

　さらにいえば、念仏ということを離れて、たとえば一軒の家庭だったら親子関係、――このごろ、親子関係で「世代の断絶」ということがいわれていますが、親子関係ひとつとっても、「親も子も共に同じくただの人間である」という道理に背《そむ》いて、なによりも親子関係が一番大切だと主張された瞬間に、この親子関係は不健康になります。それが社会的規模で起こったのが第二次世界大戦中、ドイツのゲルマン民族がユダヤ人をアウシュヴィッツで大量虐殺《ぎゃくさつ》したという事件です。それは要するに、血の関係を何よりも第一番に立てたところから起こったのです。日本もそれに似たことをやりました。私は「親子関係よりも、一番深い人間の交わりは友達関係である」と思っております。

この「慈悲」という場合の「悲」というのは、相手の苦しみを自分の苦しみと感ずる。先ほど、コンパッションといいましたが、共に同じく相手の苦しみを自己の苦しみとすることです。ところが「慈」というのは、インドの言葉に帰しますと、マイトリー（maitri）、「友」という言葉に由来します。「友情」、「純粋な親愛の念」を表わします。親子ということに先立って、――私たち人間の血の繋がりに先立って、共に一人ひとりが阿弥陀のひとり子であるという、これは念仏者の基本的態度であります。

阿弥陀のひとり子

親も阿弥陀様のひとり子である。子どもも阿弥陀様のひとり子である。そこに初めて「共に同じく」ということが言えるのです。このごろ一家そろってお内仏の前に一列に並んでお勤めをする機会がなくなったでしょう。そのことと「世代の断絶」がいわれはじめたこととは、ちょうど時期が重なるのですね。不思議なことです。私の小さいころ、おじいさんは大変威張っていた。明治時代のお医者さんですからね。私の村では一番偉い人だった。けれども皆と一緒に拝むのです。仏様の前に行ったら、そのおじいさんも頭を下げる。孫も、お手伝いさんも、一列に並んで頭を下げる。ここにかえって、親子の関係というものが生きてくる。つまり、共に同じくという基盤があるから、親は親、子は子としての位置を守っていけるのですね。その「共に同じく」という基盤がなくなるから、親か子どもかわからない、男か女かわからない、という妙なことが起こってきたのです。「共に同じく」ということが本当にわからなくなったから、親は親、子は子で、「各々分限を守りながら、ひとつだ」ということが言えなくなったのです。それはなぜか。大悲の世界を忘れたからです。親子関係だけでひとつになろうとすれば、それは不可能です。

それなら、親子関係そのものを否定するのかといったら、決してそうではない。

六道《ろくどう》四生《ししょう》のあいだ、いずれの業苦《ごうく》にしずめりとも、神通方便《じんずうほうべん》をもって、まず有縁《うえん》を度《ど》すべきなりと

〔『歎異抄』聖典六二八頁〕

と、こう結んであります。仏教用語から出て、世間で一番生きている言葉の一つは、「縁談」という言葉です。結婚のことをなぜ「縁談」というのか、わかりますか。私はいつも言っているのです。「好きだ」と言ってする結婚には、「嫌いになったらいつでも別れますよ！」というあいくちがちゃんと秘められている。「この子はいい子だ」と思って養子にもらうということは、「悪くなったらいつでも出しますよ！」というあいくちが秘められているのです。つまり、それは縁による結びつき、条件による結びつきであって、無条件の連帯ではないのです。だからこのごろ、家出をする人が五十万人以上あるというのですね。離婚の数もどんどん増えています。

これはなぜですか？　この人と一緒にいかなければならないという必然性がわからないからです。仏様からいただいた子どもだということがはっきりして、初めて「安危を共同」していけるのです。喜びも悲しみも共にしていくことができるのが本当の愛でしょう。楽しい時だけ一緒にいて、つらくなったら別れ

る、というのは本当の人間関係ではないですね。それでは、どうしたら真実の連帯ができるか。それは仏様の教えの中で、夫婦でありながらその根底において、「友」という平等にして同じ、人間として一つであることを自覚する。男と女、親と子ということを超えて、共に同じく「如来のひとり子」であるという世界に基礎づけられて、初めて夫婦関係、親子関係というものが、本当に健康にすくすくと伸びていくということです。これが「六道四生のあいだ、いずれの業苦にしずめりとも」とありますように、どんなに苦しい目に遭っても一緒に苦労していくということですね。一緒に苦労すれば、苦労が喜びに変わっていくという不思議があるのです。そういうことで、私たちの地縁・血縁という人間関係の中に、「大悲を行ずる」こととしての念仏がどうはたらくか、ということがはっきりしたと思います。

党派性の否定

　次に、師弟関係にはらまれている問題ですね。これは先ほど申しましたように、ひとつの文化の領域の問題です。つまり、そこに出てくるのは派閥、党派性です。個人的にはとってもいい人が、一つの党派に属すると、お互いに完全に対立して殺し合いをする。皆さんご存じのように、早稲田大学の中でいま起こっていることですね。どうしてそういう内ゲバが起こるのだろうか。これはいわゆる新左翼の人たちの思想闘争ですね。しかし左翼ばかりではない。自民党の中でも起こっている。タカ派議員三十名が血判を押して行動を起こしたと週刊誌に書いてあった。「それは政治の問題だ」と単純に外に見てはだめなのです。皆さんも「わしら明治の人と今の若い者は考え方が違う」と、こう言うでしょう。これも同じことです。

　何で自分の考えを捨てられないのか。何で自分の考えに固執するのか。昔から仏教では、「三歳の童子といえども法を説く者は、六十歳の老翁もこれに聞く」と言われていますね。三歳の子どもが語ることでも、そこに法の言葉があるならば、六十歳を超えたおじいさんがその子を礼拝する、と言われている。本当に道を求めて歩いた人たちは実際そうしています。これはお話ではないのです。何で私たちは自分の考えに固執するのであろうか。いたるところに党派性、派閥性として、この師弟関係の問題が出てくるのです。大学内部における学閥の問題、政党間における党派の問題、家庭内における考え方の相違という問題、これは全部この問題です。思想、あるいは宗教における一宗派のドグマとしての教義というようなものもこの問題です。これは大変めんどうな問題です。

私のおじが、世界連邦運動を行なっています。それで、世界中をほとんど回って、ソ連にも行ってきました。そして特に宗教に関心がありますので、世界宗教者平和会議も行なっている。すると、どうにもならないことがあるというのです。初めは仲よく会議しているが、だんだん自分の宗派の自慢話を始めると。「我が宗、尊し」ですね。それは仏教でも同じです。「我執《がしゅう》」よりももっと恐ろしいのは「法執《ほうしゅう》」だといわれています。皆さんもそうです。「おれのところは浄土真宗だ！」と言う。それなら、その浄土真宗は何を教えているのかというと、そのことをはっきりしないで、ただイデオロギーとして、単なるドグマとしてだけ教義を受け取っている。これは今後の世界にとって大変大事なことです。もしそういうことをしていると、愛を説くキリスト教と慈悲を説く仏教とがけんかをしなければならないことになる。そういうものを全部超えたところにこそ、親鸞聖人が「真宗」と言われた意味があるのです。真実そのものを「宗」として生きるということが「真宗」です。

親子関係においてはたらくものが「我執」でしょう。師弟関係においてはたらくのが「法執」でしょう。

一般的にいえば「我法二執」というのが人間関係の中ではたらく形ですね。これを無限に浄《きょ》めていく、限りなくその健康性を回復していく力が、大悲を行ずることとしての念仏です。これは『歎異抄』第四章、第五章、第六章の教えです。だから「親鸞は弟子一人ももたずそうろう」とおっしゃる。別の言葉でいえば、聖人は「わしを党派の党主にしてくれるな」と切々と言っておられるのでしょう。親鸞聖人を「御開山、御開山」と崇めることはいいことかもしれない。しかし、もし「弥陀の本願を信ずる」ということがないならば、どれだけ聖人を崇めてもだめです。

これはひとり親鸞聖人がおっしゃっておられるだけではない。すでに釈尊が「我を見るものは法を見る。法を見るものは我を見る」と、こうおっしゃっておられます。親鸞聖人といっても、聖人はいったいどこにおられますか。親鸞聖人の魂はどこにあるか。「念仏」こそが親鸞聖人の魂でしょう。「本願」こそが親鸞聖人のいのちでしょう。その外に親鸞聖人はどこにもおられません。その聖人のいのち、その魂に私たちが生きる時、

自然《じねん》のことわりにあいかなわば、仏恩をもしり、また師の恩をもしるべきなりと

〔『歎異抄』聖典六二九頁〕

と、阿弥陀仏の本願に触れた時に、初めて本当の善知識として私たちは親鸞聖人を拝むことができるのです。そのためには、一回、すぱーっとした否定が入っていなければいけません。

そういうわけで、今回は「人間関係の根本的解決」という題をいただきましたので、それを特に最後には『歎異抄』の第四章、第五章、第六章によって、人間関係を地縁・血縁関係と師弟関係ということで見てきました。しかし、その地縁・血縁関係にも師弟関係にも、必ずそこに党派性というようなものが生ま

れてくる。それをどこどこまでも、どんな苦しみの中からも浄めていくはたらき、それが大悲を行ずることとしての念仏です。それが親鸞聖人の教えてくださる念仏です。「称名」ということは、実は共同体を生み出していくということなです。「弥陀の名号となえつつ」生きるということは、先ほど申しましたように、「一切衆生と共に同じく」という如来の本願の心に順って、あい共に生きることですから、皆さんの前にそのように生きていくことをお約束し、また皆さんにお願いして、今回のご縁を終わらせていただきたいと思います。

［一九七三（昭和四十八）年八月、円宮寺にて講話］

第五章　まことの言葉

一、人間に生まるる事をよろこぶべし

このたびはこちらの前住職が亡くなられまして二十五年ということで、私がこちらの住職とは友達なものですから、話をするようにとお招きを受けてまいったわけです。聞くところによりますと、こちらの若奥様が生まれられてわずか一か月の後に、御住職が戦争に征《い》かれて亡くなられたということであります。私も終戦の時はちょうど中学三年でありまして、そのころの記憶があるのです。当時は大変食糧事情も悪く、今日の若い人たちにはちょっと想像できないほど厳しい状態であったわけですし、いろいろな面で世の中が激しく移り変わりました。そういう中で、女手一つで今日までこのお寺を守ってこられた坊守《ぼうもり》、そしてこのお寺を助けてこられた御門徒の方々の努力というものを考えますと、御苦労さんであったなあと、私もしみじみ感じているわけです。

過去の重み

私は今朝八時の汽車で京都を発《た》ってこちらにまいったのですが、そのようなことを汽車の中でいろいろ考えておりましたところ、「過去」ということを考えさせられました。つまり、前の御住職が亡くなって

二十五年ということですが、そういう過去を記憶するということ、過ぎ去ったことを想い出して、それをいま記念するということはどういう意味があるのかなあと、そこに大切な意味があるのではないか、ということを考えさせられたわけです。現在はともすると、時代の移り変わりが非常に激しく、毎日、新聞を賑《にぎ》わしている大学の問題については、皆さんもテレビなどでもうご存じだろうと思います。学生たちがヘルメットをかぶりゲバ棒を持ってやっている。彼らは「現在の社会は悪い。だから未来に良い社会を作らなければならない」と言うのです。そのあおりを食って、お年寄りはあまり良く言われないようです。つまり、「あれは明治時代で古い、古いものはだめなんだ」と言われるわけです。時代はどんどん変わっていきますので、皆さんもだいぶあきらめてしまって、「やっぱり時代に従わなければならない」とおっしゃっているのではないかと思うのです。とにかく時代の移り変わりが大変激しい。そして過去のものはどんどんと形を変えていく。そういうことが現代の社会の中にあるのですが、しかしよく考えてみますと、過去ということを大事にしないで、未来ということが本当にあるのだろうか？　そういうことを思ってふっと思い出したのが、親鸞聖人の『浄土和讃』の一番はじめに記されているあの和讃です。

弥陀《みだ》成仏《じょうぶつ》のこのかたは　いまに十劫《じっこう》をへたまえり
法身《ほっしん》の光輪きわもなく　世《せ》の盲冥《もうみょう》をてらすなり
〔聖典四七九頁〕

ここに「いまに十劫をへたまえり」ということがいわれています。私たちの浄土真宗の教えは未来往生ということで、未来ということをやかましくいうのですけれども、実はその未来は単なる未来ではないのです。「いまに十劫をへたまえり」という、そういう過去をもっているのです。私たちのいのちの一番はじめ、そこに阿弥陀仏ということがあるのだというのです。だから浄土往生ということも、そこから出てくるのです。それは根拠のないことではないので、何ごとも根がなければだめなのです。花が開くという時、必ずそこには根があり、種がある。過去というものがはっきりしないならば、未来というものも正しい意味で作り出していくことはできないわけです。単に、過去はだめだから未来にいいものを作ろう、ということでは、ひとつ大切な点が抜けているように思われてならないのです。

ある所で聞いた話ですが、ある会社の社長さんが面接試験をやりまして、その採用を決める時、受験した人の中で、前に勤めていた会社の悪口を言う人は採らない、というのですね。仕事が良くできても、どこかその人にはまちがいがあるのだ、ということを私は聞いたことがあります。つまり、そこには人間の深さが欠けているというのです。私たちの生活の表面はいつも利害得失とか、好き嫌いというもので流れていくのですけれども、そのもう少し深いところに、時の流れや時代の移り変わりによっては変わらない深い心というものが流れていて、その深い心を感受する。そういうものを知る力をもたないということは、その人間の深さというか、重さというか、尊さというか、そういうものがどこか欠けているのではないかというのです。だから、私たちが過去をもつということは、単に過ぎ去ったことを想い出してなつかしむということではなく、そこには過去も現在も未来も貫いて変わらない、なにかそういう深いまことの心というものに触れていくということがあるのではないかと、私は思うのです。

一つの言葉

皆さんご存じかもしれませんが、岡潔［一九〇一～一九七八］という数学の先生がおられまして、その方はもうだいぶお年寄りですが、その方が、「おじいさんから聞いた、たった一言を今も忘れない。それが私の一生を決定した」〔『春宵《しゅんしょう》十話』一九六三年〕と本に書いておられます。それはどういう言葉かといいますと、岡さんが青年になりかけの時に、おじいさんが「ひとを先にして自分をあとにせよ」と、ただそれだけのことを教えられ、そのことを徹底して守らせてくれたというのです。そして今日、私があるのは、ひとえにそのおじいさんの言葉のおかげだとおっしゃるのです。もちろんそのおじいさんはもう亡くなっているのだけれども、そのおじいさんの語られた言葉は岡先生の心の中に深く残って、そしていつもおじいさんと一緒に生活しておられるすがたがそこにあると思うのです。

私の父も、もういまはこの世におりません。私が二十四歳の時亡くなったのです。私のことを少し申し上げますと、私は在家の生まれですが、私の祖父の死ということを機会として、仏法にご縁がありまして、お寺に入るということになりました。皆さんご存じかと思いますが、加賀に暁烏敏先生がいらっしゃいまして、その先生にご縁があり、そのお寺に入って勉強するということになったのです。

私の家は代々医者でして、おじいさんも、大おじいさんも医者で、いま、従兄が三人医者をしているのですが、そういうようなことで私も医者になるということになっていたらしいのです。ところが、祖父の死を機会にして、私が急に仏法の方向に進むことになりましたら、お寺の生まれでもない者がそういう道に踏み切っても、「若い時は情熱にまかせて進んでいっても、はたして本当にやっていけるかどうか」と、父が非常に心配し、強く反対したのです。私はハンストというのをやりまして、どうしても許してくれなければご飯を食べないというわけです。そこで父は仕方なしにとうとう最後に許してくれたのです。その時に父が私にこう言ったのですね。「普通の親は、お前は立派なお坊さんになって帰ってこいと言う。けれども私はそうは言わない。立派な人になったらどこでもやっていける。しかし、お前が挫折して、どこへも行き場がなくなったら、最後に私のところに帰っておいで」と、こう言いました。

そういう親の言葉というものは、私、いま想い出しても生き生きと感じられるのです。私は、親の心というものは全面的に真理だとは思いませんけれども、その言葉の中に、「立派な人になったなら、帰ってこなくてもいい。けれども挫折して、どこへも行くところがなくなったら、私の所に帰ってこい」というその親の心、その言葉というものは、親が亡くなったいまも私の心の中にずっと染《し》みている。その言葉の中に、毎日の日常生活をもうひとつ超えた、つまり時代が変わっても土地が変わっても、それを貫いて流れている深い心というものが託されているような気がするのです。

法に生きる

一昨日の晩、私は京都で会がありまして、出席しておりました。その会は、京都に「大丸」という大きなデパートがありまして、そのデパートの前の社長の奥さんが暁烏先生に深いご縁がありまして、ずっと月に一回ずつ聞法の会をしておられるのです。いまでも私がそこへお話に行くわけですが、その時に奥さんがしみじみとこういう話をされました。

その奥さんも御主人に若い時別れられまして、たった一人の息子さん、――その方はいまはもう「大丸」の専務になっておられるのですが、その息子さんを一生懸命育ててこられ、そしてその息子さんにお嫁さんをもらわれた。そうすると、そこにいろいろな問題が起こって、息子さんも大変苦しまれたそうです。息子さんは、お母さんがどれだけ苦労して自分を育ててくれたかということはよくわかるから、お嫁さんとお母さんとの間に立って非常に苦しまれた。その時、奥さんはこう言ったというのです。「私はお前を小さい時から育ててきてよく知っている。決してお前を疑ったりしない。だけどお嫁さんはいま新しく来た人なんだ。だからいまは私のことを考えなくてよろしい。すべてお嫁さんのためにお前の愛情を注いであげなさい」と、こういうことが言えたというのですね。「そう言えた心というものは、私が真宗の教えに触れていなかったなら、なかっただろうし、そういう言葉は出てこなかったでしょう」と、その奥さんがしみじみと語られたのです。

それは愛憎というような問題です。それは私たちの日常生活の中で出てくる問題だけれども、その愛憎の問題をもうひとつ深い層から、もう少し広い立場から見返すことができた。親としては、育ててきた子どもから仕えられる、愛されるということほどうれしいことはない。しかしそれを、もうひとつ高い立場から見返して、そして自分の心を開放していく。そういうはたらきが、いわゆる過去・現在・未来を貫いて流れている法に触れるところから生まれてきた。そのように、その奥さんはしみじみと仏法に触れられた喜びを語っておられるわけです。そういうことを通じて、今度はお嫁さんの方がだんだんとお姑さんに積極的にものを尋ねられるようになった、と語っておられました。

永遠なもの

そこで初めに申しましたように、過去というもの、――私たちがそこから出てきた過去というものをはっきりすることをとおして、実は単に過去を知るだけでなく、過去・現在・未来と流れている永遠なもの、時代が変わっても社会が変わっても変わらない、そういうものに触れるのだということを言ってきたのですが、実は、私たちはともすれば「オギャア」とこの世に生まれた時が自分の始まりだと、こう思っております。しかし、決してそういうものではありません。近代の自然科学者によりますと、私たちのいのちと、動物あるいは植物のいのちは、ずっと連続しているといわれているのです。

そういう説をちょっとご紹介しておきますと、この地球がいつごろできたかといいますと、だいたい五十億年前だというのですね。地球だって初めはなかったものです。それから生物群が発生してきたのがだいたい五億五千万年ほど前です。それから猿と人間の中間のようなものが、中国とかジャワで考古学者によって掘り出されてわかってきたわけですが、それがだいたい五十万年くらい前。そして現代のような人間が生まれたのはわずか一万年か二万年前だというのです。だから人間は、偉そうなことをいっているけれど、生物の中の新参者《しんざんもの》でして、現代のホモ・サピエンス、つまり現生人類は地球に現われてまだ一万年くらいしか経っていないのです。

けれども、生物が五億五千万年かかって進化し成長してきた過程を、人間はお母さんが妊娠して子どもが生まれるまでの間に繰り返す。十か月の間に虫のような状態やら、鳥のような状態やら、動物のような状態を全部繰り返すということは、つまり生物が五億五千万年かかってやってきた歴史を、わずか十か月で通ってしまうわけですね。だから人間の中には生物の全歴史がこめられているわけです。生物の進化の歴史の頂点に、人間は立っているのです。つまり人間の中にすべての生きものの、いわば全体が包まれているといえるわけです。そういう意味で人間というものは、特に大切な意味をもっているのです。

苦悩の意味

それでは、その人間に生まれたことの意味はどこにあるのかと。それについて源信僧都は、三悪道《さんまくどう》をのがれて、人間に生まるる事、大《おお》なるよろこびなり。身《み》はいやしくとも畜生《ちくしょう》におとらんや、家まずしくとも餓鬼《がき》にはまさるべし。心におもうことかなわずとも、地獄《じごく》の苦しみにはくらぶべからず。世のすみうきはいとうたよりなり。（中略）このゆえに、人間に生まるる事をよろこぶべし。

〔『横川法語』聖典九六一頁〕

と、こう言ってありますね。それでここに非常に不思議なことがありまして、「世のすみうきはいとうたよりなり」という言葉があります。世の中にはいろいろと住みにくいことがある。しかし、「このゆえに、人間に生まるる事をよろこぶべし」とこうなっている。普通に読みますと、人間に生まれたのは苦しいといっても、「地獄の苦しみにはくらぶべからず」と。貧しいといっても、「餓鬼にはまさる」と。そういう意味で「人間に生まるる事をよろこぶべし」と受けとれるのです。しかし私は必ずしもそうではないと思います。

ここに「世のすみうきはいとうたよりなり。（中略）このゆえに、人間に生まるる事をよろこぶべし」とあります。つまり、世の中に住みにくいとか、つらいということがいろいろあるが、まさにそのところに「人間に生まるる事をよろこぶべし」と、こう言っていると解釈せねばならないと思うのです。しかし、そんなことは理解できない、なぜ苦しいこと、また住み憂《う》きこと、悩みがあることを喜ばなければならないのかわからない、と言いたくなりませんか。そこで、私たちは人間が苦悩することの意味を知らねばならないと思うのです。

これはヨーロッパの話ですが、フランクルという精神医学者がおられます。この方は第二次世界大戦において、ナチス・ドイツによるアウシュヴィッツの強制収容所を経験された方です。その方が「苦悩の意味」ということを最近特に強調されるのです。つまり、貧しいとか身分が賤《いや》しいというようなことは、社会科学だとか自然科学、あるいは産業社会の発達によってどんどんよくなってまいります。それはそれとして大切なことで、二十五年前と比べると現在は大変生活水準が上がっております。おそらく現代の日本社会の中では、貧しさのために死ぬという人はほとんどいないでしょう。それはそれでよいわけです。しかし、そうなったことによって人間の生活というものが本当に充実したものになったかどうか、そこですね。そこに苦しみということの意味が出てくるのです。

　何のために人間は苦しむのかということについて、自分は貧しいから苦しむのだ、家の者が優しくしてくれないから悩むのだ、自分の息子の出来が悪いから苦しむのだ、自分の主人の働きがないから苦しむのだ、あるいは嫁さんが強くなって苦しむのだ、と言うのです。そして、そのような条件が良くなってくれたら、自分の苦しみはなくなるのだ、という考えがひとつあるのです。確かにそういうこともあるのです。しかし、苦しみの原因をそういうふうに考えることは、伝統的な仏教の言葉で申しますと、まさに「外《げ》道《どう》」であります。人間が苦しむということの一番深い意味は、その苦しみをとおして、現在あるこの人間、――つまり、生まれた以上は死なねばならない、一つのものを二人で取るわけにはいかない、一つの座を一人が取れば、必ず他の者は除《の》けものにならなければならない、片方が勝てば片方が負ける、片方が善人ならば片方は悪人になる。そのような相対有限の世界を、苦しみ悩むということをとおして超える道ですね。それをつまり「いとうたより」というのです。世を超えていく。そして、いままで五億五千万年かかって成長してきた人間は、もうここで止まってしまったのか、もう人間はここで終わりなのかというと、人間よりももっと高いもの、もっとすばらしいものに向かって人間は前進するのだと。実は人生というものはそのための機会なのだと。

人間に生まれたということはどういうことかというと、この人生を機縁にして、やがて死んでいくいのちを超えて「帰命無量寿如来」という、あの永遠のいのちの世界に生まれる。そのことを果たしとげる、つまり人間を超えて仏に成る道を歩み始めることができる、人生はそういう機会なのだ、というのです。だから、苦しみというものを避けて生きるのか、それともその苦しみの意味を本当に見つけて、その苦しみをいわば跳躍台として、その苦しむことを機縁として、もっと高いいのち、私たちの肉体のいのちを超えたもっと深いいのちに目覚めるのか。

三千年前に釈迦牟尼仏が、ゴータマ・シッダールタという名の人間として生まれて、仏に成られた。そのことは、実に私たちが苦しむことを機縁として、人間を超えて、死にゆくいのちを超えて、永遠のいのちに目覚めることができるという、そういう人間の可能性を開いてくださったのです。それが三千年の歴史を貫いて、インド、中国、日本と、歴史的にいえば古代、封建時代、近代社会といろいろと歴史が変わり、社会が変わるけれども、それらを貫いて、その仏の言葉が我われにまで伝えられてきたのであります。

私たちは、こうしていま出会っておりますけれども、私は今晩家に帰り着く前に交通事故に遭って死ぬかもしれません。いつも私たちの出会いは、「一期《いちご》一会《いちえ》」の出会いです。しかしその一期一会の出会いが、永遠なる法、永遠なるいのちを語り合う場所であるならば、そこにはじめて「一期一会」の出会いの意味が出てくるのです。

まことの言葉

覚如上人のお作りになった『報恩講私記』という文章がありまして、真宗のお寺では報恩講になりますとそれが拝読されるのですが、そこに、

　悲《かな》しきかなや、徳音《とくいん》は無常の風《かぜ》に隔《へだ》るといえども、実語を耳底《みみのそこ》に貽《のこ》す。
〔聖典七四二頁〕

と、こうあります。祖師親鸞聖人が亡くなってから百年経っていて、目の当たりに聖人のお言葉を聞くことはできないけれども、「実語」、つまり本当の、まことの言葉というものが、聖人がお亡くなりになっても、私の耳の中に確かに留まっているというのです。その「実語」が時代によって、社会によって変わらない深い人間のまことを保ちながら、私たちにまで伝わるということがある。その「実語」、すなわちまことの言葉が「南無阿弥陀仏」の中にこめられているのです。そこに、初めに申しましたように、実語をとおして私たちは、わずか五十年ないし百年で死にゆく人生を永遠のいのちに目覚める機会としていただく、ということがあると思います。

二、限りなきいのちの中に

「実語」をのこす

今朝ほどは、こちらの先代の御住職が亡くなられましてから二十五年ということでお招きにあずかりましたので、それに因《ちな》みまして、私たちが亡くなった人を偲《しの》ぶということの意味と申しますか、先代の御住

職の名によって私たちがいまここで出会っている事実をとおして、過去を憶《おも》うということの意味、それから私たちが人間に生まれたということの意味をお話申しあげたわけです。

今朝ほども申しあげましたように、私たちは五十年ないし百年のいのちを生きて終わっていくのだけれども、そこに時代の流れを超えて、その底をひとすじに貫いているものがある。それが「法」であり、それが「真実」であります。それはどういう形で私たちに伝えられ、私たちの中に生きるかといえば、それは言葉、つまり「まことの言葉」、「実語」をとおして三千年を貫通し、さらに無限の時間の流れといいますか、歴史を貫通していく。まことのいのちというものは言葉の中に保たれているのです。そしてそういう「実語」、真実の言葉が、実は「南無阿弥陀仏」であるということをもう少しはっきりしたいと思うのであります。

「南無阿弥陀仏」というお言葉自身は、限りない光と限りないいのちと一つになる、帰命する、そこへ帰るという意味です。そして、その限りないいのちと限りない光が言葉となって私たちに伝わってくる、その仰せのままに私たちは生きていく。つまり、限りないいのちと限りない光であるまことの言葉のままに、その命《めい》に順って生きるという、非常に明るい、力に満ちた意味をこの言葉自身はもっているのです。それにもかかわらず、ともすれば私たちにおいて、「南無阿弥陀仏」がなにかお祈りの言葉になったり、あるいは苦しい時の神頼みの言葉になったり、あるいは、お寺に詣った時は「南無阿弥陀仏」と申すが、家に帰ると「南無阿弥陀仏」がなくなってしまうということになっていないでしょうか。それを私は非常に残念な、悲しいことだと思うのです。「南無阿弥陀仏」は「実語」である。真実の言葉である。真実の言葉であるならば、それは「いつでも・どこでも・誰にでも」常にはたらき続けているものです。「行住《ぎょうじゅう》座臥《ざが》、時節の久近《くごん》を問わず」と昔から教えられております。

「行住座臥、時節の久近を問わず」ということは、「いつでも・どこでも・誰にでも」その言葉の力、その言葉のもついのちの力がはたらくということでなければならない。ところがそれが、いま申しましたように、本当の言葉の意味を失っていったのは、その言葉と私たちの日常生活との繋がりがだんだんわからなくなっていったからではないかと思うのです。限りないいのちと限りない光と一つになって、その阿弥陀仏のお言葉のままに、その命に順って生きるという、「南無阿弥陀仏」という言葉と、我われの日常生活の繋がりがはっきりと自覚されないままに生活が進んでいく。そこに、言葉の本当の意味が失われていくということが起こってきたのではないかと思います。

先に覚如上人が、「実語を耳底に貽す」と言われたその「貽す」というのは、『大字典』では「贈遺《ぞうけん》す」「ヤリワタシ・ノコシオク」となっています。「南無阿弥陀仏」をいただいたら、そこから「南無阿弥陀仏」の生活が出てくる。そういうことがどうしてもそこになくてはならないのです。そこに「南無阿弥陀仏」の新たな解釈、新たな意味、私たちの生活を通していただかれた念仏の意《こころ》というものが自《おの》ずから出てこなければならないと思うのであります。

念仏の意味

私の先輩にあたる方に久保瀬暁明［一九〇五～二〇〇〇］という方がおられまして、この方は広島で生まれられたのですが、現在はアメリカのシカゴに仏教会を創っておられます。そしてそこでは、年老いた人も若い人も、白人も黒人も、みな真宗の教え、念仏の教えを久保瀬さんをとおしていただいておられるわけです。久保瀬さんはアメリカでも独自な活躍をしておられる方なのですが、その方が若い人のために、「仏教とは何であり、念仏とは何であるか」ということを解明された英語の文章があります。それを私が読みまして、大変いい言葉だなあと思いましたので、皆さんにご紹介申し上げたいと思います。

常識的な立場でものを考えている人は、真宗では「南無阿弥陀仏」を称えている。キリスト教では「アーメン」と言う。日蓮宗では「南無妙法蓮華経」と言う。どれもこれも同じではないかというわけです。真宗だから「南無阿弥陀仏」、日蓮宗だから「南無妙法蓮華経」、キリスト教だから「アーメン」、宗旨が違うだけで、真宗なら阿弥陀仏に、キリスト教なら神に救いを求めるお祈りではないか。やっぱり「南無阿弥陀仏」もひとつのお祈りの言葉ではないか、というふうに若い人が質問するのですね。それに対して久保瀬さんは、それは違うのだ。南無阿弥陀仏というのは決して神にお祈りを捧《ささ》げるということではないのだ、とおっしゃるのです。

それでは「南無阿弥陀仏」というのはいったいどういう意味なのか。それに答えて、こう言っておられますね。まず第一に、「念仏とは永遠にして真実なるいのち（アミダ）が個人の生活の中に実現することである」。つまり「南無」ですね。これが一つ。それから、「念仏とは自我が消えて他のすべての人びとと一つになることができた時の大いなる喜びの感動である」と、こういうふうに久保瀬さんは念仏の意味を述べておられます。

人間という存在

そういう念仏の意味が私たちに明らかになってまいります前に、午前中に申し上げておきましたことについて、もう一つ別の角度から、私たちの心を見てみたいと思うのです。私たちが人間に生まれてきたということの意味は、実はこの五十年あるいは百年のいのちの中でたった一回、私たちが「仏に成る」機会を与えられたのだと言いました。だから人生は、ただ生まれて、大きくなって、学校に行って、社会人になって、結婚して、子どもが生まれて、そして死んでいくというだけならば、それは「本当の人生」とは言えない。人生の中には「苦しみ」がある。その「苦しみ」をとおして「苦しみのない世界」、――苦しみのない世界というのは、楽しみばかりの世界ではなく、その苦しみを超えた世界、つまり永遠のいのちの世界へと生まれ出る、つまり「仏に成る」という、そういう道に歩み出すことのできる機会なのだと。そこに私たちが人間に生まれてきたことの意味があるのです。人間に生まれて、大きくなって学校に行って、社会人になって、結婚して、子どもが生まれて、年とったら仕方なしに死んでいくという人生では、いかにも残念ではないか。もしそれだけなら、尊い人間として生まれてきたことの意味というものがないでしょう。

しかし、人間のそういう営みの出てくるもとにはもう一つ、実は五億五千万年も昔に遡《さかのぼ》るいのちがある。生物の歴史、生物の歩みの全体を自分の背景にもっているのです。それを現在の人間の構造として把握しますと、およそ次のように言えると思うのであります。人間はなるほど物質である。どんな偉い人でも、たとえば三分間脳に血液が行かなくなるといっぺんにだめになるそうです。その意味では人間は実に物によって支配されている。人間を殺すには一滴の水でも足りるというほど、人間というものは物によってできていると言っていいでしょう。人間をどれだけ分析しても九十何個の原素以外は出てこない。確かに物とまったく同じ面をもっております。

けれども逆に、それでは人間は物かというと、決してそうは言えない。人間はいのちをもって生きているということがある。つまり、生物である。生物であるということは、成長し、自分で自分の子孫を生み出していくということですね。物質にはいのちを生み出すというはたらきはないけれども、いのちあるものは成長し、そして自分で自分の子孫を生み出していく。生き物は全部そうですね。植物でも動物でも。そういう意味で生物としての人間というものはやはり、食欲と性欲に支配されているのでしょう。つまり私たちが日常生活にいろいろ悩んでいる問題は、だいたいは経済問題と愛憎の問題ですね。昔から食い気と色気といいますが、確かにそういう面を人間はもっている。経済生活もおろそかにできないし、人間の愛情の関係も大事にしなければならない。しかし、はたしてそれだけが人間かと申しますと、そうではない。人間にはもう一つの世界がある。それは何かと申しますと、「人間は精神である」ということです。

精神としての人間

それでは、「精神としての人間」はどういうものかとさらに考えますと、自分はちっぽけなものである。けれども、心はどこまでも大きく広がっていくということです。つまり、私たち人間一人ひとりは非常にちっぽけなものですが、私たちの心はどこまでも大きく広がっていく。皆さんここにおられても、家のことが心配になったり、あるいは子どもさんをおもちの方だったら、「いまごろ、京都の学校に行っている自分の孫はどうしているだろう。息子はどうしているだろう」と、身はここにあっても、心はいくらでも遠くに行きますね。どれだけでも広がっていく。そういうものを人間はもっているのです。

このことは非常に恐ろしいことでもありまして、たとえばこういうことがあるのですね。ライオンは羊を捕って食べるけれども、おなかのふくれている時は、いくら傍《かたわら》に羊が来ても食べないそうです。しかし、人間はいくらおなかがふくれていても、今日おなかがふくれたら明日の分を貯《たくわ》えよう。明日の分がたまったら今度は十年先の分まで貯えよう。一生分たまったら今度は子孫の代までもと、どこまでもどこまでも欲望というものが広がっていくのです。そこに同じ欲望でも、動物の欲望は満たされた時で終わるわけですが、人間の欲望は、どこまでもどこまでも広がっていくという無限性をもっているのです。そこに人間の憂《うれ》い、悩みというものの特色があるのです。

人間はいろいろなことに苦しみます。おなかが空いてたまらんという、こういう苦しみは食べればいちおう治るわけです。寒いというのも着物を着ればいちおう解決するわけです。けれども私の着物と隣りの人のを比べてみて、私の方がちょっと劣っているという、こういう悩みというのは人間独特のものです。そういうのはなかなか治らないのですね。それはつまり、人と比べる。そして限りなく大きくなっていく。欲望は限りなく大きくなっていくのだけれども、与えられるものはいつでも限りがあるのです。心に求めるものは限りがないけれども、与えられるものはいつも限りがある。そこに人間は苦しむということが起こる。そういう苦しみですね。「ああもしたい、こうもしたい。けれど自分はできない」と不平不満を言いますね。また相手に対してどれだけでも要求するのです。もっと自分にしてくれ、と要求するのです。そして苦しむ。それでまあ「ほどほどにしておけ」と言うわけです。「ほどほどにしておけ」と言うのだけれど、自分の心の中の本当の満足というものは得られないわけです。なぜかというと、人間の中には無限の求めというものがあるからです。

人間はいろいろなことについて憂い、悩み、思いわずらうということがあります。そこに人間の心の特色がある。ところがその思い煩《わずら》うということを、いろんなことで、たとえばお金ならもっとたくさん持つことによって、愛情ならばもっと親切にしてもらうことによって、それが満たされるだろうと、こういうふうに考えるところに、いわゆる物質文明というものが発展していくのでありましょう。

ところがよくよく現実をみると、決してそういうものでは人間は満足しないのですね。たとえば今年は終戦後二十五年になるわけですが、終戦当時の経済生活と今日の経済生活とを比べたら、いまはまことに豊かになっているでしょう。あの時のことを思い出したら、誰も不平も不満も言えないわけです。こんなに豊かに、こんなに楽しい生活はないはずなのだけれども、誰もそうは思わないですね。もっと欲しい、もっと欲しい、と皆が思う。それはなぜなのだろう。そういうことを考えてみると、そこにそういう立場、つまり物を得たり、社会生活を変えたりすることによっては、どうしても満足しない人間の心というものがあることに気がつくのです。それが苦悩というもののもつ意味です。

人間はなぜ満足しないのか。実は、人間の中には仏に成りたいという願いが脈々と流れているのです。この仏に成りたいという心、――つまり限りないいのちと一つになりたい、皆と一つ心に溶け合う人になりたいというその願いは、物によっても、環境を変えることによっても満たされないのです。そういう願いはどんな人ももっているにもかかわらず、自分のもっている本当の願いを自覚しないで、あたかも物を得たり、環境を変えたりすれば満足する願いであるかのように錯覚しているのです。そこに一切の誤解のもとがある、無明のもとがある、と言ってよいでしょう。

精神的欲求不満

最近、将来の日本を担わなければならない大学で、再々あんなに多くの学生が騒いでいます。それについてある人がおもしろいことを言いました。つまり、ああいうふうに学生が騒いでいるが、それは、日本経済がいままでの中で一番よくなった時点で起こっている。これは不思議なことだというのです。いままでだったら経済に苦しむとか、そういうことから起こっただろう。ところが今度のことに限っては、経済が一番よくなった時点でそれが起こった。それはどういうわけか、というのです。その問いに私が代わって答えるならば、それは精神的欲求不満、つまり「自分は何のために生きるのか」、「どうすることが自分の本当に生きることなのか」、「自分は一生、生きていったい何をしていくのか」、つまり「自分の願いは何か」、こういうことが本当にはっきりしない。何のために学校で勉強するのかということがはっきりしないのです。

衣食住を満たすということは大切だけれども、人間が十分成長すると、実は人間の中にいかに衣食住を豊かにしても満たされることのない心があるということが、はっきり見えてくるのです。そういうことをいまの学生諸君は知り始めた。では、それはいったい何であろうか。どんな人間も、衣食住によって満たされるだけではなく、それを超えた「宗教心」といっていいもの、つまり日常的な我を超えて、限りないいのちと出会いたい、それから他の人たちと本当に一つになって生きたいという、そういう心の促《うなが》しというか、内から萌《も》え出るようなものをもっているのだけれど、それがどうしたら満たされるのか。どこで人間の本当に求めているものが満足されるのか。それを彼らが求めているということがあるのです。私は現代の状況の一番根底にそういう問題があると思うのです。

すべての人の求めているもの

そうすると、なるほど物質的生活というものは大切である。それは否定しないのですけれど、それだけで人間は満ち足りるものではない。人間には死にゆく命を超えていきたいという、ただ孤独で苦しんでいるのではなく、皆と一つに手をとっていきたいという、そういう心がおなかの中に脈打っているのだけれども、つい私たちは日常の忙しさにまぎれて、その心の発露、その心が生活の上に現われることをついつい覆《おお》い隠してしまうのでしょう。

たとえば、こういうことがあります。朝起きて「おはよう」と言う。それに応えて家中の者みんなから「おはよう」と返ってきたら、それで心は安らかだけれど、もし家の中で一人でも「おはよう」と返ってこなかったら、なにか心が満足しない、なにか心が騒ぐでしょう。その心の騒ぎの中に含まれているもの、これが非常に大切なことなのです。「おはよう」と言って「おはよう」と返ってくると、そこに自分と相手の心の通いというものが確かめられているのですね。その通いがないと、私たちは不安になって、「ああ、あの子はどうしているのだろう」、「おばあちゃん、今日は、ごきげん悪いな」と思った時に、相手の人は何に悩んでいるのだろう。どうして「おはよう」と返ってこないのだろう。また相手から「おはよう」と言われて、自分自身が「おはよう」と言う気持ちになれないとするならば、私の心の中にどこかしこりがある。そういうことを一人ひとりが考えていく、そのことを自分の問題としてよく考えていくということをとおして、私たちの内面的豊かさというものが生まれてくるわけです。

それを忙しいからという理由をつけて、この問題をよそにおいてしまうと、たとえば一軒の家であっても、それはだんだん家でなくなってしまう。その家というものは潤《うるお》いのない、つまりみんなが一緒に生きているのだという共同感覚がだんだんなくなってしまって、寄り合い世帯のようになってしまうのです。みんな別々のことをして、ただ一つ屋根の下に生きているというだけで、家全体がみんな一つの心の中で生きているのだ、家全体が同じ一つのいのちを呼吸しているのだ、という感じがだんだんなくなってしまうわけです。そこに家という形はあっても、その内容がだんだんと崩壊していくということにもなりかねないのです。そういうことは現代の社会にたくさん見られることです。

最初に申し上げましたように、自分の死を超えたいのちを生きたいという、そういう「精神である人間」、つまりみんなと一つに溶け合いたいという、そういう私たちの心に対して、「南無阿弥陀仏こそあなたの本当のいのちだ」ということを教えてくださるのが、「諸仏称名」ということなのです。私たちの中にはそういう魂のうずきはあっても、それをどこに求めていいか、皆が心のとけ合えるような世界、そして死を超えたようないのち、そういうものは私たちの周囲を見る限りどこにもない。いつも現実の生活は、利害の対立があり、やがて自分は一人ぼっちで死んでいかなければならない。けれどもそういう自分の中にも、仏の世界に生まれたいという心がいつも動いている。その仏の世界に生まれたいという心がどこで満たされるか、それを満たす場所が見つからないわけです。

それに対して、仏が仏の側から、「ここにこそお前が真に求めている世界がある」と言って、名のって現われ出てくるその言葉が、「諸仏称名」としての「南無阿弥陀仏」なのです。だから「南無阿弥陀仏」というのは真実、つまり阿弥陀そのものの名のりであります。「ここにこそすべての人間が、すべての生き物が求めてやまないまことの世界があるのだ」と言って、真実そのものが私の前に「南無阿弥陀仏」と名のってくる。そしてその言葉を私たちが聞くということ、――聞くということは信じるということです。

信じるということは、疑わないということではなく、疑っても疑うことのできないような確かなものとして、真実に目覚めることです。私たちの真実のいのちは、決して単なるこの身体でもなければ、この心でもない。私たちの真実のいのちは「南無阿弥陀仏」そのものであり、「南無阿弥陀仏」こそ私たちの真実のいのちだということがはっきりといただかれてくる。そこに久保瀬先生が「念仏とは、永遠にして真実なるいのちが個人の生活の中に実現することである」と、こう言われた意味があるのであります。

その時に初めて私たちは、心の満足を得るのです。いままでは足りない足りないと思って生活していた。なにかしら、もの足りないのです。それが初めて満ち溢れてくる。自分の中からいのちが湧いて出てくる。だからこそ親鸞聖人は、

しかれば名《みな》を称するに、能《よ》く衆生《しゅじょう》の一切の無明《むみょう》を破し、能く衆生《しゅじょう》の一切の志願を満てたまう。

〔『教行信証』「行巻」聖典一六一頁〕

と言われるのです。だから「南無阿弥陀仏」は明るさに満ち、いのちに満ちたものです。もはや私が生きるのではない。私の中に阿弥陀様が生きてくださるのであって、その阿弥陀様こそ真実のいのちなのだ。私は、その真実のいのちである阿弥陀の命ずる言葉に順って生きようと、いま決断する。そこに本願に乗《じょう》託《たく》するということの意味があるわけであります。

本当の我

親鸞聖人の七百回御遠忌が京都で行なわれました時に、あの京都会館のホール、――あそこの会館にいっぱいの聴衆でしたが、その中で曾我量深先生が「信に死し願に生きよ」というお話をされたのでありま

す。「信に死する」ということは、これは『愚禿鈔』の「本願を信受するは、前念命終《ぜんねんみょうじゅう》なり」〔聖典四三〇頁〕という言葉からきたものに違いないのですが、「信に死する」ということは、私たちのいのちの実相に触れるということです。つまり、私のこの肉体が私ではない。私のこの心が私ではない。念仏こそがまことのいのちであるということが本当にわかるということです。これが「信に死する」ということです。

いってみたら、私たちの五十年ないし百年で死んでいくいのちは、死んでいくままにまかせたらいいのです。生きていくままにまかせたらいいのです。もう自分はそれを依りどころとしては生きない。私が依りどころとして生きるものは「南無阿弥陀仏」としてのいのちなのだ。その「南無阿弥陀仏」としてのいのちこそ真実の私のいのちである。こうわかった時に、私ごときもの、――私ごとき無能無才なるものが、しかも如来の本願に生きるというのです。もう私ごときものの単なる個人の幸せとか、自分をかわいがってくれるとかかわいがってくれないとか、あるいは損したとか得したとか、そういう煩悩は起きるがままにまかせておけばよいのです。そういうことをぐずぐず言わない。「願に生きる」と。

つまり、いままで私たちが聞き伝えてきたお言葉でそれを申しますならば、「私ごとき者でもこの一生を仏のご用に役立たせていただきましょう」と、そこに大きな決心、決断が生まれる。私ごとき者の中にも、法蔵菩薩と同じ願いが湧き起こってくるのです。それが本当の真宗における救いというものの意味であります。願によって救われるのではない。私ごときものにも仏と同じ願いが発《おこ》ったということこそが、救いなのです。如来の願は「本願」と言います。それはそういう意味です。これは曇鸞大師のお書きになりました『浄土論註』によりますと、

仏願に乗ずるをもって我が命となす。〔真聖全一、三二五頁〕

とありますね。私たちが「いのち」と言っているものは、いったい何か。真実のいのちは「仏の本願」そのものなのだ、「仏の本願」そのものが私たちの本当のいのちなのだと、そうわかった時に、私たちのいわば死のカーテンが破れるのです。

限りなきいのちの中に

そうわかった時に、私たちは単に生まれてから死ぬまでの五十年の人生ではない。もう私のいのちの背景には、蓮如上人あり、親鸞聖人あり、七高僧あり、釈尊あり。もうずーっと、私のいまあるいのちの背景には、それこそ阿弥陀の本願がはたらきづめにはたらいていたのだと。そして私はいま、その無限のいのちに乗託して、臨終一念の息が切れるまで、その本願に順って生きていくであろうと、明るい希望がそこに開かれてくるのであります。

最初に申しましたように、「弥陀《みだ》成仏《じょうぶつ》のこのかたは　いまに十劫《じっこう》をへたまえり」〔『浄土和讃』聖典四七九頁〕と和讃のはじめにうたわれた時、「今、そのいのちのはじめを見出した」という宗祖親鸞聖人の感激がそこにあるのです。私たちが今「南無阿弥陀仏」、――如来の本願が自分の真実のいのちだと気づいたその時に、自分の過去が一変するのです。自分の生まれたはじめから、もう阿弥陀の中に抱き取られていた自分だということがはっきりするのです。そのことがはっきりするとともに、もはやもう自分のために生きないと心が決まるのです。ここが大事ですね。ここが要ですね。自分ごとき者、――自分の生活は煩悩にまみれているけれども、それでも私はこのささやかな私のいのちを捧げて、如来の願に順って生きようという決断と希望がそこから湧いてくるのです。そこからはじめて「往生浄土」という歩みが始まるのです。

「往生浄土」というのは、死んでから往くのではない。いまの人生が浄土へ往く道だというのです。つまり、いまある人生の意味が「往生浄土」として開かれてくるわけです。そこに死のカーテンを破った希望が湧いてくるわけであります。それでは、いったい私たちが「往生浄土」の道を歩むということは、具体的にどういう生活がそこから開けてくるのかということを、もう少しお話させていただきたいと思います。

三、創造的生活

自力がすたる

先ほども申しあげましたように、私たちが助かるということは本当の満足を得るということですね。それならどこで満足を得るのかといえば、私たちが真実のいのちに目覚めることによってです。それは「南無阿弥陀仏」であり、「南無阿弥陀仏」そのものが私たちの真実のいのちだと本当に疑いなくわかるところで助かるのだということをお話申しあげたわけですが、このことについて「自力」「他力」ということがあるのです。つまり「自力を捨てよ」と、私たちは昔から繰り返し繰り返し教えられているのでありますが、私自身の経験から申しあげますと、自力を捨てようとするのもまた自力、という矛盾にどうしても我われは陥るのです。自力を捨てようとすれば、自力を捨てようとすることが、また自力なのです。「自力を捨てる」ということは本当はそうではないのです。いま申しあげましたように、阿弥陀の本願それ自身が真実のいのちだということが、私に疑いなくわかるということによって、自力を捨てるということが起こるのです。わかればわかった時に、もう私のいのちは阿弥陀のいのちの中に抱き取られているのです。その水際《みずぎわ》というものをはっきりしたいものです。

そのことを『唯信鈔文意』という聖人のお書きになったものからいただきますと、

自力《じりき》のこころをすつというは、ようよう、さまざまの、大小聖人《しょうにん》、善悪凡夫《ぼんぶ》の、みずからがみ（身）をよしとおもうこころをすて、みをたのまず、あしきこころをかえりみず、　［聖典五五二頁］

と、こうおっしゃっています。自分を「善いもの」と思う心が「自力」ならば、自分のような「つまらんものは、とても」と思うのも、それも「自力」だというのです。自分を善いとか悪いとか、そして人を善いとか悪いとか、そういうことが「自力」なのだというのです。「他力」とはそういうことを思わないことだとおっしゃるのです。では、「他力」とは、どういうことかというと、

ひとすじに、具縛《ぐばく》の凡愚《ぼんぐ》、屠沽《とこ》の下類《げるい》、無碍光仏《むげこうぶつ》の不可思議の本願、広大智慧《ちえ》の名号《みょうごう》を信楽《しんぎょう》すれば、煩悩《ぼんのう》を具足しながら、無上大涅槃《だいねはん》にいたるなり。　［『唯信鈔文意』聖典五五二頁］

と、こう書いてあります。つまり「念仏のみぞまことにておわします」と信楽《しんぎょう》することのほかに何もないのです。「念仏のみぞまことにておわします」ということがわかることが、つまり「自力」がすたるということです。「自力」がすたるということはどういうことかというと、これは本願力に生きることです。

念仏の生活

そこから、願に依り、願に順って生きるということが始まるのです。先ほどの久保瀬先生の言葉で申しますと、「念仏」とは「自我が消えて、他のすべての人びとと一つになることができた時の大いなる喜びの感動である」ということです。これを『観無量寿経』のお言葉に移してみますと、

この事を見れば（阿弥陀仏を見れば）、すなわち十方一切の諸仏を見たてまつる。

〔聖典一〇五頁、（　）内筆者〕

と、こう述べられていますね。つまり自分のいのちは、この身体でもなければ、この心でもない。実に私の真実のいのちは「南無阿弥陀仏」そのものであるということがわかった時に、嫁の上にも、息子の上にも、主人の上にも、妻の上にも、――実は、私が妻と思っているがそれはただの妻ではない。我が子と思っているが、それはただの子ではない、――その根底に、みんなの根底に、一人ひとりの人間の中に阿弥陀様が光っているではないか、そこに諸仏がおられるではないかと、そこにはたらいている諸仏のはたらきが私たちに見えてくるのです。

どんな人も尊いのだと。善いとか悪いとか、善人だとか悪人だとか言って済まされない。その人にとってはかけがえのない尊いいのちがそこに花咲いているのだと。腹を立てている人の心の底にも、そういうものが生きているのだと。そのことがわかる時になにかすべてのものに対して拝みたいような心が私たちの中に生まれてくるのです。それが一番大切なことです。いままでは、善いものだけは自分の方に来いと言い、悪いものは皆向こうへ行けと、こういう形で生きていた者に、そうではないのだと。私たちが善いと思ったり悪いと思っているのは、みんな外から貼ったレッテルなのです。私たちはみんなレッテルにご

まかされるのです。

ひとつ、おもしろい話があります。これは鈴木大拙先生から聞いたのですが、アメリカであった話です。遊覧船から子どもが落ちてしまった。そこで、誰も救おうとしないのに、自分から飛び込んで子どもを救った人がいたというのです。それで、これは大変立派な行ないだといって、警察が表彰しようと思って、その人の身元を調べたら、前科のある人だったというのですね。それで、とてもそのような人にはあげられないということになって、表彰はやめになったというのです。

しかし、泥棒するような人の中にも、仏の心というものはちゃんとあるのです。機縁が熟するならば、必ず仏の心は輝き出すのです。それは私自身もそうなので、私のような者の中にも、――煩悩の生活をしている私ごとき者の中にも、「南無阿弥陀仏」がある。人の善悪を超えてある。善い人だから念仏する、悪い人だからしないということではない。外から貼ったレッテル、――その人の社会的地位だとか、財産だとか、そんなものは関係はない。老少善悪の人を簡《えら》ばず、その底に輝いているいのちそのものがある。そしてそのいのちこそが私のいのちそのものでもあるということがわかった時に、自と他の壁が初めて破れる。つまり「孤独」から解放されるのです。「あなたのいのちは私のいのち、私のいのちはあなたのいのち」だと言えるのです。自分のいのちについていえば、死の壁が破れる。他との関わり合いについていえば、自他の区別が破れるのです。そこからまったく新しい生き方、本当に他力の光に触れたものの生き方が生まれてくるのです。その生き方について最後に少しお話をいたしたいと思います。

創造的に生きる

ご承知のように、親鸞聖人は自力的な生き方を「廃悪修善《はいあくしゅぜん》」というお言葉で表わしておられます。「廃悪修善」とは、「悪を廃して善を修める」ということです。それはどういうことかと言いますと、悪いことはやめて、いいことだけになろう、という考え方です。私たちの生活態度というものは、みなそうですね。善人の生き方、自力の生き方というものは、みんなそうです。ところが、ひとたび阿弥陀仏の光、――善人にも悪人にも等しく輝いているその光に触れると、そこからどういう生き方が出てくるか。「転悪成善」という生き方が出てくるというのです。今度は、悪は向こうへ行け、いいものだけこっちにこい、というのではなく、悪を善に転じるのだというのです。これは先の生き方と違うでしょう。悪というものを自分の外にはじき出すのではなく、それを自分の身に受けて、そしてそれを善きものに転じるのだと。そして、その転じるはたらきこそ願に生きるということなのだ、そういう転じるはたらきこそ本願なのだ、というのです。その仏の願に生きる者には、名号の徳として「転じる」というはたらきが与えられるのだと、こういうふうに親鸞聖人はおっしゃっておられます。

それでは、「転じる」ということはどういうことなのでしょうか。私はそれを、「創造的に生きることだ」と、こう現代の言葉に言い換えることができると思うのです。困ったことがあったとしますと、私たちはそれを退《しりぞ》ければよいと思うわけです。つまり、「この人がこうであったら」、「もっと主人がこうしてくれたら」、「あの時ああやっていたら」という考え方は、みんな困った状態が起こった時、悪いものをみな退けていこうという考えですね。しかし、本当はそうではないのです。困った条件の中で、その人と共にどうして本当に一つに手をつないで生きていけるか。そのことを、その時、その場に応じて考え出し、発見し、そして行為していくという、こういう生き方がそこから生まれるのです。それは仏の知慧の徳として、そういう生き方が与えられるのです。皆さんの一人ひとりに、そういう徳が与えられるのです。生活を創造していく智慧と力です。困ったことをどこかにもっていくのではなく、その困ったものを善きものに転じるのです。それは発見と創造の生活ということができると思うのです。

なぜ、そういうことができるかと申しますと、先ほど申しましたように、私たちが救われるということは、「南無阿弥陀仏」こそ真実の自分のいのちだということがわかることですから、そういうことがわかった時に、私たちの心が開かれるのです。満足するのです。満足した時に初めて、ものをあるがままに見るゆとりと静かな心とが与えられるのです。それまでは、私たちは自分が幸せになろうとしてきゅーっと固くなっているんですね。「どうしたら自分は苦しまなくていいのか、どうしたら自分は幸せになれるか」と、もうきゅーっとなっているのです。それが、心に満ち溢れる満足が与えられると、解けるのです。解けた時に、ものの本当のすがたが現われるのです。

たとえば家庭生活の中で、ある人が自分に向かって腹を立てるようなことを言ったとすると、きゅーっとなっている場合には、どんな気持ちでそんなことを言ったのかということを考えるゆとりはないのです。言われた自分の心に、もうきゅーっと捕まってしまうのです。「ああ、ひどいことを言う人だ！」と、こう自分の心は動くのです。そうではなく、自分の心が開かれていると、いやなことを相手が言ったとしても、そういう言葉を吐かずにおれない相手の苦しさ、切なさというものがすーっと感じられるようになるのです。その相手が言った言葉を受け取った自分の心にしがみつくと、もう動きがとれない。そうではなく、私の心が開かれてみると、そういう言葉を吐かずにおれない相手の悲しみ、相手の苦しみというものが、自分の心の中にすーっと受けとられるわけです。そうすると、その人と自分と、同じ一つの問題、同じ一つの悩み、つまり苦しみを共にし、悩みを共にする立場がそこに開かれてくる。そうすると、その人と一緒に自分が救われていくのです。

天親菩薩の『浄土論』をいただきましても、善導大師の「帰三宝偈《きさんぼうげ》」をいただきましても、はじめは私一人が救われる、つまり「世《せ》尊我《そんが》一心《いっしん》」とありますが、終わりは、

普《あまね》くもろもろの衆生《しゅじょう》と共に、安楽国に往生《おうじょう》せん。（普共諸衆生《ふぐしょしゅじょう》　往生安楽国）　〔『浄土論』聖典一三八頁〕

同じく菩提心を発《おこ》して、安楽国に往生せん。（同発菩提心《どうほつぼだいしん》　往生安楽国）
〔『観経疏』「玄義分」真聖全一、四四二頁〕

と、「普共諸衆生」「同発菩提心」ということが必ず出てまいります。往生浄土の道というのは、私一人が救われていく立場を捨てて、一切衆生と共に助かっていく道を選ぶわけです。なぜかというと、自分一人が仏としてじっとしておれない、十方衆生が救われるまでは私は仏に成らないと誓われた、その阿弥陀の心を私がいただき、その願に生きる時には、私もまた皆と共に、一軒の家なら一軒の家、一つの学校なら一つの学校、一つの町内なら一つの町内、自分の関係する世界で、自分と生活の交わりを一緒にする人たちと一緒に救われていく。一緒に救われていくということは、その世界に起こった悩みを自分の悩みとし、そこに起こった苦しみを自分の苦しみとしていく力、それが与えられ、しかもその苦しみを本当に解いていく勇気と智慧、それが仏の智慧として私たちに与えられてくるのです。

そうすると、親鸞聖人が「能令瓦礫変成金《のうりょうがりゃくへんじょうこん》」〔『唯信鈔文意』聖典五五三頁〕と言われたように、私たちのような「石、瓦、つぶて」のような者、――特別何の能力もない者、エリートではございません、つま

り大衆ですね。その者が光ってくる、黄金になってくるというのです。なぜかというと、皆の苦しみを自分の苦しみとして受けとるその心、つまり仏心、その仏心が私の中に光を放ってくるわけです。念仏者の生活とはまさにそういうものなのであります。

開かれた心

私は先ほど、こんなに明るい、光に満ち、いのちに満ちた「南無阿弥陀仏」という言葉が、なにからら淋しいような感じで称えられているのが悲しい、残念だと申しあげましたが、そういうふうになってきた責任は、実に真宗の教えを聞いてきた私たち一人ひとりにあるのです。いままで、自分だけが救われることしか考えないで、みんなの問題を自分の問題とし、皆の悩みを自分の悩みとすることをしなかった。いや、できなかった。「自分一人が救われればいい」という根性で仏法を聞いていたということが、仏法が生活から離れていった大きな原因だと私は思うのです。しかし、真実に仏法を聞くならば、決してそうはならない。仏法を聞くならば、仏心が我らがごときものにも与えられるのです。その心が与えられた時には、人の苦しみを我が苦しみと受けとる心が、そこに与えられるのです。そして、相手の苦しみを自分の苦しみとして受けとっていくところに、本当の喜びが感じられるのです。

普通私たちは、たとえば健康だといって喜んでいます。それは残酷なことです。つまり病気の人を肴にして自分が喜んでいるのですから。お金が貯ったといって喜んでいる。それは貧しい人を肴にして、自分はいい気になっているということです。何でもそうです。全部そういうような喜びですね。そういうみみっちい喜びではない。相手の苦しみを自分の苦しみとして、その苦しみが本当に解けた時に感ずる喜びというものは、いってみるなら、腹の底から湧き上ってくるような喜びです。それは生きていることの充実を、また生きがいを感ずるような喜びです。

親鸞聖人はお仮名聖教の中に、

凡夫《ぼんぶ》というは、無明《むみょう》煩悩《ぼんのう》われらがみにみちみちて、欲《よく》もおおく、いかり、はらだち、そねみ、ねたむこころおおく、ひまなくして臨終《りんじゅう》の一念にいたるまでとどまらず、きえず、たえずと、

〔『一念多念文意』聖典五四五頁〕

と書いておられますが、それは、親鸞聖人が特別に人よりよけいに腹立つとか、煩悩が盛んな人であって、それを内省してそういうふうに言われたのだというのではなく、聖人のお心はいつも十方衆生に開かれていたのです。それを自分の責任において担われた時に、限りない悩みを自分の中に感じられたのです。もし、親鸞聖人が自分一人だけの救いを考えておられたなら、もう八十歳にもなられ、九十歳近くになられて、あんなに厳しいお言葉を語られるはずがないのです。もう立派な聖僧《せいそう》に納まっておられたかもしれません。けれども、聖人のお心はそうではなかった。当時の農民たちの苦しみ、当時の社会の苦しみ、自分の周囲の人たちの苦しみというものをひしひしと自分の身体に感じ、その感じた苦しみを自分の問題として担っていかれたから、八十歳になられても、いのちが消えるまで、あの深い懺悔《さんげ》をなさっていかれた生活があるのです。

どうか皆さんも、私も、いまこの世界が混乱しております。いわゆる精神的欲求不満。ある程度、経済生活には満足しています。けれども本当の満足がないのです。みんな、どこかもの足りない気持ちで生きているのです。若い人も歳とった人も、みなそうなのです。その中にあって、いまこそ、人間が本当に満

ち足りて生きる世界がこの「南無阿弥陀仏」の中にあるのだということを、私たちがいただいて、おなかの中に入れて、そしてそれを生活に表わしていくという、そういう創造的生活をもろともに営んでまいりたいと欲《おも》います。

［一九六九（昭和四十四）年六月、円宮寺にて講話］

あとがき

このたび『〝いのち〟を喚ぶ声』が出版されることになりました。この書が私個人の著述ではなく、サンガ、すなわち「仏法を場とする、師と友とのある世界」から産み出されたものであることを意義深く感じます。

懇切《こんせつ》な序文を賜わった大谷専修学院長・信国淳先生、テープからの筆録・編集・出版費の負担等全責任をもって事に当たられた伊香間《いこま》祐学《ゆうがく》・円宮寺《えんぐうじ》住職、困難な事情の中で営利の枠をはずして出版に努力してくださった「人間と技術社」の内田謙氏に対しては、ただ感謝の外ありません。

この「あとがき」を書きつつある私に湧いている実感は、「私の前半生はこれで完《おわ》った」ということであります。そしてその中には、志を同じくして共に学び共に語り共に闘ってきた同朋への謝念と、決して容易とはいえなかった私の人生と今日まで歩みを共にしてきた妻喬子や二人の子どもたちに対する熱い思いが秘められています。しかし、それ故にこそ私に開かれている未来は、清沢満之先生が「奇零行《きれいぎょう》」〔『宗教哲学骸骨』清沢全集第一巻、三〇頁〕と言われた、あの「零からの出発」であります。

いまは浄土に在《まし》まして私の往生行の完成を待っていてくださる先師暁烏敏先生に対して、

　ねがわくば仏　信明《しんみょう》したまえ

　是れ我が真証なり

という言葉が口をついて出てまいります。

いま、私には、一切の世俗的なものを離れて仏陀の教の源底を極《きわ》めたいという切望と、一刻の猶予《ゆうよ》もなく現代の歴史的社会的情況が提起する課題に応えなければならないという要請と、一見相反する二つの意欲が火花を散らしつつ一つになって鬱勃《うつぼつ》と湧きあがっているのであります。序文において信国先生が、「わが御身《おんみ》にひきかけて」親しく教えられたその教えのままに、「煩悩具足のわれら」としてひとすじにこの衆生の志願を果たし遂げてまいりたいと欲《おも》います。

昭和四十九〔一九七四〕年五月十日

〔昭和五〇年一月、『〝いのち〟を喚ぶ声――親鸞の宗教――』として人間と技術社より刊行〕

如是我聞の歩み

一、『香草』巻頭言

一、『香草』巻頭言（一）十七号〜四十二号

一、十七号（一九五六年二月）〜二十九号（一九五七年三月）

＊　＊　＊　＊

平和の実現、という現代の課題に、仏教はいかに応えるか。

それは、
世界のすべてが、いま、ここに、救われて在る。という釈尊正覚の大宣言。

そこから、

「すべからく自己を省察《せいさつ》すべし、大道を知見すべし」［清沢全集第六巻、一一二頁］、と求道の方向がただひとすじに打ち開かれてくるのである。

［第十七号・一九五六年二月号］

理想は現実から生ずるのではなくして、かえって理想が現実を在らしめているのであります。理想は空想や我がままな欲求からはっきりと区別されます。なぜならば、理想は私たちの主観的な想いではなくして、教えとして現に生きてはたらいているからであります。

教えを領受しない者には理想はない。教えを知らない者の理想は大地に足の着かない幽霊の幻《まぼろし》であります。

「弥陀成《みだじょうぶつ》仏のこのかたは　いまに十劫《じっこう》をへたまえり」〔『浄土和讃』聖典四七九頁〕と私たちの行く手は決定されてあります。この自己一人の往生必定《ひつじょう》の確信が、そのまま世界の和を実現せんとする理想への出発であります。

理想のあるものに迷いはない。否《いな》、迷いすらが理想の火を燃やす薪《たきぎ》となって理想への歩みを力づけ、確かめ、励ますのであります。

〔第十八号・一九五六年三月号〕

＊　＊　＊　＊

仏様にお花やお香《こう》を捧げることを、荘厳《しょうごん》すると申します。しかし、「嘆仏偈《たんぶつげ》」に、「一切の、これらの諸仏を供養《くよう》せんよりは、道《みち》を求めて、堅正《けんしょう》にして却《しりぞ》かざらんには如《し》かじ」〔聖典一二頁〕とありますように、真実の浄土の荘厳は我われの日々の求道生活そのものなのであります。

ちょっと考えると、自分の生命は五十年、百年の生命であるように思われます。深く考える時には、自分一箇がここに在るのは無数の因縁に依って在るのだと気づきます。三千年の昔、釈尊正覚の大音をこの耳で聞いた自分だということがはっきり領解《りょうげ》されます。

如来の本願力に生かされている者は、無量寿であります。このことが、自分でもどうしてよいのかわからないややこしい自分自身への責任から、我われを解放するのであります。「現金懸値《かけね》なき所を露呈《ろてい》して他の嘲笑《ちょうしょう》を顧《かえり》みない」［清沢全集第八巻、三四一頁による］生活が生まれます。いままで自分の外にあった理想が、自分を生かす力となって内から湧き出てきます。一つひとつの苦悩がそのまま一つひとつの華となります。これが浄土を荘厳するのであります。

［第十九号・一九五六年四月号］

＊　＊　＊　＊

まったく耳が聴こえなくなったベートーベンの心の中には、いくつかの彼の交響楽が明らかに高鳴っていた。

この世には耳を閉じて初めて聞こえてくる音、眼を閉じて初めて見えてくる世界がある。

地位、名誉、金、幸福と次第に積み重ねていく人生の下部には、病気、失敗、貧乏、不幸と、一つひとつ持ち物をはぎ取られていく人生がある。

我われが煩悩の塊《かたまり》である限り、真理は苦悩と共にある。

病気を治そうとする前に、病気そのものをしっかりと受けとれ。失敗、貧乏、不幸、を自身に引き受けよ。

そして聴け、自分自身に、病《やまい》自身に、不幸自身に。耳を閉じて人生の底に響く音を聴け。

そこには指一本加える必要のない充全の世界がある。苦悩と歓喜が木霊《こだま》し合う、律動する生活がある。

［第二十号・一九五六年五月号］

＊　＊　＊　＊

六月六日は臘扇忌《ろうせんき》である。

フランス革命によって象徴される個人の自由を基調とした近代史の歩みは、それが人権の主張による、手造りの自由であったが故に、真理の認識すなわち絶対無限者に依らざる自由であったが故に、二つの戦争によってその立脚地は崩れ、世界はその歩みの方向を見失い、個人は自分の在り場所を求めてさ迷っているもののようである。

その中にあって清沢先生の光が我らを照らす。曰《いわ》く、

自己も完全なる自由を有し、他人も完全なる自由を有し、而《しこう》して彼の自由と我の自由と衝突することなきもの、是れ即ち精神主義の交際というべきなり。［清沢全集第六巻、四頁］

我は外他の人物を苦しむること能《あた》はざると同じく、外他の人物は我を苦しむること能はざるなり。［清沢全集第六巻、五頁］

清沢先生は懐疑と不信との世界に、ひとりよがりと多数による強制の世界に、自己と他人とを完全なる自由を有する絶対の独立者として解《と》き放たれたのである。

清沢先生の火のような求道心は、仏法を経文の中にではなく、生活の中に世界の真実として見出されたのである。

［第二十一号・一九五六年六月号］

＊　＊　＊　＊

釈尊一人の人格から八万四千の御《み》教えが現われたように、世界のすべてのことを自己一身に引き受けて立つのが念仏者の道である。

中途半端なこと、部分的なことには何の関心もない。全体の中にただ一人立つ時、生温《なま》い人間の愛の手は切れるのだ。そこには相手の意識、言葉、生活の仕方等は問題となりえない、相手の存在そのものが私に何ものかを呼びかけつづけるばかりである。

不取正覚。なんという懐《なつ》かしい言葉であろう。呼び声に己の殻が破られ、世界に向かって己の心が開かれる時、ただ自己一人の救済が急がるるのみである。

党《たむら》を作っている暇《いとま》はない。批判する相手はどこにもいないではないか。重要なことは自己一人が無上正真の道に立つことである。

［第二十三号・一九五六年九月号］

＊　＊　＊　＊

人間のもつ一番深い感情は尊敬の感情である。情熱は理性によっては癒《いや》されないと言われるのであるが、常に自己主張をはらむ情熱は、この尊敬の感情によって洗い浄められていく。情熱は常に対象に愛着する。尊敬は愛するものを真理の中へと放ちやる。

尊敬は真理の認識から生まれる。真理を外に見ないで内に聞く時に、尊敬の情は自《おの》ずと湧き出てくるのである。実に尊敬は真理の側から与えられた感情である故に、真理の具体的な認識には必ず尊敬の感情を伴《ともな》うのである。

「悪人をみては敬って遠ざかれ〔「若非善業者、敬而遠之」による〕」〔『観経疏』「散善義」真聖全一、五三三頁〕と善導大師は言われる。「敬って」と言われるところ、すでに悪人は消えているのである。「遠ざかれ」と言われるところ、人一人も救うことのできない凡夫の懺悔《さんげ》が脈打っている。そしてそこにこそ「悪をもおそるべからず」という柔軟《にゅうなん》の天地が開かれているのである。

〔第二十四号・一九五六年十月号〕

＊　＊　＊　＊

十一月二十八日は、親鸞聖人の命日である。この日を期して各地で報恩講が営まれることである。

数年前、『生きる』という映画を観たのであるが、真の生活は報恩の生活であり、報恩のない生活はもはや生活ではない。報恩において初めて、我われは生きることを知るのである。

ところで、恩に報いるという時、師に対する恩、親に対する恩、友人に対する恩、といろいろあるのであるが、その場合には、恩に報いる自分と恩を受ける師、親、友とがあり、その間に実際的な形のある関係がある。したがってそれは打算的な利害と混ざりあった関係とならざるをえない。

ところで、「形ましまさぬ」如来に対する報恩とはいかなるものであろうか。如来はまさしく「形ましまさぬ」故に、いかなる我われの恩に報いる行為も受けとりたまわぬのである。いかなる我われの恩に報いる行為をも必要としたまわぬのである。我われが如来に対する時、如来は「自己とは何か」という人生の根本問題へと私自身を突き返すのである。

そこに見出される自己は、「逆謗《ぎゃくほう》の屍骸《しがい》」〔『高僧和讃』（曇鸞讃）聖典四九三頁〕である。そこに見出されるのは、如来の本願に報いられてある自己である。万人の恩を満身に受けている自己である。その自己が発見される時、もはや報いざらんとしても報恩の行は自《おの》ずから湧き出づるのである。それこそ『歎異抄』のいわゆる「非行《ひぎょう》 非善《ひぜん》」〔聖典六二九頁〕であろう。

〔第二十五号・一九五六年十一月号〕

＊　＊　＊　＊

似て非なるものこそ最も恐ろしい。

私たちが念仏の名によっていかに安易な自己満足や、勝手な自己主張をなしつづけているか。まことに慚愧《ざんき》すべきであります。

すでにわかってしまった者は、真実を知る機会を永遠に失うのであります。もはや悩まないという人は、きっと何かに酔うているに違いありません。悩みを超えた時、そこにはすでに新しい悩みが始まっている。わかったはずなのに、はやわからない問題が眼前に迫っている。「まことに日に新たに、日々に新たに、また日に新たなり」〔『大学』〕であります。

一声、南無仏を称える時、如来は、私の信心を、私の覚りを、一挙に奪い取ってしまわれるのであります。

〔第二十六号・一九五六年十二月号〕

＊　＊　＊　＊

「朝《あした》に道を聞かば、夕《ゆうべ》に死すとも可なり」〔『論語』里仁篇〕と古人は言った。

どうして「死んでもよい」と言いうるのであろうか。人生の目的は道を聞くということ以外に何もないからであります。古人がいかに道を貴ばれたか、いかに深く真理の実在を確信されたか。まことに頭が下がります。

私が死んでなくなるものならば、それはもはや道ではない。煩悩によって障《さ》えられるものは、もはや道ではない。生活苦に耐ええないようなものは道ではない。そのようなものはすべて「これが道だ」と思い誤った私の妄念《もうねん》である。

妄念は私の身体の滅亡とともに滅んでいく。私たちは自己の妄念の処理に心を使う必要はない。必ず滅んでいく故に安心して妄念を妄念に任せるがよい。渾身《こんしん》の力をふりしぼって、ただただ大道を見知すべきであります。

そして、畏《おそ》れおおくも、妄念の塊であるこの私の身体が大道を見知するその場所なのであります。

〔第二十七号・一九五七年一月号〕

＊　＊　＊　＊

死は苦しみであり、恐れであり、迷である。

涅槃《ねはん》は救いであり、安らぎであり、覚である。

この迷と覚との区別はどこにあるか。それはまことに簡単である。死すべきものを死するに任せる時、覚である。死すべきものがなおも生きんとする時、迷である。

死を感じ死を考える者の幸恵は、死がかえって現在の生を照らし明かすというただその一点にある。飽《あ》くことなき生への欲求は、死の壁にぶつかって初めて現在の瞬間へとはね返される。この壁にぶつかって初めて、「快楽の追求から真理の探求へ」という人生の根本的方向転換が成し遂げられるのである。

真理とともに死する時、死はそのまま涅槃である。真理とともに生きる時、迷はそのまま覚である。我らはこの瞬間の生命を大事に大事にして、如来の御用《ごよう》に役立てねばならぬ。〔第二十八号・一九五七年二月号〕

＊　＊　＊　＊

近来、ポーランドの暴動に次いで、ハンガリー問題が起こり、共産主義社会の建設という、地上に神の国を実現しようとする人間の理想主義的な生活の方向に、ひとつの行き詰まりがきたことを知らせている。『文芸春秋』二月号より連載の竹山道雄氏〔一九〇三〜一九八四〕の「あるソ連地区の表情」は、東ベルリンの生活を落ち着いた筆致《ひっち》で伝えている。

共産主義になれば資本主義の悪は消える。しかし、そこにはすでに共産主義の悪が始まっている。人間の悪は人間の在る限り在る。

仏教はたとえそれが理想のためであろうとも、人間の一部を犠牲にすることを極度に嫌う。たとえそれが煩悩であろうとも、在るものの尊厳はこれを疑わぬ。否、たとえ疑っても、否定しても、人間の理智にとって都合の悪いことがあるのは事実ではないか。すでに理知にとって都合の悪いことが厳然と在る以上、マホメットが山に向かって歩いて行ったように、素直に理智の側の誤りに気づくことが大切である。その気づくということからかえって厳しいリアリズムが生まれる。人間の身心を貫きとおす現実把握が生まれるのである。仏陀は生・老・病・死の苦しみを、不要のもの、あるいは在ってはいけないものとして受けとったのではない。まさしく万人の逃れることのできない事実として、法爾《ほうに》として受けとったのである。

一切の群生海《ぐんじょうかい》、無始よりこのかた乃至《ないし》今日今時に至るまで、穢悪汚染《えあくわぜん》にして清浄《しょうじょう》の心なし。虚仮諂《こけてん》偽《ぎ》にして真実の心なし。

〔『教行信証』「信巻」聖典二二五頁〕

このお言葉を、「否」と言いうる人間がいるであろうか。釈尊の「苦諦《くたい》」は、親鸞聖人の「信巻」のこの言葉となって結実した。

苦諦。人生は苦だ。たとえ共産主義になろうと、天上界が実現しようと、人生は苦だ、という徹見《てっけん》のないところに仏教はない。人生は苦だという認識が出世間の道である。外に向かっている眼をくるりと内に向ける転回の軸である。

苦は何によってあるか?

この問いが発せられる時、人は楽を求めるエゴイズムから解き放たれる。

「無明《むみょう》」

と答えられた時、一切の人間の理想は滅びる。各々が自分の内に秘かに養なっている神様が死ぬのだ。そこに、人生そのものの放棄がある。この人生を成立せしめている「我」の放棄がある。仏陀の伝記『仏本行集経《ぶつほんぎょうじっきょう》』をまた『大放棄経《だいほうききょう》』というゆえんである。

そこから何が生まれるか。清浄な眼だ。現実が現実を見る、そういう眼だ。理性によって現実を見るのではない。感情によって見るのではない。意志によって見るのでもない。信仰によって見るのでもない。まさしく現実が現実を見るのだ。

清浄の眼である。ありのままを見る眼だ。善は善、悪は悪、美は美、醜《しゅう》は醜、食欲は食欲、性欲は性欲、男は男、女は女、病は病、死は死、明は明、暗は暗、と見られるのだ。なんのしこりもない清浄の善、なんの飾り気もない清浄の悪だ。なんのごまかしもない清浄の性欲だ。男だ、女だ。病だ。死だ。

眼は刃だ。「利剣《りけん》は、すなわちこれ弥陀《みだ》の号《みな》なり」〔『教行信証』「行巻」聖典一七七頁〕である。清浄なるが故に明確に切断する。真実を願うものを真実が救うのだ。真実を誹謗《ひほう》するものは真実がこれを追放する。清浄なる追放、清浄なる堕地獄。

仏陀は微塵《みじん》の悪をも許さぬ。『四分律《しぶんりつ》』が仏陀を「平断事人」と讃えているゆえんである。善導はいみじくも、「不善の三業は、必ず真実心の中《うち》に捨《す》てたまえるを須《もち》いよ」〔『教行信証』「信巻」聖典二一五頁〕と言ったのである。

我ら仏教徒は、否、全人類は釈尊正覚の一念に、その頸《くび》を切断されてしまっているのである。我ら仏教徒はどうして心を尽くし、思いを尽くし、身心を尽くして、仏陀の大恩に応えずにいられようか。

　御民われ生ける験あり
　天地の栄ゆる時に遇へらく念へば　〔『万葉集』巻六〕

と我らの祖先は歌った。

仏陀の光がこの私一人の生けるしるしとなって世界を照らすのである。〔第二十九号・一九五七年三月号〕

＊　＊　＊　＊

二、三十号（一九五七年四月）～四十二号（一九五八年四月）

四月八日は仏陀誕生の日である。

十三世紀初頭インドからまったくその姿を消した仏陀の教えは、いまや「インド思想の全精神を、あるいは少なくともその最も重要な一面を象徴している」（ネール著『インドの発見』）ものとして現在のインドにその福音《ふくいん》が述べ伝えられんとしている。

真理は死なない。たとえ一時はその姿を消すことがあっても、真理なるが故にかえってその真理を見失えるものの中へと現われる。

一方、大乗仏教は中国を経て日本に至り、聖徳太子の建国の理想として日本の土となった。そしてその土はさまざまに日本人の心を養った。それは親鸞、道元、日蓮を生んだ。そして明治にいたって清沢先生を生んだ。清沢先生の小乗仏教の発見と西洋思想の摂取とは、まさに仏教史上の一大事件であろう。

世界の尾根ヒマラヤの峰と永久に尽きせぬガンガの流れ、――その豊かな自然の中に生《お》い立った仏教は、洋々として大海のごとく一切の異端異説をその真実の中に抱き包む。

いまや、我われは親鸞聖人の七百回忌を迎えようとしている。この七百回忌という聖人の年忌が、我われが仏教の歴史の中に生きているのだという自覚を呼び覚まし、法蔵の願力が私の背後にはたらきつづけていることを教え、人生の目的はただ一つ、自らが仏陀＝覚者と成ることであると教える。その時、三千年の昔クシナガラで涅槃したもうた仏陀は、我らの未来に現われ、我らの行く手を照らし、我らを招喚したもうのである。

その時、我われは知らず識らずに自己自身と一つになり、仏陀の光に輝き渡る世界を見出す。

〔第三十号・一九五七年四月号〕

晩ご飯をいっそうおいしく食べるためにモーツァルトに作曲を命じた王侯貴族たちは、いまはその名前すら忘れられてしまい、ただモーツァルトの珠玉《しゅぎょく》のような数々の音楽のみが遺《のこ》された。アニトスとメレトスはソクラテスによっていまなお生きつづけている。殺した者が殺された者によって生かされているとは、なんという不思議であろうか。

＊　＊　＊　＊

仏教は、私たちの生命が生死を超えた因縁の法に依ってあることを教える。禅家は、「父母未生《ぶもみしょう》以前の面目如何《めんもくいかん》」と問う。私は、「南無阿弥陀仏」と応える。それは「すべてがお与えだ」と観念することではない。いま、現に与えられている自分の仕事を見定め、これを実行することである。「お与え」が、いま私のなさねばならぬ、またなすことのできる唯一のこととして与えられる時、初めて私は無我となるのである。私は永遠の生命の中に融け込むのである。それがどんなに貧しい仕事であろうとも、私のなしうる唯一のことである故に、私は満足である。それが私のなさねばならぬ唯一のことである故に、もはや他人の意見や時代の思潮に惑わされていることは許されぬ。そしてそれはどんなにかそけき仕事であろうとも、如来のお与えである故に燦《さん》として輝き渡る。さればこそ「正信偈」には、「行者正受金剛心（行者《ぎょうじゃ》、正《まさ》しく金剛《こんごう》心を受けしめ）」［聖典二〇七頁］と仰《おお》せられたのである。

［第三十一号・一九五七年五月号］

＊　＊　＊　＊

「奴隷心にして美食せんよりは餓死して脱苦するに如《し》かじ」［清沢全集第八巻、三五七頁］

「臘扇記」に記されたこのお言葉の中に、私は人間の救いを見出すのである。この敢然《かんぜん》たる態度、この高邁《こうまい》なる精神なくして、この苦難の実人生に生きるということはないのである。我らは常に清沢先生を偉大なる聖者として自分の外に見、自分などはとても及ばないと絶望し、その絶望の結果、自ら生きることなくして、先生が「不如意《ふにょい》なるもの」と呼ばれた身体・財産・名誉の中に沈湎《ちんめん》するのである。が、しかし、先生はその偉大なるもの、その聖なるものが汝自身の中にある。否、その聖なるものこそ汝自身に外ならぬと仰せられるのである。

清沢先生の生涯を一貫して流れるものは、死もなお毀《こぼ》つことのできない真理の実在である。奴隷心にして生きることを、苦しみながら生きることを、何よりも愧《は》ずべきことと感ぜしめる人間尊厳の自覚である。しかして、人間尊厳の自覚は真理の認識からくる、大道の知見からくる。最初の先生のお言葉が難行苦行ではなく、私に与えられたただ一つの道、すなわち易行であるところ、そこに私の信があるのである。あの大海を一人にて升量《しょうりょう》せんと勇み立つ法蔵の願力があるのである。

〔第三十二号・一九五七年六月号〕

＊　＊　＊　＊

五月十二日の『週刊朝日』は、「理由なき自殺」という見出しで日本における自殺者の数が世界最高であることを知らせている。

戒律を失った現代の日本には、吹けば飛ぶような人間ばかりがむやみに増えた。苦しみはあっても罪はない。懺悔を忘れた人間はノイローゼから自殺へという途《みち》を急ぐ外はない。

「一日のうち、自分のなしたいことを全部するくらいならば、何もしない方がましだ」という言葉があるが、自分の建てた目的に従って生活を統御《とうぎょ》し節制することがないならば、生活は幻となって発散してしまい、ついに現実が与えられるということはないのである。すでに漱石が歎いたように、「厳粛《げんしゅく》さ」は現代文明が失った最も大きな理想である。

念仏成仏《じょうぶつ》の願いによって自己の生活が統理される時、初めて現実が与えられるのである。生活の厳粛さと決断する勇気が与えられるのである。

［第三十三号・一九五七年七月号］

＊　＊　＊　＊

釈尊の御《み》名を一度聞いた者は、この世に絶望することは許されぬ。

暁烏敏という御名を一度聞いた者は、現代の苦難をかこつことはできぬ。

なぜならば、それはこの苦難の人生にあって、にこやかに、たくましく、真実に生きた人格の御名である故に。

この世に苦しみや困難があることは、もとより覚悟の上である。問題はただその苦難に耐え、それに打ち克《か》つ力、その苦難を意義あるもの、善きもの、美しいものに転ずる光が、あるか、ないか、ということである。

暁烏敏の御名を聞く時、「仮《け》令《りょう》身止《しんし》　諸苦《しょく》毒中《どくちゅう》　我《が》行《ぎょう》精進《しょうじん》　忍終不《にんじゅうふ》悔《け》［たとい、身をもろもろの苦毒の中《うち》に止《おわ》るとも、我が行、精進にして、忍《しの》びて終《つい》に悔《く》いじ］」［『無量寿経』聖典一三頁］と経に記されたごとく、苦しみも汚《けが》すことのできぬ、困難も毀つことのできぬ、私の行が開けくるのである。

［第三十四号・一九五七年八月号］

「請うなかれ、求むるなかれ、汝、何の不足かある。もし不足ありと思わば、これ汝の不信にあらずや」〔清沢全集第六巻、一一一頁〕とは、如来が常に我らに呼びかけたもう声である。

他人に対して要求している時、自分の生活は停滞している。

自己に対して要求している時、思い上がった妄念の中に生活は閉じ込められている。

自己に対しても他人に対しても、何一つ要求するものがなくなった時、その時こそ、水が堰《せき》を切って溢《あふ》れ出るごとくに、自己自身の生活の精進がひとすじに展開してくるのである。

〔第三十五号・一九五七年九月号〕

＊　＊　＊　＊

念仏者の生活の姿を一言でいうならば、それは「無理をしないこと」である。

聖徳太子の制定された日本国憲法の第一条には、「しかれども、上和《かみやわ》らぎ下睦《しもむつ》びて、事を論《あげつら》うに諧《かな》うときは、事理《こと》自《おの》ずからに通う。何事か成らざらん」〔『十七条憲法』聖典九六三頁〕の一語がある。

我われが自分の過去を想い、将来を想い、家庭のことを想い、日本の進むべき方向を想い、世界の現状を想い見る時、わからないことでいっぱいであり、本当に確実なものはどこにもない。そこにはさまざまな困難が横たわり、その困難の解決にもまたさまざまな解答があって、困難がさらに困難を産み出していくような有様である。自分一人で確実な道を見出そうとするならば、我われは絶望するより外はない。けれども、我われが謙虚な心で皆と相談するならば、自分のことは自分と相談し、家庭のことは妻や子と相談し、国家のことは国家と相談し、世界のことは世界と相談するならば、そこには必ず「自ずからに通う」ものが開かれてくる。正邪の結論がつかないままに「自ずからに通う」道が開かれてくる。ここに開かれた道にひとすじに乗託《じょうたく》していく者には、生活に惑いがない。わからないままにそのわからないことに惑うことはなくなるのである。そしてこの肩の荷を下ろした者の生活の努力こそ、まさに精進と呼ばれるべきものなのである。

〔第三十六号・一九五七年十月号〕

＊　＊　＊　＊

十一月は報恩講の月である。

暁烏先生は常に「報恩講暦《ごよみ》」ということを仰せられた。一年の生活の中心を報恩講におかれたのである。さまざまな人生の営みを統理する根本の力を報恩講においていただかれたのである。

如来《にょらい》大悲の恩徳《おんどく》は　身を粉《こ》にしても報ずべし
師主《ししゅ》知識の恩徳《おんどく》も　ほねをくだきても謝すべし

〔『正像末和讃』聖典五〇五頁〕

如来聖人（法然）の御《おん》弟子として自己を見出された親鸞聖人は、その喜びをこの御和讃に余すところなく表白されたのであります。真の仏弟子であるという聖人の自信は、身を献《ささ》げてなお悔いることなき大歓喜を発起せしめるのである。そして聖人は、この信念の源を深くたずねて、浄土真宗を開顕されたのであります。

しかるに聖人は、「親鸞は弟子一人《いちにん》ももたず」〔『歎異抄』聖典六二八頁〕と仰せられます。我らもまた聖人の弟子として報恩講を迎えんとする時、聖人のこのお言葉に正面からぶつからざるをえません。

「弟子一人ももたず」と仰せられる聖人は、親鸞の弟子、親鸞の教団に一人の人間をも入れたまわぬのである。聖人は、我らが、救いなきところ、無仏のところ、苦難のところ、と思い込んでいるこの現実の娑婆《しゃば》世界の真ん中へと我らを追放されるのである。そしてそのことによって、全世界の人びとを如来の教団の中に摂《おさ》め取られるのである。まことに浄土真宗の教団はこの現実の世界そのものなのである。インドも中国もソ連もアメリカも、浄土真宗の教団の内容を形造っているのである。この世界は、「十方衆生」と呼びかけられる如来の本願の中に在るのであります。キリスト教を信ずる人たちも、共産主義を信ずる人たちも、この呼びかけの中にあるのです。

親鸞聖人は、人が人を支配する封建制度の只中にあって、一切の人間支配を粉砕《ふんさい》し、人間が人間を支配し、主義が主義と対立し、信仰が信仰と相争わねばならぬ根本の原因は、如来を疑う罪によることを示し、如来を信ずることこそ独立自由にいたる唯一の道であることを示し、もって真実の人間解放を成就されたのである。

人間の歴史は、封建社会から近代社会へと大きく展開した。しかし人間支配は形を変えて依然として続いている。金銭による支配、主義による支配。しかしいかなる人間も、畢竟《ひっきょう》は人間に支配されることはできないのであり、また支配することもできないのである。なぜならば、この世界は人間によって在《あ》るのではなく、如来によって在るからであります。

この世界は如来によって在る、という自覚の一念に開かれる世界が、浄土である。浄土の発見は、如来聖人が我らに与えたもうた無上の贈り物であり、最上の恩徳であります。この如来聖人の恩徳に浴する者は、聖人の前に合掌礼拝せずにはいられない。「弟子一人ももたず」と仰せられた聖人を合掌礼拝せずにはいられないのであります。もはや真宗門徒としてではなく、信仰篤き者としてでもなく、凡《ただ》の凡の人間一人が、聖人の広大な恩徳の前に頭を下げずにはいられないのであります。

願力無窮《がんりきむぐう》にましませば　罪業深重《ざいごうじんじゅう》もおもからず
仏智無辺《ぶっちむへん》にましませば　散乱放逸《さんらんほういつ》もすてられず

〔『正像末和讃』聖典五〇三頁〕

すでにこのお言葉を聞いてしまった我われは、もはやどこへ逃れ行くこともできないのであります。我知らず如来の胸に摂め取られている我われであります。

釈尊の生涯を想い、聖人、先生の生活の姿を想い、ひるがえって私自身の生活を想う時、もはや生きる資格なき自己を見ないではいられません。獅子身中の虫として、仏法の中に在りながらその生活そのものによって仏法に背いている自分を見ないではいられません。しかし、死ぬこともできない私は、「汝《なんじ》一心に正念《しょうねん》にして直ちに来《きた》れ」〔『教行信証』「信巻」聖典二二〇頁〕のお言葉に呼び覚まされて、泣きながら、恥を忍びながら、もだえながら、願作仏心、度衆生心の如来の大行《だいぎょう》に奮《ふる》い立たずにはいられないのであります。倒れても倒れても、この願いに奮い立たずにはいられないのであります。

〔第三十七号・一九五七年十一月号〕

＊　＊　＊　＊

先日、来朝したネルー首相を囲んで、阿部能成、笠信太郎、松岡洋子の諸氏との座談会が、NHKからラジオとテレビで放送された。種々感ずるところがあったが、最も深い感銘を受けた言葉は、阿部氏がソ連の政治について論及し、共産主義批判の言葉を洩《も》らした時、ネルー氏が語った「他国の政治について批判するのは僭越《せんえつ》である」という意味の言葉であった。

正しいもの、真実なものはそれ自身力をもち、それ自身発展し、それ自身平和を形成していくのである。しかし、まず他者の批判から始めて正しいものを導き出そうとする方法からは、結局何ものも生まれないのではなかろうか。大切なことは、批判すべき相手の悪に破られることのない自らの内なる真実を見出し、表現し、形成していくことである。

ネルー氏が語るごとく、我われは「混乱した時代の中に生きる混乱した人間」である。我われはいま、現に日本に与えられた真実のすがたを把握するのに精一杯なのではなかろうか。我われは他国を批判する前に、まず日本の真実を表現せねばならぬのである。

各々の個人が全体の中で果たすべき自己の役割を与えられているごとく、各々の国は世界の中で果たすべき役割を与えられている。だから他国を批判するのがまちがっているのと同じく、他国の尺度をもって自国を批判するのもまちがっている。

それならば日本が世界の中で与えられた役割は何であろうか。それを見出すべき方向は、日本という特殊な国家の中に、普遍的な、世界性のあるものを見出すことである。それでは日本の中にある世界性は何であろうか。それを表現する第一のものは、聖徳太子の『十七条憲法』であり、第二に親鸞聖人が開顕された浄土真宗である。そして両者を貫く根本のものは信である。「其《そ》れ善さ悪《あ》しさ成敗《なりならぬこと》、要《かなら》ず信《まこと》に在り」［聖典九六四頁］と憲法第九条に語られてあるごとく、両者を貫くものは信であり、真理と利益との一致である。『阿弥陀経』には、「我この利を見るがゆえに、この言《ごん》を説く」［聖典一二九頁］とあるように、真理が我われを利するのであり、ただ真実のみが我われを救うのである。想えば近代世界の悲劇は宗教と政治が分離し、真と利を分離したことである。そのことによって我われはついに我われを利するものが実際何であるかを見失わんとしつつあるのであり、哲学者は理念の現実性を信じきれないでいるもののようである。このような現実こそ、我われを日本の歴史の流れの底にある、真と利の一致という信の心へと向かわしめるのであり、また過去は常に現在における過去であるとするならば、真と利の一致こそ、我われが表現せねばならぬ現在の日本の真実のすがたではなかろうか。

なるほど日本は大きな戦争をした。そして敗れた。そのことに対して世界は日本を裁いた。しかし、その事実をとおして自己自身で日本を裁く者は必ず、和の国の日本、真と利の一致という信仰に生きる日本を見出さないではいられないのである。

〔第三十八号・一九五七年十二月号〕

＊　＊　＊　＊

「世尊よ、貴方は、今日、何が故に、こんなにも、にこやかな、晴れ晴れとしたお顔をしておいでになるのですか」という阿難のこの一つの問いから『大無量寿経』が説き出される。この阿難の問いから全仏教が開展する。その日の釈尊の顔が阿難を心の底から揺り動かしたのである。「生希有心《しょうけうしん》とおどろかし」〔『浄土和讃』聖典四八三頁〕たのである。

「何が故に」という阿難の問いを、「衆生を愍念《みんねん》して」〔『無量寿経』聖典八頁〕と釈尊は応えられるのである。

にこやかなお顔。あるいは自分の一つの苦悩。それを「何が故に」と、どこどこまでも尋ね求めるならば、自分に与えられたわずかばかりの生活の事実に深く深く沈潜していくならば、一人の人間が真実にその時代に生き切るならば、世界はまさに感動するのである。

一人成仏の時、全世界の人びとが救われるとは仏陀の教えである。なんという不思議、なんという驚きであろう。

この教えの前に、この驚きの中に、全身心を投げ入れよ。

その時、世界は一つに溶け合うて、ただ、阿難が観たあの同じ釈尊のお顔が、晴れやかに、光り輝いているばかりである。

そこから生活が始まる。一人成仏の願に貫かれた生活が始まる。如来の本願と溶け合うた衆生の本願の生活が開展しくるのである。

〔第三十九号・一九五八年一月号〕

＊　＊　＊　＊

明日死することを想って生きる今日一日は、こんなにもすがすがしく心地よいものであったのか。
人間の偉大さは、実に自分が死ぬことを知っているということの中にあるのではなかろうか。明日死ぬことを前提として、自分の一々の行為について、それが何の役に立ち、どんな意味があるのかを一々実験してみるとよい。そうすれば、嫌でも、自分の一番大事なもの、自分が一番好きなこと、自分が一番欲していることが、さまざまな思い患《わずら》いを突き破って、胸の奥から迸《ほとばし》り出るに違いない。
お前の一番好きなことは何か
お前の一番大事なものは何か
お前の一番欲しいと思っているものは何か

死は、絶えずそれをお前に呼びかけている。

［第四十号・一九五八年二月号］

＊　＊　＊　＊

その昔、ギリシアの哲学者は昼のさ中に提灯《ちょうちん》をつけて、「人間はいないか」と言って探し歩いたと伝えられている。

人間とは何であるか。それには古来さまざまに答えられてきた。火を使うもの、考えるもの、言葉を話すもの、等々。しかし、「人間とは苦悩するものである」ということこそ、最も根源的に把握された人間のすがたではなかろうか。

与えられたままのものに安らうことができないで、人間は人間であることに苦しむ。

この苦悩は人間の本質に属する故に、苦悩から脱れようとする努力はまた新しい苦悩を生む。

近代の多くの人たちは、この苦悩の中に生きることを人間としての誠実さであると思った。外の人たちは苦悩に眼をふさいで知らぬ顔をした。

ただ、苦悩は正法誹謗《しょうぼうひぼう》より生ずるということを聞信した者のみが、その苦悩をとおして世界に満ち満ちている如来の活動を讃嘆《さんだん》する。

［第四十一号・一九五八年三月号］

＊　＊　＊　＊

四月八日は仏陀誕生の日である。

しかし、もし釈尊が悉達多《しっだった》太子としてとどまり、主の後を継いでいたもうたならば、三千年の後の今日に至るまで、我われがその誕生の日を記念する仏陀とは成りたまわなかったであろう。

四月八日を人類にとっての記念の日となしたものは、実に釈尊の正覚であった。釈尊正覚の時、太子悉達多の誕生日は仏陀生誕の日となった。

人は時の流れの中に生きる。しかし時は、過去、現在、未来と、ただ直線的に一本筋に流れているのではない。現在の一念はよく過去を変じ、未来を転ずる。それ故、信の一念の時、「無始已来《むしいらい》つくりとつくる悪業煩悩《あくごうぼんのう》」は「のこるところもなく、願力《がんりき》不思議をもって消滅《しょうめつ》」〔『御文』聖典八三四頁〕するのである。一声「南無仏」の時、この世界は直《たた》ちに転じて浄土となる。

我われがいま、謹《つつし》んで仏陀の前に跪《ひざまず》く時、三千年の歴史を飛び越えて、仏陀は私と一つに融け合うてくださるのである。

〔第四十二号・一九五八年四月号〕

二、『香草』巻頭言（二）四十三号～六十六号

一、四十三号（一九五八年五月）～五十四号（一九五九年四月）

＊　＊　＊　＊

苦しみのみがあって、罪の考えがない。まちがいと失敗はあるけれども、責と懺悔がない。これが救わ

れ難い現代ニヒリズムの精神状況である。

新聞は、高校の入試に落ちて自殺した少年のことを報じている。このようなことに、こんなにも自分の生命を粗末にすることが、かつて人類の歴史にあったであろうか。彼の人格の重さが、入試の合否に左右されているとしたら、いったい憲法が保証する基本的人権とは何であろう。それは、もはや外からの保証ではどうすることもできない内部崩壊を始めているのではなかろうか。さらに人工衛星の打ち上げに驚きの目をみはる人たちが、少年自殺の記事をなんの注意も払わずに読み飛ばすとするならば、彼らの頭は確かにどこか狂っているのである。各々の人間が、絶対に掛け替えのない自分の生命を生きることに自ら工夫し努力することを忘却するならば、人類は夜空の星を眺めながら、やがて裂けた大地にのみ込まれて亡んでいくであろう。

では、現代の狂気の病源はどこにあるのか。それは苦悩に対する誤れる解決の仕方の中にある。進歩の思想は、人間の無知、無能、悪、罪を、すべて人間にとってなにか付帯的なもの、変更可能のもの、二次的なものと見做《な》し、したがって、光の存在の証《あかし》であるこれらの人間の暗い影を、余計なものとして捨て去ろうとする。そして影を消すために太陽を殺そうとするのである。彼らは「多幸症」と名づけられる精神病患者にも似て、影なき暗黒の真ん中にいて文明開化を謳歌《おうか》するのである。したがって彼らには真実の苦悩はない。彼らにはただ、自分のつけた勝手な解決には決して従わない現実への呪詛《じゅそ》があるのみである。

苦悩の正しい解決はただ一つある。それは、すべての苦悩は仏智を疑う罪より生ずることを信知して、一切の苦悩の原因を自己一身に引き受けて、太陽の真下に立つことである。極重《ごくじゅう》悪人の私一人が「一念・一刹那《いっせつな》も疑蓋《ぎがい》雑《まじ》わることなき」〔『教行信証』「信巻」聖典二二八頁〕如来の光の前に立つのである。

その時「汝一心に正念にして直ちに来れ、我よく汝を護らん」〔『教行信証』「信巻」聖典二二〇頁〕の声が天より降《くだ》るのである。

この呼び声こそ私の生命である。いかなる困難にも耐えてこの「如来よりたまわりたる生命」を生き抜くところに、「一人の人間の生命は全地球よりも重い」と言われる人間の尊厳は与えられるのである。

〔第四十三号・一九五八年五月号〕

＊　＊　＊　＊

「つまらぬと言うは小さき智慧袋」と一休和尚は言った。すべて存するものには意味がある、ということは古来の賢聖の根本的確信である。

では、我われの苦悩にはどんな意味があるのか。苦しみには我われのまちがいを知らせるという意味がある。我われが苦しむ時、それは常に我われが誤りをおかしている時である。したがって苦悩は、我われを法に背いた生活から法にかなった生活へと導き、主観的な生活態度を客観的な生活態度に転ぜしめる大切な緒《いとぐち》である。このように苦しみの意味を正しく理解した者は、もはやいたずらに苦悩を排除しようとはしない。苦しみを確かに受けとって、それを正しい生活への精進の糧《かて》とする。蓮如上人が「たとえ陰でなりとも自分の悪口を言ってくれ」〔『蓮如上人御一代記聞書』聖典八七八頁参照〕と語られたことを思う。

苦しみは真理に背くことより生ずる故に、苦しみの解決は真理に従うことによってのみ得られる。

苦しみが完全に解決された姿を清沢先生は、「何事でも、私は只自分の気の向こうところ、心の欲するところに順従《したご》うてこれを行うて差支《さしつかえ》はない」〔清沢全集第六巻、一六四頁〕と仰せられてある。

ここにおいて、清沢先生は真理と一つである。「われは如来に成った」と宣せられた釈尊と一つである。清沢先生こそは現代の仏陀である。

苦しい時は清沢先生を想え。

悲しみに沈んだ時には清沢先生を念ぜよ。

生きがいを感ずることのできない者は清沢先生を拝めよ。

釈迦の発遣《はっけん》の声のごとくに、私は常にこの言葉を聞く。

〔第四十四号・一九五八年六月号〕

＊　＊　＊　＊

その人が何者であるかは、その人が何を願って生活しているかということによって決定される。人間が単に在るものであるのではなく、成るものである限り、「願」こそはその人格の核心であり、願の決定は人生における最大重要事である。

幸福を願って生きる者は不幸にあって泣く。

限りなく生きることを願って生活している者は、死の壁にぶつかって絶望する。

浄土を願って生きる者のみが「苦悩を受けしむとも、もって苦とせず」「無常の身を捨てて常身を得」〔『教行信証』「信巻」聖典二六五頁〕、この世に自己を妨げる何ものをも見ない「無碍の一道」を歩みつづける。

〔第四十五号・一九五八年七月号〕

釈尊は涅槃の時にのぞんで、「自己を灯とせよ、法を灯とせよ」と仰せられた。

＊　＊　＊　＊

親鸞聖人はこの真実の「自己」と「法」とを、「南無阿弥陀仏」と開顕され、ことに「信巻」において『涅槃経』の文を引いて、「この人の信心、ただ道ありと信じて、すべて得道の人ありと信ぜざらん、これを名づけて『信不具足』とす」〔聖典二三〇頁〕と仰せられ、自力の信と他力の信とを明確に区別された。

実に自力の信を最後に断ち切るものは得道の人である。

暁烏先生は、この世を去るにあたって、我われに臘扇堂《ろうせんどう》を残された。

ここには、最も明確に「南無阿弥陀仏」の姿が顕されている。浄土の真実を顕す教行証は端的に臘扇堂の中に在る。

我われは臘扇堂の在る限り、「浄土《じょうど》の真宗は証道いま盛《さかり》なり」〔『教行信証』「後序」聖典三九八頁〕と言うことができる。

宗教の世界にはマーシャルプランも多数決もない。信の世界にはこの世のいかなる証拠も何の役にも立たぬ。

ここに、臘扇堂が与えられて在る限り、世界の混乱は世界の責であり、すべての私の苦悩は私の罪である。

大切なことはただ一つ、臘扇堂の前に跪くこと、臘扇堂の精神に眼を開くことである。

〔第四十六号・一九五八年八月号〕

自由を求めている人は数多いけれども、自由である人はまことに稀《まれ》である。

本来自由である人の交わりであるべき民主主義の社会も、いつのまにか自由を求め合う人びとの交わりに変わってしまった。

自由を求め合うことが民主主義であるとするならば、民主主義社会とは大変不自由な社会である。

このような自由を求め合う態度が発生してくる根本には、自由は何よりもまず精神の事柄であり、次に自由は具体的な一人の個人に関わるものであるという、自由の本質に対する認識の欠如《けつじょ》がある。自由が個人を離れ、精神を離れて論じられる時、自由はいつのまにかひとつの偶像となっている。

真実の民主主義社会を形成すべき使命を帯びた現在の日本にとって、最も大切なことは、自由である個人が、一人ひとり、誕生することである。

〔第四十七号・一九五八年九月号〕

＊　＊　＊　＊

九月十一日、勤評問題をめぐっての衆議院文教委員会の中継放送を聞いていた私は、はるかに千五百年の昔、蘇我《そが》氏と物部《もののべ》氏との権力争奪の場の真ん中に身を置いて、深くこれを越える道を思念され、十七条の「日本国憲法」を制定された聖徳太子を切に偲《しの》ばずにはおれなかった。

この日の衆議院第三委員室は、あたかも世界を二分する米・ソのイデオロギーの対立、およびそれに伴う権力の争奪を目の当たりに見せつけるもののごとくであった。政府・与党は法という名の権力を、野党・日教組・全学連は自由の名による暴力を、各々の砦《とりで》として戦おうというのである。泥沼闘争といわれる勤評問題は、どこにも打開の道を見出すことができないかのようである。

我われは好むと好まざるとにかかわらず、この歴史的現実の中に生き、この問題の解決を迫られているのである以上、一歩深くこのような現実の生まれ出てくる原因を問わねばならぬ。現在、何故に法が権力の道具となり、自由が暴力と結びつくのであるか。人間が人間を信ずることができない故である。なぜ、人間を信ずることができぬのであるか。「共に是《こ》れ凡夫《ただひと》ならくのみ」〔『十七条憲法』聖典九六五頁〕の自覚を欠く故である。

「凡夫」の自覚は人間の救いを成就する。人間の救いは「心」（『十七条憲法』第十条）の放下《ほうげ》によって成就する。心の放下は、正解を統《す》べるものは我でもなく他人でもなく、権力でも思想でもなく、世を超えて世に満つる「信《まこと》」（『十七条憲法』第九条）であるとの「信」によってのみ成就する。

憲法が人間の救済の表現である時、我われはこれを貴び、その前に謹《つつし》まざるをえない。憲法が人間の救いを内容とする時にのみ、憲法はそれに属する諸法律が正しく実現されうるための現実的根拠を与えうるのである。憲法が最高法規として、ただ諸法規を規定する形式的根拠を与えるのみのものであれば、どうしても法は権力と結びつかざるをえない。この意味において、太子の制定になる日本国憲法こそは、まさしく法が実現されうるための現実的根拠を顕すものである、と言わねばならぬ。我われは国の法律が、対立する権力の勝敗によって決定され、実行されることに耐え難い苦悩を感ぜずにはいられない。いまこそ歴史的現実そのものが、太子の制定になる「日本国憲法」の真精神を説き明かすべき時である。

〔第四十八号・一九五八年十月号〕

＊　＊　＊　＊

「信」という字はまた「まかす」と読む。

「如来様が好《よ》きようにしてくださる」とは、他力の信に安んずる者の日常の覚悟である。

この言葉が、暴風雨のような歴史の流れの中にあって、「陥《くぼ》み下《くだ》ること四寸（陥下四寸《かんげしすん》）」〔『無量寿経』聖典四二頁〕と言われる悠々の歩みを歩みつづける勇気と、自分の心の中に閉じこもって安逸《あんいつ》をむさぼろうとする迷心を打ち破る澄《す》んだ眼とを、我われに与えてくださるのである。

「如来様が好きようにしてくださる」

この言葉を、いくどか師匠から私は聞いた。私がさまざまな困難にぶつかった時、この言葉が私の口をついて出る。その時、私の心に光が射し、私は困難を静かに受けとる。困難を静かに受けとる時、打開の道は自《おの》ずからに開かれてくるのである。

〔第四十九号・一九五八年十一月号〕

＊　＊　＊　＊

時は、生きている。

時は、時計や年代表ではとても把握することができない。

時は、やっと耐えてきたあの苦しい日々の生活を甘い想い出に変える。

しかしまた時は、一刻一刻にお前の死を告知する。

時というこの不思議な生きもの、それが原爆の廃墟《はいきょ》に一本の雑草を芽生えさせ、たちまちそこに大都会を建造する。あるいはまた、時は、やがて全地球を一つの流れ星と化する。

いかなる英雄も、時との戦いに勝った者はいない。我われのできることは、ただ時を時として知ることである。そして決して理想的共産社会の実現というような、とんでもない夢を見ないことである。

ロシアの詩人は「人生の幸福を味わい尽くすためには一日で十分である」〔ドストエフスキイ『カラマーゾフの兄弟』第六篇「ロシアの僧侶」、第二「故大主教ゾシマ長老の生涯」による〕と言った。まことにそのとおりである。なぜならば、今日一日は、昨日と明日の間の今日ではなく、ただ一度限り無量寿如来から賜わったこの一日であるのだから。

〔第五十号・一九五八年十二月号〕

＊　＊　＊　＊

親鸞聖人の七百回忌が後三年に迫ってきました。

如来《にょらい》大悲の恩徳《おんどく》は　身を粉《こ》にしても報ずべし
師主《ししゅ》知識の恩徳《おんどく》も　ほねをくだきても謝すべし

〔『正像末和讃』聖典五〇五頁〕

素直に恩を受ける生活は豊かである。
己を忘れて恩に報いる生活は充実している。

親鸞聖人のこの身いっぱいの報恩の詩は、また聖人の歓喜あふれる生活の詩であります。我われの生活が、何かのためにする生活、すなわちあらゆる生活が手段となり、「枯渇《こかつ》の凡悪《ぼんあく》」〔『御伝鈔』聖典七三一頁〕といわれるように、常に飢え渇いて何ものかを追い求める生活から解放され、それ自身で充実した生活となるのは、実にこの恩を受け、恩に報いる生活においてであります。

我われは、各々の持ち場において、全力を挙げて聖人の七百回忌をお迎えしなければならぬ。

そして不思議なことには、「全力を挙げて聖人の七百回忌を迎えねばならぬ」というこの思いが、我われの心を高貴なものとなし、その願いの実現へと一歩一歩生活が進みゆく時、喜びが内から湧いて出るのであります。

［第五十一号・一九五九年一月号］

＊　＊　＊　＊

「窮鼠《きゅうそ》猫を嚙《か》む」という。猫が鼠《ねずみ》を食らうというのは常識の世界である。いよいよとなれば鼠が猫を嚙むのである。

思えば我われの生活は、猫の前の鼠のようなものではなかろうか。貧困におびやかされ、名誉が失われることを恐れ、隣近所になにか言われはせぬかとおずおずと生きている。実存主義の哲学者たちが「限界状況」とよんでいるようなものに取り巻かれて、我われは額にしわを寄せ、あるいは憎悪に眼を輝かせ、あるいはなにかしら浮かぬ顔付きで、この貴重な一生をついうかうかと過ごしてしまうのである。

我われの利口な理智は、鼠が猫を嚙み切るこの不可思議を信じようとはしない。

しかし、一度我われが自己の存在の尊厳を自覚する時、この小さな一人の人間の魂が、十重二十重《とえはたえ》に取り囲む人世の重圧を一瞬の中に断ち切るのである。

君は時代の混乱を歎くのか。ではソクラテスの時代を思い起こすがよい。

君は闘争の世を逃れんとするのか。ではただ一人聖徳太子に参ずるがよい。

貴方は老の身の無力をかこちたもうのか。では八十歳の釈尊のあのにこやかなお顔を念ずるがよい。

よき人はこの世に在るのである。
一切の思い悩みを切り捨てて、そのよき人の許《もと》へ往こう。

〔第五十二号・一九五九年二月号〕

＊　＊　＊　＊

原始民族は貧乏を知らない。なぜならば彼らは富貴ということを知らないから。

仏教は厭世《えんせい》教だという。確かにそのとおりである。しかし厭世の根底には、この世のすべてを厭《いと》わずにはいられないほどに、尊く、逞しい心が漲《みなぎ》っているのである。世を厭う心は、世を尊び世を愛する心の極限である。厭世は何ものにも増して積極的な人間の行為である。だから世を厭う心をさらにその底へと突き抜ける時、そこにはすべての人を仏と尊び、仏と拝む広大な心が脈打っているのである。

「嘆仏偈」には、「十方世尊」というお言葉がある。「十方衆生」の中に「十方世尊」を見る。その時我われの生活全体が仏道修行の道場と転ずるのである。「十方衆生」の中に「十方世尊」を拝む。そこから我われの仏道修行が始まるのである。

〔第五十三号・一九五九年三月号〕

＊　＊　＊　＊

世尊よ
私は何もかも厭になりました
何をするのも煩《わずら》わしく
生きていることそのことが辛いのです

そうか　と世尊はおっしゃった
安心するがよい
お前はなんにもしなくてもよい
お前は生きても死んでもよいのだよ

ちっぽけな私
梅の香を秘めた初春の大気に包まれて
私は小さな悲しいそれでいて
満ち足りた自分になった

［第五十四号・一九五九年四月号］

二、五十五号（一九五九年五月）〜六十六号（一九六〇年四月）

＊　＊　＊　＊

我われがどこから出発するかということは重要なことである。なぜならば、出発はすでに同時に終着点を孕《はら》んでいるからである。

我われの終着点が死であるとすれば、そのことが逆に我々の生が「死への生」として、死は彼方にあるのではなく実は生のこちら側に、生のふところの中にあることを指し示す。

我われは、単純に生と死とを対立する反対物として考えている。そこから死を厭い生を願う心が生まれる。しかしこのような死や生は考えられた観念に過ぎない。現実の生は、常に「死への生」として、「生死」として死を中に含む生である。

かくして人類の歴史は生死の歴史として、それは苦悩の歴史である。限りなき繁栄の歩みは、その前進の出発点において破滅の核を秘めているのである。

このようにして終わりを見てしまった者は、どこへ出発するのであろうか。彼はどこへも出かけることはできぬ。彼はただ現在の自己の奥底《おうてい》へと沈下《ちんか》していくのみである。あらゆる自己の外にあるものに対して無関心となった彼は、ひたすらなる自己沈下の果てにおいて、生死の歴史を超えていまもなお生きつづけている一人の人に出会うのである。その人の名は、「世自在王仏」と名づけられている。「在世自在王仏所」〔「正信偈」聖典二〇四頁〕と言われるごとく、彼は自己の生死の底を突き抜けて、世自在王仏のみもとに在る自己を見出すのである。「生死以外に霊存する」〔清沢全集第六巻、三二一頁〕自己を見出すのである。そしてそこにおいて彼は限りなき生への出発点を見出す。彼は終わりを踏み超えた生命を得るのである。そしてその生命が、苦悩の歴史の真ん中をひとすじに貫いて断えることなく輝き渡るのである。

〔第五十五号・一九五九年五月号〕

＊　＊　＊　＊

六月六日は清沢先生の臘扇忌である。

先生は法名を「信力院釈現誠《げんじょう》」と申しあげる。

そのみすがたもかんばせも

言葉も文もまことてふ
言にふさはぬところなし
まことは先生の名なるかな

［暁烏全集第二部第十巻、二一五頁］

と、「臘扇堂讃頌《さんじゅ》」に讃えられてあるごとく、「誠」は清沢先生の名であります。その名が我らの無上の信心を発起せしめる。その名はすべての時代を貫き、万人の心を結ぶ。まことに清沢先生の名は、如来の真実を現わす名号であり、やがてそれは私自身の真実の自己の名であります。


一切の思い煩いを捨てよ。

不断に降りそそぐ如来の誠に、いま、ここで眼を開け。

そして何の理屈もなく、無条件に清沢先生のお体を拝み奉ろう。

［第五十六号・一九五九年六月号］

＊　＊　＊　＊

我われはどこに立っているか。自分の立っている場所、自分の在り場所を明確にしなければならない。我われが世俗の立場に立っているならば、いかに仏法について語られようとも、それはやはり世俗のことである。逆に、我われが一度《ひとたび》仏道に立つ時、すべての世俗の営みは仏道に転じるのである。

世俗を捨てて仏道に立て。

これは我らに対する無上命令である。

では、我らが仏道に立つとはいかなることか。それは「帰命無量寿如来」と言われるごとく、病気の平《へい》癒《ゆ》や長寿法を願求《がんぐ》する心を捨てて、自己の内なる永遠の生命に目覚めることである。「南無不可思議光」と言われるごとく、二人だけの閉ざされた平和や、一つの階級を亡ぼすことによって成立するような平和をすべて闘争の一形式と観じてこれを捨て、万人がそこにおいて休らうことのできる唯一の平和の国、無量光明土に往きて生まれることである。

世俗をすてて仏道に立て、

そこに立って我らは初めて生きるのである。

〔第五十七号・一九五九年七月号〕

＊　＊　＊　＊

暁烏先生は臘扇堂の建立にあたって率直に自己の心を表白されて、次のように語っておられます。

私がこの世に誕生したのは、先生を拝み、先生を讃嘆するためであるとしか思われません。

〔暁烏全集第三部第五巻、三五〇頁〕

『大無量寿経』が世尊に対する阿難の礼拝《らいはい》・讃嘆に始まるごとく、法蔵の本願建立の根源が、師匠・世自在王仏への礼拝と讃嘆にあるごとく、礼拝・讃嘆は真宗の始めであり根源である。

暁烏先生の生涯の事業は、ただ一人の師を拝み讃嘆することであった。

その先生の礼拝讃嘆によって、私たちがそこにおいて仏道を行ずべき場所が開かれたのである。浄土がこの現実世界の中に現われ出たのである。

〔第五十八号・一九五九年八月号〕

＊　＊　＊　＊

二十年、これという波乱もなく過ごしてきた夫婦があった。ある時ふと、「いったい妻は何を考えて毎日を過ごしているのだろうか」という疑問が夫の心に浮かぶ。こんな一節が井上靖の小説にあったことを記憶している。

この問いが一度我われの心に浮かぶ時、我われが自分の両親に対し、子どもに対し、友人に対して、いかに無責任な交わりをしているかに気づくであろう。「それはこの女に対する異常に強烈なしかも純潔な好奇の感情であった」〔『カラマーゾフの兄弟』第七篇アリョーシャ・一本の葱〕とロシアの詩人が愛の精髄《せいずい》を表現している。「貴方は何を考え、何を一番大切にし、何を信じて生きておられますか」。これは二人の人間が向き合った時、その瞬間に二つの存在と存在とが交す挨拶である。この挨拶に答えること、そこに我われの交わりにおける精進がある。この問いを受け、この問いに答えていく。その時、我われの交わりは自由を獲得する。

〔第五十九号・一九五九年九月号〕

＊　＊　＊　＊

中国の聖人は、天下国家を治めるのにまず自分一人を治めることから始めた。あまりにも社会的政治的な関心に支配されているある種の現代人にとって、それはまるで夢のようなことである。観方《みかた》を一転しよう。そうすれば、自分一人が治まらぬ人間が国家社会を治めようとするのは、なんと馬鹿げた悪戯《いたずら》であることがわかるではないか。もちろん、個人と社会を分離して考えてはいけないと、多くの人が教えるであろう。しかし我われが実践の場に立つ時、自分からか社会からか、その一つを選び取らねばならぬ。

私は自己一人から始める道を選ぶ。

もし、では君は社会の問題をどのように解決するのか、と問う人があるならば、私は『論語』の次の言葉をもって答えよう。

死生、命有り、富貴《ふうき》、天に在り。君子（自己を）敬《つつし》みて失なく、人と与《まじ》わり恭《うやうや》しくして礼あらば、四海の内皆兄弟たらん。［顔淵篇］

［第六十号・一九五九年十月号］

＊　＊　＊　＊

「我に信心あり」と言う者は、如来を食いものにしている甘ったれの悪魔である。

「我に信心なし」と言う者は、あえて如来から眼をそむけている傲慢《ごうまん》の外道《げどう》である。

我に信心があるかないか、そんなことを考えるいとまもないほどに、切実に真実信心を求めいく者、その人こそまことの信心の行者ではなかろうか。

すでにある者はもはや求める必要がない。いまだない者こそ求めるのである。しかし、さらに一歩深く考えるならば、いまだない者にどうして求めるということが起きうるのであるか。いまだない者には求めることはできない。すでにある者にして初めて求めることができるのである。まことに「求道すでに道」［宮沢賢治「農民芸術概論綱要」］である。

しかして、「求道すでに道」という言葉は、自己はそのままで自己で在るのではなく、刻々に自己と成らねばならず、自己が在って道を求めるのではなく、求道という行為をとおして、初めて自己は自己自身で在ることができるのだと、我らに語りかけているのである。

［第六十一号・一九五九年十一月号］

＊　＊　＊　＊

一個人の家庭の不和と国際戦争と、どちらが大きな問題であるか？　それはいうまでもなく国際戦争である、と答える人があるかもしれない。しかし、「そこには平和がない」ということに関しては、一個人の家庭の不和も国際戦争もまったく同じことである。

問題をどこで把握するか。汝はいかなる立脚地に立っているか。これが重要問題である。

真実の宗教は、汝が貧窮《びんぐ》であるか富貴であるか、才能があるかないか、善人であるか悪人であるかを全然問題としない。

それはただ、汝の心は明るいのか、汝は自己自身に満ち足りているのか、と問い続けるのである。

［第六十二号・一九五九年十二月号］

＊　＊　＊　＊

獅子は生まれた我が子を千尋《せんじん》の谷に突き落とすという。
如来の本願は我を地獄の底へと突き落とす。
そして、「そこを動くな」と命ずる。
南無の座に不動の姿で立て！
その時、光は十方に満ちて在る。
苦難を逃れんとする時、苦難がお前を捉《とら》えるのだ。
苦難を解消せんとして、人は無気力に沈み、あるいは感傷的な嬉しさに酔う。

それが苦難を解消せんと志向する限りにおいて、マルクス主義からある種の新興宗教にいたるまで、それらのすべてを同一のもの、すなわち外道として一蹴《いっしゅう》せよ。

真実の宗教が教えるものは苦難を解消する道ではない。

真実の宗教、すなわち仏道が成就することは、苦難を超えることである。

阿闍世《あじゃせ》太子が、我ら「一切、五逆を造る者」「煩悩等《ぼんのうとう》を具足せる者」〔『教行信証』「信巻」聖典二五九頁〕を代表し、世尊の御前に真実信心の相を表白せる言葉に聞け。

曰く。「世尊、もし我審《われあきら》かによく衆生《しゅじょう》のもろもろの悪心を破壊《はえ》せば、我《われ》常に阿鼻地獄《あびじごく》に在りて、無量劫の中にもろもろの衆生《しゅじょう》のために苦悩《くのう》を受けしむとも、もって苦とせず」〔『教行信証』「信巻」聖典二六五頁〕と。

なんという不思議であろう。経典は続いて「その時に摩伽陀国《まかだこく》の無量の人民《にんみん》、ことごとく阿耨多羅三《あのくたらさん》藐三菩《みゃくさんぼ》提心《だいしん》を発《おこ》しき」〔『教行信証』「信巻」聖典二六五頁〕と記しているのである。

〔第六十三号・一九六〇年一月号〕

* * * *

すべての人が幸福を求める。

けれども、幸福とは何であるかと改めて尋ねてみると、答はなかなかみつからない。このことはよくよく考える必要のあることであろう。しかし、いま私は「幸福」にかりその定義を与えてみよう。

幸福とは御恩を感ずることができることである、と。

一組の夜具は身を温めてくれる。その夜具に御恩を感ずる人には、それがまた心をも温めてくれる。それが羽根蒲団《ぶとん》であろうとせんべい蒲団であろうと、御恩を感ずることのできる人には、寝ていることそのことが幸福である。

一度の食事は空腹を満たしてくれる。その食事に御恩を感ずる人には、それがまた満足の心をも与えてくれる。それがおいしいものであろうとまずいものであろうと、御恩を感ずることのできる人には、いま一飯《いっぱん》の食が与えられていることが幸福なのである。

そして、自分が生きていることに御恩を感ずることのできる人には、生きていることそのことが幸福である。

［第六十四号・一九六〇年二月号］

＊　＊　＊　＊

貧しさの中にこそ真の豊かさがある。

それが才能の貧しさであろうと金銭の貧しさであろうと。

貧しさを克服する道は二つしかない。第一の道は貧しさをなくして豊かになろうとする道であり、第二は貧しさの中に豊かさを見出す道である。第一の道は時間がかかる不確実な道であり、第二の道は迅速《じんそく》にして確実な道である。

貧しさは、一般にはいつでも二重の貧しさである。第一に、貧しさは何かが欠けているという意味で貧しさであり、第二に、その何かが欠けていることに耐えることができないという意味で貧しさである。

しかし、もし我われが何かが欠けていることに耐えることができるならば、その時には、何かが欠けているという意味での貧しさはかえって豊かさの表現となり、積極的なものとなる。釈尊においてもソクラテスにおいても、貧しさはある積極的な豊かさの徴《しるし》であった。

見よ、その前ではいかなる人間的な豊かさも貧しく思われるほどに豊かな釈尊の貧しさを。

［第六十五号・一九六〇年三月号］

＊　＊　＊　＊

釈尊正覚の時、光が十方に輝きわたり、それまで暗黒の中に蠢《うごめ》いていた者たちが、「このところにも衆生あるか、このところにも衆生あるか」と互いに呼び交わし、驚き合ったと仏伝は記している。

憶えば、信心は光である。信心は我われをいままでまったく知らなかった秩序の中に移し置く。信心の光が映し出す世界は、すべてのものがそのままに充実し満ち足りている世界である。そしてこの世界が日常の我われに呼びかける声は、「汝、何の不足かある。もし不足ありと思わば、これ汝の不信にあらずや」［清沢全集第六巻、三二一頁］という言葉である。

我われは、いつでも、どこでも、いかなる状態にあっても、如来を信ずるただその一事によって、十分の満足を得ることができるのである。それ故、もし不満足な生活を営んでいる人があるならば、その人は仏智を疑う罪人である。もし苦しみの日々を送っている人があるならば、その人は仏智疑惑の罪の罰を受けている人なのである。

我われのあらゆる苦悩の原因は、畢竟ただ一つしかないのである。それは仏智を疑うということ、刻々に如来の実在を拒否しつづけているということである。

［第六十六号・一九六〇年四月号］

三、『香草』巻頭言（三）六十七号〜九十二号

一、六十七号（一九六〇年五月）〜七十八号（一九六一年五月）

＊　＊　＊　＊

人は自我との闘いを忘れる時、他人と闘わねばならぬ。

初めに自己の主張を正しいものと前提するのであるならば、結局は権力の闘争とならざるをえない。相互に話し合いができるためには、いつでも厳しい自我否定の訓練が必要である。

現代の日本の政治が自我否定の精神をどのように表現するかは、日本の民主主義の死活の問題であろう。真実の平和は自我否定をとおしてのみ実現される。

〔第六十七号・一九六〇年五月号〕

＊　＊　＊　＊

『絶対他力の大道』を一貫して流れる精神は、「独立自由の大義を発揚《はつよう》する」〔清沢全集第六巻、一一二頁〕ということにある。

歴史的・社会的に限定されたこの現実の只中にあって、独立人として自由人として生きること、そこに日常の生活そのものとなった具体的な真実がある。

その真実の生活が始まる根本の事実を、清沢先生は「妙用乗托《みょうゆうじょうたく》」として示される。けだし「妙用乗托」とは真実そのものが生活することに外ならない。

憶うに、人間は世界の一部ではない。一人の人間は世界の全体との関わりの中においてある。人があって世界と関わるのではなく、世界との関わりの中にこの一人が成り立っているのである。それ故、一人の信心は万人の信心の結晶である。一人の独立は万人の独立の徴《しるし》である。さればこそ、一人が「独立自由の大義」に生きる時、世界はその徳に従って転ずるのである。

世界平和の実現というこの人類の課題に、平常の生活の一歩一歩の歩みを独立人として、自由人として生きることの中に応えていく。それは一見些細《ささい》なことのように思われるかもしれない。しかし、それこそ人類の課題を自分の生活と一瞬も離すことのできないものとして担うことに外ならない。

〔第六十八号・一九六〇年六月号〕

＊　＊　＊　＊

我われは、一か月の後に暁烏先生の七回忌を迎えようとしている。そして、いま、この七年の歳月があの先生のにこやかなお顔から、力に満ちた深い静かなあのお声から、我われを遠く距《へだ》ててしまったという事実に、もはや悲しむこともできない虚《うつ》ろな心をもって直面せざるをえないのである。

しかし、なぜ、先生は亡くなったのであろうか。人の世の運命と、ある人は答えるであろう。にもかかわらず、私は問う。「なぜ、先生は亡くなったのであろうか」と。憶えばこの問いに応えるために七年の歳月は私に与えられていたのである。そしていま私に与えられた応えは、「私一人《いちにん》が真に死にたもうことなき先生に会うために」ということであった。先生は、私が真実の先生に会うことのできるために示寂《じじゃく》したもうたのである。

見よ、釈尊滅後一千年、天親菩薩が「世尊我一心」と宣《のたも》うた時、釈尊は現に生きているどのような人びとよりも近くに現在したのである。

キルケゴール〔一八一三～一八五五〕は「イエス・キリストとの同時性」こそ最も厳密な意味における信仰の定義であると言った。

瞬時も私を離れることなく現在しまします先生。その先生がこの五濁の世に在って自由自在無《む》障《しょう》無《む》碍《げ》に活動し続けたもうのである。

〔第六十九号・一九六〇年七月号〕

＊　＊　＊　＊

釈尊が我らに与えたまいし遺言は、「一切衆生悉有《しつう》仏性《ぶっしょう》」ということであった。
暁烏先生が我らに与えたまいし遺言は、同じく「皆当往生《かいとうおうじょう》」〔『無量寿経』聖典八四頁ほか〕の一句であった。
親鸞聖人が「六十二見、九十五種の邪道《じゃどう》」〔『教行信証』「信巻」聖典二五一頁〕を仏弟子の中に摂取したもうたごとく、「皆当往生」の一句はよく全世界を仏道の中に摂め取るのである。そして、このことによって仏法は公開され、仏道は万人のものとなった。

いまや、仏法の外にあるものは全世界に一人もいないのである。

もしその人が、自分は仏法の外にあると言い張るのであれば、その人は念々刻々に自分から仏法を投げ捨て、自分から仏法に背いているのである。

現在、人類は「平和と独立」の世界を望みつつも、闘争と依存の世界に蠢いている。その原因はどこにあるのであろうか。それはすでに成就され終わっている平和の世界を見失って、めいめいの空想の中にしかない平和を実現しようとするところにある。我われが自分の空想に固執する限り、敵はいつでも自分の外にいる。而《しこう》して、敵を自分の外にみる、ということが依存するということの意味である。

そうではなく、我われが自分の妄想を打ち破って、すでに成就され終わっている平和の世界を発見する時、自分一人が世界の平和を破っている張本人であることを知るのである。そして、このことは逆に世界平和建立の力を自己一人の中に見出すことである故に、極重悪人の自覚こそはまさに独立者の真のすがたである。

かくして、「皆当往生」の一句は、根源から平和の世界を開示することによって、我らを自由なる人格として徹底的に開放する。そしてこの一句は同時に、世界平和の実現が成るか成らぬかは汝一人の責任であると告げ知らせることによって、私一人の生命の無量の重さを教える。その時、私の生命は平和と独立という人類の願いさながらに限りなき前進を開始するのである。

〔第七十号・一九六〇年八月号〕

＊　＊　＊　＊

孔子は「吾が道は一以て之を貫く」〔『論語』里仁篇〕と言い、あるいは「予は一以て之を貫く」と言った。この「一」とは何であろうか。十方を摂し、三世を貫いて一なるもの、それは何であるのか。

我らの住む世界は分裂の世界である。米ソの対立。ドイツ、朝鮮の分裂。親子の対立。世代の分裂。思想と行動との分裂、等々。いたるところに分裂がある。

ある人びとはこの分裂の世界に住むことの苦しさに耐えかねて、対立の一方の側に立つことによってこの苦しみから逃れようとした。だがそのことによって、分裂はますます激しさを加えていく。また他の人びとはこの分裂の中に身を置きつつも、自分の力で統一を保持することのあまりの困難の故に、いたずらに自らの生命を摺《す》り減らしていく。

この分裂の因はどこにあるのか。私はこの問いに対して、「人間自身が分裂であるが故に」と答える。人間が人間である限り、このように世界は分裂して在る。

この徹見《てっけん》から真実への道が開けくる。人間を動物と区別するのは生物学上の分類に過ぎぬ。その生物学的には同じ人間を、仏と人間とに区別することこそ真実の区分である。この区分を乱してはならぬ。見よ、人間が人間を超えて仏と成るとき、汝は十方恒沙の諸仏如来の讃嘆を聞くのである。

〔第七十一号・一九六〇年九月号〕

* * * *

人間には死よりも苦しいことがある。

他殺者と自殺者とはこのことを我らに語りかけているのではなかろうか。殺してもあるいは死んでもなおそこから逃れないではいられない人間の苦悩とは何であるか。あるいは殺しても死んでもなお成し遂げねばならぬ人間の願求とは何であるか。

ともあれ、清沢先生が「私はこの如来を信ぜずしては、生きても居られず。死んで往くことも出来ぬ」〔清沢全集第六巻、一六二頁〕と言われたこの「苦」に触れずして、いたずらに人生は苦しいと歎くのは、自我の傲慢を情緒のベールで隠す卑劣漢《ひれつかん》の仕業《しわざ》である。あるいはまた、この「苦」に触れずして平和を楽しみ自由を謳歌《おうか》するというも、すべては夢の中の出来事に過ぎぬ。この「苦」が解かれない限り、自由はその中に不安を隠しており、平和はその中に憂愁《ゆうしゅう》を秘めている。

はっきりと眼を開いて、この「生きても居られず。死んで往くことも出来ぬ」人間の苦を見よ。この苦が見られた時、はじめて菩提心は発起する。発《おこ》さざらんとしても菩提心は発るのである。その時、自我は捨てざらんとしてもすたるのである。

浄土の大菩提心がこの我において一念発起するところ、そこに真実の独立があり、そこに真実の平和がある。そしてその一念の信心は「正行《しょうぎょう》」であり、「正業《しょうごう》」である故に、生を超え死を超えてひとすじに仏国土の建設に邁進《まいしん》するのである。

［第七十二号・一九六〇年十・十一月号］

＊　＊　＊　＊

人間とは、自分にとって自分自身が問題であるような存在である。それ故にこの問題が解かれない限り、人間であることは、一人の例外もなく、苦である。いわゆる人間的な喜びも楽しみも苦の一種に過ぎない。夫婦喧嘩から米ソの対立にいたるまで、すべての問題は人間自身が人間にとって問題であることに基づく。それ故に人間生活のあらゆる営みは、それが学問であろうと、商売であろうと、その他何であろうとも、すべては「人間とは何であるか」という瞬時も離れることなく課せられている自分自身への問いに答えようとするはたらきであり、苦からの解脱を願求する行為であり、幸福追求の権利の行使である。

右のような理由により、人種、言語、国家、知能、徳行、その他一切の世間的差別を超越して、しかも人間の構造それ自身に基づいて、ここに人間の根源的区別が成立する。すなわち、「人間とは何であるか」との課題の答えをすでに得た人と、いま得つつある人と、まさに得るであろう人とである。第一の人は「仏」と名づけられ、第二の人は「菩薩」と名づけられ、第三の人は「衆生」と名づけられている。第一の人の住む世界は「常楽清浄」であり、第三の人の住む世界は「常苦穢悪」である。そして第二の人は第一の世界と第三の世界との接点に住み、その人の住む世界は、「苦を受けしむとも、もって苦とせず」〔『教行信証』「信巻」聖典二六五頁〕と言い表わされており、それは「濁浪滔々《だくろうとうとう》の暗黒世裡《せり》にありて、夙《つと》に清《せい》風掃々《ふうそうそう》の光明海中に遊ぶをうる」〔清沢全集第六巻、四一頁〕世界である。

第一の世界を成立せしめているはたらき＝行は「涅槃」であり、第二のそれは「覚」あるいは「信」であり、第三のそれは「無明」あるいは「疑」である。そして「信」は「深心」であり、「深心」の意義は「発大願」と「在必定地《ざいひつじょうち》」〔『十住毘婆沙論』〕をもって表わされるのであるから、親鸞聖人が「弥陀の本願を我等にあたへたまいたるを回向とまうすなり、これを如来の回向とまうすなり」〔『正像末和讃』「如来の回向」左訓、『親鸞聖人真蹟集成』第三巻〕と言われているごとく、我が身の中に発起した弥陀の本願こそ真実信心の内容なのである。

かくして「菩薩」はすなわち「念仏衆生」であり、「念仏衆生」こそは「覚有情」として、人間が人間を自覚した人間であり、真実に人間と成った人間である。それ故に「念仏衆生」は、一切の志願をここに満たされて、自己の中心より湧き出づる大願さながらに、全生命をその大願に乗託してひたすらに自由と平和の国、厳浄《ごんじょう》の仏国土の建設に邁進するのである。

〔第七十三号・一九六〇年十二月号〕

＊　＊　＊　＊

現在からおよそ百年前、マルクスは「共産党宣言」の中で次のように述べている。「ブルジョア階級は、これまで尊敬すべきものとされ、敬虔《けいけん》な畏怖《いふ》をもって眺《なが》められたすべての職業からその後光《ごこう》をはぎとった。かれらは医者を、法律家を、僧侶を、詩人を、学者を、自分たちのお雇いの賃金労働者に変えた」と。

現在からおよそ二千年前、仏陀は次のごとく語られた。「然《しか》るに世人《せにん》、薄俗《はくぞく》にして共に不急《ふきゅう》の事《じ》を諍《あらそ》う。この劇悪極苦《ぎゃくあくごっく》の中において身の営務《ようむ》を勤《つと》めて、もって自《みずか》ら給済《きゅうさい》す。尊《そん》もなく卑《ひ》もなし。貧もなく富もなし。少長男女《なんにょ》共に銭財を憂《うれ》う。有無同然《どうねん》なり。憂思《うし》適《まさ》に等し。屏営愁苦《びょうようしゅうく》して、念《おも》いを累《かさ》ね慮《おもんぱか》りを積《つ》みて、心《しん》のために走《は》せ使《つか》いて、安《やす》き時あることなし」〔『無量寿経』聖典五八頁〕と。

ある意味では、マルクスの言葉は右の仏陀の言葉の最も近代的な解釈である。我らはマルクスが指示した現実のすがたに触れて、もはや、仏教もない、宗教もない、一切の救いから見放された時代の中に、まさに釈尊をして世界の一切に絶望せしめ、道を求めて出家せざるをえざらしめたその時に生きていることを知るのである。

もちろん「人間の品位を交換価値のうちに解消させた」のはブルジョア階級ではない。ブルジョア階級もまたこの救いなき時代の被害者なのである。交換価値のうちに解消されうるものは、もはや「人間の品位」ではない。マルクスは偽りの「人間の品位」をはぎとった。では、真実の人間の品位はどこに在るのか？

それは「衆生《しゅじょう》の貪瞋煩悩《とんじんぼんのう》の中に、よく清浄願往生《しょうじょうがんおうじょう》の心を生ぜしむ」〔『教行信証』「信巻」聖典二二〇頁〕と言われるごとく、苦難に満ちた、不安な、忙しい、この時代の只中にあって、「天地にただ一人」真実を求めて歩みいく者にこそ与えられるのである。

まことに、信心を発すということは「万劫の初事」である。それはいわゆる歴史からも、社会からも学び取ることはできない。一切の対象化を超絶して、それは地底から噴出するのである。それ故にこそ信心は世界転換の軸であり、歴史創造の起点である。

「一花開いて世界起こる」〔『碧巌録』〕と古人は言った。ひとたび信心の発るところ、新しい光の中で世界は躍《おど》る。いままで富と愛とを求めて右往左往していた人びとは、この光の中で一人ひとりが求道者となる。「皆当往生」の願に貫かれて世界は新しい未来を開く。

〔第七十四号・一九六一年一月号〕

＊　＊　＊　＊

その時、釈尊の生涯は終わりに近づいていた。霊鷲山《りょうじゅせん》を下って、北方へ向けて伝道の旅に立たれた釈尊がペールヴァ村まで来たもうた時、仏身に劇《はげ》しい病が生じ、堪《た》えがたい苦痛に襲われたもうた。ただ一人おどおどしながら看病申しあげていた阿難が、「世尊よ、もし比丘《びく》らに言い伝えるべき御遺命《ごゆいめい》がありましたら、承《うけたまわ》りとうございます」と言った。その時、釈尊は次のように語られた。

阿難よ、比丘らはどうして、そんなにこの私にばかり、もたれかかっているのであろうか。阿難よ、私は汝らに対して、内外の秘密なしに、説くべきことは何もかも説いてきたのだ。されば阿難よ、「私は比丘らを率《ひき》いていく教団の統率者である」とは露ばかりも考えたことはない。だから、入滅に際して遺命など、あろうはずはないではないか。

と。そして、釈尊はさらに言葉を続けて、

阿難よ、自らを灯火とし、自らを帰依として、他を帰依としてはならない。法を灯火とし、法を帰依として、他を帰依としてはならない。

と、語られたのである。

釈尊はそれよりさらに北に向かって伝道の旅を続けられ、パーヴァ村で純陀《じゅんだ》という鍛冶工の供養《くよう》を受けられたが、その時召しあがられた食事にあたられた。それでもなお釈尊は病軀《びょうく》をおしてさらに北上したまい、クシナガラの沙羅林《さらりん》に入りたもうた。その二本の沙羅樹の間に、北を枕にして、西面して臥《ふ》したもうた釈尊は、阿難をかえりみて仰せられた。

阿難よ、汝らのうちには「もはや師匠の教を聞くことができない」と思う者があるかもしれないが、決してそのように思ってはならない。阿難よ、さきに私は法（教）と律（掟）と説き示したが、これこそ私の亡き後の汝らの師匠である。

と。さらに、疑あるものはいまのうちに尋ねるがよいと、ねんごろに諭《さと》したまい、最後に、

比丘らよ、ものみなは壊れるものである。されば汝らは不放逸《ふほういつ》に修行せよ。

と誡《いまし》めたもうた。これを地上に残したもう最後のお言葉として、釈尊はいとも寂かに入滅したもうた。ときに二月十五日の黎明、釈尊は御歳《おんとし》八十歳でましました。―以上、舟橋一哉著『釈尊』に依る―

さて、我われはここに、我われにとっては矛盾としか思われない、釈尊の阿難に対する二つの遺命が語られているのを知ることができる。ペールヴァの遺命は、「我に依るな。汝、独立せよ」と告げているもののごとくである。沙羅林における遺言は、「我は法としてまた律として永遠に生きる。されば苦しめる

者たちよ、ひたすらに我に依れ」と告げているもののごとくである。

にもかかわらず「独立せよ」と「我に依れ」とは、二つながら真実の釈尊の遺命である。釈尊滅後およそ一千年、真実の釈尊に遇いえた歓びを「世尊我一心」と表白された天親菩薩を、親鸞聖人は「正信偈」において、「依修多羅《しゅたら》（経＝教）顕真実［修多羅に依って真実を顕して］」［聖典二〇六頁、（ ）内筆者］と讃えられている。「経（教）に依る」は絶対の憑依を意味し、「真実を顕す」は絶対の独立を意味する。そして絶対の憑依はそのまま絶対の独立である。そして、憑依即独立を成り立たしめるはたらきこそ、「絶対無限の妙用《みょうゆう》」として、それは如来の本願であり、同時に「一心」のはたらきである。教に依る外に独立への道はない。「乗托妙用」の外に独立はない。ひたすら絶対無限の我らに賦与《ふよ》せるものを楽しみ往くことの外に「独立者」のすがたはないのである。

我らの師匠、暁烏先生が示寂したもうてからすでに七年の歳月が流れ去った。ある者は「独立せよ」との一方のみを聞いて、「我に依れ」との言葉を聞かなかったのではなかろうか。もしそうであるならば、その人は真実の先生に遇った人ということはできない。また反対にある者は、「我に依れ」との一方のみを聞いて、「独立せよ」とのお言葉を聞かなかったのではなかろうか。もしそうであるならば、その人は真実の先生に遇った人ということはできない。先生は、

伝ふべき我が法もなく弟子もなく高きみ空に星のかがやく　［暁烏全集第三部第五巻、一五〇頁］

と詠《うた》われた。が同時に、

この世にて果さるべくもなき願ひ抱きをればぞわれつねに若し　［暁烏全集第二部第二巻、六二三頁］

と詠《うた》われたのである。御仏《み》も我をも超えて十方三世に貫通する、この「常に若き」先生の生命。それを離れて我らの独立はありえない。

私は臨済と共に問おうと欲う。「その常に若き先生は、いまどこに在しますや」と。そして臨済と共に応えよう。「明らかに知んぬ、我が生死と別ならざることを」と。（仏今何在。明知与我生死不別。）

先生は常に我が中に在り、私が真実を顕すことをいわば強要し続けたもうのである。私が真実を顕す者である時（正定聚之機、念仏衆生）、先生はいま、ここに生きたもう。そして私は独立者として、如来の本願さながらに「常に若き」その生命を生きる。

すでに先生は「この世にて果さるべくもなき願ひ」と仰せられている。この願いに依り、この願いを顕しいくところ、そこにこそ幸いにしてこの世において真実に先生に遇いえた者の本懐があり、生命の躍動があるのである。

［第七十五号・一九六一年二月号］

＊　＊　＊　＊

親鸞におきては、ただ念仏して、弥陀《みだ》にたすけられまいらすべしと、よきひとのおおせをかぶりて、信ずるほかに別の子細《しさい》なきなり。

［『歎異抄』聖典六二七頁］

この言葉に親鸞聖人の安心は最も端的に表白されている。ここには浄土真実を顕す「教・行・信・証」がただ一人「親鸞」として如々《にょにょ》に生きてはたらいている。

「ただ念仏して、弥陀にたすけられまいらすべし」は「教」である。「……とよきひとのおおせをかぶりて」は「行」である。「……信ずる」は「信」である。「親鸞におきては、ただ……別の子細なきなり」は

「証」である。

「親鸞においては」というこの高らかなる名のり、それは「独坐大雄峯」〔『碧巌録』〕とも言いうるであろう。けれども同時に、それは「最後に救われたる一人」の名のりである。それ故にこの名のりは本願それ自身の名のりである。

七百年の間、名のりつづけてきたこの名のりは、否、永遠に名のりつづけているこの名のりは、いま、汝自身の名のりを迫っている。

種々の問題、さまざまな苦悩、それを問題としそれについて苦悩している汝自身は何であるか、それを道《い》え。

本願はすでに、貧富、才能、徳行、などいっさいの人間的状況を超絶し、摂取して、汝自身が真実に生きる道を叫びつづけている。そしてその叫びは、いま、汝に汝自身の名のりを迫っている。

我はいま、一人の師、暁烏先生の御《おん》前に自己を名のろうと欲う。曰く。

生命を捧ぐ、願わくば世界の平和を実現せん。

〔第七十六号・一九六一年三月号〕

＊　＊　＊　＊

我われは本年、親鸞聖人の七百回忌を迎えた。聖人入滅の後七百年の歳月が流れ去った。けれども、我らが無心に聖人の御真影《ごしんねい》の前に跪《ひざまず》く時、聖人は七百年の歳月を超えて、いまここに現在しましますのである。それ故にこの七百年の歳月は、決してすでに過ぎ去った時を意味するものではなく、永久なる聖人の御《おん》いのちが我らに真実の目覚めを与えんとして、この苦難の人類の歴史の只中に修行しましますす不断のはたらきを意味するのである。

聖人の御いのちは「私」の中に、そして「あなた」の中に、現に生きている。そしてこの「仏の御いのち」は限りなく創造するはたらきとして、かえって我らを自己の根源へと還帰《げんき》せしめるのである。それは、

我《われ》世において速やかに正覚を成らしめて、もろもろの生死《しょうじ》・勤苦《ごんく》の本《もと》を抜かしめん。

〔『無量寿経』聖典一三頁〕

という法蔵菩薩の本願、仏・凡夫分の人類の原始の祈願に我を立たしめる。ここにはもはや、いわゆる真宗もなければいわゆる禅宗もない。いわゆる仏教もなければ、いわゆるキリスト教もない。我らはこの原始の祈願、伝統それ自身のもつこの永遠に生産的なる力に乗託して、まことに天地にただ一人しずやかに生きていくのである。

〔第七十七号・一九六一年四月号〕

＊　＊　＊　＊

昨年は『十三階段への道』、今年は『我が斗争』、ともにいわゆる事実の実写を編集して、ナチスの活動を画いた映画であった。『我が斗争』を観終わった私は、しばらくの間は不気味な不安の中にいた。――現在の我が国が、国民のほとんどすべてが進歩と幸福への道を歩んでいると思っているにもかかわらず、実は破局へ向かっているのではないと、誰が保証できるであろうか。――そして私は、すでに一九一九年に書かれた「あのようなわずかの間に、あれほどの人を殺し、あれほどの富を散らし、あれほど多くの町を壊滅せしめるには、もちろん非常な知識を必要とした。しかし同時に、それに劣らぬ道徳的長所を必要としたのだ。『知識』と『義務』、君らはいったい信用できぬものなのか」〔「精神の危機」〕というバレリー

〔一八七一～一九四五〕の言葉を再び想い起こしていた。

だが、私はもはやたじろぎはしなかった。フランクル〔一九〇五～一九九七〕の手記が伝えているごとく、あの恐るべきアウシュヴィッツの強制収容所の中にも一つの美しい魂が在ったのであり、一人の誠実に生きた人間がいたのである。一切の自由を奪われたかに思われるあの強制収容所の中にも、確かに人間の自由は厳存したのである。

アウシュヴィッツの地獄絵図は恐るべきものである。だが真に驚くべきことは、その地獄の中に在ってなお自由を生きた一人の真実の人間があるということである。

すでに『大無量寿経』には「独作諸善　不為衆悪者　身独度脱〔独りもろもろの善を作りて衆悪《しゅあく》を為《つく》らざれば、身独り度脱《どだつ》して〕」〔聖典七三頁〕の語がある。我らは外に向かって求めることを、そして外のものを憂うることをやめよう。なぜならば、世界は汝の中に、そして汝の中にのみ在るのだから。

〔第七十八号・一九六一年五月号〕

＊　＊　＊　＊

二、七十九号（一九六一年六月）～九十二号（一九六二年七月）

「自己とは何ぞや。是れ人生の根本的問題なり」

〔清沢全集（法藏館）第七巻、三八〇頁〕

この一句は雑多な関心を切断し、我らの問題を一点に集中させる。我われは貧困から脱《のが》れることはできる。病苦からも脱れることはできる。そして人情の煩らわしさからも脱れることはできる。しかし「自己」からは絶対に脱れることはできない。かつてアウグスティヌスは「我々の心は汝（神）の中に休ろうまでは安んじない」〔『告白』〕と言ったが、我われが「自己とは何であるか」をはっきりと自覚するまでは我われの不安はやむ時がない。そしてその不安が貧困となり、病苦となり、人情の煩累《はんるい》となって、我らを責め立てるのである。

もし自己が絶対の尊厳をもってここに実在するならば、貧困も病苦も人情の煩累も何の妨げにもならない。かえってそれらは逞《たくま》しく自己を荘厳する。

もし自己がみじめな、厭《いと》わしいものであるならば、サルトル〔一九〇五〜一九八〇〕の言うごとく「自由であるべく呪われている」〔『実存主義とは何か』一九四六年〕ものであるならば、富貴も健康も、家庭の団欒《だんらん》も我らを多忙と無気力の中に沈湎せしめる。

人間の問題はただ一つしかない。それは「自己とは何か」という問いである。そしてこの問いは人間が問う諸々の問いの中の一つではなく、人間であることが問いであるような問いである。仏が衆生に対して発せられる問いである。「自己とは何ぞや」とは清沢先生の我らに対する招喚の声である。そしてこの問いは、この問い自身が答えを開くまで我らに問いつづけるのである。

〔第七十九号・一九六一年六月号〕

＊　＊　＊　＊

外からの束縛がない、ということばかりが自由なのではない。

内から湧き出る愛のはたらきの故に、言わずにはいられない表現への欲求の故に、その愛とその欲求の実現に向かって自分の心を集中し、生活を自ら制限する力。一言にして言えば「少欲知足」ということが自由人が自ずからにとる生活のすがたである。

遵《したが》うことのできない人は命ずることができない。それと同じように、自らの分限を知らない者には自由はない。私にはソクラテスの事業も、カントの事業も、人間の有限性を際立《きわだ》って自覚せしめることによって、かえって内面的積極的な自由を守ることにあったように思われる。

有限性の自覚の中にこそ自由はある。この有限性という抵抗こそが、かえって自由が現実のものとなるための必要条件なのである。なぜならば、自由は決して一つの状態としてあるのではなく、それは生成の中にあるのだから。

〔第八十号・一九六一年七月号〕

＊　＊　＊　＊

『大無量寿経』の始終は、釈尊に初めてお遇いした阿難が、釈尊を無量寿仏として礼拝するにいたる道程として領解することができるであろう。

真人《しんにん》暁烏敏の生涯は、恩師清沢満之との邂逅《かいこう》に始まり、臘扇《ろうせん》堂の建立をもって終わった。そしてこの真人の生涯をひとすじに貫いて易《かわ》らないものは、如来の願心――願作仏心・度衆生心――であった。かくして真人暁烏敏の生涯は、身をもって記された『大無量寿経』であり、我らのこの時代の中に行ぜられた『大無量寿経』である。

憶えば大恩師示寂《じじゃく》後七年の間、私の生活はキリストを売ったユダの生活であった。ユダの行為の根本に、イエスが神であることに対する疑いがあったように、私は大恩師に対してただ私の先生として対してきたからである。先生が私の先生である限り、私は救われることがない。

噫《ああ》　大恩師暁烏敏。先生を無量寿仏として拝んだ時、この私が先生を無量寿仏として拝みえた時、先生が無量寿仏と成りたまいし時、私ははじめて「個人であると同時に全人類である」この自己を獲得したのです。いまや私はただ、一個の仏弟子釈暁洋であります。広島に原子爆弾が爆発したように、一輪の梅が開くように、私は本願の歴史の中の一事実と成ったのであります。そしてこの事実、この自己は、「創造的世界の創造的要素」としてひとすじに無量寿仏を讃え往くのである。

師匠につかえ奉《たてまつ》る、このことの外に弟子のなすべきことは何一つとして残されていないのであります。

昭和三十六年三月二十七日　『暁烏敏全集』最終巻［第三部第五巻］を手にした日に

［第八十一号・一九六一年八月号］

＊　＊　＊　＊

それは最近の出来事であった。

私はある困難な出来事に遇って、この事態をどうして克服しようかと思い惑い、事態を直視しようとする気力も衰え果てんとしていたのである。

その時である。突如として清沢先生の教えが私を照らした。

而《しこう》して今や仏陀は、さらに大なる難事を示して、益々《ますます》佳境《かきょう》に進入せしめたもうがごとし。豈《あ》に感謝せざるをえむや。

［清沢全集第八巻、四四二頁］

私たちが自分自身に対しても自分の境遇に対しても、そこに困難を感じ、不足を感ずる時には、いつでもとんでもない思い上がりが自分の心を領しているのである。

お前が生きているということの意義は、ただ如来の恩徳を讃嘆し往くことにあるのではなかったのか。その如来の恩徳を讃嘆し往くというお前の真実の生命にとって、いったい何が困難であり、何が不足なのか。

そうだ、自分の安逸《あんいつ》を貪《むさぼ》ろうとしているそのお前の貪欲こそが困難なのだ。

そうだ、すでに貪欲を身につけているお前だ。一生涯苦しんで往くのだ。臨終の一念にいたるまで悩みつづけて往くのだ。そして苦しみつつ悩みつつ、ひとすじに如来の恩徳を讃嘆して往くのだ。

〔第八十二号・一九六一年九月号〕

＊　＊　＊　＊

愛には二つの面がある。

第一の面は「渇愛《かつあい》」と言われ、「愛欲の広海に沈没《ちんもつ》し」〔『教行信証』「信巻」聖典二五一頁〕と言われる場合の愛であり、第二の面は「和顔愛語《わげんあいご》」〔『無量寿経』聖典二七頁〕と言われ、「愛楽仏法味《あいぎょうぶっぽうみ》〔仏法の味を愛楽し〕」〔『浄土論』聖典一三六頁〕と言われ、「欲願愛悦《よくがんあいえつ》の心」〔『教行信証』「信巻」聖典二二四頁〕と言われる場合の愛である。

第一の「渇愛」、「愛欲」は、凡夫の迷情を表わす言葉であり、煩悩を表わす言葉である。第二の「愛語」、「愛楽」、「愛悦」は、法蔵菩薩の願心願行を表わす言葉であり、信心を表わす言葉である。

第一の愛は愛されることを欲する愛であり、不安、不満から生ずる愛であり、不安、不満を生ずる愛である。

第二の愛は愛する愛であり、安心、満足から生ずる愛である、安心、満足を生ぜしめる愛である。では、なぜちょうど反対のことを表わすのに、同じ「愛」という言葉が用いられているのであろうか。我われは「愛」の二面の同一性と差異と、その区別された愛の二面の統一とを明らかにしなければならない。

愛はエゴイズムを破る。愛は直接的な自我肯定を許さない。愛は己のみ善しとする立場を覆《くつがえ》す。愛は孤立を破って我われを共同の中に置く。そしてそのことによって、愛は満ち足りない不安な自我のすがたを露呈せしめる。自分一人では生きていくことのできない自我のあり方を知らしめる。そしてその場合、自分一人では生きていくことのできない自我のあり方を肯定したままで、そこから生ずる不安不満を克服しようとする時、それは渇愛となり愛欲となるのである。

そうではなく、そのような自我のあり方そのものの否定―信―によって満足と平安とを得た自己が、その愛によって置かれた共同の中ではたらく時、それは「愛語」となり「愛楽」となり「愛悦」となるのである。

愛することこそ愛されたい心の成就である。愛されたい心とは、本来自我を破って自己を成就するはたらきである愛に逆《さか》らって自我を護ろうとする者に、愛自身が加える罰である。にもかかわらず、愛されたい心をその衷心《ちゅうしん》において導いているものは、愛しうる者になりたいという願である。我われは決して渇愛の克服という名のもとに、孤立せる自我の中に立ち籠るようなことがあってはならない。なぜならば、それは渇愛の克服ではなくて、愛そのものの否定であるのだから。ドストエフスキイ〔一八二一～一八八一〕は「地獄とはもはや愛し能《あた》わざる苦悶である」〔米川正夫訳『カラマーゾフの兄弟』第六篇「ロシアの僧侶」・「地

獄 地獄の火 神秘的考察」と言った。渇愛は決して愛しないことによって克服されるのではない。渇愛はただ自我の否定、すなわち愛によって、ただ愛することによってのみ克服されるのである。まさしく「正信偈」に、

よく一念喜愛の心を発《ほっ》すれば、煩悩《ぼんのう》を断ぜずして涅槃《ねはん》を得るなり。

（能発一念喜愛心　不断煩悩得涅槃）〔聖典二〇四頁〕

と言われているごとく、「よく一念喜愛の心を発す」るところ、そこにおいてこそ大いなる喜悦をもって、自と他とに対して、自己がそこにおいてある人類の一人ひとりに対して、そのあるがままのすがたにおいて、「よし！」と言うことができるのである。この大いなる肯定の力こそ、そこから道元禅師のいわゆる「自を自に施し、他を他に施す」〔『正法眼蔵』「菩提薩埵四摂法」〕布施の大行が転じ来る根源であり、自我の殻を破り、渇愛を癒しつつ、限りなく人びとを解放し独立せしめ往く力なのである。

愛されるとは燃え上がること
愛するとは、――燃え尽きぬ油の焰《ほのお》の輝き
愛されるとは無常であり
愛するとは永続である（リルケ）

〔第八十三号・一九六一年十月号〕

釈尊の成道は、同時に、阿弥陀仏のこの世界への応現であった。すなわち釈尊正覚の一念は「南無阿弥陀仏」であった。善導大師は水火中間の白道《びゃくどう》を進み往く信心の行者を、「衆生《しゅじょう》の貪瞋煩悩《とんじんぼんのう》の中に、よく清《しょう》浄願往生《じょうがんおうじょう》の心を生ぜしむる（衆生貪瞋煩悩中、能生清浄願往生心）」〔『教行信証』「信巻」聖典二二〇頁〕として、「南無阿弥陀仏」として見出された。親鸞聖人は『教行信証』において、選択本願の行信として「南無阿弥陀仏」を開顕された。清沢先生は「絶対無限の妙用《みょうゆう》に乗托《じょうたく》して、任運《にんぬん》に、法爾《ほうに》に、この現前の境遇に落《らく》在《ざい》せるもの」〔清沢全集第六巻、一一〇頁〕としてこの自己を「南無阿弥陀仏」と自覚されたのである。

本年、宗祖親鸞聖人の七百回忌の命日を迎えるにあたって、三世を貫通して易《かわ》らない本願の大行を聞きえた者は、「本師聖人いまさずば」と深きところより湧き出づる報恩の念を禁じえないのである。

親鸞聖人は単なる一宗派の御開山ではない。聖人は本願の行人として、釈尊から始まるといわれている仏教の歴史のさらに根源へと還《かえ》りつつ、清沢先生と顕れて、歴史の尖端に立って、「悲願の一乗帰命せよ」と、全人類のその一人ひとりに呼びかけ続けられているのである。

〔第八十四号・一九六一年十一月号〕

* * * *

「頭の下がった独立」

こんな一句がいま私の胸に浮かんでいる。

独立というとなんだか頭を上げることのように思われる。もしそうならば、そのような独立は孤独と区別されないであろう。

頭を下げるといえば、なにか相対有限な人や物に依存することのように思われる。

もしそうならば、頭を下げるということは諂《へつら》いと異ならないことになるであろう。

真宗の本尊が阿弥陀仏でなくて「南無阿弥陀仏」であるということは、拝むものと拝まれるものとが一つであることを我らに告げ知らせている。

それ故に我われは言うことができる。

「南無阿弥陀仏」と称える一声の念仏は、すなわち自己発見の叫びであり、頭の下がったところにこそ真の独立はあるのである、と。

［第八十五号・一九六一年十二月号］

＊　＊　＊　＊

人は単に生きるだけではなく、生きがいのある人生を生きることを欲する。

それ故に、人間には生きていながら生きていることが問いとなる。

日常の我われの生活の一つひとつは、不断に課せられている「生命とは何であるか」との問いに対する、不断の解答であると言いうる。

生命とは何であるか？

「仏願に乗ずるを我が命と為す」［『浄土論註』真聖全一、三二五頁］

これが曇鸞大師の答えである。

仏願に乗ずる。それが我が命なのである。

［第八十六号・一九六二年一月号］

いかに生きるべきか、と考える人は多い。けれども、生とは何であるかと問う人は稀である。どうして暮らしていくのか、と思い惑う人は多い。けれども、現在こうして生きていることの不思議に驚く人は稀である。

古来、外道は結果を求め、仏道は原因を求める、といわれている。

すべては、いまここに、与えられている。

問題はただ、その奥を尽くし、その深きを究《きわ》める、というところにあるのである。

〔第八十七号・一九六二年二月号〕

＊　＊　＊　＊

「生きていくことも死んでいくこともできぬ苦悩」と私が語った時、ある人が「我われにはそんな苦しみはわからない。普通の人間なら、誰でもそんな激しい苦悩をもっているとは思えない」と言いました。すかさず私は言いました。「生きているやら死んでいるやらわからない生活」と。そうしたらその人は「それならばわかるような気がする」と答えました。

「生きていくことも死んでいくこともできぬ苦悩」を直視せず、これを避け、これから身をかわして安逸を貪ろうとする時、その人の生活は、「生きているのやら死んでいるのやらわからない生活」となる。経に「寿楽極《じゅらくきわ》まりあることなし」〔『無量寿経』聖典五八頁〕といわれているような生きがいに輝く生活は、ただ「生きていくことも死んでいくこともできぬ苦悩」をとおして、生と死の彼方から開けくるのである。

［第八十八号・一九六二年三月号］

＊　＊　＊　＊

もし誰かが「汝において、仏法はどのように生きてはたらいているのか」と問うならば、私は、「我において、仏法は運命を使命に転換する力としてはたらいている」と答える。

ここで運命という言葉が意味するのは、我われのあり方は徹頭徹尾《てっとうてつび》社会的であるということである。我われのあり方が徹頭徹尾社会的である故に、仏法の照らしによって自我が破られ転ぜられて、自己が見出される時に、この自己は現実の社会そのものが呼びかけている召命《しょうめい》の声を聞くのである。この召命が我の使命となり、我の生きがいとなるのである。

［第八十九号・一九六二年四月号］

＊　＊　＊　＊

信の眼によって見られた人間を「菩薩」という。信の光に照らされて自らが「菩薩」であることに目覚めた人の生活を「菩薩道」という。そして「菩薩道」の第一に挙げられているものは「布施」である。

布施。何を布施するのであるか。

信が、この生命が我がものでないことを明らかにするものである以上、布施とは、我が生命を布施するのである。

「命を捨てずに何ができますか」［清沢全集（法藏館）第八巻、二八六頁］と清沢先生は語られた。まことに生命を捧げずしては真実に今日一日を生きることができないのである。

［第九十号・一九六二年五月号］

＊　＊　＊　＊

釈尊出世の意義を『大無量寿経』には、「群萌《ぐんもう》を拯《すく》い恵むに真実の利をもってせんと欲《おぼ》してなり」〔聖典八頁〕と説かれています。

「真実の利」とは何であるか。天親菩薩は、「衆生《しゅじょう》の願楽《がんぎょう》するところ、一切よく満足す」〔『浄土論』聖典一三六頁〕と言われ、親鸞聖人は「衆生の一切の志願を満てたまう」〔『教行信証』「信巻」聖典二一三頁〕と述べられています。

我ら一切の志願を満たすもの、それは何であるか。それは自己を知る智慧である。

されぱこそ、清沢先生は釈尊――親鸞聖人の伝統を真っ直ぐに受けて、

自己とは何ぞや。是れ人生の根本的問題なり。

〔清沢全集（法蔵館）第七巻、三八〇頁〕

と、我ら一切の志願を満たす「真実の利」の在処を明示されたのである。

〔第九十一号・一九六二年六月号〕

＊　＊　＊　＊

曇鸞大師は、それを持ったならばどんな願いでもかなえられる「摩尼《まに》如意《にょい》宝《ほう》」の利益と仏法が与える真実の利益とを区別して、

かの宝は、ただ能く衆生の衣食等の願を与う、衆生に無上道の願を与うること能わず。

〔『浄土論註』真聖全一、三一八頁〕

と述べられている。

レオナルド・ダ・ヴィンチ〔一四五二～一五一九〕は、暖かいフローレンスの街にアルプスから雪を搬《はこ》ぶ

ために飛行機を作ることを考えた。しかし、出来上がった飛行機は大量殺人の道具となった。

自分の思い通りになることが自由なのではない。我われはむしろ自分の思いによって束縛されているのである。この自分の思いを捨てて真実であることを願うことができる時、そこに本当の自由がある。ひとすじに真実であることを願う時、その時「晴れやかな自由」が求めずして与えられるのである。

汝、何の不足かある。もし不足ありと思わば、これ汝の不信にあらずや。如来は汝がために必要なるものを、汝に賦与《ふよ》したるにあらずや。

〔清沢全集第八巻、三一頁〕

とは清沢先生が我らに語りかけたもう自由への招きである。自由を願うすべての人が徹底して実践すべき命題である。

〔第九十二号・一九六二年七月号〕

二、『香草』から

一、願　土

一、師との出遇い

私がこの世において暁烏敏《あけがらすはや》先生［一八七七〜一九五四］にお遇いできたということは、まったく私一人《いちにん》に関することである。にもかかわらず、そこにおいて成就《じょうじゅ》した仏の法は、万人《ばんにん》に通じる真理である。

私には私の宿命がある。人はなにごとも自分流儀にしか理解できず、他人というも自分の影にすぎないとするならば、いずれつかんだものは象の尻尾《しっぽ》に違いない。また、誰にでも理解できるような象というものは、考えられた象にすぎない。ある時ある場所で、ひょっとしたら私を殺してしまったかもしれない、生きた象ではない。だが、光に遇うということは、そのようなことではない。もうずっと久しい以前から、ひょっとしたらこの世に生まれる以前から、心のどこかですでに会っていたような、無意識の中に心の奥底でその人に必ず会うことを信じきっていたような、したがって、意識的にはまったく突然な、一回的な邂逅《かいこう》がこの世にあるのである。

この瞬間の出会いは、実質的にはまったく無内容である。たとえ言葉や行為を契機《けいき》としてもっていても、実質的には無内容なのである。決してあれこれのことを見たり聞いたりすることではない。それは、真理性とは何かということを完全に直覚することである。しかもそれは、まったく独自なことである。「仏仏《ぶつぶつ》相念《そうねん》」〔『無量寿経』聖典七頁〕の釈尊に出会ったのは、阿難唯《ただ》一人である。「順彼仏願故《じゅんぴぶつがんこ》」〔『観経疏』「散善義」聖典二一七頁〕の一句によって転じたものは、法然唯一人であった。

十六歳の里村保は、「皆当往生《かいとうおうじょう》」〔『無量寿経』聖典八三頁ほか〕の一句と共に先生にお遇いした。その時、小さな正義派であった私にとって、それはまったく驚天動地《きょうてんどうち》のことであった。私にはすべてが美しく真実であった。当時私は日記に書いた。

「明日あることを仮定して成立した芸術も学問も寺院も教会も、すべてを焼き尽くせ」と。

私は学校をやめて明達寺《みょうたつじ》に来た。私には先生がすべてであった。

二、苦

しかし、私には自分が知られていなかった。先生の生活をいく人かの自殺者が荘厳《しょうごん》している。このことは実に厳粛《げんしゅく》なことである。

浄邦縁熟《じょうほうえんじゅく》して、調達《じょうだつ》、闍世《じゃせ》をして逆害を興《こう》ぜしむ。浄業機彰《じょうごうき》《あらわ》れて、釈迦、韋提《いだい》をして安養《あんにょう》を選ばしめたまえり。〔『教行信証』「総序」聖典一四九頁〕

この文を読んで慄然《りつぜん》としない者があるだろうか。自ら調達であり、闇世である者が、どうして「浄邦縁熟して」の語をいただくことができえよう。自らの救いをのみ念ずる者が、どうして浄土因縁の成就が「逆害を興ぜしめ」という形で、自己の中に現われるのを肯《がえ》んずることができようか。だれしも救われる側にまわりたいのだ。自分流に救われたいのだ。夢を見たいのだ。自分を忘れたいのだ。

明達寺における私の生活は、救われた者から救われざる者へという方向において営まれた。先生において一如《いちにょ》を体験した私は、先生において初めて他人というものに出会った。他人とは何であるか、それは私を否定するものである。自分の統一された世界を破るものである。自分流の理解を拒絶するものである。「貴君《あなた》は何々だ」と言ったときに、「否《いな》」という者である。「何故か」と問い返したときに、「俺が違うと言うから違うのだ」と答える者である。意見や性質が対立するのではなくて、存在と存在とが対決するのである。他人とは、私を否定することによって私の機《き》を彰《あらわ》すものなのである。

私は先生を疑った。それはまるで極楽《ごくらく》で鬼に会ったようなものである。しかし、私はもうどこへ逃げていくこともできなかった。先生と私が全く異なった者であるということは、なんと苦しいことではないか。先生を信じられない以上、この世に何をなすことがあろう。私はただ自分の生命がすりへらされていくのを、じっと耐えていた。

そのような時に私の前に現われたのが一人の女性であった。人は愛しあうことが最も危険な時に、一番激しく愛し合う。かつて「愛は、限り無き愛は、ついに存在することは不可能だ。私は高く冷たき鉄塔に己れの青春を捧《ささ》げる。鉄塔は何ものに対しても永遠に無関係だ」と書いた私が、「私の美神《びしん》、私の聖女よ」

と呼んだのである。私はついに、離すことのできない秘密をもつ故に、先生の前に自由ではなくなった。私は叛逆者《はんぎゃくしゃ》となった。

まだ小学生の頃であった。村のお寺で紙芝居《かみしばい》があった。それは釈尊に取材したものであった。物語の筋《すじ》はみんな忘れてしまったが、その中の一場面だけが強く印象づけられ、私はいまでもはっきりとそれを心に描くことができる。それは釈尊の光を怖れて、提婆《だいば》が城から逃げ出す図である。城の方からは黄金の光がさしており、マントのようなもので身を包んだ提婆の怖いような悲しいような顔が、その光に照らされているのである。私はまるでその時の提婆のように、明達寺にいることができなくなって、黙って寺を飛び出してしまった。

それからの私は、「苦より苦に入り冥《みょう》より冥に入る」〔『無量寿経』聖典七五頁〕の言葉のごとく、内なる情欲の促《うなが》しのままに、自己の在所を求めてさ迷い歩かねばならなかった。ある時は物売りに歩き、ある時は工場に働き、ある時は新聞の配達夫であった。私はそこで何を見、何を知ったか。ただ自分自身が苦しくなるだけであった。発狂の瀬戸際《せとぎわ》に迫いつめられた私は、ついに、再び、先生の前に立った。

一切の告白がなされた。

「出て行け」という先生の言葉を私は静かに受けとった。

三、発　願

いく年かの時が流れた。

それは先生が亡くなる数か月前であった。病院から出られた先生は明達寺で書斎にやすんでおられた。私は、先生の前に自分の発願文《ほつがんもん》を読んだ。

先生のやわらかい、あの病気のためにむくんだ手が、枕元に泣き臥《ふ》した私の手を静かに捉《とら》えた。「先生、有難うございます」。感謝の言葉が私の身から迸《ほとばし》った。それは生きる甲斐《かい》なき自己の身から、仏の願いが湧き起こったことの喜びであった。そして、それは先生に依り、先生を通して私に与えられた世界の願いなのである。

憶《おも》えば、これが、先生と私とがこの世において対面した最後であった。「皆当往生」の一句とともに生まれた私は、この発願とともに死んだのだ。人生のすべてはここに尽くされているのである。

発願。願いが人生を救うのである。「念仏もうさんとおもいたつこころのおこるとき、すなわち摂取《せっしゅ》不捨《しゃ》の利益《りやく》にあずけしめたまう」〔『歎異抄』聖典六二七頁〕のである。それは、発願回向として如来のがわより授けられた願なるが故である。

四、行

お通夜の夕《ゆうべ》、先生の側にじっと座っていた私の胸に、ふと、『大無量寿経』を読もう、という心が起きた。私は三時間もかかっただろうか、とつとつと『大経』を先生の霊前《れいぜん》に捧げた。このことが、私がこの世においてなすべきことを決定した。私の生涯の仕事は『大無量寿経』の研究である。しかもそれは、いわゆる学問的研究にとどまることはできない。経自身がそれを拒否しているからである。曰く、我ただ汝がために略してこれを説くならくのみ。もし広く説かば、百千万劫に窮尽《ぐじん》すること能《あた》わじ。

知るところの数は猶《なお》し一渧《いってい》のごとし。その知らざるところは大海の水のごとし。

〔『無量寿経』聖典五七頁〕

〔『無量寿経』聖典三三頁〕

このように経自身が有限的、有形的に捉えられることを鋭く拒否しているのである。ただ、『大無量寿経』の領受が自己と世界の救いである時、正しく経は読まれたのである。救いの事実においてのみ、経は読まれるのである。解釈は常に有限であり、事実は常に無限である。いみじくも先生は清沢先生の前に、「敏は地の意義であります」〔暁烏全集第二部第二巻一七頁、「更生の前後」緒言　清沢先生へ〕と仰せられてあります。大地の中に、事実の中に経を読まんとする時、マルクスもバルトもキルケゴールも、ヘミングウェイもサルトルも、経の内容として展開してくるのであります。自己に無上の願いのある時、この世のすべてが、戦争も平和も、失業も家庭の不和も、愛の喜びも悲しみも、その願いの成就に役立たぬものはないのであります。「假令身止《けりょうしんし》　諸苦毒中《しょくどくちゅう》　我行精進《がぎょうしょうじん》　忍終不悔《にんじゅうふけ》〔たとい、身をもろもろの苦毒の中に止《うち》る《おわ》とも、我が行、精進にして、忍びて終《つい》に悔いじ〕」〔『無量寿経』聖典一三頁〕。諸の苦と毒の中に在って、しかもその苦と毒に汚されない、私の行がすでに与えられているではないか。

伝うべき我が法もなく弟子もなく高き御空に星の輝く

〔暁烏全集第三部第五巻、一五〇頁〕

と歌われた先生は、私の祖父の霊前に

妻も子も後に続くをみとどけて弥陀の浄土にかえりたまえり

の歌をくださったのであります。私は、今、直接に先生からこの歌をお聞きするような気がいたします。

先生の発願は、現在における弥陀の本願の表現であります。私が私自身の願いに奮《ふる》い立つ時、その願いは先生の願いである故に、私は真に私自身と成るのであります。私が世界の事実となるのであります。

私は今、金沢大学、暁烏文庫の内に在って、「親鸞聖人のみ教を体解《たいげ》して、世界に弘通《ぐずう》する人材」たらんとしているのであります。

〔一九五六年六月『香草』第三年二十一号（臘扇号）〕

二、妹よ

お前は二十六歳の若さでこの世を去ってしまった。

一昨日（死ぬ前）の朝、喬子はお前が男の子を背負って青田の中の一本道をこちらにやってくるのを夢に見たと、私に語った。側にいた安居が男の子と聞いて、「私のお服や、お靴を、雪子おばちゃまの赤ちゃんにみんなあげるはずであったのに」と言って、残念がった。

それだのに、お前はこの世を去ってしまったのだ。

妹よ。

お前の死の知らせを受けとった時、私は瞬間うら悲しい気分に満たされてしまった。そして言葉もなく切ない心に浸っていた。お前はいつも、世の中に気兼ねをしているかのように、控え目に、こっそりと、生きていた。私は、一度でもよい、思う存分、心ゆくまで、お前に生きてほしかった。

しかし、その私の欲求がまちがっていたということが、お通夜の夕、坂井さんから渡されたお前の句を読んだ時、私には、はっきりとわかった。

妹よ、許しておくれ。お前がこんなにも尊い世界に住んでいたことをいままで知らずにいた私を許しておくれ。お前の住んでいた世界の事実に眼を背けていた私の罪を許しておくれ。ああ、この私の欲求がどんなにかお前を傷つけ、苦しめたことであろう。

風が吸ふ歌も笑ひも野の遊び　　雪子

蝶消えて生れて虚空自在なる　雪子

お前は、自在の国に、遊びの世界に住んでいたのだ。無智な人間の眼にお前の姿がたとえどのように映ろうとも、お前は自在の世界に住んでいたのだ。限りなくはたらき続けたもう先生の御胸《みむね》の中にお前は住んでいたのだ。さればこそ、お前はどんな困難にぶつかっても、たとえ自らの身が砕け散ろうとも、人生の第一義を把持《はじ》し続けたのだ。どんなことがあろうとも、人生を第二義以下のものに売り渡すことを肯《がえ》んじなかったのだ。お前は自在の国に住む者なる故に、自在の国を求め求めてその願いの中に死んでいったのだ。それ故に、お前の死の瞬間も最も満ち足りた、幸せの極みであったことを私は信ずる。

憶《おも》えば、お前は幸福者であった。お前はつたない身でありながら、先生の看病をさせていただくことができたのだもの。そして、お前は紺矢さんの妻として立派に『暁烏敏全集』の結集《けつじゅう》に参加することができたのだもの。

妹よ、お前の命は虚空に消えて、いま、私の胸に甦《よみがえ》ってくる。

妹よ、お前の尽きせぬ生命を讃えるかのように、七月号の香草には、広田先生の手からゴッホの言葉がおくられてきた。

　死せるもの死せりと思うな
　生けるもののあるかぎり
　死せるもの生きん、死せるもの生きん

妹よ、いまは暁滴尼となった妹よ。

さあ、私と一緒に、新しく、真実の生活を始めよう。

昭和三十五〔一九六〇〕年六月二十六日

〔第七十号・一九六〇年八月号〕

三、香草塾誕生

一、想起

昭和二十三年、私が明達寺に入門いたしました年の秋、私は信州鳥居村の村松さまのところへリンゴ園のお手伝いにまいりました。後になって暁烏先生が私の兄に洩らされたお言葉によりますと、先生はそのころはまだ鳥居村にあった海雲洞、毎田周一師〔一九〇六～一九六七〕のもとへ私を修行に出される御意《ぎょい》であったのです。ところが私はただただリンゴ園の手伝いに行ったものとばかり思っていたのです。「親の心、子知らず」という諺《ことわざ》がありますが、まったく「師匠の心、弟子知らず」という外はありません。師匠の意を知るものこそが弟子であるとするならば、私はおよそ、弟子と言われるべきものではなかったのであります。そのような事情があったとは夢知らず、二か月ほどお手伝いをして明達寺に帰ってまいりますと、開口一番、野本永久《とわ》さんから、

「毎田さんのところへ行って、何を学んできたか」

と尋ねられました。私は即座に、

「最も尊厳なることは無意識の中になされている」

と答えてしまいました。ちょうどその日は明達寺の報恩講であったので、信州からも皆さまが明達寺に参

詣されていました。それで早速このことを毎田師にお話すると、師はにっこりと笑われました。その時のあの独特の師の笑顔はいまに忘れることができません。

「最も尊厳なることは無意識の中になされている」という言葉はゲーテの言葉であり、私が信州に滞在中に毎田師からお聞きしたその言葉を、とっさの間にその時、受け売りしたに過ぎません。しかし、受け売りしたのはまぎれもなく私であります。その意味において、ゲーテの語った真実が再び私の中から飛び出したのであり、それは真実―ゲーテ―毎田師―私―真実という、真実それ自身の運動が野本さんの言葉を縁として、その時私を貫いたのであります。

私は「皆当往生」〔『無量寿経』聖典八四頁ほか〕の一句と共に初めて暁烏先生にお遇いしました。そしてその時から、「私は真理の中にいる」ということが不動の確信となったのであります。それは私にとって確信というのも間遠いほどの自分の意識を超えた疑いのない事実となったのであります。同じことを私は三十一年六月号の『香草』誌上に、師匠に遇うということは「真理性（それに依って真理が成り立つところのもの、それあるによって真理が真理と言われうるもの）とは何かということを完全に直覚する事である」〔『願土』〕と、記しているのであります。

だが、しかし、「その真理の中にいるこの私になぜ苦しみがあるのか。なぜ満たされないでここにいるのか」という問いが、天地いっぱいに輝く光と内から湧き出てくる喜びに交《ま》ざって、次第に私の心を占め始め、ついに真暗な自分になっていったのであります。しかしながら、「汝は真理の中に在る」という言葉が先生によって、私の研《と》ぎ澄まされた自意識も及ばぬ深いところに真実の種子として種播《ま》かれていたが故に、私は自殺することもできずに今日まで生きながらえてきたのであります。そして、その間に多少の、否、大変な紆余曲折《うよきょくせつ》はあったにしても、私はその苦しみを、その不満を、なにか他のものに依《よ》って解消しようとしないで、その苦しみが、その不満が、それ自身から破れ去るまで、それをじっと耐えていたのであります。その苦しみと一緒に生活し、その不満と一緒に生活し、苦しみや不満をごまかさないことを唯一の尺度として、自分自らの生活に課した誠実さとして生きてきたのであります。

二、あれから十二か月

去年の四月から私は妻子と共に京都市上京区烏丸丸太町上ル春日町に住んでいます。この家は西村見暁師によって「香草塾」と命名されました。そして四月八日、釈尊誕生の日を記念して入仏式が行なわれ、ここに香草塾は「誕生」したのであります。そしてこの間の事情は、『香草』第六十八号所載の「香草塾誕生」〔一九六〇〔昭和三十五〕年六月号、西村見暁記〕の文に詳しく記されています。香草塾は西村師の心の中に誕生し、現にこの世に誕生しました。にもかかわらず、私には誕生しなかったのであります。西村師は、「この由緒の深い先生の願の結晶した道場」と言われ、「この家に住むということは如来の懐《ふところ》に住むことである」と言われました。またこの開塾の式に参加くださった那須兄は、「里村さんもいよいよ暁烏先生のお腹《なか》の中で生活されることとなりましたね」と言ってくださいました。そしてそのことは、確かに本当でありました。

開塾の式の時には、暁烏先生の奥様に来駕《らいが》をいただき、岐阜からも、奈良からも、芦屋からも、沢山の方がたにおいでいただいて、この式を荘厳してくださいました。下村様はこの家を無料で貸与くださり、その後も引きつづいて、何も知らない私たちの生活を陰に陽にご援助くださっています。また直接式に参加くださらなかった日向の藤本明達様、明達寺の野本永久様をはじめ、大垣の香草会、神戸《こうど》香草会の皆さまからは過分のお祝をいただきました。そしてその後昨年の十一月まで、西村師は毎月塾においでくださって、私の「教行信証聞顕会」を聴いてくださり、正行寺《しょうぎょうじ》において仏門に入り、京都の一行寺で修行をされている学生の方がたがおいでになり、鋭い質問でもって私の勉学を鞭撻《べんたつ》してくださいました。それのみではありません。本願寺教学部のご好意によって、『教行信証』の翻訳研究会に参加させていただいている私は、安田理深師［一九〇〇～一九八二］、信国淳師［一九〇四～一九八〇］、デマルティーノ師から教えをいただき、特にデマルティーノ師に対しては、アメリカから私を照らすためにおいでくださったという感を深くしているのであります。

このような状況の中にあって、ますます私に加えられる慈悲のはたらきとして忘れることのできない二つの出来事がありました。一つは、堀尾兄が香草塾に来られることを縁として、西村見暁師の司会の下にいわゆる「巌頭結婚《がんとう》」をされたことであり、そしてその結婚式を縁として、次に示すような香草塾の憲法が定められたことであります。

「香草塾憲法」

一、各自が独立者であることを自覚すること。

一、生活を公開して真理に則ること。

一、話し合いにもとづいて平和を実現すること。

昭和三十五年十一月十五日

西村見暁謹制

謹んでこの憲法を受け修行に精進します。

里村暁洋

里村喬子

もう一つは、昨年の十二月二十七日、金沢の崇信《そうしん》学舎で厳修《ごんしゅう》された香草院釈彰敏殿［故暁烏敏師］の七回忌に際して起こった出来事であります。その時法話をしてくださった藤原鉄乗師にお別れの挨拶に上がった時のことです。

藤原師「一度あんたのところの香草塾へ行きますぞ」

私「どうぞおいでください、お待ちしています」

秦嫗《はたおう》（私に向かって）、「一度も案内がございませんからね」

その時である。藤原師のどこからか不思議な言葉が飛びだした。

「案内するようじゃみずくさいわ、のう」

私はそれこそ浄土の涼風が全身を突き抜けるのを感じた。それを感じた私はとっさに、ぽんぽんぽんと手を三つたたいていた。すると、藤原師は清飲中の杯をゆっくりと卓の上に置いて、ぽんぽんぽんと、手を三つたたかれたのである。私はうれしさのあまり、なにも言うことができず、黙ってうつむいていると師はおっしゃったのである。

「どうかしっかりやってください。骨を砕いてもいいがやぞ」

師は決して「骨を砕いても報ぜねばならぬ」とはおっしゃらなかったのである。「わしが付いている、わしが見守っている。安心して思う存分やりなされ」。私は声なきこの言葉を聞いて、軽やかにしかも力強く内から湧き出でんとするなにものかを感じつつ崇信学舎を去ったのであります。

讃岐《さぬき》の庄松《しょうま》は「逃げるものを助ける御本願」と語ったと聞いていますが、私は文字通り「如来の懐の中に」、皆さま方の愛の結晶として香草塾に生活しているのであります。にもかかわらず、否、そうされればされるほど、私はなんともいえない、いわば一種の窮屈さを感じ、時とともに香草塾を背負いきれない自分をますます露呈していったのであります。そして、私の暗黒は次第にその度を増していきました。その状態は言ってみれば、「生きているそのことが辛い」ということです。そしてそれを一定の時間の中で眺めれば、「若存若亡《にゃくぞんにゃくもう》」という言葉そのままに、自信に満ちたハッキリした意識の状態と、その「生きていることそのことが辛い」という状態とが交替して起こり、その交替の度と鋭さとが急ピッチに上昇していったのであります。そして最後に、精も魂も尽きて死骸のような自分が残されたのであります。「だが、何故その真理の中にいるこの私は苦しんでいるのか、なぜ、満たされないでここにいるのか」という問いが私の心に生じて以来、心の奥に抱きつづけてきた想い、――「私は獅子身中の虫である」というこの心の底に巣喰っている想いを、どうしても克服することができませんでした。

ロシヤの諺《ことわざ》に、「鏡に映った自分の顔が醜いからといって、鏡を怒ってはいけない」というのがあるという。私一人に如来の慈悲が、そして、皆さまの愛が集まれば集まるほど、鏡がますます清浄になっていけばいくほど、私が「獅子身中の虫である」ことをますます深く知らされていくばかりでありました。

憶えば「香草塾」の「香草」という語は、先生がなによりも愛された華、「にほひぐさ」の名であり、先生が何回となく「自分の子のようだ」と語られている先生の著書のほとんどすべてがそこから出版された「香草舎」の名であり、いまは金沢大学の暁烏文庫に収められている書物の全部がかつては「香草文庫」であったその書庫の名であり、遺弟《ゆいてい》たちがそこで先生の御《み》教えを学びゆかんとした雑誌『香草』の名であり、そして何よりも先生の永遠の御名《みな》、

香草院釈彰敏

のその院号の名であります。この「香草」の名をどうして私がいただくことができえましょう。それは法《ほう》爾《に》として不可能であります。私が完全に先生の中に消えてしまわない限りは、私の生命が完全に吹き消されてしまわない限りは。

しかるに、ついにその時が来たのであります。

「我」は今、天来の声を聞く。曰く。
汝《なんじ》、今説くべし。宣《よろ》しく知るべし。これ時なり。一切の大衆《だいしゅう》を発起し悦可《えっか》せしめよ。
（汝今可説。宣知是時。発起悦可　一切大衆。）　［『無量寿経』聖典一五頁］

三、香草塾誕生——本尊の発見

三月二十七日、今日到着した『香草』は、全集完結の特集号でありました。『香草』を読み進む中に、

ベルが鳴って下村様から要件があることを知らせてきました。お茶の間に上がると、そこには全集の最終巻が置かれてありました。下村夫人がこの最終巻・第三部生活篇第五巻を私に見せるために呼んでくださったのでした。巻頭の写真をゆっくりと拝見し終わったころ、来客がありました。私が去りもやらずもじもじしていると、下村夫人が「よかったら、その全集、持っていってもいいですよ」と言われました。早速拝借して私はなにかに憑《つ》かれたもののように読み始めました。

読み進む中に、文字を逐《お》っている私の目とは無関係に、私の心の中には、先生の許に生活した日々のあのことこのことが生き生きと甦り、明瞭に甦ってくるあのことこのことは、一つひとつはっきりとなんらの連絡もなく、そして、その一つひとつが潮《うしお》のような力で、ぐんぐんと迫ってくるのでありました。「地《じ》湧《ゆう》」という言葉がちらっと私の頭をかすめました。それはどこから湧いてくるかわからない力強いなにものかが、ぐんぐんと私の中から湧き上がってくるのでした。私はそのような身心の動きをそのままにして、息もつかせずどんどん読み進んでいきました。そして野本さんの病状日記、二十九年五月十五日、その中の先生の言葉、

煩悩なんてそんなものはないもんぢゃ。
人間にはただ仏法一つしかないもんぢゃ。

〔暁烏全集第三部第五巻、四五一頁〕

おお、仏法そのものでましました先生！
私はここまで進んで、「人間にはただ仏法一つしかない」というこの一句に触れて、ついに本を抛《な》げ出してしまいました。そして眼を閉じました。どれだけの時間が過ぎたであろうか。眼を開いた時、

先生！

ただ、この一つの言葉が虚空に響き渡りました。

そしてその時、「我」は天上天下に唯独《ただ》りすっくと立ち上がったのであります。その時、我は死人を甦らせたイエス・キリストのあの声、「『タリタ、クミ』――起きよ、我が子よ――」〔『新約聖書』「マルコ伝」第五章による〕を確かに聞いたのであります。私はもはや私ではない。ここに一個の仏弟子「釈暁洋」が在る。そこには微塵《みじん》の私もない。「私が仏弟子に成る」、――それは言葉の矛盾であります。「私」は「微塵劫を超過すれども」仏弟子に成ることはない。念仏には主語がないのであります。決して「私が仏弟子に成る」ということはないのであります。

いま、ここに仏弟子釈暁洋が在る。

それだけであります。いまこそ我は明らかに知る。「釈親鸞」の高らかな名のりを。「範宴少納言《はんねんしょうなごん》」〔『本願寺聖人伝絵』聖典七二四頁〕が「釈親鸞」になったのではない。少納言は少納言であり、釈親鸞は釈親鸞である。そこには絶対の断絶がある。

いま、ここに仏弟子釈暁洋が在る。ここに、釈暁洋は、釈親鸞が大師聖人・釈法然より『選択本願念仏集』を附属せしめられたあの感激をもって、大師聖人・香草院釈彰敏より香草塾を仰いで頂戴するのであります。

いまや香草塾の本尊は見出されました。「香草院釈彰敏を拝む釈暁洋」その全体が香草塾の本尊であります。先生の真影《しんねい》を拝む私、その全体が「釈暁洋」であり、それが香草塾の本尊であります。そして「釈暁洋」は「南無阿弥陀仏」であり、それは清沢先生の言われる「自己」であります。かくして香草塾の本尊は「臘扇堂」であります。

本尊の発見と同時にここに香草塾は誕生したのであります。

「私が仏弟子に成る」ということが矛盾であるように、「私が信心を得る」ということは矛盾であります。「信とはいわゆる、信ずるというようなことではない。普通に信ずると申しますと主観的なものでありますが、親鸞聖人が申される信とは主観的なものではない。如来のまことの顕現であります」〔暁烏全集第二部第十巻、二四四頁〕だから信は誰のものでもないのであります。さればこそ「本願力回《え》向《こう》の信心」〔『教行信証』「信巻」聖典二四〇頁〕と言われるのであり、「発起往相一心〔往相《おうそう》の一心を発起《ほっき》する〕」〔『教行信証』「信巻」聖典二四四頁〕と言われるのである。信は誰のものでもない。まさにそれ故に、信は「恒沙《ごうじゃ》の信」、すなわち万人の信であります。私が『教行信証』を最初に拝読した時から抱きつづけてきた疑問、――阿闍世《あじゃせ》獲信《ぎゃくしん》の時、マガタ国の無量の人民が悉《ことごと》く無上菩提心を発した、と記されてあることの意味が、確かにそうでなければならないと直感しつつも、どうしてもわからなかったその意味が、いまこそ明らかに知られたのであります。

私は「釈暁洋」が香草塾の本尊であると申しました。「釈」は釈尊であります。「暁」は先生であります。「洋」は私であります。そして「釈暁洋」は自己であり、「南無阿弥陀仏」であります。それ故に「釈」は阿弥陀仏であります。「暁」は釈尊であります。「洋」は一切衆生であります。そして「釈」は法であり、「暁」は仏であり、「洋」は僧であります。かくして、三宝帰依を本尊とする原始の釈尊の教団は、ここに「香草塾」として新しく誕生したのであります。日本の建国にあたって「三宝帰依」をもって「四生之終帰、万国之極宗〔四生《よつのうまれ》の終わりの帰《よりどころ》、万《よろず》の国の極《きわ》めの宗《むね》なり〕」〔『十七条憲法』聖典九六三頁〕とされた聖徳太子の日本国は、ここ香草塾に「我が国」として新しく誕生したのであります。

太子—私—家庭。浄土—念仏—穢土。生死—即—涅槃。世界—自己—国家。教団—僧侶—国家。世尊—一心—我。それらは一にして唯一、如《にょ》にして如々であります。まことに『華厳経』に言えるがごとく、「心仏及衆生、是三無差別〔心と仏と及び衆生と、是の三に差別なし〕」であります。我は玄砂〔八三五〜九〇八、唐の禅僧〕と共に言わんと欲う。「尽十方世界是一顆《いっか》明珠《みょうしゅ》」〔『正法眼蔵』第七「一顆明珠」〕と。まことに「皆当往生」の一句は倶胝《ぐてい》〔唐の禅僧、生没年不詳〕の「一指頭」のごとくに、「平生用不尽」〔『碧巌録』〕であります。弥陀の名号のごとくに無量寿であります。

宇宙の真ん中に香草塾は誕生いたしました。

かくして、釈暁洋はひとすじに「釈暁洋」を讃え往くのであります。

香草塾の名を命名くださった西村見暁師よ、正行寺の問題をめぐってまるで決闘のような激論をたたかわし、ついに「汝に信なし」の語をくださった師よ、有難うございます。

先生示寂の直後、『香草』第一号に、師匠と弟子との「絶対の断絶」を教えてくださった毎田周一師よ、いまこそ「絶対の断絶」がはっきりいたしました。「絶対の断絶」とは「一如」の謂《いい》であります。有難うございます。

身を躍らすようにして、「御時」を「御生命」を「御仕事」をお教えくださった藤本明達様、いまこそ釈暁洋は、いただいた「御生命」を「御時」の中で、いただいた「御仕事」をさせていただいています。有難うございます。

「あんたは仏法によって苦しめられているのやな」とぽつんと一言おっしゃってくださった下村夫人よ、有難うございます。

答えは問いの中に在るということを、そして仏法と哲学との区別について、仏法には「迷悟」ということがあるが哲学にはそれがないということを、そしていわゆる「十八願文の抑止文《おくしもん》」の解釈をめぐって、「真心」と「妄想」とはいかにしてもアウフヘーベンできないということをはっきり教えてくださった安田理深師よ、有難うございます。

いまだ一歩、と鋭い批判を与えつつも、この一歩を透脱したら、世界中のいかなる困難な書もすべてを読みこなすことができる、と励ましてくださったデマルティーノ師よ、有難うございます。

正行寺の釈恵契《えかい》様、いまこそ「ごおん」ということが明らかになりました。それは御恩の外になにもないということでありました。まことに、「棄恩入無為〔恩を棄てて無為に入るは〕」〔『清信士度入経』〕、「真成報仏恩〔真に仏恩に報ずるに成る〕」〔『往生礼讃』〕であります。

奥様〔暁烏総《ふさ》〕、有難うございます。

月に一回は必ず先生の前に、そして大衆の前に私を引き出してくださった野本さん、有難うございます。

赤尾さん、有難う。

西村さんの御祖父様、御祖母様そして奥様、有難う。

爽《さやか》さんよ、黙って死んでいった、爽さんよ、「俺が死んだのだ、だからお前は生きよ、そしてこの俺たちの世代が担った苦悩の解脱を成就してくれ」と、その沈黙の死をもって私に呼びかけ続ける、爽さんよ。有難う。

児玉若菜御祖母様。ただ先生を拝め、ということだけを教えてくださった御祖母様。そして先生を拝まない私を拝んでくださった御祖母様。有難うございます。

私が先生のもとから逃げて帰った時に、先生に背いて帰る者はたとえのたれ死にしても家には入れない、と言って私を閉め出してくださった母上様。有難うございます。

お前が仏法を学んでいるのも、俺が一生懸命に金をもうけようとしているのも、人生に対する各々の立場であって、お前からとやかく言われる必要はない、と言って、法の普遍性ということを笠に着て自我を主張しようとしていた私の立場をくつがえしてくださった兄上様、有難うございます。

私が生きるためには仏法は何の役にも立たないということを、身をもって証明して自殺していった妹、雪子よ、有難う。

私の身体を、自分の生命をすりへらして守ってくれた妻の喬子よ、「汝は愛情を取るのか法を取るのか」と生命をかけて私に迫ってきた喬子よ、そして、先生の生活は常に懺悔の生活であるのに、貴方の生活には懺悔がない、と言った喬子よ、私が法に執する限りお前は愛情に執するであろう。二者選一の道はない。答えは一つしかない。「両頭ともに截断《さいだん》して一剣天によってすさまじ」〔両頭共截断一剣倚天寒〕〔白隠慧鶴『槐安国語』〕である。香草塾には、そして貴女の中にも私の中にも先生がいらっしゃるのだ。「私がどんなに『我身』をいとおしんでいても、ここの生活は生活そのものが生命を捧げた生活です」と言った喬子よ、大道院釈尼操純殿よ、有難う。「お父ちゃんは嫌い」と言い放った数え年六つになる安居さんよ、有難う。

ドストエフスキイは「私は万人に対して、万人のその一人ひとりに対して罪がある」〔『カラマーゾフの兄弟』第六篇「ロシアの僧侶」、第二故大主教ゾシマ長老の生涯による〕と申しました。このほうきで掃き出されてしまってもなんの文句も言うことのできぬ私を、今日まで養い育ててくださった無数の人びとよ、大乗の菩薩達よ、有難うございます。

「我れ釈迦如来を見たてまつるに、無量劫に於て、難行苦行して、功を積み徳を累《かさ》ね、菩薩の道を求むること、未だ曽て止息せず。三千大千世界を観《み》るに、乃至芥子《ないしけし》の如き許《ばか》りも、是れ菩薩の身命を捨てし処に非ざること有ること無し。衆生の為の故に、然して後乃《すなわ》ち菩提の道を成ることを得たまえり」

――『法華経』・提婆達多品、正法眼蔵「如来全身」より――

我は即ち是仏の義（注　仏は覚の義）

――『涅槃経』・哀歎品、『清沢全集』（法藏館）第三巻・三六五頁より――

我は如来蔵の義。一切衆生悉有仏性是れ即ち我の義。

――『涅槃経』・如来性品《しょうほん》、『清沢全集』（法藏館）第三巻・三四八頁より――

『大無量寿経』に言く。

十方恒沙の諸仏如来、皆共に無量寿仏の威神功徳《いじんくどく》の不可思議なることを讃歎《さんだん》したまう　［聖典四四頁］

この聖なる言葉に対する臨済［?～八六七］の一転語を看《み》よ。曰く、

「物来即照」（物来たれば即ち照す）

先生、まことに諸仏称名は世界の真実相でありました。先生がすでにはっきりと仰せられてあるごとくに、「全世界が南無阿弥陀仏である」（『暁烏敏全集』第二部第十巻、二五一頁「親鸞聖人の世界観」）のでありました。

先生、ここに一個の「釈暁洋」が在ります限り、先生の御名は永遠に讃えいかれるのであります。ここに「香草塾」が在ります限り、和《やわ》らぎの国は必ず成就されるのであります。先生の「三つの願」はいまや

「我が本願」であります。

先生、御照覧ください。まさに「幸仏信明《こうぶつしんみょう》、是我真証《ぜがしんしょう》［幸《ねが》わくは仏、信明《しんみょう》したまえ、これ我が真証なり］」［『無量寿経』聖典一三頁］であります。

いまや、私は「だが、その真理の中にいるこの私に、何故《なにゆえ》この苦しみがあるのか、何故《なにゆえ》満たされないでここにいるのか」というあの「何故」にはっきりと応えることができる。それは「十方衆生」と呼びかけたもう如来の本願の故に、その悲願の故にと。大乗の菩薩は言わずや、「衆生無尽《むじん》なるが故に願無尽」と。いうまでもなく「無尽の衆生」とは、この私一人に生起し来る「無辺の煩悩」であります。

私はいま、全人類のその一人ひとりの前に、静かな心をもって二首の御和讃を捧げ誦《じゅ》させていただきます。

弥陀成仏《みだじょうぶつ》のこのかたは　いまに十劫《じっこう》をへたまえり
法身《ほっしん》の光輪きわもなく　世《せ》の盲冥《もうみょう》をてらすなり
［『浄土和讃』聖典四七九頁］

煩悩《ぼんのう》具足と信知して　本願力《りき》に乗ずれば
すなわち穢身《えしん》すてはてて　法性常楽《ほっしょうじょうらく》証せしむ
［『高僧和讃』聖典四九六頁］

昭和三十六年四月八日

［第七十九号・一九六一年六月号］

四、最後に救われる一人――『暁烏敏全集』に学ぶ――

家内中のものに対して不平不満の心の起こるのは、尽十方無碍光の光明の外におる証拠であります。（中略）外の人はすべて本願の中に現われたもう仏の御相《すがた》であると仰がれ、助かっていないのは三千世界に自分一人であるということがわかったときに、初めて「親鸞一人がためなりけり」という思いが湧いて出るのであります。（中略）自分は現に地獄におるという自覚によって初めて摂取不捨の光益がはっきりと味わわれるのであります。十方衆生の中、自分一人が迷いの位にあるものとなり、他のすべてが仏座に拝まれるようになるときに、初めて「親鸞一人がためなりけり」というたしかな救いを仰ぐことができるのであります。

〔暁烏全集第二部第八巻、五六一～五六四頁〕

右に掲げた先生の文は、「最後に残されたる一人」の題下に、「弥陀《みだ》の五劫《ごこう》思惟《しゆい》の願《がん》をよくよく案ずれば、ひとえに親鸞一人《しんらんいちにん》がためなりけり」〔『歎異抄』聖典六四〇頁〕との親鸞聖人の言葉を讃嘆された文であります。

この「ひとえに親鸞一人がためなりけり」の語は我らに深い感動を与えずにはおかない。我らはこの言葉を聞くことができることにおいて、初めて自分の「落在」する場所を知る。しかし、「よくよく案ずれば」と言われている意を離れて軽がるしくこの語に対するならば、それはたちまち人びととの感応の破壊された閉鎖性の中に自分を閉じ込め、エゴイズムを助長させる温床となるのである。まことに「方等経《ほうどうきょう》はなお甘露のごとく、また毒薬のごとし」〔『涅槃経』〕である。

釈尊は常にただ一人で在り、常に一切衆生と共に在った。釈尊は常に「一人即一切人」の道を歩まれたのである。けれども、釈尊の滅後いわゆる「小乗仏教」といわれるものになると、この「一人即一切人」ということが単なる一人の立場で言われ、考えられ、行なわれることとなり、いわば「即」の生命が失われてしまったのである。そして、この「即」の生命を回復せんとして興起したのが「大乗仏教」であった。大乗仏教においては、自分一人だけの救いは地獄に堕ちるよりも畏《おそ》るべきことである、と言われるのである。たとえば龍樹菩薩は次のように言われている。

もし声聞地《しょうもんじ》および辟支仏地《びゃくしぶつじ》に堕する、是を菩薩の死と名づく、すなわち一切の利を失す、もし地獄に堕するも、是の如き畏《おそれ》を生ぜず、もし二乗地に堕せばすなわち大怖畏と為す、地獄の中に堕すとも、畢竟して仏に至ることを得るも、もし二乗地に堕せば、畢竟して仏道を遮《しゃ》す。

〔『十住毘婆沙論』真聖全一、二五三頁〕

ここで「二乗地」といわれているのは、「声聞地」および「辟支仏地」であって、それらは「自分一人が救われようと思っている人」と「自分一人が救われたと思っている人」と言ってよいであろう。先生はこの文の中でこのことを「つまり、自分は仏になったつもりで、十方衆生の助からぬ相をみておるのであります。こういう人は仏と自分と淋しく二人だけいて、十方衆生を下に眺めておるのであります」〔暁烏全集第二部第八巻、五六二頁〕と記されています。

ところが、大乗仏教の興起によって再び回復された「即」の生命は、今度は「一人即一切人」ということが単に一切人の立場からいわれることになり、広大な学問的大系ができあがったにもかかわらず、自分一人は救われないままに残されるという結果になり、再び「即」の生命は失われてしまったのである。このような状況の中にあって、真に「一人即一切人」の道を見出されたのが「弥陀の五劫思惟の願をよくよく案ずれば、ひとえに親鸞一人がためなりけり」の言葉であります。この言葉が「そくばくの業をもちける身」として、一切衆生との共感の中において、すなわち「一人即一切人」の立場からいわれていることを我らは明確に見定めなければならないのである。

さて、先生は「家内中のものに対して不平不満の心の起こるのは、尽十方無碍光の光明の外におる証拠であります」〔暁烏全集第二部第八巻、五六二頁〕、と記されています。我われが家内中のものに対して不平不満を感ずる時、我われはどこに立っているのであろうか。かつて広田好師は「時評」〔『香草』所載〕の「乱世」という文で、「ほんとに明治生まれの人間がいなくなったらいいんですがね。世の中がずっとうまくいくと思いますよ」と言った大正生まれの高校の先生と、「日本から明治生まれと大正生まれの人間がいなくなるとよい。昭和生まれの者だけで、きっともっとよい社会をつくってみせる」と言った昭和生まれの青年のことについて述べられていたのであるが、我われはこの先生やこの青年を笑うことはできないのである。

我われが家内中のものに対して不平不満を感じている時は、きっと自分を自分で肯定しているのであり、自分で自分を肯定している時は、我われは必ず、自分で自分を肯定し保持し主張しなければ憐れで見る影もない自分のすがたを直観していながら、それを自分にすら見せまいと隠しているのであり、自分のすがたを自分に隠すことによって不当にもその責を相手に被《かぶ》せているのである。だから、ちょうど自分が自らの救いへと一歩を進めなければならないその地点で、逆に相手の非を見出し、その上厚かましくも相手がもっと良い人間になってくれるようにとの念願から出た行為だ、などと言い張ったりする場合すらあるのである。この方向に自分の想いが進む時、我われはいわば如来から与えられた自分の責任を投げ棄てるのであり、如来から与えられた自分の責任を投げ棄てる時、我われは生活の重力を失って、軽やかな気持ちで権力思想の中へ迷い込んでいくのである。

先の時評は、「現代人にとっては権力思想は空気のようなもので、それに包まれていて、それに気づかないのである」という言葉で結ばれているのであるが、この「空気のような権力思想」はいたるところに滲透《しんとう》しており、権力思想が分裂を招き、分裂が権力思想を生んで、尽きることがないのである。

私は、このような権力思想が自分のみじめさに耐えることができないことから生ずる、と言ったのであるが、この自分のみじめさに耐ええないということの意味は、『歎異抄』に「弥陀《みだ》いかばかりのちからましますとしりてか、罪業《ざいごう》の身なれば、すくわれがたしとおもうべき」〔聖典六三四頁〕とあるごとく、仏智を疑っているということであります。「尽十方無碍光如来」と名のらせたもう弥陀の願力を外にして自分が自分で立とうとする時、本来自ら立つ力をもたない人間は、自分の観念の中で立ち上がった自分を想定し、その想定した自分を本物の自分と思い込み、そう思い込んだ自分に反対するものは、実はその思い込んだ自分を破って真実の自分に返すはたらきであるにもかかわらず、その人は思い込んだ自分を本物の自分であると固執する故に、真実のはたらきを自分の敵として拒否するのであります。

先に述べた「二乗地」の立場は、このように観念の中に閉じ込もっていながら、自分の真実性を主張する自己欺瞞《ぎまん》を表わすものであり、それは「畢竟して仏道を遮す」のであります。我らが日ごとに繰り返しているこの自己欺瞞の深刻さに気づく時、もはや他人の非を責めている余裕はなくなるのであります。そして、この自己欺瞞を自覚することにおいて初めて、我われは現実に世界との開かれた関係に置かれるのであり、その時、現実に生起する諸困難は自分を真実の自己へと返す呼びかけとなるのであります。すなわち、いままで現実の世界の外に仏法を見、現実の生活の中の苦難を仏法によって解決しようとしていた自分の態度が、実は現実の外に立って、自分の想いによって現実を動かそうとしていた権力思想であることが明らかとなるのであります。この自己欺瞞、この権力思想が破られて、現実の世界の呼びかけに心開いた者に見出される自己のすがたは、「自身はこれ現に罪悪生死《ざいあくしょうじ》の凡夫《ぼんぶ》、曠劫《こうごう》よりこのかた、つねにしずみ、つねに流転して、出離の縁あることなき身」〔『歎異抄』聖典六四〇頁〕である外はありません。

ここに「曠劫よりこのかた」と言われ、「出離の縁あることなき身」と言われていることは重要である。私は以前からいくどもこの言葉を聞いていたのではあるが、ただ漠然と形容詞的に聞いていたのである。「曠劫よりこのかた」というようなことが自分にわかるはずがない、と気づいた時は大きな驚きでした。それに気づいて『歎異抄』を開いた私は、『歎異抄』の作者がこの言葉を、「出離の縁あることなき身と知れ」と、「よき人の仰せ」として聞いておられるすがたに遇い、いまさらのように作者の厳しさに触れたのでした。「曠劫よりこのかた」流転している自分。この自分は、世界と共に、歴史と共に、一切衆生と共に流転している自分である。その時、自分の外に世界はない。世界の外に自分はない。しかもその自分は、この身をもった特別の時、特別の場所、――いま、ここに、いるこの自分なのである。世界と自分が一つだといっても、そのような自分は決してこの日常の生活を離れた観念的抽象的な何かではなくて、この個人である。

先生は、「助かっていないのは三千世界に自分一人である」と言われている。まったくそのとおりであります。本願は「十方衆生」と呼びかけている。だが、その呼び声を聞く者は誰か？ 私一人であります。「十方衆生」と呼びかける本願の声を「十方衆生よ」と聞くものを「耳無き人」と言うのである。「十方衆生」と呼びかける本願を「十方衆生」と聞く時、その人はどこにいるのであろうか。その人はいったい誰なのか。

「十方衆生よ」との本願の呼びかけが、「汝《なんじ》一心に正念《しょうねん》にして直《ただ》ちに来《きた》れ」〔『教行信証』「信巻」聖典二二〇頁〕と聞かれるところ、そこに「親鸞一人」があり、「我一人」がある。「十方衆生」が「汝」と聞こえるところは、「助かっていないのは三千世界に自分一人である」そのところである。自分の外に一人でもいまだ救われていない者がある限り、「汝」の言は聞こえない。その人は観念的共通性の中で、現実の自分を見失っているのである。自分の外に一人でも救われていないものがある限り、「直ちに来れ」の言は聞こえない。この人は念仏以外の救いの可能性を信じ込んでいる「雑行《ぞうぎょう》雑修《ざっしゅ》」の人である。

先生は、「十方衆生の中、自分一人が迷いの位にあるものとなり、他のすべてが仏座に拝まれるようになるときに、初めて『親鸞一人がためなりけり』というたしかな救いを仰ぐことができるのであります」と述べられているのであるが、この「汝」の呼びかけのままが「親鸞一人」であるところにこそ、救済の確かさがあるのであります。救済の確かさは、救われたという自分の意識の中にあるのではなく、救われた、救われない、という善悪二つの心を振り捨てて、ひとすじにこの「汝」との呼びかけに信順し、乗託し往くところにあるのである。信心は「決定《けつじょう》してかの願力に乗じて深信《じんしん》する」〔『愚禿鈔』聖典四四〇頁〕のである。そして彼の願力に乗じていま、ここに落在する自己を信ずるこの深信は「利他の信海」〔『教行信証』「信巻」聖典二七一頁〕なる故に、逆謗の死骸をもとどめざる信心海なるが故に、順逆共に摂して嫌うところがないのである。先生は「その教えの中、最も大切な教えは、自分が助かることが浄土の成就することであるということを知らしていただいたことであります」〔暁烏全集第二部第八巻、五六五頁〕と言われています。「自分が助かることが浄土の成就」であるような救い、この救いこそ確かな救いであり、ここにこそ大乗菩薩道の究極的成就があるのではなかろうか。

「十方衆生の中、迷の位にあるものは我唯一人」の自覚は、もはや「この世の真理」ではない。それは、「浄土真実信」の顕現であり、阿闍世王をして「世尊、もし我《われ》審《あきら》かによく衆生《しゅじょう》のもろもろの悪心を破壊《はえ》せば、我《われ》常に阿鼻地獄《あびじごく》に在りて、無量劫《むりょうこう》の中にもろもろの衆生《しゅじょう》のために苦悩《くのう》を受けしむとも、もって苦とせず」〔『教行信証』「信巻」聖典二六五頁〕と語らしめた、「忍力成就《にんりきじょうじゅ》して衆苦《しゅく》を計《はか》ら」〔『無量寿経』聖典二七頁〕ざる法蔵願力の、この現実社会における成就なのである。

最後に救われる一人。この言葉が我が心奥に静かに響き渡る時、私は私の落在する場所を知る。背のびをし、前かがみになって歩いている自分の恥ずかしいすがたが照らし出されて、私は正しい姿勢をとりもどす。なさねばならぬあれこれのことを思い煩っている自分の「賢き思い」が破られ洗い清められて、現前になさねばならぬ、またなすことのできる唯一のことが与えられているのを知る。

最後に救われる一人。この言葉の招きに順って自己の分限に立つ時、この濁悪《じょくあく》の自分の身心を有難く頂戴する時には、私は家内中の者の中に沸々《ふつふつ》と燃えている「浄土建立」の志願を聞く。一切衆生から私一人に託されている「一人成仏」の念願を聞くのである。

〔『香草』第八十六号・一九六二年一月号〕

五、ドストエフスキイの主題によるバリエーション

一、顔

彼の心中第一の場所を占めているのは一つの顔である。
ただ顔だけである——彼の愛してやまぬ長老の顔である。
——『カラマーゾフの兄弟』〔第七篇アリョーシャ・第二こうした瞬間〕——

もう五、六年も前のことであろうか、私が神戸《ごうど》（岐阜県安八郡神戸町）の町に帰省していた時、ちょうど毎田周一氏〔一九〇六～一九六七〕がおみえになり、私がドストエフスキイ〔一八二一～一八八一〕の研究をしていることを話した時、氏は「ドストエフスキイからただ一句を選び出すとするなら、君はどういう言葉を選ぶのか」と尋ねられた。私はその時、「顔」と答えた。いまその時のことが想い浮かぶのである。

『カラマーゾフの兄弟』の第一編、「ある一家族の歴史」において作者は、父フョードル、長男ドミトリイ、次男イヴァン、三男アリョーシャと、次々に主人公たちを描き出していくのであるが、その「一家族の歴史」の最後に、全然血の繫《つな》がりのない長老ゾシマを加えるのである。それはなぜであろうか。そして、物語は第二編「不作法な会合」から始まるのであるが、作者はここでカラマーゾフの一族をすべて長老の

許《もと》に集めるのである。したがって、『カラマーゾフの兄弟』の主題は、一族の争いを機縁としつつ、この一人の長老に三人の兄弟がどのように対するか？　を描くにあると言うことができる。長老の愛に対するのが長男ドミトリイである。長老の思想に対するのが次男イヴァンである。そして長老それ自身に、長老の全人格、すなわち顔に対するのが三男アリョーシャである。

顔は不思議である。汲《く》めども尽きぬ人間の深さを表わすものは顔である。どんなに多くの愛の言葉も、愛する人の一つの笑顔には及ばない。考えても考えても考えきることのできないものを一つの眼差《まなざ》しが表現する。人間の全体を象徴するものが顔である。絶対唯一の個性を表現するものはその人の顔である。その人の思想、行為、喜び、悲しみ、すべてが一つに溶け合って表われるのは、その人の顔においてである。その人の生活全体を表現するものは顔である。顔は語ることも行なうこともしない。ただそこに在るだけである。ただそこに在るだけでありながら、言葉も及ばず、行為も及ばぬものを、存在そのものを象徴するのが顔である。

しかしまた、それ故に顔は言葉や行為で解消することのできぬ厳しさをもつ。どんなにロマンチックな夢を描く乙女も、鏡に映った自分の顔が醜いものであったなら、その夢は微塵に毀《こわ》れてしまう。一人の牧師が崇高なまでに聴衆の胸を打つ説教をした後に、にたりといやらしい薄笑いを洩らしたとしたら、どうであろう。聴衆はその瞬間に、牧師の説教が嘘っぱちであることを見抜くに違いない。あるいは親切な行ないをなすその人の目が相手に対する軽蔑の色に満ちているとしたら、我われはどんなに困っている時でもその親切を受け入れることを肯《が》じないであろう。『悪霊』において、スタヴローギンをチーホン僧正のもとへと駆りやったものは、良心の呵責《かしゃく》とか、悔恨の情とか呼ばれるものではなかった。それは瘦《や》せて熱病やみのような目つきをしたマトリョーシャの姿であった。

ドストエフスキイは『カラマーゾフの兄弟』において、ある一人の医者の話として（後にはイヴァンの思想として）次のように記している。

わたしは人類を愛するけれども、自分で自分に驚くような事がある。ほかでもない、一般人類を愛することが深ければ深いほど、個々の人間を愛することが少うなる。空想の中で人類への奉仕ということについて、むしろ奇怪なくらいの想念に到達し、もし何かの機会で必要が生じたならば、全く人類のため十字架をも背負い兼ねないほどの勢いでいるが、そのくせ誰とでも一つ部屋に二日と一緒に暮らす事が出来ぬ。それは経験で承知しておる。誰かちょっとでも自分の傍へ寄って来ると、すぐその個性が自分の自尊心や自由を圧迫する。それ故、わたしはわずか一昼夜のうちに、優れた人格者すら憎みおおせる事が出来ます。ある者は食事が長いからというて、またある者は鼻風邪を引いて、切りなしに洟《はな》をかむからというて憎らしがる。つまりわたしは、人がちょっとでも自分に接触すると、たちまちその人の敵となるのだ。その代り、個々の人間に対する憎悪が深くなるにつれて、人類全体に対する愛はいよいよ熱烈になって来る。

［米川正夫訳『カラマーゾフの兄弟』第二篇無作法な会合・第四信仰薄き貴婦人］

ここには恐るべきことが語られている。一人の人間の個性、その一つの顔の前には、どんな完璧な思想も無力であるということが語られている。逆にその一つの顔こそ、思想の現実の真偽を決める試金石であることが語られている。

一つの顔は思想の流れを止め、思想の翼を絶つ。そして、その一つの顔に対するもう一つの顔を呼び覚ます。人間が人間を呼び、個性が個性を呼び覚ますのである。自己自身を知るということは、思惟のことでも直感のことでもない。それは総じてわかるというようなものではない。人と人との対面において、自《おの》ずからに顕れてくるものなのである。だから自己を知るとは、たとえば、「自分は悪人である」、「自分は無能である」等々と知ることではない。自己を知るとは、自己において他を知ることにほかならぬ。自覚と覚他は同時であり、要するに自己を知るとは、自己において自他を包む世界の真実を知ることである。ソクラテスにおいて、自己の無知を知ることがそのまま真理への随順へと転ずるのは、この故である。

「彼が大地に身を投げた時は、かよわい青年にすぎなかったが、立ち上がった時は生涯ゆらぐことのない、堅固な力をもった一箇の戦士であった」〔米川正夫訳『カラマーゾフの兄弟』第七篇アリョーシャ・第四ガリラヤのカナ〕と記されているアリョーシャの自覚の一瞬に、「誰か僕の魂を訪れたような気がする」と彼は語るのである。そして、そこに開かれたものは赦《ゆる》されてある世界、「一切に対してすべての人を赦し」、「自分の方からも、赦しを乞う」世界であった。その時、彼の魂を訪れた「誰か」とは、言うまでもなくゾシマ長老である。しかし、それは時空を限られた眼に見えるゾシマではなかった。すでに死して棺の中に在りながら、アリョーシャを訪れ、「われわれの太陽、あのお方、イエス・キリストの招きに順え」と語るゾシマである。一切人の中に在ってイエス・キリストへと向かいいくもの、世界の真実となったゾシマである。彼の心中第一の場所を占めていた長老ゾシマの顔は、いまや腐り死んで、世界の真実となって甦るのである。彼が愛してやまなかった長老の顔は死して、いまや世界の真実を顕す長老の顔がアリョーシャの内から輝き出したのである。それから三日の後、彼は「世の中に出よ」と命じた故長老の言葉に従って、僧院を出る。彼は一切の人の中に長老の顔を見出し、一切の人の中から長老の言葉を聞くために僧院を出るのである。

アリョーシャと名づけられた一人の人間の全身心が、一つの顔、長老ゾシマの顔をめぐって運動する。彼はこの一つの顔を通してのみ、世界と交わる。世界は一つの顔となってそこに在る。国家とか社会とか人類とか、仮定の上に仮定を重ね、空想の上に空想を重ねて造り上げた世界の図式は、結局何ものをも明らかにはしない。生きた一人の人間が理解を絶して無限に複雑であるならば、それを歴史の影響、社会の影響、等々に分解して何かわかったような気持ちになったとしても、何になろう。大切なことは、眼前の一人の人間が理解を絶して生きているそのすがたから眼を離さぬことである。唯一の個性の中に全体の核心を見る。これがドストエフスキイのリアリズムの精髄である。

イデオロギーの対立、社会機構の相違、それらはすべて見かけの対立に過ぎぬ。人間はイデオロギーによって生きているのでもなければ、社会機構の奴隷でもない。これらの見かけの対立に右往左往する人間は一度も人間の顔を見たことがないのだ。「そこに在る世界」に眼を覆っているのである。真の対立は人間と人間の対立である。それ故に、一人の人間を信ずることができたならば、思想の相違、身分の上下、貧富の差異が何の障りになるだろうか。よしまた、この世界が汚濁と困苦に満ちていようとも、そこに喜ばしき一つの顔があるならば、我らの生活は立つのである。「我らを引きて往かしむ」る一つの顔がこの世界の中に在るならば、汚濁や困苦がなんだろう。人間は決して困難や苦痛を厭いはしない、もし彼が自己自身に絶望しているのでなかったならば。私は前に、自己を知ることは自己において他を知ることであり、したがってそれは自他を包む世界の真実を知ることである、と言った。いまや、自己の真実、世界の真実が喜ばしき一つの顔となって眼前に在るのである。我らはただそれに向かって真っ直ぐに進みゆくばかりである。

〔第三十九号・一九五八年一月号〕

二、現　実

小生は現実（芸術における）というものについて自家独特の見解を有しています。

――書簡――

ドストエフスキイは手帖の中に「私は心理主義者と言われている。が、それは間違いである。私は単に最高の意味におけるリアリストである」〔「手帖より」3〕と記している。彼は「心理主義者」と呼ばれた時に、「否、私は現実主義者である」と言った。彼の作品に現われるみごとな心理の分析のごときは、岩を掘るとき鑿岩機《さくがんき》が散らす火花のごとく、ひたすらに人間の現実を認識しようとする彼の意志の前に砕け散った人間の心の破片である。「私は何も心理の分析を事としているのではない。私はただ人間の現実を知ろうと欲するのみである」と彼は宣言した。

また一方、彼はいわゆる現実主義者に対した時には、「否、私はまったくの理想主義者である」と言った。ここには、いわゆる現実主義者たちは決して真の現実を見ておらず、彼らは現実に対する公式主義であって、実は現実のすべてを鼻の先で見逃しているのだ、というドストエフスキイの批判が込められているのである。素直に見れば、理想もまた人間の心のまごうことなき現実であり、一見空想と見えるものに生命を懸けて生きる人間が事実存在するのであり、彼らを「空想家」と呼ぼうと、「狂信者」と呼ぼうと、その空想家、狂信者が事実存在する限り、私はそれを描かねばならず、さらに一見空想と見えるものが、時として生きた現実の真の本質をなしているのであるとすれば、私の理想主義は現実主義そのものの核をなすのである、というドストエフスキイの確信が表明されているのである。

それ故彼は、「幻想的な『白痴』が現実、——しかも極めてありふれた現実でないでしょうか！」と言い、「わたしには、アリョーシャが誰よりも一番正しい意味の現実派ではないかと思われる」と言い、また「ディケンズ〔一八一二〜一八七〇〕は現実の中からただ理想をとってきただけであるが、この人物は真に実在したものと同じように現実的なのである」と言うのである。

では、ドストエフスキイが「最高の意味におけるリアリスト」と言い、他の箇所では「それこそ原始からの本当のリアリズムなのです！」と言う、彼のリアリズムはいかなる構造をもつのであろうか。

数年前のＮＨＫの座談会で湯川秀樹氏がドストエフスキイの作品について、「日常にはとてもありえないように思われる彼の小説の事件が、小説を読んでいるといかにも現実感をもって迫ってくるのはなぜだろう」という意味の疑問を語っていたことを記憶しているのであるが、おそらくこの疑問の中には多くの問題が含まれているのであり、私は、一見空想と思われることがなぜそのような現実性をもつのであろうか、というこの問いの中に、現実探究の端緒を見出すのである。

いわゆる現実派の人たちの現実に対する考え方は、「現実というものはそこに横たわっている。だから文学的な空想を交えず、虚心に見るならば、現実はその真のすがたを現わす（だが虚心とはいったいなんだろう）。あるいは、現実は現にそこに在るのだから、もうすっかりわかっている。文学者はそれを巧みに美しく表現するに過ぎないのだ」、というにある。ところで、彼らがいう「ありのままの現実」とは何であろう。一人の人間の、喜び・悲しみ・意欲・絶望に貫かれないような、それ自身で持続するいわゆる客観的現実というものはいったいどこにあるのであろうか？　ドストエフスキイはいわゆるリアリストたちに対して、「あるがままの現実を描かねばならぬと彼らは言うが、そのような現実は全然ありもしないし、またいまだかつて地上に存在したこともない」と断言するのである。彼にとって現実は、常にわからないものとして眼前に在り、自らの現実へのうち込み方の度合によって、現実はそのすがたを現わしてくるのであり、自ら探し出さなければ現実はどこにも存在しないのである。この徹見から彼のリアリズムは始まる。しかも彼は、このわからないものを前にして、そこからなお現実を全人間的に認識しようとするのであり（ここで私が全人間的というのは、たとえば科学は、合理性という人間の能力の一部分によって捉えられた部分的人間認識であるという意味である）、そしてその現実認識の方法が、彼にあっては創作活動であったのであり、創作による現実認識が彼のいう「リアリズム」に外ならない。

ドストエフスキイにおいて、この創作による現実認識の方法が確立するのは『罪と罰』においてであるが、彼はそれ以前に二つの作品を書いている。一つは『死の家の記録』であり、もう一つは『地下生活者の手記』である。前者は写実体で書かれ、後者は告白体で書かれている。前者は外なる現実の観察であり、後者は内なる現実（思想）の表白である。だが彼は、『罪と罰』を書くに及んで、どのような文体で書こうかとさまざまに思い迷った末、ついに「写実」と「告白」という二つの文体を捨てて本格的な創作体を取った。それはおそらく彼が、現実の人間認識は「観察」によっても、相手のない「告白」によってももたらされることができず、内と外との交わりにおいて、人間と人間との対面において、初めて可能であることを知ったからではなかろうか。

ドストエフスキイは『カラマーゾフの兄弟』のゾシマ長老を創造するにあたって、友人に宛《あ》てた書簡の中で、「小生は何一つ創造するわけではなく、自分がすでに久しい以前に歓喜と共にわが心に受け入れた真実のチーホン〔註〕を表出するにすぎません」と述べている。ここで彼は、「何一つ創造」しないと断っているが、それはまったくそのとおりなのである。が、そのチーホンがドストエフスキイによって表出された時、我われは彼が創造したとしか思われない「ゾシマ長老」を見るのである。なぜチーホンをそのまま表出することが、ドストエフスキイの個性の極印《ごくいん》を押された「ゾシマ長老」となって現われざるをえないのであるか。それは、彼とチーホンが邂逅したからである。「久しい以前に歓喜と共にわが心に受け入れた真実のチーホン」は彼の中で彼と共に生き、彼がチーホンをわかってしまうことを拒否し続けつつ、彼がチーホンを表現することをいわば強要したからである。チーホンがゾシマに成ることによって、チーホンはドストエフスキイの現実となったのである。彼が単なる「観察」によってチーホンを知ったのであれば、チーホンはあくまで彼の外にあるチーホンに止まって、決してゾシマとはならなかったであろう。もしまた彼が勝手にゾシマを作り上げたとしたら、それはあくまでも彼の内にある思想の「相手のない告白」となり、あのように力強いゾシマのもつ現実性は得られなかったであろう。

一人の人間が一人の人間に邂逅するということは、自己を相手の内において見ることに外ならず、その時、自己告白は同時に相手の現実を認識することに外ならないのであり、そしてまたこのような自己告白を可能にするものは相手の存在そのものなのである。このように自己を相手の内において見、自己告白が同時に相手の表現となるということの中に、創作活動の秘密が存するのであり、この創作活動を通して人間の現実は明かされるのである。

『罪と罰』においても、『カラマーゾフの兄弟』においても、自己告白のみが対者の認識にいたる唯一の道であることが示されているのであるが、そこではいままで自己において統一されていた一つの現実が他者との邂逅において破られ、内なるものが内なるもののみによって充たされることの不可能を暴露し、他者から開示されたものを新しい自己の現実として自覚する。そしてこの新しい現実こそは、自己と他者とが一つの和の中に結ばれることのできる唯一の根拠であり、その時にはもはや他者は自己の生命と一つになって自己の中において生きるのである。

真のリアリズムにおける現実の認識はこのような構造をもつものであり、それ故、現実の認識は我われを救いへと導くのである。ドストエフスキイは『罪と罰』の終結において、一人の人間の更生を「いままでまったく知らなかった新しい現実を知る」〔米川正夫訳『罪と罰』・エピローグ〕ことであると記しているのであるが、救いとは真の現実認識であるということ、逆に現実の認識は自己の救いとともに成就するということ、これこそ彼が「私は最高の意味におけるリアリストである」と言った意味ではなかろうか。

我われは現実の只中にあるにもかかわらず、いつでも、自己を外にして現実を見、あるいは現実を見ないで自己を現実に押しつける。前者は通常「現実主義」と呼ばれ、後者は通常「理想主義」と呼ばれるのであるが、共に「現実主義」も「理想主義」も現実ではない。なぜならば両者とも自己と現実との誤れる関係にあるからである。前者は、現実が自己の内にあることを知らず、後者は、現実が自己の外にあることを知らない。この現実の中にありながら現実を知らないということ、現実の中にあって不安であること、現実が現実性をもたないということの自覚、すなわち人間の苦悩をとおして真の現実、すなわち人間の救いへと進みゆき、「いままでまったく知らなかった新しい現実を知る」に到ること、そこにあらゆる人間の劇の本質があるのであり、それを描きつづけるところに我われの生活があり、原始からの本当のリアリズムがあるのである。

〔註〕チーホンはドストエフスキイと同時代のロシアの僧侶である。

［第四十三号・一九五八年五月号］

三、人間（一）

私。完全なるリアリズムを持《じ》しながら人間の中に人間を見いだすこと。

——晩年の「手帖より」3——

しかし、そこにはもう新しい物語が始まっている——一人の人間が徐々に更新していく物語、徐々に更新して、一つの世界から他の世界へ移っていき、今までまったく知らなかった新しい現実を知る物語が、始まりかかっていたのである。これはゆうに新しい物語の主題となりうるものであるが、しかし、本篇のこの物語はこれでひとまず終わった。

——『罪と罰』エピローグ——

これは『罪と罰』の結びの言葉であるが、ここに述べられている、①一人の人間の更新、②一つの世界から他の世界への移りゆき、③今までまったく知らなかった新しい現実を知ること、この三つは（結局は

①の一人の人間の更新に帰着するのであるが）、ドストエフスキイの文学の主題をなすように思われる。

ところで、ドストエフスキイには『白痴』の完結した年、一八六八年にはすでに『カラマーゾフの兄弟』の原型たる『無神論』の着想があり、これが『偉大なる罪人の生涯』という着想に変わり、一八七〇年三月、親友アポロニマイコフへの書簡の中でこの着想をうち明け、その中で「各篇を通じて一貫している問題は小生が一生涯、意識的に無意識的に苦しんできたもの、すなわち神の存在ということです」と述べている。したがって、ドストエフスキイの主題は「神の存在」であるということもできる。しかし、ドストエフスキイがいうその「神」は、「福音書を良く知らない」、「信仰の基本的な規律を知らない」ロシア国民の「世代から世代へと伝わって、人びとの心と融け合った」キリストであり、「彼らが自己流にすなわち苦悩となるまでも愛した」キリストのすがたであり、「誰よりも一番真実に懺悔を聞いてくださるキリスト」である。ドストエフスキイはこれを「正教のキリスト」と呼んだのであるが、このキリストがドストエフスキイによって表示されたのを我われが彼の作品において見出す時、それは『罪と罰』のソーニャであり、『白痴』のムイシュキンであり、『悪霊』のチーホンであり、『未成年』のマカールであり、『カラマーゾフの兄弟』のゾシマ、アリョーシャである。

このように、ドストエフスキイが正教の真理を人間において表現したこと、教義や理論においてではなく、生きた人間の生活において表現したこと、ここに彼の文学活動の意義があるのではなかろうか。すなわち、神の真理が人間の真理になること、神学や教理問答の上から人間生活を規定するのではなく、逆に人間生活の中に教義と信仰を見出していくこと、彼が「光りと救いとは下の方から輝き出してくる」と言うごとく、人間の救いを天上の神に求めるのではなくして大地の中に見出していくこと、「世代から世代へと伝わって人びとの心と融け合ったキリスト」を現にいま在る人間生活の中に見出していくこと、ここに彼の文学活動の意義があるのである。あくまでも「人間の中に」という方向こそ、彼が「私は単に最高の意味におけるリアリストである」という意味である。その時神は、人間の外にあるものとして人間に対するものではなく、人間の生活、すなわち劇を可能にする場所のごときものとしてはたらく。そして人間の劇の本質は、人間が単に在るものではなく同時に知るものであること、なかんずく自らの死を知るものであること（なぜドストエフスキイはあのように執拗《しつよう》に自殺と殺人を描きつづけたのであろうか）の中にあり、この在ることと知ることとの間には彼のいわゆる「深淵」があるのであり、人間はこの深淵を自己の中に含むが故に、人間はすでに人間でありながら、同時に人間でありえないということが生ずるのである。

彼が意識の極限を追求した『地下生活者の手記』の筆者に、「私は単に意地悪な人間ばかりでなく、結局なにものにもなれなかった。悪人にも、善人にも、卑劣漢にも、正直者にも、英雄にも、虫けらにもなれなかった」［米川正夫訳『地下生活者の手記』・地下室］と語らせているのを我われは知っている。このように人間が人間でありながら、人間であることを悩み苦しみ、愛し憎み、常に何者かになろうと努力する。この根源は、人間が自己の中に深淵を含み、人間が自己の死を知ることができることの中にあるとするならば、逆に人間が死を克服し、「人間の間で人間であること、永久に人間として残ること」が「生活の目的」となり、生活そのものとなる。このことは一八四九年十二月二十二日付の兄ミハイル宛書簡に明らかであるが、それによると、このように「人びとの中にあって人間であること」がすなわち生活であるということは、彼ドストエフスキイの「血肉となった」「理念」なのである。ところで、「人びとの中にあって

人間であること」は、すでに人間である者の中において行なわれるのであるから、「人間である」ことと
は「人間の中に人間を見出す」ことにほかならない。

人間は神秘です。それは解き当てなければならないものです。もし生涯それを解きつづけたなら時を空費したとは言えません。僕はこの神秘と取り組んでいます。なぜなら人間になりたいからです。

［一八三九年八月十六日付　兄ミハイル宛書簡］

これは十八歳のドストエフスキイが兄に送った書簡の一節であるが、それは、最初に引いた六十歳の彼が記した手帖の言葉と驚くべき照応をなしている。「人間の中に人間を見出すこと」はドストエフスキイの生涯変わらぬ主題であり、それはまた彼にとって「生きる」ということであったのである。

［第四十四号・一九五八年六月号］

四、人間（二）

さても、人間の生活力の強さ！　人間はいかなることにも馴《な》れる動物である。私はこれこそ人間にとって最上の定義だと思う。

——『死の家の記録』［第一部一、「死の家」］——

私は先に（『香草』第四十四号）、人間は単に在るものではなく同時に知るもの、なかんずく自らの死を知るものであり、この在ることと知ることとの間には「深淵」があるのであり、人間は自己の中にこの深淵を含むが故に、人間はすでに人間でありながら、同時に人間でありえないということが生ずるのであり、

この人間の危機を克服して「人びとの中にあって人間であること」こそ生きるということである、と述べ、「僕は人間になりたい」と言った十八歳のドストエフスキイの書簡の一節と、「私。完全なるリアリズムを持しながら人間の中に人間を見出だすこと」という晩年の手帖に記された覚書とを引用しつつ、「人間の中に人間を見出すこと」こそ、ドストエフスキイの生涯を貫く主題である、と言った。

この人間の危機を克服して、人間が人間になることによって新しく人間であることに目覚めていく道程は、『罪と罰』以後の作品において力強く描かれていくのであるが、それに先立つ二つの作品、『死の家の記録』と『地下生活者の手記』において、ドストエフスキイは人間の危機そのものを二つの極点において描いている。

ドストエフスキイは、一八五〇年（二十八歳）から一八五四年までの満四年間をオムスクの監獄で流刑囚として生活した。そこには、「騒々しい物音、わんわんというような人声、高笑い、罵詈雑言《ばりぞうごん》、鎖の響き、人いきれ、煤煙、剃り落とされた頭、烙印《らくいん》を捺《お》された顔、ぼろぼろの着物」、「何もかも屈辱と悪名を背負ったものばかり」〔米川正夫訳『死の家の記録』・第一部一、「死の家」〕があった。彼らはこの屈辱と悪名の中で、生きていく力をどこから得ているのであるか。それをドストエフスキイは自らの四年間の囚人生活の中から、「粗野な表皮の下に隠されている黄金」〔一八五四年二月二十二日付　兄ミハイル宛書簡〕として見出してくるのであるが、その黄金を見出す眼を得るためには、彼自身の内面的転換を必要としたのである。

ともあれ、「人間はいかなることにも馴れる動物である」というこの人間の定義は、恐ろしい定義である。人間が人間であって、機械でもなければ動物でもないということは、人間が主体性をもち、単にそこに置かれたものではなく、善と悪、美と醜とを区別して、自由にそれを選び取ることができるということにある。「いかなることにも馴れる」とは、このような自由の否定であり、ただただ生きんがためにこれらの自由を放棄して「呆《あき》れるほど境遇に順応するものである」とするならば、かのイヴァンの大審問官が言うごとく、「人間や人間社会にとって、自由ほど堪え難いものはほかにない」〔米川正夫訳『カラマーゾフの兄弟』第五篇・第五大審問官〕こととなり、「馴れる」ということの極限は、人間が人間でありながら人間でなくなってしまい、外的強制の下に蟻塚のようになってしまうことを意味するのである。

生活とは「人びとの間にあって人間であること」であった。しかるに馴れることによって人間が人間でなくなることは、まさに人間があくまでも生きんとすることによって生ずるのである。人間が生きんとすることによって、あくまでも自分を肯定しようとすることによって、かえって生活できなくなるとはなんと奇妙な矛盾であろう。

生活の意味を問わないで、ただ限りなく生きることを望むことが、いかに深い人間の欲求であるかを、殺人後のラスコーリニコフは次のごとく語っている。

もし自分がどこか高い山の頂上の岩の上で、やっと二本の足を置くに足るだけの狭い場所に生きるようなはめになったら、どうだろう？　まわりは底知れぬ深淵、大洋、永久の闇、そして永久の孤独と永久の嵐、この方尺の空間に百年も千年も、永劫立っていなければならぬとしても、いますぐ死ぬよりは、こうして生きている方がましだ。ただ生きたい、生きたい、生きて行きたい！　どんな生き方にしろ、ただ生きてさえいられればいい！……この感想はなんという真実だろう！　ああ、まったく真実の声だ！　人間は卑劣漢にできている！　またそう言った男を卑劣漢よばわりするやつも、やっぱり卑劣漢なのだ。

〔米川正夫訳『罪と罪』第二編6〕

「どんな生き方にしろ、ただ生きてさえいられればいい」という、この生きることを欲する力には、なにか生活の意義とか理想とかを根こそぎにしてしまうようなものがある。信仰とか理想とかを余計なものと思わしめる何ものかがある。その時、すべてはただ自己の生存のための手段と化し、「理性ってものは情欲に奉仕するもの」〔『罪と罰』第四篇1〕となるのである。他のものや人はその独立性、対象性が解消されてしまう。そして、この独立性、対象性の解消が「馴れる」ということである。「ただ生きてさえいればよい」ということになれば、生が死を見ず、現実が矛盾を見ない。ところが、生が死を見ぬ時には、生は如実の生であることができず、現実が矛盾を見ない時には、現実性を失うのである。しかも生が死を見、現実が矛盾を見るということは、いたたまれない苦痛である。人間はこの苦悩を解消しようとして、「どんな生き方にしろ生きていさえすればいい」という情欲に身を任せ、「獣の眠」を眠ってひたすらに生きんと欲するのであるが、まさにそのことによって生活を失ってしまうのである。生活の失われた人間は、もはや人間ではない。それ故に我われは言うことができる。単に生きるということは、人間が生きることではない。生きることを超えることこそ、人間が生きるということであり、生活するということであると。

生存があって、それから初めて人間が自由とか不自由とかいうことができるのだ、という人があるかもしれない。しかしこのような人は、人間が死をも超えうるものであることを知らないのである。逆にいえば、人間の不自由の根源が、限りなく生きんと欲するにもかかわらず、死なねばならぬことの中にあることを知らないのである。そして、このような人のいう自由は、本質的にいって我がままと異ならないのであって、「完全な自由すなわち自分自身に対する自由」〔『カラマーゾフの兄弟』第一篇家族の歴史・第五長老〕とドストエフスキイが言う自由とはまったく異なっているのである。ただ生きていさえすればよいという生存は、実は最大の拘束なのである。

五、人　間（三）

人間というものの最も適切な定義は、二本足で歩く恩知らずの動物なり、ということになる。
――『地下生活者の手記』――

ここで「恩知らず」と言われているのは、いかなる意味であろうか。この定義の現われる同じ章に、「呪詛《じゅそ》というやつは、ただ人間のみに与えられた能力なので、これこそ主として、人間を他の動物から区別する特権なのだ」〔米川正夫訳『地下生活者の手記』第一地下室八〕という言葉が見えており、「恩知らず」とは「呪《のろ》う」ということであり、「呪う」ということは与えられた生存を拒否しようとすることである。

先の「いかなることにも馴れる」人間は、自然的な人間、本能的な人間であったが、この「二本足で歩く恩知らずの動物」である人間は、「ノーマルな人間のアンチテーゼ」であり、「強烈な意識を有する人間」であって、「考えてばかりいて、従ってなんにもしない人間」なのである。そして、このような考えてばかりいる人間においては、対象はすべて意識の中に解消されてしまうのである。

しかし、存在するものはすべて意識や思索では捉ええない何ものかを含むのであり、それは自己の意識の外にあるから、自己に対して独立性をもち、対象性をもつのであって、意識や思索を無限に積み重ねても、この存在するものの存在に触れることはできないのである。考えてばかりいる人間には、その自己の外にある確かなものに触れえないということによって、逆に自己不信が生ずる。すべては意識の中に解消され、意識はどこにも抵抗に出合うことがないから（実は抵抗に出合わないように思惟しているに過ぎないのであるが）、意識のみとなった自己は無限に自由であり、この拘束なき自由は、その無限性の故に他者に出会うことがないから、どこにも自己を確かめることができない。いま在った自己を自己はすぐ否定することができる。『地下生活者の手記』にいくども繰り返される前言取り消しはこのことを切実に語っている。「肉体と血」とをもたないこの意識となった自己は、「いかなることにも馴れる人間」とはまったく反対の方向において生活を失ってしまっているのである。心の中では全人類に対する愛に燃えていながら、現に実在している一人の人間をも愛することができないという奇妙な（ある意味では当然な、というのは愛は一般から個別という方向においては生ずることができないのであり、必ず個別的な実在する一人の人間を通して全体に及ぶものだからである）現象が生ずるのである。もちろんこの「強烈な意識を有する人間」は、「理性は要するにただ理性であって、単に人間の理知的能力を満足させるにすぎない。ところで意欲は、全生活の発現であって、理性も卑近な生理的作用をも含む人間全生活の発現なのだ」〔米川正夫訳『地下生活者の手記』第一地下室八〕ということをちゃんと意識している。それ故に彼は、「人間に必要なのは独立不羈《ふき》の意欲だけである」〔『地下生活者の手記』第一地下室七〕と言う。しかし、彼の意欲は現に実在しているものの どこにも実現されないのである。かくして彼は、意欲の無限の渇望を抱きながら依然としてもとの自意識の中にとどまるのである。意欲が対象をもたないで、その意欲すらが自意識の中に解消してしまうというところに、あの「誰を責めることもできない歯痛のような苦痛」があるのであり、この苦痛の表現が呪詛であり、この苦痛のみがあって罪も悪もないということが、ドストエフスキイが「恩知らず」ということの意味ではなかろうか。

先に述べた「いかなることにも馴れる動物」は、意識を排除することによって存在に固着し、あくまでも自己肯定をなさんとすることによって生活を失うのであり、この「二本足で歩く恩知らずの動物」は、存在を排除することによって意識の中に閉じ込もり、この手記の著者が最後に、「我々は人間であることさえ、――本当に自分自身の肉体と血とをもった人間であることさえ荷厄介《にやっかい》にして、それを恥に思い恥辱と考えながら、なにかしら今までになかった一般人になろうと、一心に隙《すき》を狙《ねら》っているのだ」〔米川正夫訳『地下生活者の手記』第二べた雪の連想から10〕と言っているように、あくまでも自己の生存を受け入れようとしないことによって生活を失うのである。この二つの人間の典型は、人間が生存するものであると同時に、その生存を知るものであり、しかも知ることと在ることとの間には深淵が横たわっている、と先に私が言った、その人間の根本構造に深く根ざしているのであり、この在ることと知ることのどちらか一方を排除して一方のみを取る時に、人間の生活は失われてしまうのである。しかもこの二つの人間の典型は各々その発展の方向が逆であるから、人間が生活するとは、この二つのものをどちらにも解消せず、その矛盾と分裂のままに、その中に自らの身を横たえることにほかならない。したがってそこには、ドミトリイ・カラマーゾフのいわゆる「生きていくこともできず、死んでいくこともできない」人間の苦悩があるのである。

六、人間となった真理との邂逅

公爵、生まれて初めて人間を見ました！

――『白痴』〔第一篇十六〕――

ここで「生まれて初めて人間を見ました！」と言われている人間は、明らかに「人間の中に人間を見出すこと」とドストエフスキイが言った時の後の方の人間、すなわち成るべき人間、見出されるべき人間である。ところで、この公爵とはいうまでもなくムイシュキンであり、このムイシュキンの創作にあたってドストエフスキイは、「この長編の主要な思想は、真実美しい人間を描くことです。――この世に真実美しい人がただ一人あります――キリストです」と述べている。

この真実美しい人間に対する時、先に述べた二つの人間の典型はその方向がまったく逆であるにもかかわらず、同じ地盤に立っている同じ種類の人間であることが明瞭となってくるのである。フョードルとイヴァンは表面まったく反対のように見えるにもかかわらず、「一番大旦那に似ている」のはイヴァンなのである。これら二つの人間典型に共通する特質は、彼らが孤独であるということである。孤独というものの一番深い定義、すなわち自分以外に信ずるものが何もないという意味において、彼らは孤独なのである。彼らは自己の世界の閉鎖性の故に、自己の外に成るべき人間のすがたをもたず、それ故に、自己が孤独から癒されることを望むことができないのである。そしてこの孤独から癒されることを望むことができないということこそ、現代の「最も大きな病所」ではないのか。

では、この孤独から癒されることを欲することのできない人間が、いかにして人間と成ることができるのであるか。それは『罪と罰』以来常に変わらぬドストエフスキイの主題であるが、これに対して彼の作品は「それは人間と成った真理との邂逅によって」と応えているのである。〔第九十三号・一九六二年八月号〕

師への応答

一、念仏の人、清沢満之

一、新しい人間の誕生

一、信念の幸福

清沢満之先生の生涯を憶う時、先生の伝記『清沢満之先生』の著者（西村見暁師）が「みんな壊れた年」と名づけた明治三十五［一九〇二］年に、私の関心の焦点はむすばれる。先生示寂の一年前、この年の六月に長男を、十月には妻を失い、同じ十月には真宗教団の革新という、先生の生涯の事業の最後の努力の結晶であった東京真宗大学に紛争が起こり、先生は同月二十二日、ついに真宗大学学監を辞されることとなる。人間的にいってこれ以上の不幸はないと思われるこのような状況の中で、先生は「現世における最大幸福」を味わいつつ、

而《しこう》して今や仏陀は、更に大なる難事を示して、益々《ますます》佳境《かきょう》に進入せしめたもうが如《ごと》し。豈《あ》に感謝せざるを得《え》むや。［清沢全集第八巻、四四二頁］

と『日記』に記されるのである。

私はいま「人間的にいってこれ以上の不幸はないと思われる」状況と言ったが、このような状況を産み出したものと、その状況の中にあって最大幸福を感じとるものと、それらは互いに触れ合っているのであって、先生のいわゆる「現世における最大幸福」は決して不幸と並び立つ一つの状態としての幸福ではなくして、一点を失えばたちまち最大の悲惨に変じてしまうような「壁立《へきりゅう》千仭《せんじん》」〔道元『正法眼蔵』「身心学道」ほか〕のところに立つ幸福である。さらに言えば、それは悲惨を幸福に転成《てんじょう》せしめる力としてはたらく幸福であり、不幸から幸福へという方向を遮断《しゃだん》し、現在の直下に、悲惨であることそのことを幸福に転ぜしめるような、いわばかぎりなく幸福を産み出していくような幸福である。したがってここでは「幸福であること」と「生きること」とは別事ではない。幸福は「生」の中の一つの状態ではなくて、「生きてもいられず。死んで往くことも出来ぬ」〔清沢全集第六巻、一六二頁〕ものがこのように生きていくことができるということ、すなわち生きることが生きがいであるような、そういう生の成就として成り立っている幸福である。それ故にこそ、それは「現世における最大幸福」と言われうるのである。

先生はこの幸福を「信念の幸福」と呼ばれているのであるが、このような幸福がそこにおいて成り立つ因をただ一点に押さえて、それは「信念」であると言われるのである。この場合「信」とは「信心」を意味し、「念」とは「念仏」を意味する。したがって「信念」とは「信」と「行」とを一つに表わす言葉であり、決していわゆる主観的確信を意味するものではなく、先に私が「人間的に」といったその人間的関心が克服されたすがた、すなわち主観性からの徹底的解放を意味するのである。したがって「我が信念」と言われる時、それは我に所有された信念を意味するのではなく、「我として現前している信念」を意味するのである。「大行大信」が我となっていまここに現前しているということこそ、「我が信念」という言葉が意味するものでなければならない。そしてこのような「我が信念」を最も端的に表現された言葉が、「絶対他力の大道」の中に記されてある、

自己とは他《た》なし、絶対無限の妙用《みょうゆう》に乗托《じょうたく》して、任運《にんぬん》に、法爾《ほうに》に、この現前の境遇に落在《らくざい》せるもの即ち是なり。

〔清沢全集第六巻、一一〇頁〕

の一文である。

二、自己とは何ぞや

「自己とは他なし」で始まるこの文は、「自己とは何ぞや、是れ人生の根本的問題なり」〔清沢全集（法蔵館）第七巻、三八〇頁〕という文に直接して出てきている。このことは、「では、自己とは何かという問いが人生の根本問題として問われる時、それはどのような境位において問われているのであろうか」という問いへと我われを導く。自己が問いとなるということの中には、諸々の問題を立てる者そのものを問題とする問いとして、そこには人生における諸問題が一点に集められているということがある。諸問題の解決を求めて歩む人生の歩みがいわば「果てまで来て」、かえってもとの出発点につきもどされるということがあるのである。

パンの問題、職業の問題、家庭の問題、道徳の問題、教団の問題、それらのことを問題としている自己を問題とするこの問いは、職業に関わり、教団に関わっているその「関わり」の全体を問題とするものとして、これらの問題を自己の一点に集めて、どこからそれらの問題が起こってくるかを問うものであり、

これらの諸問題の解決を求めて歩む歩みが、かえって新しい問題を産み、問題が問題を産んで、果ては広漠とした曖昧さの中に問題そのもののリアリティを喪失し、生活がいわば「発散」してしまうそのようなあり方を遮断し、あたかも扇のかなめのように諸問題を一点に集中して、それあるが故に諸々の問題が我われにその解決を強いるものとして迫ってくるような、あらゆる問題の因を押さえて、この問いは立てられているのである。

したがって、この問いが如実に立てられる時には、すでに問題そのものが純化の過程を経ているのであり、パンの問題等が真の問題ではないという明確な認識をこの問いが立てられること自身の中にすでに含んでいるのである。清沢先生は新法主《ほっす》（句仏上人）〔一八七五〜一九四三〕のための「御進講覚書《ごしんこうおぼえがき》」の中で「パンの為、職責の為、人道の為、国家の為、富国強兵の為に、功名栄華《こうみょうえいが》の為に宗教あるにはあらざるなり。人心の至奥《しおう》より出づる至盛《しじょう》の要求の為に宗教あるなり」〔清沢全集第七巻、一八八頁〕と記されているのであるが、自己とは何かというこの問いは、このような「人心の至奥より出づる至盛の要求」から起こる問いであり、この問いは、人間が生きているということ自体が一つの問いと化して、その脱自的意志の尖《せん》端《たん》において発せられる問いなのである。したがってこのような問いを問うものは、世界の内にある一つの個我ではありえない。それは世界の源底《げんてい》から発する問いであり、我われの先覚者たちが「願往生心」と呼んできたあの心において問われている問いなのである。

「答は問処に有り、問は答処に有り」〔『碧巌録』〕ということがあるが、「自己とは何ぞや」との問いに応える答えは、自己とは何ぞやというこの問いが、その問い自身の暗黒を中から破って、あたかも母親の暗黒の胎内から光の世界に生まれ出た赤ん坊のオギャーという叫びにも似て、「自己とは他なし、絶対無限の妙用に乗托して、任運に、法爾に、この現前の境遇に落在せるもの即ち是なり」と、初発の感動をもって称え出されているのである。

三、表現する自覚

「絶対無限の妙用に乗托して」とは行信一念である。「任運に、法爾に、この現前の境遇に落在せるもの」とは「即得往生住不退転〔すなわち往生を得、不退転に住せん〕」〔『教行信証』「信巻」聖典二一二頁〕として、本願力回向の信の徳用《とくゆう》であり、その証たる「現生《げんしょう》住《じゅう》正定聚《しょうじょうじゅ》〔現生に正定聚に住す〕」である。仏教のいわゆる「転依《てんえ》」を顕すこの言葉は、まったき自己—否定—肯定を意味するものとして、凡夫として死し菩薩として生まれるそのいのちの転換を成就し、「信即人」としての新しい人間の誕生を告げ知らせる言葉である。この言葉は『蓮如上人御一代記聞書』の「弥陀《みだ》をたのめば、南無阿弥陀仏《なむあみだぶつ》の主になるなり」〔聖典九〇〇頁〕をまっすぐに受け、『入出二門偈』に「この信は最勝《さいしょう》希《け》有《う》人なり、この信は妙好上上《みょうこうじょうじょう》人なり」〔聖典四六六頁〕とある、「この信」が「人」であるとの言葉を受け、何よりもまず『教行信証』「信巻」の標挙《ひょうきょ》の文「至《し》心信楽之《しんしんぎょうの》願、正定聚之機」〔聖典二一〇頁〕に直接して説き出されているのである。かくして我われは言うことができる。「自己とは他なし。……」の一文こそ、清沢先生が自らの念仏において釈された名号釈《みょうごうしゃく》であると。すでに蓮如上人が、「聖人《しょうにん》の御流には、弥陀《みだ》をたのむが念仏なり」〔『蓮如上人御一代記聞書』聖典八八七頁〕と言われているごとく、ただナムアミダブツの六音を発声することが念仏であるのではない。先生が「絶対無限の妙用に乗托して」と言われ、「只夫れ絶対無限に乗托す」〔清沢全集第六巻、一一〇頁〕と言われるところにこそ、「唯念仏して……」の風光はあるのである。

それならばなぜ『選択本願念仏集』の古典的解釈において「念声是一〔念・称は是一なり〕」〔真聖全一、九四六頁〕が言われているのであろうか。思うに自己が自己に目覚めるこのような認識においては、認識とその表現とは分かちがたく結びついている。否《いな》、それらはもともと一つの事柄であって、認識するものが認識されるものの表現であり、認識されるものは自《みずか》ら認識するものの表現となることによってのみ自己を実現するのである。西谷啓治氏の言葉を借りれば、それはリアリティのリアリゼーションとして、「現成《げんじょう》即会得《えとく》」〔『宗教とは何か』一「宗教とは何か」〕であり、実在の会得としての目覚めは、実在の現成として必ず実在の自己表現を具するのである。先に私は、「自己とは他なし、……」の言葉が「初発の感動をもって称え出された」と言い、「自《みずか》らの念仏において釈された名号釈」であると言ったのは、真の自覚は必ず表現する自覚であり、それは自覚なき表現とも、表現なき自覚とも異なるものであるからである。

四、讃嘆の生活

古人は「一花開いて世界起こる」〔『碧巌録』〕と言った。ひとたびこのような表現的自覚として自己が見出される時、すなわち「一称南無仏」のたちどころにまったく新しい世界が眼前に展開してくるのである。「自己とは何か」という問いがすでに世界の中なる個我を超えて、世界の源底から発する問いである以上、自己の発見は同時に新しい世界を開く。そこに開かれた世界の風光を、先生は右の文にすぐつづいて次のように記されている。

只夫《ただそ》れ絶対無限に乗托《じょうたく》す。故に死生《しせい》の事、また憂《うれ》ふるに足らず。死生尚且《なおか》つ憂ふるに足らず。如何に況《いわ》んや之より而下《じか》なる事項においてをや。追放、可なり、獄牢《ごくろう》、甘んずべし。誹謗擯斥《ひほうひんせき》、許多《きょた》の凌辱《りょうじょく》、豈《あ》に意に介すべきものあらんや。我等は寧ろ只管《ひたすら》、絶対無限の我等に賦与《ふよ》せるものを楽しまんかな。

〔清沢全集第六巻、一一〇頁〕

この文は、曾我量深師が、「現生住正定聚」の風光を端的に表示する親鸞聖人のほとんど唯一の言葉だと指摘する、『歎異抄』第一章の「しかれば本願を信ぜんには」以下の文と、みごとな一致を示している。ここでは、「追放」も「獄牢」も「誹謗擯斥」も、「絶対無限の我等に賦与せるもの」なるが故に、換言すれば、追放はあくまで追放でありながら、その実体的意味を失ってかえって「絶対無限の妙用」を表現するものとなる故に、追放という一つの事態がその人間的な苦しさを超えて光芒《こうぼう》を放つのであり、その光に浴する者にとって、それが放つ光芒の故に追放はかえって讃嘆の対象となるのである。越後への流罪を「師教の恩致《おんち》」〔『本願寺聖人伝絵』聖典七二五頁〕と感じとられた親鸞聖人も、またこの光の国の住人であったのである。ここに展開する世界は、「求め」と「畏《おそ》れ」から解放された「自己充足」の世界であり、そこで行ぜられる生活は、何かの目的の手段となったいわゆる「ためにする」生活ではなく、先に私が「生きることが生きがいである生」と言ったような、生活自《みずか》らがその真実性を自証しているような生活であり、それは、エックハルト〔一二六〇頃～一三二八頃〕のいわゆる Leben Ohne Warum〔何故なしに生きる〕であり、それ故にこそ、その生活はただ真実を顕すということのみが目的であるような、ひたすらなる讃嘆の生活なのである。

五、信こそ人間の本質

以上、清沢先生の「自己とは他なし」の文について領解を述べたのであるが、その中心点は、右の文は先生自《みずか》らの念仏において釈された名号釈《みょうごうしゃく》であり、その名号釈が「自己の発見」として語られているところに、「信即人」として新しい人間の誕生を告げ知らせるという意義を担っており、そこに先生の名号釈の独自性と根源性があるということであった。

思うに近代の歴史の歩みは、善き意味においても悪しき意味においても、宗教的真実の世俗化の歴史であった。批判的理性の目覚めが人間を宗教的権威から解放し、人間は人間自らの力で生きていくことができるとする、いわゆるヒューマニズムの立場が近代精神を代表する。けれども、人間が人間の主になった時、奇妙なことに、別の意味では正当にも、「人間とは何であるか」ということが、人間が人間の主になったそのことから生ずる必然的な問いとしてまったく新しい様相をもって生起してきたのである。そこでは、人間が何であるかについて答えられた、かつてのさまざまな答えはすべて色あせてみえる。マルクスが「ブルジョア階級は、これまで尊敬すべきものとされ、敬虔《けいけん》な畏怖《いふ》をもって眺《なが》められたすべての職業からその後光《ごこう》をはぎとった。かれらは医者を、法律家を、僧侶を、詩人を、学者を、自分たちのお雇いの賃金労働者に変えた」〔『共産党宣言』〕と言った時、彼は人間の自立という近代ヒューマニズムの立場が音を立てて崩れていくのを見ていたに違いない。しかし、「宗教的本質を人間的本質に解消している」フォイエルバッハを批判して、人間の本質を「社会的諸関係の総体」〔マルクス『フォイエルバッハに関するテーゼ』〕

として捉えるマルクスは、先に述べた個我的主観性をある意味では突破しているという点に大きな意義をもつとしても、その超越がどこまでも世界の内にとどまる故に、厳密には個我的主観性の中に閉ざされているのであり、その意味では彼は転落した近代ヒューマニズムの人間観の残滓《ざんし》を引きずって歩いているのである。では近代ヒューマニズムの克服、したがってまたそれの否定的表現であるニヒリズムの克服はいかにして可能であろうか。それを可能にする道は、「人間とは何であるか」というこの問いを徹底して問うこと以外にはありえない。

ともあれ、この問いに対する清沢先生の応えは「信こそ人間の本質」であると言うにある。「信即人」として徹底的に個我的主観性を超克し、完全に心開かれたこの人間こそが、現代を真実に生きることのできる新しい人間の告知ではなかろうか。

［一九六三年七月『真宗』第七一五号］

二、清沢先生の念仏

一、真実行を求めて（一）

かつて、私は『教行信証』の素読をつづけておりました。三回目の時でした。大きな驚きをもって次の聖句が私の胸に飛び込んでまいりました。

しかれば名《みな》を称するに、能《よ》く衆生《しゅじょう》の一切の無明《むみょう》を破し、能く衆生《しゅじょう》の一切の志願を満てたまう。

〔『教行信証』「行巻」聖典一六一頁〕

それは第一に、親鸞聖人においては、念仏とはまさにこのようなものであったのだという確認であり、同時に、一切の曖昧《あいまい》さ（無明《むみょう》）から解き放たれ、満ち足りて、ひとすじに仏名《ぶつみょう》を称しつつ生きる聖人の原像を発見することができた感動でありました。

しかし第二に、それはナムアミダブツと称えている私において、なぜ「一切の無明を破し、一切の志願を満てたまう」ということが、事実として起こってこないのか、という大きな疑いとなったのであります。

この感動とこの疑いとの共鳴の中で念仏の意《こころ》をたずねて歩みつづけた私に、一つの決定が訪れてまいりました。私はその決定を『〝いのち〟を喚ぶ声』の中で次のように言い表わしています。

一度死んだ者は、もはや誰も殺すことができない。
絶望を通して輝き出た希望の光は、もはや誰も消すことができない。
地獄一定と思い取った者を、もはや誰も苦しめることはできない。
本願を信じ阿弥陀の名号を称えつつ生きる者は、この厳しい現実の真っ只中で、ひとすじに人と人とのまことの交わりを求めて限りなく生きる。

これが私の念仏であり、これが私の「願生浄土」でございます。

このように言い切った以上、これが私のいのちの〝言葉〟である以上、私には何の不平も不満もありません。死さえも私をおびやかすことはできません。もう少し厳密に表現いたしましょう。私がどんなに不平不満をもち、私がどんなに死を怖れようとも、「智慧の念仏」といわれるその念仏の光がその私の心を「罪」として照らし出し、切断していくのであります。それ故に厳密にいえば、「私の念仏」という言葉は顚倒《てんどう》しています。念仏の中にこそ無に等しい私が、生かされているのですから。

ともあれ、カール・バルトが「全宇宙を耳に聞きとり、それを、身自らはただ媒体の役を果たすのみとなって、歌いあげた」〔『モーツァルト』〕と、その音楽を讃えたアマデウス（神の子）・モーツァルトと共に、いまの私は次のように言うことができるのです。

死は（正しく理解するならば）私たちの生涯の真の究極目標であります。ここ数年来、私はこの人間の、真実の最善の友と親しんで来ました。それで、彼〔死〕の姿は私にとってもはや何ら恐るべきものでなくなったばかりではなく、そればかりか、心を安らかにし、慰めてくれるものとなったのです。モーツァルトはこの文にひき続いて「私は夜寝ますときに（まだ若いのですが）、明日はもう生存していないのではないか、そう考えずに床につくことはありません。」〔「父への手紙」一七八七年四月四日、二十六歳〕と記しています。まことにモーツァルトにとって、「死」は「創造」の、そして「自由」の源泉であったのです。

祖父の突然の死を縁として自《みずか》らの死を直覚し、「死への生」といういのちのあり方、――その生の原理的有限性・不自由性――をいかにして克服するか、という課題と共に出発した私の求道の歩みは、念仏と共に「死への生」ならぬ「浄土への生」として自らの生を賜わり、「生に対する最大怨敵」である死との完全な和解が成立したいま、その有限性を如来より与えられた「分限」（絶対無限者の自己限定）としていただき、その不自由性を創造の転換点とする道を教えられたいま、あるいは道元禅師と共に言うことができるのかもしれません。

一生参学の大事ここにおわりぬ。〔『辦道話』〕

しかし、到着点こそが出発点であります。この世に対して要求するなにものもなくなってしまったいま、私は、

汝の残された全生涯を尽して、「念仏こそが真実の行であると教えられた宗祖親鸞の意《こころ》を現代に開示せよ」

という如来の召命を受けとったのであります。そして同時に、私のいのちそのものが一つの使命であることを知ったのであります。

いま、「身自らはただ媒体の役を果たすのみとなって」というバルトの言葉が、『教行信証』「信巻」の標挙に記された「正定聚之機」という言葉と一つになって私の胸に響いています。

〔『崇信』一九七五(昭和五〇)年十月号〕

二、真に生きる

「真実之行」という親鸞聖人の言葉は、鈴木大拙師の英訳『教行信証』では、

True Living(真に生きること)

となっています。

この独創的な鈴木先生の訳語について、編集者は次のような註解をつけています。

普通には（この行という語は）「実践」「修養」「行為」というように理解されてきた。一般に「行」と言えば、覚へと導くためのあらゆる形の実践という意味である。親鸞にとっては、行は無碍光如来の名、すなわち南無阿弥陀仏を称えることである。この称名という実践は、親鸞にとっては、単に祈願する（あるいは祈りの呪文《じゅもん》を唱える）という行為ではない。なぜならば、究極的には南無阿弥陀仏は生きることそれ自身である。というのは、生きることは不断の生成であるのだから。この故に、鈴木博士はこの「行」という術語を、「生きること」と読まれたのである。大行《だいぎょう》＝Great Living（大いなる生、限り無きいのち）は絶対的な行為であり実践であり、（実に）阿弥陀如来それ自身のはたらきである。
［英訳『教行信証』二一四頁］

このような註解をとおして、もう一度、

True Living（真に生きること）

という主題にかえる時、我われは二つの問いかけの前に立つことになるであろう。

第一の問いかけは、我われにおいて、念仏ということが、――「南無阿弥陀仏」と称えるということが、はたして「生きることそれ自身」と成っているのだろうか？　つまり「念仏もする」という形で、それは生活の部分になってしまっているのではないであろうか？　という問いかけである。

この問いかけは次のようにも言うことができるであろう。『正像末和讃』には、

弥陀《みだ》大悲の誓願《せいがん》を　ふかく信ぜんひとはみな
ねてもさめてもへだてなく　南無阿弥陀仏《なむあみだぶつ》をとなうべし
［聖典五〇五頁］

と記されている。たくさんの大人たちの中にあってただ一人「裸の王様」を見破ったあの少年が、いまこ

こに立ち現われてくるならば、我われが何気なく読みすごしているこの和讃に対して、「寝ている時にも南無阿弥陀仏を称えるというようなことが、どうしてできるのであろうか？」と問うかもしれないと。

我われは、この少年に「それは言葉のあやというものだ」と言い聞かせるのだろうか。あるいは、「宗教的言語の象徴性」について説明するということになるのだろうか。それとも、少年の問いを自分自《みずか》らの問いとして、我もまた「眠っている時にも南無阿弥陀仏を称えるというようなことが、どうしてできるのであろうか」と問う者となるのだろうか。我われは、いったいこの、

ねてもさめてもへだてなく
南無阿弥陀仏をとなうべし

という教命をどのように領受したらよいのであろうか。

この教えは、まったく不可能なことを我われに命じているのではなかろうか。

だがしかし、もしそれが不可能であるならば、「南無阿弥陀仏は生きることそれ自身である」ということは、どのように領解されるのであろうか。

かくして、我われは、

南無阿弥陀仏は真実行（真に生きること）である。

という、親鸞聖人の教えの不可解さの前に呆然と立ちすくむ以外に道はないのであろうか。

しかし、そこには、教えを領解しようとしている我われの側に、日常的には意識することさえできない深い迷妄がまつわりついているのかもしれないのである。教えを領解しようとしている我われの立場が根本から顛倒しているのかもしれないのである。

しかし、親鸞聖人の直接の御弟子たちは、真に生きることと一つである念仏を確かに知っていたのである。『御伝鈔』の作者が、

頭《ず》北面西右《ほくめんさいう》脇《きょう》に臥《ふ》し給《たま》いて、ついに念仏の息たえましましおわりぬ。

〔聖典七三六頁〕

と聖人の臨終を記した時、作者は、親鸞聖人の息《いき》＝いのちを念仏とまったく一つのものとして見出していたのである。

親鸞聖人はまさに人となった南無阿弥陀仏であった。

では、そのような念仏が我われにおいていかにして可能であろうか。

〔『崇信』一九七六（昭和五十一）年一月号〕

三、真実行を求めて（二）

「真実行」が、True Living（真に生きること）と翻訳されたことによって、第一に、念仏が私のlife（いのち）になっているか、という問いが喚《よ》び起こされた。そして、つづいて第二の問いが、ちょうど第一の問いとは逆に、私のlife（生活）が念仏になっているか、という形で惹《ひ》き起こされてくるのである。つまり、この問いは私たち一人ひとりに向かって、私たちの日々の生活が「真に生きること」を実現しているのか、と問いかけてくるのである。

私は、かねがね現代社会の特質を「ニヒリズムを基底とした経済中心主義の社会」という言葉で把握している。もしこの把握が正しいとすれば、第二の問いはおよそ次のような意味をもつことになる。このよ

うな現代社会の中に生活しつつ、「念仏する者」が、ニヒリズムを克服して、自《みずか》らの生と死をそれに託して悔いのない生涯を貫く一本道を見出しているのであろうか。日常生活の隅々にいたるまで支配している経済の拘束から、真に自由になりえているのであろうか。

もし「生活が念仏に成っている」ならば、ニヒリズムの克服と経済の拘束からの自由が同時に実現しているのでなければならない。

私たちは葬儀の時に、

本願力《りき》にあいぬれば　むなしくすぐるひとぞなき
功徳の宝海《ほうかい》みちみちて　煩悩《ぼんのう》の濁水《じょくしい》へだてなし
〔『高僧和讃』聖典四九〇頁〕

という和讃が誦せられるのを知っている。しかし、その和讃の意《こころ》を了解しているであろうか。この和讃は、共に教えを聞いた同朋の死を機縁としつつ、私たちが「死への生」ならぬ「浄土への生」として、つまり虚しさを克服した生として、いわば空過することのない充実した生活を自《みずか》ら実現することを命じているのである。

いうまでもなく、この和讃は、

観仏本願力　仏《ぶつ》の本願力《ほんがんりき》を観ずるに、
遇無空過者　遇《もうお》うて空《むな》しく過ぐる者なし、
能令速満足　能《よ》く速やかに
功徳大宝海　功徳《くどく》の大宝海を満足せしむ。
〔聖典一三七頁〕

という天親菩薩の『浄土論』の偈文によって親鸞聖人が和讃されたものであるが、ここに「遇無空過者」、つまり「むなしくすぐるひとぞなき」という言葉で、念仏に成っている生活、真に生きることが実現している生活が語られているのである。

「観仏本願力」ということが私たちにおいて成り立つところは、「聞其名号」の時である。「聞其名号」のところに念仏する主体が成り立つ故に、すなわち、名号を体とする信心が発起する故に、諸仏の称名が、真実信心の称名として、直ちに衆生の称名となるのである。それ故にこそ、

この行（称名・念仏）は、……真如一実《しんにょいちじつ》の功徳宝海《くどくほうかい》なり。〔『教行信証』「行巻」聖典一五七頁参照〕

と言われ、また、

名《みな》を称するに、……能《よ》く衆生の一切の志願を満てたまう。〔『教行信証』「行巻」聖典一六一頁参照〕

観仏本願力（称名・念仏）
得非作得 ― 在非守在
所有の問題 ― 存在の問題
マルクス ― ハイデガー
経済の問題 ― ニヒリズム
近代的人間観（世界観）の克服

と言われているのである。先の偈文は、浄土の二十九種の荘厳の中の「荘厳不虚作住持功徳成就」〔『浄土論』聖典一四一頁〕を示すものであるが、この浄土の荘厳が称名・念仏のところに直ちにその人の身に満ち満ちるのである。「功徳《くどく》の大宝海を信ずる人の、そのみに満足せしむるなり」（『尊号真像銘文』）〔聖典五一九頁〕と言われ、「金剛心《こんごうしん》のひとは、しらず、もとめざるに、功徳の大宝《だいほう》、そのみにみちみつがゆえに、大宝海《だいほうかい》とたとえたるなり」（『一念多念文意』）〔聖典五四四頁〕と言われて

いるゆえんである。

ところで、「空しく過ぐる」ということ、つまり「虚作《こさ》の相」を曇鸞大師の『浄土論註』は、「得《え》て得《とく》を作《な》すに非《あら》ず、在りて在るを守るに非ず」〔真聖全一、三三一頁〕という二句に要約して示している。この二句を今日の思想状況との対照において図式化することを試みるならば、前頁のようになるであろう。

私たちの生活が念仏と成るとき、つまり「真に生きること」が実現するとき、そこには①「生きて在ることの完《まった》き充実」と、②「私的所有からの解放」とが実現されねばならぬのである。では、そのような念仏と成った生活がいかにして我われに可能なのであろうか。

〔『崇信』一九七六（昭和五十一）年二月号〕

四、功徳の大宝海——南無阿弥陀仏の意味

我われは、①念仏が私の〝いのち〟になっているか、②私の生活が念仏になっているか、という二重の問いをもった。この問い（question）には自《おのず》から、私の life（いのち、生活）が念仏であるような人間のあり方が求められて（quest）いる。そしてその我われの求めに応えるかのように、『浄土論』には「能令速満足　功徳大宝海」という仏の言葉が記されている。

私は「功徳の大宝海」の内実を、「南無阿弥陀仏」の意味をたずねることによって明らかにしようと欲《おも》う。法然上人はすでに「名号は万徳の所帰《しょき》」と言われているし、蓮如上人もまた『御文』五帖目第十三通のはじめに、

南無阿弥陀仏《なむあみだぶつ》ともうす文字《もんじ》は、そのかずわずかに六字なれば、さのみ功能《くのう》のあるべきともおぼえざるに、この六字の名号《みょうごう》のうちには無上甚深《じんしん》の功徳利益《りやく》の広大なること、さらにそのきわまりなきものなり。［聖典八三九頁］

と述べられている。これらの言葉を我われはどのように了解したらよいのであろうか。

ところで、善導大師は我われが仏道を学ぶ態度について、「行者まさに知るべし」とあらためて注意を喚起しつつ、「解は一切碍《さわ》りなく学べ」、「行は有縁に藉《よ》れ」［『観経疏』「散善義」真聖全一、五三九頁］と教えられている。いわゆる「解学《げがく》と行学《ぎょうがく》の双運《そううん》」である。解学はどこまでも広く、行学は一点から深く、という意味でもあろうか。いま「解学はどこまでも広く」の方向において「南無阿弥陀仏」の意味をたずねようとする我われにとって、それこそ「無上甚深の功徳利益の広大なること」を展開されたものとして、我われは清沢先生による解学としての「南無阿弥陀仏」の了解を、いわば先生の学解《がくげ》の結晶として見ることができる。有難き幸せという外はない。

清沢先生は、自家用の『宗教哲学骸骨《がいこつ》』の中に挟まれてあった罫紙に、次のように手記されている。

南無阿弥陀仏

南無者帰命、亦是発願回向之義、阿弥陀仏者即是其行、以此義故必得往生。
南無者有限也、阿弥陀仏者無限也、故南無阿弥陀仏者有限無限之一致也。
南無者機也、阿弥陀仏者法也、故南無阿弥陀仏者機法一体也。
南無者万法也、阿弥陀仏者真如也、故南無阿弥陀仏者万法是真如也。

南無者色也、　阿弥陀仏者空也、　故南無阿弥陀仏者色即是空也。

南無者一色一香也、　阿弥陀仏者中道也、　故南無阿弥陀仏者一色一香無非中道也。

南無者衆生也、　阿弥陀仏者仏陀也、　故南無阿弥陀仏者生仏一如也。

南無者差別也、　阿弥陀仏者平等也、　故南無阿弥陀仏者差別即平等也。

南無者人也、　阿弥陀仏者神也、　故南無阿弥陀仏者神人合一也。

南無者事也、　阿弥陀仏者理也、　故南無阿弥陀仏者理事不二也。

南無者一念也、　阿弥陀仏者三千也、　故南無阿弥陀仏者一念三千也。

南無者生死也、　阿弥陀仏者涅槃也、　故南無阿弥陀仏者生死即涅槃也。

南無者煩悩也、　阿弥陀仏者菩提也、　故南無阿弥陀仏者煩悩即菩提也。

南無者一切衆生也、　阿弥陀仏者悉有仏性也、　故南無阿弥陀仏者一切衆生悉有仏性也。

南無者汝等所行也、　阿弥陀仏者是菩薩道也、　故南無阿弥陀仏者汝等所行是菩薩道也。

南無者資生産業也、　阿弥陀仏者実相也、　故南無阿弥陀仏者資生産業与実相不違戻也。

南無者現象也、　阿弥陀仏者本体也、　故南無阿弥陀仏者体象不一不二也。

南無者始覚也、　阿弥陀仏者本覚也、　故南無阿弥陀仏者始覚本覚還同一致也。

南無者修也、　阿弥陀仏者性也、　故南無阿弥陀仏者修性不二也。

南無者主観也、　阿弥陀仏者客観也、　故南無阿弥陀仏者主客一致之知識也。


〔『宗教哲学骸骨』清沢全集第一巻、四九～五〇頁〕

南無は帰命、またこれ発願《ほつがん》回向の義、阿弥陀仏はすなわちこれその行、この義をもっての故に必ず往生を得。

南無は有限なり、阿弥陀仏は無限なり、故に南無阿弥陀仏は有限無限の一致なり。

南無は機なり、阿弥陀仏は法なり、故に南無阿弥陀仏は機法一体なり。

南無は万法《まんぽう》なり、阿弥陀仏は真如なり、故に南無阿弥陀仏は万法これ真如なり。

南無は色《しき》なり、阿弥陀仏は空なり、故に南無阿弥陀仏は色即是空なり。

南無は一色一香《いっしきいっこう》なり、阿弥陀仏は中道なり、故に南無阿弥陀仏は一色一香中道にあらざるなきなり。

南無は衆生なり、阿弥陀仏は仏陀なり、故に南無阿弥陀仏は生仏一如なり。

南無は差別《しゃべつ》なり、阿弥陀仏は平等なり、故に南無阿弥陀仏は差別即平等なり。

南無は人なり、阿弥陀仏は神なり、故に南無阿弥陀仏は神人《しんじん》合一なり。

南無は事《じ》なり、阿弥陀仏は理なり、故に南無阿弥陀仏は理事不二なり。

南無は一念なり、阿弥陀仏は三千なり、故に南無阿弥陀仏は一念三千なり。

南無は生死《しょうじ》なり、阿弥陀仏は涅槃《ねはん》なり、故に南無阿弥陀仏は生死即涅槃なり。

南無は煩悩《ぼんのう》なり、阿弥陀仏は菩提《ぼだい》なり、故に南無阿弥陀仏は煩悩即菩提なり。

南無は一切衆生なり、阿弥陀仏は悉有仏性《しつうぶっしょう》なり、故に南無阿弥陀仏は一切衆生悉有仏性なり。

南無は汝等所行《しょぎょう》なり、阿弥陀仏はこれ菩薩道なり、故に南無阿弥陀仏は汝等所行これ菩薩道なり。

南無は資生《しせい》産業なり、阿弥陀仏は実相なり、故に南無阿弥陀仏は資生産業実相と違戻《いれい》せざるなり。

南無は現象なり、阿弥陀仏は本体なり、故に南無阿弥陀仏は体象不一不二なり。

南無は始覚《しかく》なり、阿弥陀仏は本覚《ほんがく》なり、故に南無阿弥陀仏は始覚本覚還同一致なり。

南無は修なり、阿弥陀仏は性なり、故に南無阿弥陀仏は修性不二なり。

南無は主観なり、阿弥陀仏は客観なり、故に南無阿弥陀仏は主客一致の知識なり。〔書き下し文は編集者による〕

上に記した、「如来の名号」である「南無阿弥陀仏」についての清沢先生の了解にはいくつかの特色がある。

第一の特色は、伝統への信順である。伝統されてきた真宗の教義が、最初に善導大師の六字釈を掲げることにおいて、しっかりと受けとめられているということである。

私はかつて、『教行信証』の「後序」に述べられている親鸞聖人の『選択本願念仏集』に対する讃嘆の言葉、「真宗の簡要《かんよう》、念仏の奥義《おうぎ》、これに摂在《しょうざい》せり」〔聖典四〇〇頁〕について、蓬茨祖運《ほうしそうん》師〔一九〇八～一九八八〕の講義を聴聞したことがある。その時、記念にいただいた色紙に、師は「念仏ノ奥義ハ六字釈ニ極マル」と書かれたのであります。

蓮如上人は繰り返し巻き返し、善導大師の六字釈によって真宗の教えを説かれています。もっとも簡潔に真宗の教えを述べた言葉は、「念仏成仏是真宗」であります。そして、その時、「念仏」という言葉によって念持されている意味は、善導大師の六字釈なのであります。この点に関しては後にやや詳しく述べるつもりですが、私は、善導大師の六字釈の核心は「言阿弥陀仏者即是其行（「阿弥陀仏《あみだぶつ》」と言うは、すなわちこれ、その行《ぎょう》なり）」〔『教行信証』「行巻」聖典一七六頁〕にあると思います。

いずれにしても、「南無阿弥陀仏」は教えの体であると同時に信心の体であります。「正信偈」に明らかにされているように、「南無阿弥陀仏」は釈尊をはじめとする三国七高僧の真実の〝いのち〟であります。すべての「信心の行者」の真実の〝いのち〟なのであります。

第二の特色は、清沢先生自身によって見出された「南無阿弥陀仏」の意味が記されていることでありま す。曾我量深師のいわゆる「伝承《でんしょう》と己証《こしょう》」が「南無阿弥陀仏」を場として一つに出遇っているともいえるのです。その先生自身の六字釈はいうまでもなく、

南無は有限なり、阿弥陀仏は無限なり、

故に南無阿弥陀仏は有限無限の一致なり。

であります。

多少とも清沢先生について学んだことのある人ならば、この先生の六字釈が、『宗教哲学骸骨』における先生の宗教の定義であることに直ちに気づかれるでありましょう。

南無阿弥陀仏は、宗教そのものを定義している。

これは実に驚くべき宣言であります。「南無阿弥陀仏」は、いわゆる「浄土真宗」という一宗派の教義であるのではなく、「宗教そのものを言い当てている」ということの先生の発見。それは「南無阿弥陀仏」という言葉の真理性（普遍性）の発見であります。

暁烏敏先生は五十四首にのぼる「清沢先生讃仰」和讃を作られているのでありますが、その最後の一首を、

そのみすがたもかんばせも
言葉も文もまことてふ
言にふさはぬところなし
まことは先生の名なるかな

〔暁烏全集第二部第十巻、二一五頁〕

と結ばれています。この清沢先生の「まこと」こそがよく、人間が生きることにとっての究極的真理のロゴスとして「南無阿弥陀仏」を見出したのであります。そして実にそのことこそ、親鸞聖人その人によって名のられた「真宗」という言葉の意味にほかならないのです。

第三の特色は、華厳、天台等、仏教諸宗派の教義がすべて「南無阿弥陀仏」の内容として展開されているということです。私は大谷大学に学んでいた時、「一切経の中の『大無量寿経』を読むな、『大無量寿経』の中の一切経を読め」と教えられたのですが、先生のこの立場は、まさに『大無量寿経』の中の一切経を読んだ実験であると言えるでしょう。まことに「仏教は真宗である」故に「真宗は仏教である」。仏教は仏の教えであるにとどまらず、仏に成る教えである。先生は仏に成る教え（行）として「南無阿弥陀仏」を明らかにされているのです。

第四の特色は、「南無阿弥陀仏は神人《しんじん》合一なり」という言葉に示されています。「イエス（人）はキリスト（神）である」という告白がキリスト教の始原であるとすれば、先生はキリスト教の本質を念仏の中に見開かれているのです。

第五の特色は、「存在」と「認識」という哲学の根本問題が、「南無阿弥陀仏は体（本体）象（現象）不一不二なり」、および「南無阿弥陀仏は主客一致の知識なり」、という二つの命題によって語られていることです。

かくして、我われは、清沢先生は「世界的統一的文化の原造者」のその原点に「南無阿弥陀仏」という主体を見出された、と言うことができるのです。

〔『崇信』一九五六（昭和五十一）年二月号、三月号〕

二、暁烏敏先生を憶う

一、わが暁烏敏

一、たゆまぬ教化活動――雑誌『精神界』を出版

石川郡出城《でじろ》村北安田の明達《みようたつ》寺に暁烏敏師《はや》を訪《と》う。紗《しや》の黒衣《こくえ》、手につえを握り、アームチェアに腰を下した当年七十六歳の名知識。その端然《たんぜん》たる姿はまさに一幅《ぷく》の画像《がぞう》。

「ずいぶんお暑いではありませんか」

「そうですか」

心頭滅却《しんとうめっきゃく》の悟りの前には平気ならん。はなはだ涼しげなる返事。（中略）

帰りぎわにさしのべられた手に握手しておどろいた。その柔温《にゅうおん》の感触に、でた汗が一ぺんにすっこんだ。

「柔温」の手に驚く

これは昭和二十七〔一九五二〕年、漫画家川原久二於氏が『北國新聞』に寄せられた一文である。川原氏にとって先生との握手は「驚き」であった。その驚きの内容を氏は「その柔温の感触に、でた汗が一ぺんにすっこんだ」と表現されている。我われの日常の経験では、「柔らかさ」や「温かさ」と「汗が一ぺんにすっこ」むという現象とはどうしても一つに結びつかないことなのである。しかしここでは「その柔温の感触」に「でた汗が一ぺんにすっこんだ」のである。でた汗をいっぺんにすっこませてしまうような温かさとは何であろうか？

涼しい温かさ！　清らかな柔らかさ！

ひょっとしたら、その時、その「瞬間」の握手の中を浄土の涼風が吹き過ぎていったのかもしれない。ともあれ、ここには大乗仏教の「即」の道理が、あるいはクザーヌス〔一四〇一～一四六四・ドイツの神学者〕の「反対の一致」ということが、感覚にまで具体化されて証《あかし》されているのである。

一生決めた出会い

先生は明治十〔一八七七〕年、石川県明達寺に、第十八世を継ぐべき人として誕生された。少年、敏を育んだものは「地上三寸の上を歩行する人」といわれたほどの超俗の気をたたえた厳父《げんぷ》、依念《えねん》氏と、後年、先生をして、

十億の人に十億の母あらむも
我が母にまさる母ありなむや

〔暁烏全集第二部第五巻、四一三頁〕

と歌わしめた慈愛の人、千代野子《し》であった。中学では当時の欧化一辺倒の体制に反発、英語亡国論を唱えて落第。十六歳で京都大谷中学に移ったこの強烈な自我意識に目覚めた青年を待っていたものは、清沢満之先生との出会いであった。身長低く、顔黒く、めがねをかけた、しかし「凛乎《りんこ》たる風さい」をもったこの黒衣の人がそのずだ袋からとり出したものは、お経ならぬスマイルズ〔一八一二～一九〇四・イギリスの作家〕の『セルフ・ヘルプ』（『自助論』）であった。この先生に出会ったこの学生はほとんど性格が一変したように、夜は二時、三時まで勉学するようになり、「先師の談話とさえきけば、進みて聴聞」する者となる。教室での授業はわずか五か月であったけれども、この清沢先生との出会いが先生の一生を決定した。

幅広い読者つかむ

真宗大学に進むや清沢先生らを中心とする宗門改革運動に参加。同盟休校を打って退学処分。後、許されて復学。親友には、佐々木月樵《げっしょう》氏〔一八七五～一九二六〕と多田鼎《かなえ》氏〔一八七五～一九三七〕とがあった。明治三十三〔一九〇〇〕年、大学卒業後直ちに、当時東京にあった清沢先生のもとに、佐々木、多田の両友とともに住む。「浩々洞《こうこうどう》」と名づけられたこの本郷森川町の一角から翌年一月には雑誌『精神界』が世に出る。

三十四年一月十五日、暁烏敏の企画にしたがって「精神界」第一号が発刊された。本誌の誕生で、浩々洞における満之を中心とする私的な集まりは、公的な精神主義運動の本拠となったのである。

「誕生の辞」は暁烏の執筆である。――吉田久一『清沢満之』――

『精神界』は、永遠なる仏法が近代の日本という状況と触れ合って自《おの》ずから生み出された回向・表現の一つであった。その読者は、己れの罪に泣く一死刑囚から加藤弘之氏のごとき学者にまで及んだ。『平民新聞』もまた「吾人は常にこの雑誌に対して敬愛の念を絶たざる者なり」と記している。『精神界』はその編集が金子大榮氏、曾我量深氏と受け継がれて大正七〔一九一八〕年まで続く。

明達寺で「講習会」

一方、明治三十六〔一九〇三〕年、東北飢饉慰問行に始まって、死の前年まで倦《う》むことなく、休むことなく続けられた先生の教化活動は、次第に全国に及び、その信心の火はそれこそ燎原《りょうげん》の火のごとくに燃え広がっていった。明治四十三〔一九一〇〕年、石川県北安田の明達寺では第一回の夏期仏教講習会が開かれる。この会は明治、大正、昭和にわたって一年の休みもなく、四十五年間持続して全国の同朋のつどいの場所となる。ところがこの年、先生は「異安心《いあんじん》」として本山に訴えられることとなるのである。

〔『中部日本新聞』・「明治百年の精神譜」、一九六八年七月二十八日〕

二、太子憲法で奥義さとる——死灰の中から創造の生活に

明治の終焉《しゅうえん》、房子夫人の死とともに、先生の生涯の中で最も苦悩に満ちた時が訪れる。「わしの本性は魔か鬼か」、「自らあきれていやになって、凋落《ちょうらく》の自我に泣きました」、「敏は安田の土に葬《ほうむ》られたとお伝えください」と浩々洞宛に書き送らねばならなかった。そこには「無限の昏惑《こんわく》」があった。それは暗い暗い「胎内くぐり」の年であった。そしてその苦悩の中で『大無量寿経』が色読《しきどく》されていく。

絶望の火に身を焼く

「妻の死と共に客観界に顕現すると思うた仏陀、——ちょうどキリスト教徒のゴッドというておるような超絶的仏陀、はないのであるとわかりました。そうして、その後の私の情欲の発動によりて、私が今日まで自分の主観の上に存在すると思うていた道徳的守護神のような仏陀は、私をしてかかる行ないをなさしめて止める力さえないのであることがわかった」、「自分は罪深い者であるが、この罪の深い私をこのまで抱き取ってくださるという都合のよい仏陀の恩寵《おんちょう》は私から消えた」〔暁烏全集第二部第二巻、三〇頁〕。かくして主観の上の仏も客観の上の仏も消え、「祈るべきあてもなく、すがるべき所もなくなってしまった」先生には、なおこのようにして絶望している自己が残されていた。しかし、破滅の業火《ごうか》はついにこの絶望している自己そのものをも焼き尽くす。いわく、

自己全体の火葬の火焔《かえん》こそは、私の唯一の救済であります。〔暁烏全集第二部第二巻、二六七頁〕

そして、この火葬の死灰の中から不死鳥《ふしちょう》のように独立者の生活、限りない創造の生活が生まれ出る。仏法は先生において、「いま」「此処《ここ》」にはたらく無限の創造性として領得されるのである。満ち足りて、力強く、しかも静かに輝きわたるこの独立者の生活を、先生は、

果てしらぬ
空のま中を
しずしずとかがやきながら
太陽は行く
〔暁烏全集第二部第二巻、一九六頁〕

と詠まれたのであった。

生命の活動はじまる

大正九〔一九二〇〕年、『更生の前後』が発刊された。大正十年には『独立者の宣言』、『前進する者』と「更生」三部作が続く。同じく十年に設置された個人出版社「香草舎」からは、『生くる日』『親鸞聖人論』などの「にほひぐさ叢書《そうしょ》」が続々と出版。翌十一年には月刊雑誌『薬王樹』創刊。また『運命論者の群れ』等の「北安田パンフレット」が三か月に一冊といった速さで出版された。

それは、触れるものみなが詩となって輝く創造の生命の活動であった。そして先生は四十八歳にして、「時間乞食」といわれるほどのはげしさで、大乗経典、旧約聖書、プラトンからウパニシャッド全書にいたる勉強を続けられた。

先生にとって昭和はインド仏跡巡拝旅行から始まる。二〔一九二七〕年にはヨーロッパ旅行。三年には北海道、樺太、朝鮮。四年にはハワイ、アメリカ、と地球をめぐる巡礼の旅が続く。

インドではタゴール翁〔一八六一～一九四一〕と語り、エルサレムでは二十二か国語のバイブルを買い、コンコード〔アメリカ〕では一老人をつかまえてエマーソン〔一八六一～一九四一〕の面影をしのび、その墓前で「嘆仏偈」を読誦《どくじゅ》する、といった旅行であった。アメリカ旅行はのちにシカゴ仏教会の創設者となられた久保瀬暁明氏〔一九〇五～二〇〇〇〕との出会いを実現した。エルサレムからの内村鑑三氏への書簡と、それへの氏の応答は仏教徒とキリスト教徒との間に友情の絆を結んだ。この二人の呼応は、仏教とキリスト教の出会いという現代の世界史的課題の中でひとつの未来を開いている。

聖徳太子への開眼

日本に帰られた先生の関心は日本国に注がれる。『古事記』、『日本書紀』を通じて聖徳太子が日本国の「背骨」として見出されてくる。満州事変の起こった昭和六〔一九三一〕年に「非戦論者である私は、戦争が始まったら何をするか」を書かれた。

ここで先生の立ち場を決定せしめたのは太子憲法第十条の「共に是れ凡夫《ただひと》ならくのみ」〔聖典九六五頁〕という一句であり、そこから出てきたのは「我独《ひと》り得たりというとも、衆《もろもろ》に従いて同じく挙《おこな》え」〔聖典九六五頁〕という態度であった。この太子への開眼の中でマハトマ・ガーンディー〔一八六九～一九四八〕が先生の心の友となる。またそこから大衆の中へと先生の捨て身の活動が始まる。

〔『中部日本新聞』・「明治百年の精神譜」、一九六八年八月四日〕

三、生涯を〝念仏〟で貫く——大業終え静かな大往生

昭和十一〔一九三六〕年には「大報恩会《え》」厳修《ごんしゅう》。記念事業として「大日本文教研究院」設立に着手。同十七年には吉田茂を委員長とする大政翼賛会調査委員。戦後二十五年には五万冊の蔵書を金沢大学へ寄贈、金沢大学暁烏文庫となる。二十六年、東本願寺宗務総長に七十五歳で就任。盲目の念仏総長は信心一つを高くかかげて「同朋生活運動」を開始した。二十七年、大臘扇忌《だいろうせんき》が行われた。この年の一月『薬王樹』、『願慧』、『同帰』と続いた月刊雑誌は、毎田周一氏の編集によって新たに『広大会《こうだいえ》』として創刊。表紙は武者小路《むしゃのこうじ》実篤《さねあつ》氏〔一八八五～一九七六〕であった。

晩年の先生の席の暖まるひまもない教化の旅には、いたるところに「老少善悪の人を選ばぬ」満堂の聴衆があった。私は晩年の先生を憶《おも》う時、「世尊大慈悲《だいじひ》は、衆のために苦行を修《しゅ》したまうこと、人の鬼魅《きみ》に着《くる》わされて、狂乱《きょうらん》して所為《しょい》多きがごとし」〔『教行信証』「信巻」聖典二六七頁〕という経に記された阿闍世《あじゃせ》の言葉を思わないではいられない。この大悲の活動があったゆえにこそ、私ごときの者もまた仏法に値《もう》うことができたのである。

昭和二十八〔一九五三〕年は先生が喜寿を迎えられた年である。臘扇堂建立が発願されたこの年に、西村見暁氏との共編で完全な『清沢満之全集』（法藏館）が刊行される。同二十九〔一九五四〕年八月二十日、臘扇堂落成。清沢先生を合掌礼拝される常念仏の先生の木像が堂内に安置される。一週間後の、二十七日午前七時二十五分、先生、往生の素懐《そかい》をとげられる。それは「なすべきことをなし終わった」人の寂《しず》かな寂かな入滅であった。寂光は枕頭《ちんとう》を守る人びとを浄らかに照らした。

清沢先生が私の心からの讃仰を、こうしておうけくださるおすがたをみることは、私が世に出た無上のよろこびでございます。私はこのままに、先生をおがみとおしにして死んでゆくこと、誠に結構でございます。

〔暁烏全集第三部第五巻、四七一頁〕

これが先生の最後の言葉であった。先生の生涯は清沢先生との邂逅《かいこう》に始まって臘扇堂の建立をもって終わる。「絶対無限なる真理の体現者の前に自己の全体を挙げてひざまづく」、この一点こそ波乱に満ちた先生の生涯をひとすじに貫いて変わらない「ただ一つ」のことであった。それは実存にまでなった念仏である。まことにわが暁烏敏先生こそは、念仏の人として、まさに南無阿弥陀仏そのものでましますのである。

〔『中部日本新聞』・「明治百年の精神譜」、一九六八年八月十一日〕

二、暁烏敏先生を憶う

先生の二十五回忌の法要が近づいてきた。夜、ふと眼が覚めた時、電車に乗って何気なく窓外の風景に眼をやっている時、街を一人で歩いている時、自然にどこからともなく先生を憶う想いが湧いてくるのである。

十六歳で自覚的に、――というのは、私は母の胎中にいる時から先生に会い、先生の法話を聴いていたらしいからである――、先生に初めて出遇い、「皆当往生《かいとうおうじょう》」の一語を聞いたことが私の生涯を決定したのであるが、現在では私の子どもたちがもうその年齢に達している（二人の娘は二十二歳と十五歳）。「子どもたちよ、人間として健やかに育ってくれ」という想いとともに、四十六年の平坦ではなかった私の人生の歩みをひとすじに支え護ってくださっている先生のことが、有難く、涙がこみ上げるような感懐《かんかい》を伴って想い出されてくるのである。

もう十年も前のことになろうか、私は『中部日本新聞』（一九六五年より『中日新聞』と改名）の求めに応じて、「明治百年の精神譜」というシリーズの一つとして、「わが暁烏敏」という一文を書いたことがある（『中日新聞』一九六八年七月二十八日、八月四日、八月十一日の三回にわたって掲載された）。そのなかの一節が昨日ふと想い出されてきたのである。

晩年の先生の席の暖まるひまもない教化の旅にはいたるところに、「老少善悪の人をえらばぬ」満堂の聴衆があった。私は晩年の先生を思う時、「世尊大慈悲は、衆のために苦行を修したまうこと、人の鬼魅《きみ》に着《くる》わされて、狂乱して所為《しょい》多きがごとし」という経（『涅槃経』）に記された阿闍世の言葉を思わないではいられない。この大悲の活動があったゆえにこそ、私ごときの者もまた仏法に値うことができたのである。

人生にはさまざまな出遇いがある。だが、時の経過とともに疎《うと》くなっていく出遇いと、時とともにますます親しくなっていく出遇いと、質的に異なった二つの出遇いがあるように思われる。親鸞聖人が「三帖和讃」を制作されたのは七十六歳から八十八歳の間であると学者の研究は報告している。そうであるならば、

曠劫多生《こうごうたしょう》のあいだにも　出離《しゅつり》の強縁《ごうえん》しらざりき
本師源空《ほんじ》いまさずは　このたびむなしくすぎなまし　〔『高僧和讃』聖典四九八頁〕

と、この和讃で、親鸞聖人が法然上人を現に眼前にましますごとくに讃歎されているその時は、別離からすでにほぼ五十年の歳月が流れ去っていることになるのである。

では、この出遇いの質の差異はどこからくるのであろうか。時の経過とともに疎くなっていく出遇いは、自分と他人との出遇いなのである。時とともに親しくなっていく出遇いは、その人に会うことが法に会うことであり、法に会うことと一つにその人に会うことが、同時に自己自身に出遇うことであるような出遇いなのである。人に会うことと、法に会うことと、自己に会うこととが、一つのこととして成就するような出遇い、その出遇いこそが真の出遇いなのである。

私は、そのような出遇いの成就として、私と先生との出遇いをいわば完成してくださった方として、野本永久と暁烏爽さんの恩徳を忘れることができない。

当時、金沢大学を卒業して、京都に出、下村さんの持家に「香草塾」という名を賜わってそこに住んでいた私は、「無我に成ろうとするのも自我であり、計らいを捨てようとするのも計らいである」という、この鉄壁に対面して、どうしても晴れない暗黒を胸に抱いて、それこそ生きていることそのことが辛く、ただ懸命にその辛くて重い生に耐えていた。そんな時、『暁烏敏全集』の最終巻（第三部第五巻）を拝読することになった。そこには野本さんの筆になる先生の「病床日誌」が記されていた。その五月十五日のところには、

「金子さん、どこへ行かれますか?」
「金沢へ行きます。金沢で講演会です。煩悩の話でもして来ますよ」
「煩悩なんて、そんなものはないもんぢゃ。人間にはただ仏法一つしかないもんぢゃ」

〔暁烏全集第三部第五巻、四五一頁〕

と記されていた。

人間にはただ仏法一つしかないもんぢゃ。

この先生の一語が閃光《せんこう》のように私の胸をさし貫ぬき、私の存在の奥底《おうてい》から「ただ念仏のみぞまことにておわします」〔聖典六四一頁〕という『歎異抄』の一句が湧き出てきたのである。あの鉄壁がついに破れたのであります。それは文字通り「歓喜踊躍《ゆやく》」でありました。野本さん有難う。

爽さんの自死は親友であった私には大変なショックでした。最後に別れた時、彼がベートーヴェンの第七の第二楽章を口笛で歌っていたのが、いまでも耳をすますと聞こえてきます。いまはもう言ってもよい

と思います。泉丘高校で一級上であった爽さんのレポートの代筆を僕がして「優」をもらったこともあったっけ。その当時、明達寺で一番駄目な人間は僕と爽さんだったのです。駄目な人間どうしの連帯は強いはずです。その爽さんが何も悩みを打ち明けることもなく死んでしまったのです。悲しかった。

最近『大空に舞った少年よ』〔筑摩書房一九七八年〕という本が出ました。その中で十二歳で自死した岡真《まさ》史《ふみ》君の同級生が書いています。

あなたをなぐさめるでもなく、あなたをいましめるでもなく、いかせてしまった、悔いても悔いてもしかたがないんですね。でもどうしようもなくつらいんです。ごめんなさい……言ってもしようがない、でもいわなければ気がすまないんです、ごめんなさい、ごめんなさい、ごめんなさい……。

この文を読んでいた私に、爽さんの自死を知った時の感情が痛いほどの鮮明さで甦ってきたのです。しかし、東京の青梅から先生の奥様の胸に抱かれて遺骨となって帰ってきた爽さんは、僕に告げたのです。

俺が死んだのだ、だからお前は死ぬな。

と。私はその時、どんな辛いことがあっても死なないと決心したのです。そしてその決心はいまも持続しています。

先生、あなたは、自分の孫一人救うことのできなかった先生なのです。しかしそれ故にこそ、私にとっては唯一絶対の「善き人」なのです。

イエスが十字架につけられた時、そこを通りかかった人が言った。

「もし神の子なら、自分を救え。そして十字架からおりてこい」。祭司長たちも同じように、律法学者、長老たちと一緒になって、嘲弄《ちょうろう》して言った。「他人を救ったが、自分自身を救うことができない。あ

れがイスラエルの王なのだ。いま十字架からおりてみよ。そうしたら信じよう。」（マタイ伝二七章）
この躓《つまず》きを知らない宗教と、躓きをしっかりと定置する宗教とでは、同じ宗教の名で呼ばれても、全然その質が異なっています。同じ信仰といっても、躓きの可能性の前に佇《たたず》む信仰と、躓きを突破した信仰とでは、全然その質が違います。爽さん、あなたは一命を投げ捨てて、私たちがあの「大審問官」の宗教に顚落《てんらく》することを防《ふせ》ぎ、正しい信心に立つ道を守護してくれたのです。

爽さん、有難う。

私はいまでも、あなたの遺品のシエファーの万年筆を大切にしています。大事な原稿はあなたの遺品の万年筆で書きます。爽さん、あなたは先生と共に私の中に生きているのです。

先生示寂の夜、『大無量寿経』を霊前に拝読した私は、『大無量寿経』の研究ができるというたった一つの条件で、現在の大谷専修学院に就職しました。二十五年の歩みの中で、いまようやくその研究主題が「本願と縁起」という言葉に結晶しつつあります。具体的な研究成果はまだ何もありません。先生のお好きな言葉で言えば「これからだ」であります。

先生は私の祖父の死にあたって、南無阿弥陀仏の尊号と、

妻も子も後につづくをみとどけて
弥陀の浄土に還りたまへり

という歌一首を贈ってくださいました。来る十月の法要には、明達寺の先生の前に妻子と共にぬかずきたいと欲っています。（五三年七月十七日　喬子との結婚の日に）

［『崇信』一九七八（昭和五十三）年十月号］

はじめのお母さん——生命の根源を求める叫び——

一、母のもつ象徴的な意味

ただいまご紹介いただきました児玉です。「はじめのお母さん」という、いっぷう変わった題を出させていただいたわけですが、実はこの題、今年五つになる坊やから教えられた題なのです。

と申しますのは、今年〔一九七九年〕の二月二十四日に大垣で住職さん方の勉強会があり、そこへまいりました時、帰りに駐在教導という仕事をしていらっしゃる里雄《さとお》康意《こうい》という方が、新幹線の羽島駅まで私を送ってくださいました。その時、彼が「実は先生、家の息子が大変な質問をしまして」とおっしゃったのです。その息子さんはまだ五歳で小学校に入る前だけれども、こう尋ねたというのですね。

「ぼくのお母さんはここにいるお母さんだろう。そのお母さんのお母さんはおばあちゃんだろう。それではおばあちゃんのお母さんはどこにいるの」と。

一番はじめのお母さんはどこにいるのだと、五つになる坊やが尋ねたというのです。それで私、えらく感動いたしましてね。「その子は法器だ、きっと大器になるだろう。大事に育ててあげてください」と言ってお別れいたしました。

そして新幹線に乗り西へ向かいましたが、自動車の中で聞いた言葉が私の心に残り、なぜか私が二十歳前後の青春時代に読んだ詩の一節が浮かんできたのです。

それは、詩人の三好達治〔一九〇〇～一九六四〕の『測量船』という詩集の中に出てくる「谺《こだま》」という題の詩です。その一節を読んでみます。

夕ぐれに浮ぶ白い道のうえを、その遠くへ彼は高い声で母を呼んでいた。
しずかに彼の耳に聞えてきたのは、それは谺になった彼の叫声であったのか、
または遠くで、母がその母を呼んでいる叫声であったのか。

つまり一人の若者が夕暮れになって「お母さん！」と呼ぶと、それがこだまとなって返ってくる。しかしそれは、確かに自分が呼んだ自分の声のこだま（エコー）であるのだけれども、その呼び声の中に、実は母がまたその母を呼んでいる、そういう感じがしてならないといったような意味かと思います。

確かに、この人が呼んだのは自分の母でしょう。けれども、現実の母を呼ぶと、「母」という言葉がひとつのイメージとなって、母がまたその母を呼ぶ。それがこだまし響きあって、母の母を求めていく。こういう詩の意味があろうかと思います。そこに「母」という言葉のもつひとつの象徴的な意味というものがあるわけです。

二、生命の根源を求める叫び

そのように母の母、はじめのお母さんということを考えておりますうちに、また一つの記憶が私の中に甦《よみが》えってきたのです。

私は一昨年、アメリカのバークレーにまいりました。サンフランシスコから少し行ったところで、そこにはカリフォルニア大学の本部があります。そこで今井亮徳さんという方が大谷派寺院の住職として、開

教の仕事をしていらっしゃるのです。

その方とひと晩いろいろと話し合いをしておりましたら、今井さんが、「この本は大変おもしろい。自分は二冊持っているから一冊あなたにさしあげます」と言って、一冊の本を私にくださったのです。それは河合隼雄という方の『ユング心理学入門』〔培風館、一九六七年〕という本でした。河合隼雄〔一九二八〜二〇〇七〕という方は、最近教育テレビの宗教の時間に時々、出ておられます。日本人では初めてユング学派の分析の資格試験に受かった方で、ユング〔一八七五〜一九六一〕の直弟子です。

その本の中に「太母《たいぼ》」（グレート・マザー）という考え方があったのを思い起こしました。家に帰り、さっそくその本をもう一度読み直してみました。

もちろん私は別に心理学を専攻した者ではありませんので、専門にわたることは申しあげることはできません。しかし、ユングという人がどういうことを考えているかということを少し申しますと、ユングは人間の心をこのように（図Ⅰ）考えているようです。

図Ⅰ

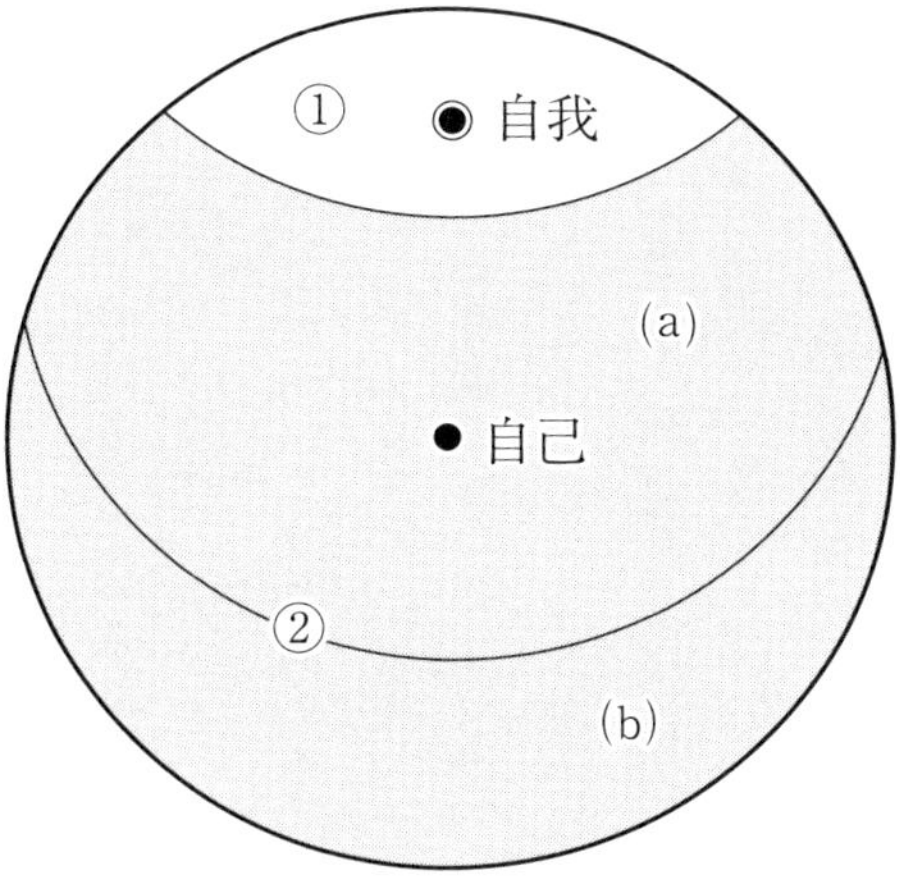

註　『ユング心理学入門』　培風館
　　『人間と象徴』下　河出書房新社

①が意識、②が無意識。そして②の(a)が個人的無意識、②の(b)が普遍的無意識となります。

私たちは実際、生活をしていて思うようにならないという現実にいつもぶつかっており、また世の中は理屈どおりにはいかないという実感を、誰しももっているわけです。実はそういうことを、ユングのようにひとつの「方法」をもってたずねていくと、そこに私たちの生活は、意識されている部分よりも、感情とか意志とか本能という無意識のレベルで私たちを動かしていくものの方が深い、ということが明らかになってくるのです。意識されている部分は、いわば氷山の一角です。しかもユング独特の考え方は、「普遍的無意識」というところにあります。本当は「集合的無意識」と訳した方がもとの言葉の意味を表わしていると思います。

そして、この意識された部分の中心になるのが、「自我」（エゴ）なのです。意識と無意識との全体を含めた心の中心になるもの、これが「自己」（セルフ）です。ユングは「自我」と「自己」とを区別しています。そして意識と無意識との全体を含んだ「自己」が実現するということ、それが人間が生きるということの本当の意味だと考えておられるようです。

だいたいそういう基本的な考え方があり、一番底にある私たちの心の問題について、人間の「普遍的無意識」の内容の表現の中に、どの民族にも共通した基本的な型を見出すことができるというのです。そしてそれを「元型」と呼び、その「元型」の一つが「太母」であると、一応そのように了解していただければよろしいかと思います。

そして『ユング心理学入門』を読み進んでおりましたら、河合隼雄先生が具体的に、いわば臨床例として、実際にそういう人にぶつかって問題を投げかけられ、ご自分が関わられた実例を述べておられます。

それによりますと、六歳の男の子が死の問題にぶつかった。そして、「お父さんもお母さんもやがて死んでしまうだろう。お父さん、お母さんが死んでしまったら、どこへ行くのだろう。ぼくもやがて死んでしまうかもしれない。どうしたらいいんだろう」と。

それでお母さんはびっくりされまして、河合隼雄先生のところへ相談に来られた。そしたら河合隼雄先生はお母さんに、「直接にこちらから余計なことを教えずに、子どもの体験を分かち合うようにすることが大切である。そして、子どもの心の動きを慎重に観察しながら、子どもが何を言いたいか、一緒になって考えていくということが一番大切である」と教えられたそうです。

そして、「もちろんその時、母親にはっきりとした宗教的な立場があって、それによって答えるということが一番よいのだが……。しかし現在の日本の平均的なお父さんお母さんは、そういう意味でははっきりとした信仰をもっているというわけにはいかない。そうであるならば、いい加減な答えをせずに、子どもと問題を共有して一緒になって歩いていくのが一番いいんだ」というふうに教えられたそうです。

そうしているうちに数日か数週間か、一定の時間が経過していったわけですが、ある時、男の子が「お母さん、いいことを思いついた」と目を輝かせてお母さんのところへやってきて、「ぼくが死んでも、もう一度お母さんのおなかの中に入って、また生まれてくるとよい」と、その六歳の男の子が言ったそうです。そして、その言葉を自分で言ったその時から、死の話をぷっつりとしなくなった。こういう具体的な実例が『ユング心理学入門』に記されています。

もちろん河合先生は、これで死の問題が本当に解けたとは思わないと記しておられます。やがて迎える青春時代には、またそういう問題が新しく出てくるであろうし、もっと大きくなれば、より深くその問題が追求されていくであろう。だからといって、「もう一度お母さんのおなかの中に入って、また生まれてくるとよい」と坊やが言ったことを、単にそれはおかしなことだ、不合理なことだ、というように退けてはならない、そこには非常に深い意味がある、ということをおっしゃっています。

私は最初に里雄さんという方の息子さんの話をしましたが、お母さんを求める心は、自分の生命の源を求める心であり、自分の生命の始め、自分の生命の過去をたずねる問いであったのです。しかし、この本に出てまいります六歳の男の子の実例は、今度は逆に自分の生命の終わり、自分の生命の未来であります。始めにも終わりにも、過去にも未来にも、「お母さん」ということが出てまいります。

私の聞いたところによりますと、戦争中、兵隊さんたちがいよいよ最期という時に、「天皇陛下万歳」と言って亡くなった方もありますが、それと同時に、「お母さん」と言って亡くなった方もずいぶんたくさんいらっしゃったということです。

「お母さん」というのは、自分の生命がそこから出てきたのと同じように、自分がそこへ帰っていくところという意味を、その言葉の響きがもっている。ただ現実に自分の前にいるお母さんということではなくて、「お母さん」という言葉にはユングが「太母」と言ったような意味が含まれています。「はじめのお母さん」をたずねるという問題は、実は生命の根源を求めるという促《うなが》しと申しますか、叫びであると申し上げることができると思います。

三、生命をどう了解するか

私は、そこでひと言つけ加えさせていただきたいのです。戦後の教育ということについてです。私はよく若い方、青年の方たちとお会いしたり、話し合いをしたりする機会に恵まれますが、時々こういうことを申します。

あなたたちは、確かに幼稚園から大学まで、国語を学ばれ、数学を学ばれ、英語を学ばれ、場合によっては理論物理学であるとか、ケインズ経済学であるとか、建築学であるとか、そうした専門の領域を学ばれたであろう。けれども、幼稚園から大学を卒業するまで、「生きる」ということを学ばれたことがあるだろうか。「生きる」ということは、学ばなくてもわかるほど単純なことなのだろうか。自分は決してそうは思わない。「宗教」とは、まず何よりも、人が生きるということはどういうことかを明らかにするものであるに違いないと、私はこう申し上げます。

いま、五歳の男の子と六歳の男の子の二つの例を出しました。一人は自分の「はじめのお母さん」について、もう一人は「自分の死」についてです。私は決してこの二人が特別に変わった子どもだとは思いません。実は皆がもっている問題を、すでに五歳あるいは六歳にして、この子たちは表現してくれているのに違いありません。ただ、五歳あるいは六歳の子がもつ生命についての問いを保ち育て、それに正しい答えを与えていく教育の場が見失われてきたということの中に、私は戦後の教育の大きな問題があると思います。そういうことを教えるものこそが、家庭教育でなければならないと私は思います。

さて、いま申しましたように「はじめのお母さん」を求めるその問いは、実は生命の根源を求める問いであり、その人が生命をどのように了解しているかという問題である、と言い換えることができます。よく「いのちあっての物種《ものだね》」と言いますが、私たちは誰でも、生命は何よりも大切なものであるということをよく知っております。しかし、何よりも一番大切なその生命をどう了解しているのか、どういただいているのか、どういうものとして生命に目覚めているのか、こう問いますと、必ずしもその答えははっきりとしていないのではないでしょうか。

「はじめのお母さん」を求めることは、実は生命の根源を尋ねるということであり、生命の根源を求めるということは、私ども一人ひとりが、自分にとって一番大切な生命をどういうものとしていただくか、了解するか、という問題であるのです。

（一）　生命についての常識的了解

まず最初は、常識的な生命についての了解です。それは、オギャーと生まれて生が始まり、生が終わった後に死がくる。そうすると、お坊さんが来てくれて、枕経《まくらぎょう》をあげてくれて、チーンと……。だから私はこれを「オギャー・チン人生」と言っているのです。こういう、生命についての常識的了解が人びとの間に抜き難くあるわけです。しかし、それは一度も吟味されていません。もしもこのような常識的な生命の了解が正しいとすると、まず始めのところで大変困るわけです。

ここにお母さんがいて、へその緒を切った時に自分というものが個人として誕生するというように考える。そういたしますと、ある人はなぜ、能力もあり容貌も美しく豊かな家庭に生まれ、ある人はなぜ、能力も優れず美しくもなく貧しい家庭に生まれるのか。その原因がまったくわからないわけです。

つまり、自分がいま現にこのように在るということが、まったく偶然だということになりますね。その偶然の生をいろいろ努力しながら生きていく。結局は墓場に向かって生きていく。キルケゴール［一八一三～一八五五］という人が「死に至る病い」と言いましたように、偶然に始まって絶望に終わる人生。その人が自分の気持ちとして、どんなに人生を楽しんでいても、おもしろいと言って有頂天になったり、地位や名誉を得たとしても、結局は生命の構造自身が、偶然から始まって絶望に終わる。お前は自分の人生に責任を取らなければならないと言っても、責任を取ることのできる根拠がどこにもないわけですね。もし私たちの生が常識的に考えられているような生であるとするならば、そのような生命の構造の中に閉じ込められていることになります。そのことに気づくとき、もうひとつ深く自分の生命を考える立場へと入っていかなければならないのです。

（二）　民族主義的な生命の了解

二番目は、民族主義的な生命の了解です。つまり、よくいわれますように、人間は木の股から生まれたのではない。親から生まれた、祖国があるのだ、というわけですね。だから、民族主義的な生命の了解は、自分の生命の源に祖先を見、さらに最終的には、民族の神話というものを生命の始めとしてもつわけであります。

実際、私たちは自分の国のことを「祖国」と言ったり、「母国」と言ったりします。また自分の国の言葉を「母国語」と言います。そうすると、自分が今日あるのは、日本の民族の長い長い歴史の歩みの結果としてあるのだという、そういう生命についての理解が二番目に成り立ってくるわけです。

先ほど申しましたように、河合隼雄先生は「太母」（グレート・マザー）ということを言われます。そしてその「太母」の日本の神話における実例として、伊邪那美命《いざなみのみこと》をあげておられるのです。

たとえば日本の神話で、国土を産み出した母なる神、伊邪那美は、後に黄泉《よみ》の国に下って死の神となるのである。このような深い意味をもった母なるイメージは、全人類に共通に認められるものであるが、これを個人的な実際の母親像とは区別して、ユングは太母（グレート・マザー）と呼んでいる。地なる母、太母が生の神であると同時に死の神である二重性は、渦巻線によって象徴されることもある。

（『ユング心理学入門』九一頁）

このように言っておられるわけです。

私はこの河合隼雄先生の説に導かれて、もう一度『古事記』を繙《ひもと》いてみました。お年寄りの方はよくご存じのことと思いますが、この伊邪那岐命《いざなぎのみこと》と伊邪那美命が日本の国造りをされるわけです。『古事記』によりますと、この二人が一緒になっていろいろな島を造っていかれるのですが、伊邪那美命が先に亡くなってしまわれるわけです。それで伊邪那岐命が伊邪那美命を見たいと思って、黄泉の国に追いかけていく。すると、かつては美しかった自分の奥さん、伊邪那美命に蛆が集まってとぐろを巻いている。それでびっくりして帰ってこられる。伊邪那岐命が言われるには、自分は醜い国に行っていた。「吾《あ》はいな醜《しこ》め醜めき穢《きたな》き国に到りて在りけり」。それで汚れてしまった。だから自分の身を祓《はら》い清めなければならないということで禊《みそぎ》をされた。そして杖とか帯、着物を投げ捨てると、その一つひとつから神様が生まれてきた。左の目を水で洗う時生まれた神様が天照大御神《あまてらすおおみかみ》であり、右の目を洗われた時に生まれ出た神様が月読命《つきよみのみこと》であり、鼻を洗われた時に生まれた神様が建速須佐之男命《たけはやすさのおのみこと》であると書いてあります。

もちろんこれは神話的な表現です。それは、いわゆる歴史的事実であるとかないとかということは問題ではありません。神話のもつ意味がどういうところにあるかということです。「黄泉の国」というのは死という問題。死はどこまでも汚れであり、どこまでもわからないものである。死についての問題が解けないままであるということが重要です。

死の問題が解けないということは、そこに本当の未来がないということ、未来が暗いということです。未来が暗いということは、また生命の始めが暗いということです。

この神話が語っているもうひとつの大変おもしろいことは、左の目から天照大御神が生まれ、右の目からは月読命が生まれたということです。これは象徴的な意味で大変おもしろい。もちろん天照大御神というのは太陽神であります。月読命というのは月の神です。それは物を見る光であります。どんなに目があっても光がなければ、私たちは物を見ることができません。目と光とが相まって物を見ることができます。しかし太陽を生み出し、月を生み出すような質の目、そういう光では依然として死の問題は解けないということです。

だから、私たちは自分の生命の源をさぐり、先祖をどんどんさぐっていくと、最終的には伊邪那美命までいきます。しかしそこまでいっても死の問題が解けないということは、同時に生の始めがまだ解けないということでもあるのです。

つまり伊邪那岐命の目から太陽と月が生まれたのだが、その光、その目では生命の根源に迫ることができないわけですが、そこでまことに不思議にも、私は阿弥陀仏の光が「超日月光」と記されていることを思い起こすのです。阿弥陀の光は太陽や月の光を超えているといわれております。その最も端的な例は「嘆仏偈」の冒頭部分です。

法蔵菩薩が初めて世自在王仏に出遇われた時に、

光顔巍巍《こうげんぎぎ》として、威神《いじん》極まりましまさず。かくのごときの焔明《えんみょう》、与《とも》に等しき者なし。日月・摩尼《まに》珠《しゅ》光《こう》の焔耀《えんよう》も、みなことごとく隠蔽《おんぺい》して、猶《なお》し聚墨《じゅもく》のごとし。

〔『無量寿経』聖典一一頁〕

ております。

と。ひとたび仏の智慧の光が、生きた人間となってそこに現われているその姿に触れるならば、太陽の光も月の光も宝石の輝きも、それはまるで墨の固まりのようだという、讃嘆の言葉から「嘆仏偈」は始まっております。

私どもが毎日誦する「正信偈」には十二光のことが記されています。「普放無量無辺光……」そして最後に、「超日月光照塵刹［超日月光《ちょうにちがっこう》を放って、塵刹《じんせつ》を照らす］」［聖典二〇四頁］と出ております。これは、いままでの学者の方が整理して教えてくださっているところに従うと、「超日月光」とはその前に述べられている十一の光を譬《たと》えをもって表わしたものであるということです。だから超日月光の内容には、それまでに十一の光として述べられている意味があるのです。では、「日月の光」と「超日月光」とではどこが違うか、昔から三つのことがいわれております。

太陽は、昼は照らすけれども、夜は照らさない。月は、夜は照らすけれども、昼は照らさない。しかし阿弥陀仏の智慧の光は、いつでも照らしている。これが第一点です。

それから、太陽や月の光は外を照らすけれども、心の内を照らすことはできない。この点が第二の違いであります。

第三点は、太陽の光も月の光も必ず影をつくります。一方を照らすと一方は必ず影になる。しかし仏の智慧の光は、どこにも影を止《とど》めないと言われております。

そこに生命の民族主義的了解がもつ問題点が明らかにされています。民族主義的了解は、単なる個人的な常識的な世界にとどまらず生命の根源へと迫っていますが、しかし民族というところで自分の生命の源を止めるならば、そこにも大きな無明《むみょう》の闇があるということです。

伊邪那岐命が伊邪那美命を追いかけていかれたら、そこは蛆《うじ》がわいて汚れ、醜《みにく》いところであった。そこに死に対する恐怖、死というものを本当によく見ていないという大きな闇が、民族の全体にあるということをはっきりと見定めなければなりません。

つまり、太陽や月という次元の光の質においては、死の闇を本当に問題にすることができないのです。本当に問題にし、本当にそれを解くことをしないで、ただ祓い給え、清め給えと。禊をしたり祓いをしたりすれば、なくなるというが、生命の闇はそれによっては本当に解けたとは言えません。私どもはそこに、百尺竿頭《ひゃくしゃくかんとう》さらに一歩を進めて、まず闇を闇としてはっきり知るということ、――私どもが生命の終わりと始めに暗いことを伏せたままにして、それを汚れたものとして逃げるのではなく、はっきりとそれに対面するのです。その最もみごとな表現を、私どもは弘法大師空海［七七四～八三五］の『秘蔵宝鑰《ひぞうほうやく》』という著書の中に見ることができます。この書の冒頭に詩の部分があり、その最後のところにこう書かれております。

生まれ　生まれ　生まれ　生まれて　生の始めに暗く
死に　死に　死に　死んで　死の終わりに冥《くら》し

自分はどこから来て、どこへ行くのか。現在の生の始めと終わりがもっている生命の闇を破って、根源の生命のすがたをはっきりと見定める。その智慧の光はどこからくるのか。超日月光という質をもった光だけがよくその闇を破るに違いない。そこで生命の仏教的理解、仏教による生命の理解という次のレベルへ問題を深めていきたいわけです。しかしその前に、私たち現代に生きている人間として、三番目に生命の生物学的な了解ということに少し触れておかねばならないかと思います。

図Ⅱ

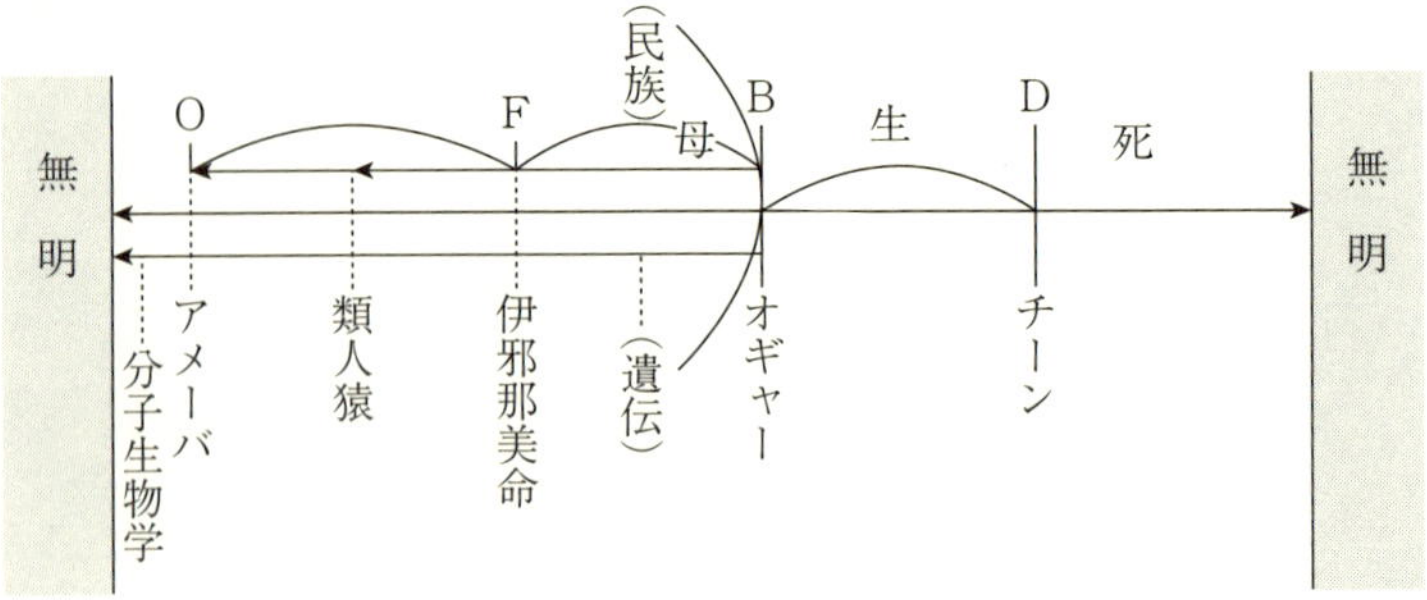

（三）　生命の生物学的了解

近代文化の特徴である科学というものが、今日、生命をどの程度まで明らかにしているかということについて、ひと言触れておきたいと思います。

フランソワ・ジャコブ［一九二〇～二〇一三］という生物学の分野でノーベル賞をもらった方がいらっしゃいます。特に遺伝についての研究によってもらわれたようでありますが、その方の『生命の論理』［一九七〇年］という本に記されている説を一、二点紹介しておきたいと思います。

その前に、だいたいの文脈を捉《とら》えておきますと、今日の生物学者は（図Ⅱ・B）から生命が始まるとは考えないのです。なぜかと申しますと、遺伝子学というものが非常に進み、私どもがどういう人間として生まれるかということは、生まれた時に決定されるのではなくて、遺伝子の継続が考えられます。これを遡《さかのぼ》っていきますと、日本民族だけではなく、もっと原始的な類人猿、そしてさらには、人間の生命は（図Ⅱ・Ｏ）アメーバにまで遡《さかのぼ》ります。そしてさらに、アメーバの先端に、今日ではいわゆる分子生物学というものがくるわけです。

フランソワ・ジャコブという人はその本の序文のところで、「今日、地球上に生物が存在するのは、二十億年、あるいはそれ以上も前から他の生物が営々と増殖《ぞうしょく》してきたからこそ可能なのである」と述べています。一言でいってしまうと、今日この地上において生きているものの過去の生命の歴史は、生物学の探究からすると、どんな生き物も二十億年ないしそれ以上の年月、増殖し続けて、今日の生命が成り立っているというのです。つまり、一つのものがずっと自己増殖し続けてきたということです。二十億年の間、自分が自分を生み出してきているというのです。切れていないというわけです。

このように研究が進んできまして、今日では、千分の一ミリの大きさのバクテリアも人間のような生き物も、生命の構造としてはまったく同じであるというのです。そして、そういう生命の基本的な性質の上で、それが人間になるか千分の一ミリのバクテリアになるかを決めるものは、核酸（ＤＮＡ）といわれる遺伝子を担っているものなのです。このような見解が生物学の上でなされているのです。

これはある意味で大変に仏教的な生命観に近いところがあります。「機の深信」の冒頭に、

自身は現にこれ罪悪生死《ざいあくしょうじ》の凡夫《ぼんぶ》、曠劫《こうごう》より已来《このかた》、常に没《もっ》し常に流《る》転《てん》して、

〔「信巻」聖典二一五頁〕

とありますが、曠劫よりこのかた流転しているという、――歴史始まって以来自分は迷い続けているという言葉が、どうしても私は読めなかった。自分が思春期になって自我意識が起こってきた時から迷い始めたとか、事業に失敗した時から悩み始めたというものではないのです。言葉はわかっても、実感としてその言葉を感得することができなかった。今日、どんな生命も二十億年の過去の生の営みとして存在していると言われると、むしろその言葉が、内容の理解の深さにはギャップがあるとしても、何か実感として、感覚としてわかるのです。

そこで「始め」ということが問題になってまいります。しかし「始め」の問題は、カント〔一八四四～一八九七〕が述べているように、理論理性では解けません。人間の生命はどこから出てきたのか。どんどん遡っていくと、それはアメーバからきたということになります。ではそのアメーバはどこからきたのか。アメーバの始めは何なのか。それはたとえば有機タンパク質だというなら、そのタンパク質はどこから出てきているのかと。それはどれだけでも遡るわけで、結局、わからない。本当にこれは不思議なことですね。仏教ではそれを「無始以来の無明」と言う。始めのない、「無始以来」と言います。

（四）仏教による生命の了解

さていままで、常識的な生命の了解、民族主義的な生命の了解、そして生物学的な生命の了解についてお話ししました。しかし、そのいずれもが最後のところへいくとわからなくなる。つまり無明というものに突き当たる。その無明がどうして破れるかという課題をもって、私どもはもう一度、仏教に生命の了解をたずねたいのです。

仏教では、生命をどのように了解しているかというと、一番身近なところで善導大師は、

> もし父無くんば、能生《のうしょう》の因即ち欠けなん。もし母無くんば、所生《しょしょう》の縁即ち乖《そむ》きなん。もし二人ともに無くんば、即ち託生《たくしょう》の地を失わん。要《かなら》ずすべからく父母の縁具して、まさに受身の処有るべし。既に身を受けんと欲するに、自《じ》の業識《ごっしき》をもって内因と為し、父母の精血《しょうけつ》をもって外縁《げえん》と為す。因縁和合するが故に此の身有り。
>
> 〔『観経疏』「序分義」真聖全一、四八九～四九〇頁〕

と教えられています。一応は、父と母とによって生まれるということで、生命の常識的了解が認められて

おり、それが（図Ⅲ・A・①）です。これを精子と卵子が結合するというような意味にしたら、今日の考え方とほとんど違いません。しかし大事なことは、その全体が父も母も縁だということ、したがって生命の真の因は「自の業識」であるということです。

図Ⅲ

A

父―能生の因
母―所生の縁
①父母の精血を以て外縁と為す
自の業識を以て内因と為す
②因縁和合するが故に此の身有り

B

名号＝徳号の慈父―能生の因
光明＝光明の悲母―所生の縁
①能所の因縁和合＝外縁
信心の業識を内因と為す
②内外の因縁和合して報土の真身を得証す

自分はどこまでも自分から生まれたものである。こういう考え方は仏教独自のもの、大変に特徴的なものだと言えるかと思います。私は、「父を能生の因と為し、母を所生の縁となし、その父母の精血をもって外縁となし、自の業識を内因と為し、内外の因縁和合するが故に此の身あり」というこの言葉から、三つの要点を見出すことができると思います。

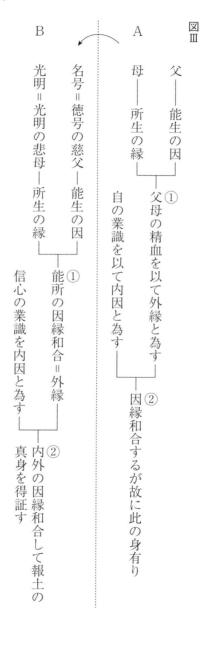

第一番に、私の生命はいわゆる「オギャー」という誕生から始まるのではないということ。

第二番目は、「自の業識をもって内因とする」ということは、私は生まれようとして生まれてきたということです。だからこそ、我が身としてあるこの生命に対して、誰にも代わってもらうことのできない全責任をもつということです。

さらに第三番目に、「因縁和合」という言葉の意味を展開するならば、実は、この私の生命として、歴史と社会、歴史と世界とが成就しているということです。つまり歴史というのは、今日の科学的な仮説ですけれども、それと重ねて言うならば、私が今日生きているこの身がここに存在しているという事柄自身の中に、全世界、全宇宙が参加しているということです。

たとえば、私が一杯の天ぷらそばを食べるとします。この一杯の天ぷらそばがどのようにしてできているか。そば粉はカナダから、エビはインドネシアから、エビをまぶす小麦粉はアメリカから、それぞれ来ている。インドネシアでとれたエビをアメリカの小麦粉でまぶして、それを揚げる油はアフリカのごま畑からとれる。そしてさらに、そのそばにかけるノリは韓国でとれる。そうすると、私どもが一杯の天ぷらそばをいただく時、そのそばの中にアメリカ、カナダ、インドネシア、アフリカ、韓国の人たちの労働力がいわば全部結晶している。それをいただくのです。

その時に、自分の生命と全世界の労働者、それが一つに結ばれる。一杯の天ぷらそばを食べるということの中で、私と世界とが一つに関わっているわけです。そのようなことは無数にあるわけで、それを広げていくと、私の身がここに生きているということの中に、全宇宙が関わっているということになるのです。そこで私の生命は、この身として、同時に世界をもっている。私の生命は、私のこの身として、歴史と世界とがそこに成就している、実現しているということが教えられるわけです。

四、新しい生命を得る道

そこで問題は、生命の内因であるとされた「自の業識」とは何であるのか。香月院深励《こうがついんじんれい》〔一七四九～一八一七〕という学者の説によりますと、十二縁起で言われる「無明、行、識……」の中の「識」にあたると言われます。

私が先ほど申しましたことから考えていただくなら、二十億年の生命を担ってきたと、そうお考えください。問題はそのような私の生命、歴史と世界との成就としてここに成り立っているこの身。この身について先ほどの言葉で申しますと、二十億年の生命を歩み続けてきたその生命の始め、その始めがわからない。その深い深い無明がいかにして破れるか、問題はここです。

仏法が「無明を破る」と言います時、その無明の深さは、生命の歩みの深さにまで見極められているのです。

その生命が、なぜ悩み、なぜ苦しみ、なぜ一つに融け合えないか。なぜ私どもは死を恐れ、自分の孤独を嘆かずにはいられないか。それは生命の一番の源である「自の業識」というところに、「無明」が隠されているからです。ここにその「無明」がどうして破れるかという問題があるのです。

親鸞聖人は、この「無明」が破れた新しい生命の成立を『教行信証』の「行巻」において、いま申しました善導大師の言葉によりながら開顕されているのです。それによりますと、「徳号の慈父《じふ》、光明の悲母《ひも》」が外縁とされ、「信心の業識」が内因とされています。詳しく申しますと、

　真実信の業識、これすなわち内因とす。光明《こうみょう》名《みょう》の父母《ぶも》、これすなわち外縁《げえん》とす。内外《ないげ》の因縁和合して、報土の真身《しんしん》を得証《とくしょう》す。　〔聖典一九〇頁〕

と記されているのであります。

問題の中心は（図Ⅲ・B・②）にあるわけです。つまり父母を外縁とし、自の業識を内因としてあるこの身。名号の慈父と光明の悲母とを外縁とし、真実信心を内因とする「報土の真身」。どうして私どもに、「自の業識」が転じて、「真実信の業識」を内因とした「報土の真身を得証す」るという経験が起こるのか。「心《しん》を弘誓《ぐぜい》の仏地《ぶつじ》に立て」〔『教行信証』「後序」聖典四〇〇頁〕、浄土に心開かれた真実の生命をどうして得ることができるのか。問題はその一点に煮詰まってくるわけです。

私はその点について、親鸞聖人が大勢至菩薩を讃嘆なさる和讃に注目したいのです。

　超日月光《ちょうにちがっこう》この身には　念仏三昧《さんまい》おしえしむ
　十方《じっぽう》の如来《にょらい》は衆生を　一子《いっし》のごとくに憐念《れんねん》す
　子の母《はは》をおもうがごとくにて　衆生仏《ぶつ》を憶《おく》すれば
　現前当来とおからず　如来《にょらい》を拝見うたがわず　〔『浄土和讃』聖典四八九頁〕

とうたわれているその意の中に、私たちが、それこそ無始以来の無明を破って「報土の真身」、――浄土の真身と呼ばれる新しい生命を得る道、――つまり、超日月光が私たちに「念仏三昧」を教えて、その「報土の真身」を獲得せしめられるのであると教えてくださっているのです。

「念仏三昧」とは別の言葉で申しますならば、念仏と私が一つになるということです。『浄土論註』の言葉に返しますならば、「名義《みょうぎ》相応の念仏、如実修行の念仏」〔『教行信証』「信巻」聖典二一三頁による〕ということです。その「如実修行相応の念仏」を私たちがいただく時、そこに「自の業識」がもつ無明性を破って、真実の生命を覚り、真実の生命を得ることができるのです。そこにどういう道理があるのでしょうか。

ご承知のように、「念仏」とは「南無阿弥陀仏」と称することであり、「南無」はすなわち「帰命」であります。その「帰命」について、親鸞聖人には『教行信証』の「行巻」と『尊号真像銘文』と、二つの解釈があります。「行巻」においては、「『帰命』は本願招喚《しょうかん》の勅命《ちょくめい》なり」〔聖典一七七頁〕とあります。つまり如来が衆生に、「汝《なんじ》一心に正念《しょうねん》にして直《ただち》に来《きた》れ」〔『教行信証』「信巻」聖典二二〇頁〕と呼びかけられる、その呼びかけの声だと記してあります。また『尊号真像銘文』では、

帰命はすなわち釈迦《しゃか》・弥陀《みだ》の二尊の勅命《ちょくめい》にしたがいて、めしにかなうともうすことばなり。

〔聖典五二一頁〕

と言われております。このように、「南無・帰命」という中に、如来が衆生に呼びかけられるその呼び声と、衆生が如来の呼びかけに応答するその信順とが、「南無」の一念に同時に成り立つということです。

如来の勅命と我らの勅命への信順、呼びかけと応答とが同時に成立することによって、如来の功徳が行者の身心、身にも心にも満ちわたる。その時、私たちの生命のもっている根本の無明を破って、大地の底から、宇宙の源底から一如の生命が湧き上がってくる。その生命に触れて初めて、私どもは「無碍《むげ》の一道」としての人生を歩むものとなる。私たちの前に「無碍の一道」としての人生が開かれてくるのであります。

そして、「南無阿弥陀仏」ということが成り立った時の意味開示を、親鸞聖人は「行巻」の「帰命」の解釈のところで、「本願招喚の勅命なり」と言われるとともに、「信巻」の「本願の三信」の解釈の「欲生心釈」の冒頭のところで、

「欲生《よくしょう》」と言うは、すなわちこれ如来、諸有《しょう》の群生《ぐんじょう》を招喚《しょうかん》したまうの勅命《ちょくめい》なり。 〔聖典二三二頁〕

と言われております。私どもが浄土を願うところに、実はそこに如来の勅命があるのだとおっしゃっております。そして、そのことが「南無」には「帰命の義」と同時に「発願《ほつがん》回向の義」があると善導大師が釈されていることと重なってきます。

私たちに「念仏三昧」が成立するということは、『歎異抄』の言葉で申しますならば、「ただ念仏して」ということが成り立つということです。私ども一人ひとりが単にこの私の生命を生きるのではなくて、まさに如来の本願の正機として、阿弥陀如来の本願の歴史的社会的現実における表現点となるということであります。その時初めて、私たちは一如平等の生命を生きるものとなるのです。

五、如来の生命の中の私

いままで、私の生命として、なんとか自分で自分の生命を守っていかねばならない、自分の生命は自分のものだと思い込んでいた。それが、ひとたび念仏をいただく時、実は生命について私は何も知らなかったと思い知って、如来の生命の中に自己を発見する。私が生命をつかんでいるのではなくて、如来の生命

の中に私を発見するのです。伝統的な言葉でいうならば、『歎異抄』の「摂取不捨《せっしゅふしゃ》の利益《りやく》にあずけしめたまう」〔聖典六二六頁〕とはそのことなのです。

そのことを清沢満之先生は、

私の信念は、無限の慈悲と無限の智慧と無限の能力との実在を信ずるのである。
〔清沢全集第六巻、一六二頁〕

とおっしゃいました。私がどんなに無慈悲な心をもっていても、無限の慈悲と一つになって生きるが故に、やがて私のその非情な心は、如来の無限の慈悲に溶かされていく。私がどんなに無知であっても、私がどんなに独断に満ち満ちていようとも、ひとたび念仏が私どもの上に成り立つ時には、如来の無限の智慧が私たちの邪知邪見を破ってくださる。迷妄を打破してくださる。私の力がどんなに小さくてほとんどゼロであっても、私は無限の能力と一つに生きるが故に、どんな小さな能力も無限大の意味と内容をもってはたらくようになるのです。

そしてそのような生命を私どもに恵むもの、そのものこそが真実の意味において、「はじめ（太初）のお母さん」と呼ぶことができるその当のものであります。

釈迦弥陀《しゃかみだ》は慈悲《じひ》の父母《ぶも》　種種に善巧《ぜんぎょう》方便《ほうべん》し
われらが無上の信心を　発起《ほっき》せしめたまいけり
〔『高僧和讃』聖典四九六頁〕

と善導大師を讃嘆しておられる親鸞聖人は、「行巻」に、如来大悲の本願は大慈悲心をもったお母さんのようであると。

悲願は……なお悲母《ひも》のごとし、一切凡聖《ぼんしょう》の報土《ほうど》真実の因を長生するがゆえに。〔聖典二〇一～二〇二頁〕

なぜなら、浄土に生まれる因を生み出し育てる故に、と記されております。

如来の本願こそがまことの「はじめのお母さんである」と。そしてその「はじめのお母さん」に私たちが出遇った時に、私どもの生命は充実し、輝き、大地の底からみずみずしく湧き上がってくる。そしてこの歴史的社会的現実の中に新しく「願生浄土」、「往生浄土」という意味をもった人生が、――もはや墓場に向かって生きているのではなく、「無量光明土」と言われる浄土に向かって生きる、そういう人生がそこに開かれてくるのです。

浄土を願って生きるということは、単に、死んでからどこか幸せな国に行くということではない。浄土を願って生きる者にこそ、逆にこの現実に、いま、まことの人生、まことの生命が顕れてくる。

そのことを親鸞聖人は晩年のお手紙の中に、

としごろ念仏して往生をねがうしるしには、もとあしかりしわがこころをもおもいかえして、ともの同朋《どうぼう》にもねんごろのこころのおわしましあわばこそ、世《よ》をいとうしるしにてもそうらわめとこそ、おぼえそうらえ。

〔『御消息集（広本）』聖典五六三頁〕

と記されております。

念仏して往生を願う、その証しはどこにあるのか。いままで悪い心しかもっていなかった者が、その悪い心を翻して思い返す。いままでのとげとげしていた心を転じて、本当に心を開いて通じ合い信頼しあうことのできる、――「同朋」と呼ぶことのできる人間関係が、往生を願うしるしとして、この歴史的社会的現実の中に証しされてくると、親鸞聖人はおっしゃるのです。

六、真宗の教えを現代社会に

念仏三昧によって真実の生命に目覚め、浄土を願って生きるその者にこそ、かえってこの歴史的社会的現実の中に、悪を善に転じ成《な》すゆえに、人と人との無条件の連帯を限りなく生み出していくような新しい生活が開かれてくるのです。

信心の業識とは私どもの生命です。生命がまずあって信心を発《おこ》すのではないのです。信心こそが私どものまことの生命であって、その生命である信心に目覚めた者には、「必ず現生《げんしょう》に十種の益《やく》を獲《う》」〔『教行信証』「信巻」聖典二四〇頁〕と、親鸞聖人は言われております。

その「現生十種の益」より二つを取り出しますと、一つは「転悪成善《じょうぜん》の益」です。それは念仏とともに、悪を必ず善に転成するということです。そしてそれとともに二つ目の「常行《じょうぎょう》大悲の益」、――人と人とが信頼し、通じあうという人間関係が生み出されてくるのです。

今日私どもは、それこそすべての日本人から、もっと言えば世界全体から、いったい、「本願を信じ念仏申す」者はこの人生をいかに生きるのか、と問いかけられているのです。「本願を信じ念仏申せ」というその教えを信ずる者の生きざま、教えを自分の生き方として表現するということ、単に言葉ではなく生活において、「これが浄土真宗の教えだということを表現せよ！」と、時代から呼び求められ、問いかけられているのです。

その問いかけに対して、私どもは、「はじめのお母さん」を単なる祖先や、民族の神話や、遺伝物質などに見出すのではなくて、光明と名号をもって十方の衆生にはたらきかけられる如来の本願をこそ「はじめ（太初）のお母さん」として見出し、その本願を我が生命として生きる者になり、そこに自《おの》ずから顕現してくる同朋社会をとおして、親鸞聖人の教えが現代に生きていることを証しするのです。その時、この歴史的社会的現実の真っ只中に浄土が映されてくる。皆さんと共にそういう生きざまにおいて、真宗の教えを現代社会に証しつつ生きてまいりたいと思います。

私のお話をこれで終わらせていただきます。

〔一九七九年六月、真宗大谷派名古屋東別院「人生講座」にて講話〕
〔一九七九年十一月、真宗大谷派名古屋東別院から「東別院伝道叢書Ⅳ」として刊行〕

収載論説講話・初出一覧

「〝いのち〟を喚ぶ声――親鸞の宗教――」

福井県武生市・円宮寺での、一九六九年六月～一九七三年八月の五回の講話。

『〝いのち〟を喚ぶ声』（人間と技術社、一九七五年刊行）

「『香草』巻頭言」

『香草』（香草舎発行）第十七号（一九五六年二月）から第九十二号（一九六二年七月）

「願　土」

『香草』（香草舎発行）第二十一号、一九五六年六月号

「妹　よ」

『香草』（香草舎発行）第七十号、一九六〇年八月号

「香草塾誕生」

『香草』（香草舎発行）第七十九号、一九六一年六月号

「最後に救われる一人――暁烏敏全集に学ぶ――」

『香草』（香草舎発行）第八十六号、一九六二年一月号

「ドストエフスキイの主題によるバリエーション」
「一、顔」『香草』（香草舎発行）第三十九号、一九五八年一月号
「二、現実」『香草』（香草舎発行）第四十三号・一九五八年五月号
「三、人間（一）」『香草』（香草舎発行）第四十四号・一九五八年六月号
「四、人間（二）」『香草』（香草舎発行）第九十号・一九六二年五月号
「五、人間（三）」『香草』（香草舎発行）第九十三号・一九六二年八月号
「六、人間となった心理との邂逅」『香草』（香草舎発行）第九十三号・一九六二年八月号

「念仏の人、清沢満之」
「一、新しい人間の誕生」『真宗』（東本願寺発行）第七一五号・一九六二年七月
児玉暁洋『念仏の感覚』（彌生書房、一九七八年）に再掲
「二、清沢先生の念仏」
「一、真実行を求めて（一）」『崇信』（崇信学舎発行）第五十八号・一九七五年十月
「二、真に生きる」『崇信』（崇信学舎発行）第六十一号・一九七六年一月
「三、真実行を求めて（二）」『崇信』（崇信学舎発行）第六十二号・一九七六年二月
「四、功徳の大宝海――南無阿弥陀仏の意味」『崇信』（崇信学舎発行）第六十三号・一九七六年三月
『崇信』（崇信学舎発行）第六十五号・一九七六年五月

「わが暁烏敏」
「一、たゆまぬ教化活動――雑誌『精神界』を出版」
『中日新聞』（日曜版）「ともしび―宗教のページ―」一九六八年七月二十八日
「二、太子憲法で奥義さとる――死灰の中から創造の生活に」
『中日新聞』（日曜版）「ともしび―宗教のページ―」一九六八年八月四日
「三、生涯を〝念仏〟で貫く――大業終え静かな大往生」
『中日新聞』（日曜版）「ともしび―宗教のページ―」一九六八年八月十一日

「暁烏先生を憶う」
『崇信』（崇信学舎発行）第九十四号・一九七八年十月

「はじめのお母さん――生命の根源を求める叫び――」
真宗大谷派名古屋東別院「人生講座」での一九七九年六月三日の講話
『はじめのお母さん』（「東別院伝道叢書Ⅳ」真宗大谷派名古屋東別院、一九七九年十一月刊行）

あとがき

一、『児玉暁洋選集』（全十二巻）の構成

（1）四つの柱

この選集は、著者自らが提示した四つの柱、「念仏の感覚」、「念仏の思想」、「念仏者の思想」、「親鸞聖人に遇う」から成り立っています。

刊行委員会事務局（代表・中川皓三郎、狐野秀存、竹橋太、平野喜之、宮下晴輝、宮森忠利）では、著者の一〇〇〇篇を越える著述から選んで、この四つの柱を指針とし、著述年代を考慮しながら、十二巻として編集しました。

これに各巻を配すると、次のようになります。（各巻の表題は刊行委員会事務局による）

○念仏の感覚

第一巻　いのちを喚ぶ声――親鸞の宗教――

第二巻　念仏が開く歴史と社会

○念仏の思想

第三巻　新しく生まれるいのち――浄土の人民――

第四巻　浄土に開かれて生きる
第五巻　南無阿弥陀仏と言う信心
○念仏者の生活
第六巻　願生浄土の仏道
第七巻　あなたは日本国をどんな国にしたいのか
○親鸞聖人に遇う
第八巻　正信偈響流・歎異抄に聞くⅠ
第九巻〜第十二巻　歎異抄に聞くⅡ〜Ⅴ

（2）「児玉暁洋選集」の独自性

第一巻所収の『〝いのち〟を喚ぶ声――親鸞の宗教――』は、著者最初の単行本であり、その「あとがき」には次のように記されています。

いま、私には、一切の世俗的なものを離れて仏陀の教えを極めたいという切望と、一刻の猶予もなく現代の歴史的社会的情況が提起する課題に応えなければならないという要請と、一見相反する二つの意欲が火花を散らしつつ一つになって鬱勃と湧き上がっているのであります。

この書が私個人の著述ではなく、サンガ、すなわち「仏法を場とする、師と友とのある世界」から産み出されたことを意義深く感じます。

この二点、

①「教えからの呼びかけと状況からの問いかけ」との接点に立ち、学び、応答し、時代社会と教えの通路を開く。
②決して個人の著述ではなく、教えに一心に耳を傾ける人たちがいる、サンガに支えられて学び、表現されたものであること。

この二つは、全著述に通じることです。

（3）崇信学舎と『崇信』

『児玉暁洋選集』には、崇信学舎から刊行された単行本や、機関紙『崇信』に掲載された多くの論述が収録されています。（『群萌の建国』、『歎異抄に聞く』ほか十四編）

崇信学舎は、「明治四十［一九〇七］年、暁烏先生を中心とする当時の新しい信仰運動によびさまされた第四高等学校や金沢医学専門学校学生の求道の道場（塾）として生まれたものです。「崇信」の名付け親は近角常観氏でした。（『崇信学舎百年』より）

一時、途切れることもありましたが、戦後、西村見暁氏、出雲路暢良氏によって再興され、金沢大学学生を中心とする学びの場が持たれました。

昭和二十八（一九五三）年から数年間は、金沢大学学生による合宿をともなう研鑽の場がもたれた頃には、著者もそこに加わっていました。聞法の場には、多くの市民も見えました。

出雲路暢良氏（金沢大学教育学部教授、一九二六〜一九八九）を中心として「崇信学舎」の名前による学びの場はずっと続けられ、昭和四十六（一九七一）年からは、高島千代子さんのお世話により、現在に至るまで、『崇信』誌が発行され〔平成二十九年六月号は、四十七年目五五八号〕、学びの会が行われています。

著者は、その場を、「在家の聞法でつながる場（サンガ）であり、釈尊、親鸞聖人、清沢先生、暁烏先生へと受け継がれてきた、仏教（真宗）という普遍の宗教に学び、教えを受け伝えていく場だ」と受け止め、五十年近く、毎月学舎で講話をし、『崇信』誌に記しています。

（4）「念仏の感覚」という柱について

第一巻と第二巻は、「念仏の感覚」という柱のもと、『〝いのち〟を喚ぶ声』（人と技術社、一九七五年）、『念仏の感覚』（彌生書房、一九七八年）を中心に、一九八〇年（大谷専修学院院長・信国淳先生示寂の年）までの著述をまとめたものです。

「念仏の感覚」という言葉は、森有正氏の「生きることの根本感覚が喪失し、生きるための手段で困憊している」という用語がもとになっています。著者は「僕たちは、幼稚園から大学卒業までにさまざまなことを学ぶ。だが、『生きる』ことがどういうことかということだけは学ばない」、「生きるための根本感覚を回復する力として、純粋宗教が展開されなければならない」と述べています。この「感覚」とは、私たちが日常使う「自分がまず在ってそれがなにかを感覚する」ということではなく、新たな自己を発見する「感動と喜びをもたらす感覚」を意味しています。（第二巻「生きる感覚―森有正の主題によるバリエーション」参照）

二、第一巻について

（1）〝いのち〟を喚ぶ声――親鸞の宗教――

これは、前述のとおり、同名の著者最初の単行本がもとになっています。、一九六九年六月（著者三十七歳）～一九七三年八月まで、福井県武生市・円宮寺で五年間にわたって講演されたものです。伊香間祐学円宮寺住職の手により、筆録、編集、出版されました。

著者は「あとがき」に、「私の前半生はこれで完った」、同朋、苦労を共にした家族、そして師暁烏敏先生に「是れ我が真証なり」とこの著作を捧げ、未来に向かって「零からの出発」であると述べています。

第一章（一九七〇年）、第二章（一九七一年）、第三章（一九七二年）、第四章（一九七三年）、第五章（一九六九年）と、年代順にはなっていませんが、「念仏成仏是れ真宗」の講話を巻頭に置くという著者の意向に基づいています。

（2）如是我聞の歩み

ここには、著者が冊子『香草』（香草舎発行・暁烏敏師自坊明達寺）に発表した著述がまとめられています。『香草』は、暁烏敏師示寂（昭和二十九［一九五四］年八月二十七日）の後、「遺弟たちが、そこで先生のみ教えを学んでゆかんとした雑誌の名」（第一巻三五八頁）であり、同年十月に第一号が発刊されています。（編集は第三号まで毎田周一氏、四号より野本永久氏）。暁烏敏師を師と仰ぐ全国の人々に読まれました。

著者は、この冊子の第十七号より九十三号まで(S)として巻頭言を記し、「里村（著者旧姓）保」で論文を、「香田青爽」というペンネームで随筆を記しています。（巻頭言は第三号まで毎田周一氏、その後は暁烏敏師の遺稿が巻頭言となっている。）その百二十篇程の著述から、巻頭言と、著者の求道の歩みにおいて欠かすことのできないと思われるものを、この選集に収録しました。

巻頭言が匿名(S)で記されていることについて、その第四十四号に野本永久氏が、

「『香草』の巻頭言がとみにやかましいです。やかましいというのは、あれ程はっきりした信心の味わいを、あの短い文に毎号書き続けているのは一体誰であろう」という読者の声とともに、それが「里村保氏」であることが明らかにされます。

それに対して、著者は第四十五号で、

大乗経典の著者も、救世観音の作者も無名です。僕はそれが真実であるためには、作者の名前など全然必要としないものを書きたい。一輪の花が開くように、僕の巻頭言はでき上がるのです。決して僕が書くのではありません。

と述べています。

「巻頭言」は三つに分かれていますが、著者の歩みに基づき、編集者が区分けしたものです。

第十七号　～　第四十二号［一九五八年四月］　金沢大学学生、法文学部哲学専攻。

第四十三号　～　第六十六号［一九六〇年四月］　大谷大学大学院修士課程、哲学専攻。

第六十七号　～　第九十二号［一九六二年七月］　大谷大学後期博士課程・香草塾で家族、学生と共に

暮らす。

また、「最後に救われる一人――『暁烏敏全集』に学ぶ――」は、十三篇の「『暁烏敏全集』に学ぶ」から一篇を、「ドストエフスキイの主題によるバリエーション」は、著者が長年研究してきた「ドストエフスキイ」の論文から、公にされたものを収録しました。（著者には金沢大学暁烏記念論文応募作品として「ドストエフスキイの研究」［一九五七年］があります）

（3）師への応答

著者は「人生にはさまざまな出遇いがある。だが、時の経過とともに疎くなっていく出遇いと、時とともにますます親しくなっていく出遇いと、質的に異なった二つの出遇いがあるように思われる。（中略）時とともに親しくなっていく出遇いは、その人と出遇うことが法に会うことであり、法に会うことと一つにその人に出会うことが、同時に自己自身に出遇うことであるような出遇いなのである。人に会うことと、法に会うことと、自己に会うこととが一つのこととして成就するような出遇い、その出遇いこそが真の出遇いなのである（第一巻「暁烏敏先生を憶う」四〇一頁）と述べています。

著者に「真の出遇い」ということを知らしめた、二人の師、清沢満之、暁烏敏。その出遇いを通して明らかになった、法に生きる人としての二人の師を表現したのが「師への応答」です。

特に「新しい人間の誕生」は、一九五七年、著者三十一歳の時、『真宗』誌の「清沢満之生誕百年を迎えて」という企画のために記されたものです。清沢先生の「自己とは何ぞや、これ人生の根本的問題なり」という問いこそ、人間が問うべき一番要の問いであり、それに先生が応答する「自己とは他なし、絶対無限の妙用に乗托して、任運に、法爾に、この現前の境遇に落在るせるもの即ち是なり」は、先生の「自らの念仏において釈された名号釈」（第一巻三八一頁）と述べていることは意義深いことです。この論文には、曾我量深先生も注目されたということです。

（4）はじめのお母さん――生命の根源を求める叫び――

この文は、五歳の少年の「一番はじめのお母さんはどこにいるのか」という問いに促されて生まれたものです。生命をどのように受け止めるか、「自分はどこから来て、どこへ行くのか」という私たちの問いに対する、「常識的了解」、「民族主義的な了解」、「生物学的な了解」の暗さを見据え、「仏教による生命の了解」を明らかにしたものです。「如来の本願こそがまことの『はじめのお母さんである』」という、一すじの道を明らかにしています。

＊　＊　＊　＊

この選集のための最初の会がもたれたのは、二〇一四年一二月のことでした。刊行委員会事務局では、著作一覧作り、編集作業などを進めてきました。この第一巻の作製においては、事務局員の協力を得ながら、川島弘之、藤谷知道、宮森忠利の三名で編集、校正の作業にあたってきました。また、多くの方々に原稿入力の作業をいただきました。最後に、この本の作製にあたり、法藏館の和田真雄氏、満田みすず氏のお力添えをいただいたことに感謝いたします。（宮森忠利記）

二〇一七年七月十日

児玉　暁洋（こだま　ぎょうよう）

1931年　岐阜県に生まれる。
1948年　石川県、明達寺（暁烏敏師）に入門。
1958年　金沢大学卒業。
1960年　大谷大学大学院修士終了。
1961年から1987年まで、大谷専修学院に勤める。
1985年　真宗大谷派教学研究所所員。
1990年から1995年まで、同所長。
現在、満天星舎（どうだんしゃ）舎主。

著書　『〝いのち〟を喚ぶ声』『生きることを学ぶ』『念仏の感覚』『念仏の思想』『清沢満之に学ぶ』その他。

児玉暁洋選集　第一巻
いのちを喚ぶ声――親鸞の宗教――

二〇一七年一〇月二〇日　初版第一刷発行

著　者　児玉暁洋
編　者　児玉暁洋選集刊行委員会
発行者　西村明高
発行所　株式会社　法藏館
京都市下京区正面通烏丸東入
郵便番号　六〇〇-八一五三
電話　〇七五-三四三-〇〇三〇（編集）
〇七五-三四三-五六五六（営業）

装幀者　大杉泰正（アイアールデザインスタジオ）
印刷・製本　中村印刷株式会社

ISBN 978-4-8318-3441-6 C3315

児玉暁洋選集　全十二巻

Ａ５判・上製貼函入・各巻四〇〇〇円＋税

第１巻　いのちを呼ぶ声――親鸞の宗教――
第２巻　念仏が開く歴史と社会
第３巻　新しく生まれるいのち――浄土の人民――
第４巻　浄土に開かれて生きる
第５巻　南無阿弥陀仏と言う信心
第６巻　願生浄土の仏道
第７巻　あなたは日本国をどんな国にしたいのか
第８巻　正信偈響流・歎異抄に聞くⅠ
第９～12巻　歎異抄に聞くⅡ～Ⅴ